数字化转型理论与实践系列丛书

智慧城市与城市计算

徐小龙　孔诚恺　徐浩严　封功业 —— 编著

电子工业出版社
Publishing House of Electronics Industry
北京·BEIJING

内 容 简 介

智慧城市有助于城市的可持续发展。城市计算利用城市中的大数据，通过对多种异构数据的整合、分析和挖掘，来提取知识和智能，解决城市本身所面临的各种问题。本书重点介绍智慧城市和城市计算的发展现状、体系架构和关键技术，以及智慧旅游、智慧物流、灾难应急、智慧停车、智慧饮食、智慧娱乐、安全驾驶、智慧监护等典型应用，集中反映了智慧城市和城市计算的新思路、新观点、新方法和新成果，具有较高的学术价值和应用价值。

本书既可作为计算机科学与技术、软件工程、物联网等专业的高年级本科生、硕士及博士研究生的教材，也可供从事信息网络应用系统研究和开发工作的人员参考。

未经许可，不得以任何方式复制或抄袭本书之部分或全部内容。
版权所有，侵权必究。

图书在版编目（CIP）数据

智慧城市与城市计算 / 徐小龙等编著. —北京：电子工业出版社，2022.6
（数字化转型理论与实践系列丛书）
ISBN 978-7-121-43775-5

Ⅰ. ①智… Ⅱ. ①徐… Ⅲ. ①现代化城市－城市建设－高等学校－教材 Ⅳ. ①C912.81

中国版本图书馆 CIP 数据核字（2022）第 101365 号

责任编辑：田宏峰　　　特约编辑：田学清
印　　刷：北京天宇星印刷厂
装　　订：北京天宇星印刷厂
出版发行：电子工业出版社
　　　　　北京市海淀区万寿路 173 信箱　　邮编：100036
开　　本：787×1092　1/16　印张：18.25　字数：467 千字
版　　次：2022 年 6 月第 1 版
印　　次：2022 年 6 月第 1 次印刷
定　　价：99.00 元

凡所购买电子工业出版社图书有缺损问题，请向购买书店调换。若书店售缺，请与本社发行部联系，联系及邮购电话：（010）88254888，88258888。

质量投诉请发邮件至 zlts@phei.com.cn，盗版侵权举报请发邮件至 dbqq@phei.com.cn。
本书咨询联系方式：tianhf@phei.com.cn。

PREFACE 前言

随着城镇化的不断发展和城市人口持续增加,城市资源承载能力无法与城市人口匹配,资源短缺、环境污染、交通拥堵、安全隐患等"城市病"日益凸显,成为困扰城市建设与管理的首要难题。为了破解"城市病"的困局,智慧城市应运而生。

智慧城市综合采用了包括射频传感技术、物联网技术、云计算技术、下一代通信技术在内的新一代信息技术,使城市变得更易于被感知、城市资源更易于被充分整合,并在此基础上实现对城市的精细化和智能化管理,从而减少了资源消耗、降低了环境污染、解决了交通拥堵问题、消除了安全隐患,最终可实现城市的可持续发展。

为了更好地建设智慧城市,以计算机科学为核心,并与城市规划、交通、能源、环境、社会学和经济学等学科相互交叉的城市计算渐渐兴起。城市计算用城市中的大数据来解决城市本身面临的挑战,通过对多种异构数据的整合、分析和挖掘来提取知识和智能,并利用这些智能来创造"人-环境-城市"三方共赢的结果。智慧城市建设以信息技术应用为主线,其他资源优化配置为辅,在民生、环保、公共安全、城市服务、工商业活动等需求上予以智能化改造,打造城市发展的新模式。随着信息技术的迅速发展和深入应用,城市信息化向更高阶段的智慧化发展已成为必然趋势。在此背景下,发达国家的重要城市,如东京、伦敦、巴黎、首尔等,纷纷启动了智慧城市战略,以增强城市的综合竞争力。全球已启动或正在启动建设的智慧城市有 1000 多个,其中约一半在我国。截至 2018 年 11 月,全国共 700 多个城市(含县级市)都开始了智慧城市的建设,已有 277 个智慧城市试点和 3 个新型智慧城市试点。同时,阿里巴巴、腾讯、华为等知名企业纷纷发力:对于智慧城市,阿里巴巴给出的解决方案是阿里云 ET 城市大脑;腾讯定制的解决方案包括互联网+智慧医院、互联网+社会保障、互联网+警务、互联网+交通等;华为认为,智慧城市应当是一个有机生命体,赋予生命力的是神经系统,而神经系统不仅包括城市大脑,还包括从大脑到末梢的神经网络。

然而,智慧城市建设还有很长的路要走,当前我国智慧城市建设存在以下问题。

(1)体制机制问题。主要表现为智慧城市建设政出多门、主体不明,导致信息孤岛和重复建设的现象严重。

(2)顶层设计问题。主要表现为缺乏科学、统一的智慧城市顶层设计,智慧城市建设存在一定的盲目性。

(3)智慧应用问题。主要表现为智慧应用与公众需求的匹配度不高,社会公众对智慧城市建设的感知度和参与度不高，云计算与大数据的应用还不够。

（4）建设运营模式问题。主要表现为以政府投入为主导，多元化建设运营模式还未形成。

（5）核心资源开发利用问题。主要表现为基础数据库建设进展不大，信息资源尚未真正互联互通共享，政府数据资源开发开放的问题没有得到应有的重视。

（6）人才及管理架构问题。主要表现为普遍缺乏整体操盘的关键人才及专业人才，未形成专业的智慧城市 CIO 制度及整体保障团队。

（7）标准体系及信息安全问题。主要表现为标准不统一或缺乏相关标准规范，信息安全保障法律法规不健全、技术水平比较低、安全问题比较普遍等。

学术界对智慧城市也格外关注。2019 年年初，在国际人工智能领域权威的会议"AAAI 2019"上，城市计算成为争相热议的焦点。城市计算理念的提出者、京东集团副总裁郑宇更是成为国内首个受邀在 AAAI 大会上发表主题演讲的学者。

本书作者在物联网、云计算、大数据与人工智能等技术领域进行了多年的研究，具有扎实的理论基础和实践经验。本书的内容主要源于作者所领导的科研团队承担的江苏省重点研发计划项目"基于大数据的灾害管理与应急处理关键技术的研究与应用示范"（编号：BE2016776），以及参与的国家重点研发计划专项"数据驱动的云数据中心智能管理技术与平台"（编号：2018YFB1003700）等课题研究工作和相关成果。

针对目前国内对智慧城市的研究和开发需求，作者根据国内外的最新资料，在认真总结相关科研成果的基础上，精心组织编写了本书。本书详细、深入地介绍了智慧城市和城市计算的发展现状、体系架构和关键技术，以及智慧旅游、智慧物流、灾难应急、智慧停车、智慧饮食、智慧娱乐、安全驾驶、智慧监护等典型应用，集中反映了智慧城市和城市计算的新思路、新观点、新方法和新成果，具有较高的学术价值和应用价值。

本书从实际出发，采用读者容易理解的体系和叙述方法，深入浅出、循序渐进地帮助读者了解智慧城市的主要内容，富有启发性。与国内外已出版的同类书籍相比，本书取材新颖、学术思想新、内容新；体系完整、内容丰富；范例实用性强、应用价值高；表述深入浅出、概念清晰、通俗易懂。

本书在编写过程中引用了国内外研究人员的诸多研究成果及相关网络资料，在此表示衷心的感谢！

由于编写时间仓促，加上作者水平有限，书中难免会存在不妥之处，敬请广大读者批评指正。

作者
2022 年 4 月

目录

第1章 智慧城市 …… 1

- 1.1 智慧城市的起源与发展历程 …… 1
  - 1.1.1 城市的起源与发展 …… 1
  - 1.1.2 信息化城市 …… 2
  - 1.1.3 数字城市 …… 3
  - 1.1.4 智慧城市 …… 4
- 1.2 智慧城市的定义与核心特征 …… 5
  - 1.2.1 智慧城市的定义 …… 5
  - 1.2.2 智慧城市的核心特征 …… 6
- 1.3 智慧城市的体系架构 …… 7
- 1.4 建设智慧城市的关键技术 …… 8
  - 1.4.1 物联网 …… 8
  - 1.4.2 云计算 …… 11
  - 1.4.3 大数据 …… 14
  - 1.4.4 人工智能 …… 15
  - 1.4.5 通信技术 …… 17
- 1.5 国内外智慧城市建设成果案例 …… 20
  - 1.5.1 美国迪比克市 …… 20
  - 1.5.2 瑞典斯德哥尔摩市 …… 21
  - 1.5.3 日本柏之叶校园城市 …… 21
  - 1.5.4 中国深圳 …… 23
  - 1.5.5 中国上海 …… 24
- 1.6 本章小结 …… 25
- 本章参考文献 …… 25

第2章 城市计算 …… 29

- 2.1 城市计算的起源与定义 …… 29
- 2.2 城市计算的体系架构 …… 30

2.3	城市计算的关键技术		31
	2.3.1	数据采集	31
	2.3.2	数据管理	32
	2.3.3	数据挖掘	33
	2.3.4	数据可视化	35
2.4	城市计算的应用案例		36
	2.4.1	城市自行车道规划	36
	2.4.2	京东城市计算平台	38
2.5	城市计算面临的问题与挑战		39
	2.5.1	城市数据的自动获取	39
	2.5.2	异源异构数据的管理和协同计算	40
	2.5.3	虚实结合的混合系统	40
	2.5.4	数据科学家的缺乏	40
2.6	本章小结		41
本章参考文献			41

第3章 智慧旅游 — 43

3.1	智慧旅游的背景与需求分析		43
	3.1.1	智慧旅游的背景分析	43
	3.1.2	智慧旅游的需求分析	45
3.2	智慧旅游的发展现状		46
3.3	旅游路线规划算法		47
	3.3.1	多旅行商问题	47
	3.3.2	MTSP 建模	49
	3.3.3	算法描述	50
	3.3.4	实验验证与性能分析	55
3.4	旅游路线规划系统		58
	3.4.1	旅游路线规划系统的设计	58
	3.4.2	旅游路线规划系统的实现	60
3.5	本章小结		63
本章参考文献			63

第4章 智慧物流 — 65

4.1	智慧物流的背景与需求分析		65
	4.1.1	智慧物流的背景分析	65
	4.1.2	智慧物流的需求分析	66
4.2	智慧物流的发展现状		67
4.3	超市配送路线规划算法		68
	4.3.1	动态旅行商问题	68

4.3.2　DTSP 建模 68
　　　4.3.3　算法描述 70
　　　4.3.4　实验验证与性能分析 73
　4.4　超市配送路线规划系统 77
　4.5　本章小结 79
　本章参考文献 79

第 5 章　灾难应急 81
　5.1　灾难应急的背景与需求分析 81
　　　5.1.1　灾难应急的背景分析 81
　　　5.1.2　灾难应急的需求分析 82
　5.2　灾难应急的发展现状 83
　5.3　应急疏散规划机制 84
　　　5.3.1　应急疏散规划问题建模 84
　　　5.3.2　算法描述 85
　　　5.3.3　实验验证与性能分析 91
　5.4　应急救援规划机制 95
　　　5.4.1　应急救援规划问题建模 95
　　　5.4.2　算法描述 97
　　　5.4.3　实验验证与性能分析 102
　5.5　应急疏散与救援系统 107
　　　5.5.1　应急疏散与救援系统的分析 107
　　　5.5.2　应急疏散与救援系统的设计 108
　　　5.5.3　移动终端系统 111
　　　5.5.4　应急中心监控系统 113
　　　5.5.5　云端服务器 116
　5.6　本章小结 121
　本章参考文献 121

第 6 章　智慧停车 123
　6.1　智慧停车的问题、背景与需求分析 123
　　　6.1.1　智慧停车的问题分析 123
　　　6.1.2　智慧停车的背景分析 124
　　　6.1.3　智慧停车的需求分析 124
　6.2　智慧停车的发展现状 125
　6.3　室内定位机制 126
　　　6.3.1　问题分析 126
　　　6.3.2　地磁定位方案 127
　　　6.3.3　地磁指纹地图 130

6.3.4　地磁匹配定位⋯⋯⋯⋯⋯⋯⋯⋯⋯⋯⋯⋯⋯⋯⋯⋯⋯⋯⋯⋯⋯⋯⋯⋯⋯⋯⋯⋯⋯⋯⋯⋯⋯⋯　136
　　　6.3.5　实验验证与性能分析⋯⋯⋯⋯⋯⋯⋯⋯⋯⋯⋯⋯⋯⋯⋯⋯⋯⋯⋯⋯⋯⋯⋯⋯⋯⋯⋯⋯　139
　6.4　停车导航机制⋯⋯⋯⋯⋯⋯⋯⋯⋯⋯⋯⋯⋯⋯⋯⋯⋯⋯⋯⋯⋯⋯⋯⋯⋯⋯⋯⋯⋯⋯⋯⋯⋯⋯⋯　142
　　　6.4.1　最优车位选择模型⋯⋯⋯⋯⋯⋯⋯⋯⋯⋯⋯⋯⋯⋯⋯⋯⋯⋯⋯⋯⋯⋯⋯⋯⋯⋯⋯⋯⋯　142
　　　6.4.2　最优路径调度机制⋯⋯⋯⋯⋯⋯⋯⋯⋯⋯⋯⋯⋯⋯⋯⋯⋯⋯⋯⋯⋯⋯⋯⋯⋯⋯⋯⋯⋯　143
　　　6.4.3　实验验证与性能分析⋯⋯⋯⋯⋯⋯⋯⋯⋯⋯⋯⋯⋯⋯⋯⋯⋯⋯⋯⋯⋯⋯⋯⋯⋯⋯⋯⋯　146
　6.5　停车导航系统⋯⋯⋯⋯⋯⋯⋯⋯⋯⋯⋯⋯⋯⋯⋯⋯⋯⋯⋯⋯⋯⋯⋯⋯⋯⋯⋯⋯⋯⋯⋯⋯⋯⋯⋯　147
　　　6.5.1　移动计算开发平台⋯⋯⋯⋯⋯⋯⋯⋯⋯⋯⋯⋯⋯⋯⋯⋯⋯⋯⋯⋯⋯⋯⋯⋯⋯⋯⋯⋯⋯　147
　　　6.5.2　系统设计⋯⋯⋯⋯⋯⋯⋯⋯⋯⋯⋯⋯⋯⋯⋯⋯⋯⋯⋯⋯⋯⋯⋯⋯⋯⋯⋯⋯⋯⋯⋯⋯⋯　148
　　　6.5.3　移动终端系统⋯⋯⋯⋯⋯⋯⋯⋯⋯⋯⋯⋯⋯⋯⋯⋯⋯⋯⋯⋯⋯⋯⋯⋯⋯⋯⋯⋯⋯⋯⋯　152
　　　6.5.4　监控端系统⋯⋯⋯⋯⋯⋯⋯⋯⋯⋯⋯⋯⋯⋯⋯⋯⋯⋯⋯⋯⋯⋯⋯⋯⋯⋯⋯⋯⋯⋯⋯⋯　154
　6.6　本章小结⋯⋯⋯⋯⋯⋯⋯⋯⋯⋯⋯⋯⋯⋯⋯⋯⋯⋯⋯⋯⋯⋯⋯⋯⋯⋯⋯⋯⋯⋯⋯⋯⋯⋯⋯⋯⋯　156
　本章参考文献⋯⋯⋯⋯⋯⋯⋯⋯⋯⋯⋯⋯⋯⋯⋯⋯⋯⋯⋯⋯⋯⋯⋯⋯⋯⋯⋯⋯⋯⋯⋯⋯⋯⋯⋯⋯⋯　156

第7章　智慧饮食　159

　7.1　智慧饮食的背景与需求分析⋯⋯⋯⋯⋯⋯⋯⋯⋯⋯⋯⋯⋯⋯⋯⋯⋯⋯⋯⋯⋯⋯⋯⋯⋯⋯⋯⋯⋯　159
　　　7.1.1　智慧饮食的背景分析⋯⋯⋯⋯⋯⋯⋯⋯⋯⋯⋯⋯⋯⋯⋯⋯⋯⋯⋯⋯⋯⋯⋯⋯⋯⋯⋯⋯　159
　　　7.1.2　智慧饮食的需求分析⋯⋯⋯⋯⋯⋯⋯⋯⋯⋯⋯⋯⋯⋯⋯⋯⋯⋯⋯⋯⋯⋯⋯⋯⋯⋯⋯⋯　159
　7.2　智慧饮食的发展现状⋯⋯⋯⋯⋯⋯⋯⋯⋯⋯⋯⋯⋯⋯⋯⋯⋯⋯⋯⋯⋯⋯⋯⋯⋯⋯⋯⋯⋯⋯⋯⋯　161
　7.3　食品智慧搭配⋯⋯⋯⋯⋯⋯⋯⋯⋯⋯⋯⋯⋯⋯⋯⋯⋯⋯⋯⋯⋯⋯⋯⋯⋯⋯⋯⋯⋯⋯⋯⋯⋯⋯⋯　162
　　　7.3.1　粒子群优化算法⋯⋯⋯⋯⋯⋯⋯⋯⋯⋯⋯⋯⋯⋯⋯⋯⋯⋯⋯⋯⋯⋯⋯⋯⋯⋯⋯⋯⋯⋯　162
　　　7.3.2　CS-PSO算法⋯⋯⋯⋯⋯⋯⋯⋯⋯⋯⋯⋯⋯⋯⋯⋯⋯⋯⋯⋯⋯⋯⋯⋯⋯⋯⋯⋯⋯⋯⋯　166
　　　7.3.3　早餐推荐⋯⋯⋯⋯⋯⋯⋯⋯⋯⋯⋯⋯⋯⋯⋯⋯⋯⋯⋯⋯⋯⋯⋯⋯⋯⋯⋯⋯⋯⋯⋯⋯⋯　169
　　　7.3.4　实验验证与性能分析⋯⋯⋯⋯⋯⋯⋯⋯⋯⋯⋯⋯⋯⋯⋯⋯⋯⋯⋯⋯⋯⋯⋯⋯⋯⋯⋯⋯　171
　7.4　早餐推荐系统⋯⋯⋯⋯⋯⋯⋯⋯⋯⋯⋯⋯⋯⋯⋯⋯⋯⋯⋯⋯⋯⋯⋯⋯⋯⋯⋯⋯⋯⋯⋯⋯⋯⋯⋯　175
　7.5　本章小结⋯⋯⋯⋯⋯⋯⋯⋯⋯⋯⋯⋯⋯⋯⋯⋯⋯⋯⋯⋯⋯⋯⋯⋯⋯⋯⋯⋯⋯⋯⋯⋯⋯⋯⋯⋯⋯　177
　本章参考文献⋯⋯⋯⋯⋯⋯⋯⋯⋯⋯⋯⋯⋯⋯⋯⋯⋯⋯⋯⋯⋯⋯⋯⋯⋯⋯⋯⋯⋯⋯⋯⋯⋯⋯⋯⋯⋯　177

第8章　智慧娱乐　181

　8.1　智慧娱乐的背景与需求分析⋯⋯⋯⋯⋯⋯⋯⋯⋯⋯⋯⋯⋯⋯⋯⋯⋯⋯⋯⋯⋯⋯⋯⋯⋯⋯⋯⋯⋯　181
　　　8.1.1　智慧娱乐的背景分析⋯⋯⋯⋯⋯⋯⋯⋯⋯⋯⋯⋯⋯⋯⋯⋯⋯⋯⋯⋯⋯⋯⋯⋯⋯⋯⋯⋯　181
　　　8.1.2　智慧娱乐的需求分析⋯⋯⋯⋯⋯⋯⋯⋯⋯⋯⋯⋯⋯⋯⋯⋯⋯⋯⋯⋯⋯⋯⋯⋯⋯⋯⋯⋯　182
　8.2　智慧娱乐的发展现状⋯⋯⋯⋯⋯⋯⋯⋯⋯⋯⋯⋯⋯⋯⋯⋯⋯⋯⋯⋯⋯⋯⋯⋯⋯⋯⋯⋯⋯⋯⋯⋯　183
　8.3　基于社交网络的智慧推荐⋯⋯⋯⋯⋯⋯⋯⋯⋯⋯⋯⋯⋯⋯⋯⋯⋯⋯⋯⋯⋯⋯⋯⋯⋯⋯⋯⋯⋯⋯　184
　　　8.3.1　基本思想⋯⋯⋯⋯⋯⋯⋯⋯⋯⋯⋯⋯⋯⋯⋯⋯⋯⋯⋯⋯⋯⋯⋯⋯⋯⋯⋯⋯⋯⋯⋯⋯⋯　184
　　　8.3.2　信任度量与计算⋯⋯⋯⋯⋯⋯⋯⋯⋯⋯⋯⋯⋯⋯⋯⋯⋯⋯⋯⋯⋯⋯⋯⋯⋯⋯⋯⋯⋯⋯　185
　　　8.3.3　基于社交网络的推荐⋯⋯⋯⋯⋯⋯⋯⋯⋯⋯⋯⋯⋯⋯⋯⋯⋯⋯⋯⋯⋯⋯⋯⋯⋯⋯⋯⋯　188
　　　8.3.4　实验验证与性能分析⋯⋯⋯⋯⋯⋯⋯⋯⋯⋯⋯⋯⋯⋯⋯⋯⋯⋯⋯⋯⋯⋯⋯⋯⋯⋯⋯⋯　191
　8.4　基于情境融合感知的智慧推荐⋯⋯⋯⋯⋯⋯⋯⋯⋯⋯⋯⋯⋯⋯⋯⋯⋯⋯⋯⋯⋯⋯⋯⋯⋯⋯⋯⋯　195

         8.4.1 基本思想···195
         8.4.2 情境感知···195
         8.4.3 基于情境融合感知的推荐·····································197
         8.4.4 实验验证与性能分析···201
    8.5 个性化电影推荐系统···204
         8.5.1 系统体系结构···204
         8.5.2 系统设计与实现···205
         8.5.3 系统界面设计···210
         8.5.4 系统分析···212
    8.6 本章小结···212
    本章参考文献···213

第9章 安全驾驶···215

    9.1 安全驾驶的背景与需求分析···215
         9.1.1 安全驾驶的背景分析···215
         9.1.2 安全驾驶的需求分析···216
    9.2 安全驾驶的发展现状···216
    9.3 疲劳驾驶状态检测···217
         9.3.1 基本原理···217
         9.3.2 数据采集与预处理···218
         9.3.3 动态阈值训练···222
         9.3.4 基于数据融合的疲劳驾驶状态检测·································225
         9.3.5 状态调节机制···230
         9.3.6 实验验证与性能分析···231
    9.4 愤怒驾驶状态检测···235
         9.4.1 基本原理···235
         9.4.2 脉搏数据特征提取···236
         9.4.3 基于BP神经网络的愤怒驾驶状态检测·····························237
         9.4.4 状态调节机制···240
         9.4.5 实验验证与性能分析···240
    9.5 驾驶员危险驾驶状态检测系统···241
         9.5.1 系统整体架构设计···241
         9.5.2 功能模块···242
    9.6 本章小结···249
    本章参考文献···249

第10章 智慧监护··253

    10.1 智慧监护的背景与需求分析··253
         10.1.1 智慧监护的背景分析··253

10.1.2　智慧监护的需求分析 …………………………………………………… 254
10.2　智慧监护的发展现状 ………………………………………………………… 254
10.3　人体动作识别机制 …………………………………………………………… 255
　　10.3.1　基本思想 ………………………………………………………………… 255
　　10.3.2　数据预处理 ……………………………………………………………… 256
　　10.3.3　人体运动特征值选取 …………………………………………………… 258
　　10.3.4　基于决策树的动作识别 ………………………………………………… 258
　　10.3.5　实验验证与性能分析 …………………………………………………… 262
10.4　人体跌倒检测算法 …………………………………………………………… 263
　　10.4.1　跌倒检测研究 …………………………………………………………… 263
　　10.4.2　跌倒运动特征 …………………………………………………………… 264
　　10.4.3　跌倒检测流程 …………………………………………………………… 266
　　10.4.4　实验验证与性能分析 …………………………………………………… 267
10.5　人体运动状态监测系统设计与构建 ………………………………………… 269
　　10.5.1　系统整体架构设计 ……………………………………………………… 269
　　10.5.2　移动终端软件设计与实现 ……………………………………………… 270
　　10.5.3　服务器端软件设计与实现 ……………………………………………… 275
10.6　本章小结 ……………………………………………………………………… 279
本章参考文献 ………………………………………………………………………… 279

第1章 智慧城市

智慧城市的概念源于"智慧地球"。2008年11月,时任国际商业机器公司(International Business Machines Corporation,IBM)首席执行官的彭明盛提出了"智慧地球"的概念。城市作为承载着世界大部分的人口和绝大部分人类社会活动的载体,要想落实"智慧地球"建设,就必须先在每座城市中落实智慧化建设,其核心目标是优化城市资源调度、提升城市运行效率、提高市民生活质量。

1.1 智慧城市的起源与发展历程

1.1.1 城市的起源与发展

城市是社会生产力发展到一定阶段的产物,因生产力发展而出现的三次社会大分工促成了永久集市的产生,与此同时,生产力发展促成了私有制、阶级的产生,统治阶级因防御需要筑造城墙,两者结合就形成了城市[1]。

由于身处的年代和地理环境千差万别,东西方城市的起源也有相当大的差异。在我国古代,"城市"是由"城"和"市"两个独立的概念融合统一得来的。"城"如"城者,所以自守者也",指的是四周筑有围墙,用于防卫的军事据点;"市"如"日中为市,致天下之民,聚天下之货,交易而退,各得其所",指的是交易市场,是手工业和商业的中心。"城"随着社会发展人口的不断增长,产生了商品用于交换,"市"便随之产生,并逐渐融合诞生了"城市"。在西方,城市作为一个明确的新事物,开始出现于旧石器至新石器时代的社区中,原始的城市是圣祠、村落、集市、堡垒等基本因素的复合体。王权制度的出现使分散的村落经济向组织经济进化,国王为了巩固统治地位和抵御侵略筑起了森严的城堡。纵观东西方城市的起源,随着农业生产力的发展,出现了富余的农产品用于交换,也出现了富余的劳动力,解放出来从事第二、第三产业。不难得到结论:生产力的发展在城市起源和发展过程中起到了决定性的作用。

城市自产生至今已历经5000多年,根据城市在发展过程中表现出来的形态、功能及其在社会经济发展中的作用,通常将城市的发展阶段划分为古代、近代及现在3个时期[2]。

1. 古代城市发展

自城市产生至18世纪中叶的工业革命前，自给自足的自然经济占统治地位，农业和手工业是国民经济的主体，商品经济极不发达，城市在社会经济生活中的功能和作用很小。这一时期城市的发展主要具有以下特点。

（1）城市的功能主要是军事据点、政治和宗教中心，经济功能极其薄弱。

（2）城市地域结构较为简单，尚无明显的功能分区。一般以教堂或市政机构占据中心位置，城市道路以此为中心呈放射状，连接周围市场。

（3）在城市形态上，最明显的特征就是四周设有坚固的城墙或城壕。

（4）城市地区分布具有很大的局限性，主要分布在农业灌溉条件良好的河流两岸，或者交通运输便利的沿海地区。

2. 近代城市发展

18世纪中叶的工业革命极大地促进了社会生产力发展，城市进入了一个崭新的阶段。工业化是城市发展的根本动力，工业革命结束了以手工业为主的生产方式，代之以大机器生产，从而推动了生产专业化和地域分工，加速了商品经济的发展。这一过程导致了大量农村人口向城市地区聚集，城市规模扩大，城市数量增加，城市人口的比例迅速上升。

工业革命使近代城市发生了质的变化。这一时期城市的发展较古代城市具有以下特点。

（1）城市发展加速，规模越来越大。

（2）城市功能趋于多样化，除了工业、商业等经济功能日益增强，金融、信息、科技、文化及交通等功能也得到了增强。

（3）城市地域结构日趋复杂化，出现了较为明显的功能分区。

（4）城市地区分布差异显著。城市分布逐步摆脱了农业生产的影响，同时铁路等交通运输手段的出现，使得靠近资源分布的内陆城市发展为工矿城市。但由于世界各地工业化进程存在差异，城市分布的地区差异也十分显著。

3. 现代城市发展

20世纪中叶以来，世界范围内的政治、经济和科技领域都发生了天翻地覆的变化，其中尤以现代信息技术引领的技术变革为甚。以微电子技术为基础，以计算机技术为核心，以通信技术为支柱，以信息服务应用为目的，现代信息技术促进了全球范围的社会经济产业结构的变化。这一时期城市的发展主要表现出以下特点。

（1）全球城市发展进程加速，其中发展中国家的城市发展速度超过了发达国家。

（2）大城市规模继续扩大，地理上出现了大城市群/带。

（3）城市功能向综合性方向发展。

1.1.2 信息化城市

日本学者梅棹忠夫于1963年从产业结构演进角度提出了"信息化"概念。1967年，日本科学技术和经济研究团体首次给"信息化"做了定义[3]：信息化是指在整个社会经济结构中，信息产业获得长足发展并逐步取得支配地位的一种社会变革的历史进程。随着全球范围内信息化实践的不断演进与深入，人们对"信息化"这一概念的认识也在不断地发展和丰富。

信息化城市是指随着现代信息技术的发展和全球信息化而提出的一种未来城市的发展模式。20 世纪 80 年代末，美国著名学者 Castells M 最早提出了"信息化城市"概念。目前，信息化城市还没有统一的定义和标准，但普遍的看法是[4]：城市中占主导地位的产业是信息产业，就业人口占主导地位的产业也是信息产业，城市中主要的生活和生产方式都基于信息技术和设备的支持，这样的城市可称为信息化城市。

建设信息化城市是适应世界经济一体化发展，融入全球信息化潮流的需要。以信息与通信技术为核心的技术革命成为推动世界经济、加速发展的主要力量，因此为了适应全球经济发展大势，只有充分分析城市自身的优势和劣势，结合城市体系，确定城市性质和地位，才能获得城市发展的机遇[5]。在这个意义上，必须将城市的发展纳入信息化的轨道。

1.1.3 数字城市

1998 年 1 月 21 日，时任美国副总统 Gore A 提出了"数字地球"概念[6]，"数字化舒适社区建设"标志着城市信息化开始步入数字城市建设新阶段。中国学者也认识到"数字地球"战略将是推动我国信息化建设和社会经济、资源环境可持续发展的重要武器。1999 年 11 月 29 日—12 月 2 日，在北京召开了首届数字地球会议[7]。此后相关概念层出不穷，"数字省""数字城市"成为热门战略项目，许多省市甚至把它作为"十五"期间经济技术发展的一个重要战略。

数字城市利用空间信息构筑虚拟平台，以数字形式获取并加载自然资源、社会资源、基础设施、人文、经济等有关的城市信息，从而为政府和社会各方面提供广泛的服务。数字城市是物质城市在信息世界的反映和升华。特别需要强调的是，数字城市或信息化城市不仅仅是物质世界在信息世界的机械反映，数字城市可视化的表现能力和虚拟现实的能力，还能够将人类历史上只能抽象思维的事物，以虚拟现实的方式可视化表现出来，在物质世界和精神世界之外构建出虚拟现实世界[8]。数字城市能实现对城市信息的综合分析和有效利用，通过先进的信息化手段支撑城市的规划、建设、运营、管理及应急，能有效提升政府管理和服务水平，提高城市管理效率，节约资源，促进城市可持续发展。数字城市建设过程中的基础设施建设、数字城市的各种高端应用都需要通过空间信息平台实现，并受空间信息平台的建设情况制约，空间信息平台与数字城市的关系就如同道路、桥梁与实体城市之间的关系。

数字城市系统是一个人地关系系统，它体现人与人、地与地、人与地的相互作用和相互关系，系统有政府、企业、市民、地理环境等，由既相对独立又密切相关的子系统构成。政府管理、企业的商业活动、市民的生产生活无不体现出城市的这种人地关系[9]。国际城市发展研究院认为城市的信息化实质上是城市人地关系系统的数字化，它体现人的主导地位，通过城市信息化更好地把握城市系统的运动状态和规律，对城市人地关系进行调控，实现系统优化，使城市成为有利于人类生存与可持续发展的空间。城市信息化过程表现为地球表面测绘与统计的信息化（数字调查与地图），政府管理与决策的信息化（数字政府），企业管理、决策与服务的信息化（数字企业），市民生活的信息化（数字城市生活），以上 4 个信息化进程即数字城市[10]。

1.1.4 智慧城市

2006年，物联网、云计算等新一代信息技术的正式推出完成了对城市信息系统的综合集成与整合应用[11]。

2008年，时任IBM首席执行官的彭明盛提出了"智慧地球"概念。"智慧地球"这一概念的主要内容是把新一代的IT技术充分运用到各行各业中，即把传感器装备到人们生活中的各种物体中，并且连接起来形成物联网，通过具有强大计算能力的计算机和云计算技术将网络整合，实现数字社会和人类社会物理系统的有机结合，就此人类可以更加精细和即时管理生产生活活动[12]，达到"智慧"的状态。

2009年，彭明盛向当时就任美国总统的奥巴马提出了要推进智慧基础设施建设，旨在为社会经济发展增添新的动力，打破经济危机，得到了奥巴马的肯定和支持，标志着城市开始从数字化向智慧化转变[12]。

2011年，工业和信息化部提出了"智慧城市规划编制"；2012年，住房和城乡建设部提出了"创建国家智慧城市试点"；2014年，国家发展和改革委员会牵头八部委提出了《促进智慧城市健康发展的指导意见》。在国家机构的号召下，地方城市纷纷投身到智慧城市创建之中，主要通过政企合作的PPP模式实现，目的在于促进信息化技术的应用，提升政府政务服务能力和公共服务能力。但是在这个阶段一些参与创建的城市不同程度地出现了盲目建设的问题和浪费国家资源的情况[13]。

2015年至今，智慧城市融合了"互联网+"思维和新技术，促进了政务协同、创新创业，以及之前的各个智慧城市平台下各个模块之间联系互动，物理层和数据层相互融合，实现了万物互联互通，信息本身成为智慧城市中的基础资源[13]。

智慧城市的发展与早期的信息基础设施及数字城市的建设一脉相承，但智慧城市阶段更注重信息资源的整合、共享、集成和服务，更强调城市管理方面的统筹与协调，时效性要求也更高，是信息化城市和数字城市建设进入实时互动智能服务的更高级阶段，也是工业化和信息化的高度集成。对比数字城市和智慧城市可以发现以下6个方面的差异[14]。

（1）数字城市通过城市地理空间信息与城市各方面信息的数字化，在虚拟空间再现传统城市，智慧城市则注重在此基础上进一步利用传感技术、智能技术实现对城市运行状态的自动、实时、全面透彻的感知。

（2）数字城市通过城市各行业的信息化提高了各行业管理效率和服务质量，智慧城市则更强调从行业分割、相对封闭的信息化架构迈向复杂巨系统的开放、整合、协同的城市信息化架构，发挥城市信息化的整体效能。

（3）数字城市基于互联网形成初步的业务协同，智慧城市则更注重通过泛在网络、移动技术实现无所不在的互联和随时随地随身的智能融合服务。

（4）数字城市关注数据资源的生产、积累和应用，智慧城市则更关注用户视角的服务设计和提供。

（5）数字城市更多注重利用信息技术实现城市各领域的信息化以提升社会生产效率，智慧城市则更强调人的主体地位，也更强调开放创新空间的塑造及其间的市民参与、用户体验，以及以人为本实现可持续创新。

（6）数字城市致力于通过信息化手段实现城市运行与发展各方面的功能，提高城市运行效率，服务于城市管理和发展，智慧城市则更强调通过政府、市场、社会各方力量的参与和协同，实现城市公共价值塑造和独特价值创造。

1.2 智慧城市的定义与核心特征

1.2.1 智慧城市的定义

智慧城市建设的参与者主要是政府和企业两大主体，但由于出发点和侧重点的不同，目前智慧城市尚无统一和明确的权威性定义。表1.1整理了一些组织给出的智慧城市的定义。

总体来说，智慧城市是一种城市发展新理念和新模式，以物联网为基础，通过物联化、互联化、智能化方式使城市中各个功能彼此协调运作，来及时对城市运营管理中的各类需求做出智慧响应和决策支持，以达到优化城市资源调度、提升城市运行效率、提高市民生活质量的目的。智慧城市的主要特征是智慧技术高度集成、智慧产业高速发展、智慧服务高效便民。

表1.1 不同组织给出的智慧城市的定义

时间	发布单位	文件/报告名称	智慧城市的定义
2009年	IBM	《智慧城市在中国》	智慧城市能够充分运用信息和通信技术手段感测、分析、整合城市运行核心系统的各项关键信息，从而对包括民生、环保、公共安全、城市服务、工商业活动在内的各种需求做出智能的响应，为人类创造更美好的城市生活
2011年	中国智慧工程研究会	《中国智慧城市（镇）科学评价指标体系》	智慧城市是目前全球围绕城乡一体化发展、城市可持续发展、民生核心需求等发展要素，将先进的信息技术与先进的城市经营服务理念进行有效融合，通过对城市的地理、资源、环境、经济、社会等系统进行数字网络化的管理，对城市基础设施、基础环境、生产生活相关产业和设施进行多方位数字化、信息化的实时处理与利用，为城市治理与运营提供更简洁、高效、灵活的决策支持与行动工具，为城市公共管理与服务提供更便捷、高效、灵活的创新运营与服务模式
2012年	美国国家情报委员会	《全球趋势2030：可选择的世界》	智慧城市利用先进的信息技术，以最小的资源消耗和环境退化为代价，实现最大化的城市效率和最美好的生活品质而建立的城市环境
2014年	国家发展和改革委员会、工业和信息化部、科学技术部、公安部、财政部、自然资源部、住房和城乡建设部、交通运输部	《关于促进智慧城市健康发展的指导意见》	智慧城市是运用物联网、云计算、大数据、空间地理信息集成等新一代信息技术，促进城市规划、建设、管理和服务智慧化的新理念和新模式
2016年	蚂蚁金服	《中国新型智慧城市 蚂蚁模式白皮书（2016）》	新型智慧城市是将网络信息技术基础设施化，通过云、网、端实现实时在线、智能集成、互联互通、交互融合、数据驱动，拓展新空间，优化新治理，触达新生活，从而重构人与服务、人与城市、人与社会、人与资源环境、人与未来关系的可持续化经济社会发展新形态

1.2.2 智慧城市的核心特征

智慧城市的核心特征在于其"智慧",而智慧的实现,有赖于建设广泛覆盖的信息感知网络,具备深度互联的信息体系,构建协同的信息共享机制,实现信息的智能处理,并拓展信息的开放应用。智慧城市的核心特征可以概括为 C2I2O,即以下 5 个方面[15]。

1. 广泛覆盖(Coverage)

广泛覆盖的信息感知网络是智慧城市的基础。任何一座城市拥有的信息资源都是海量的,为了更及时全面地获取城市信息,更准确地判断城市状况,智慧城市的中心系统需要拥有与城市的各类要素交流所需信息的能力。智慧城市的信息感知网络应覆盖城市的时间、空间、对象等各个维度,能够采集不同属性、不同形式、不同密度的信息。物联网技术的发展,为智慧城市的信息采集提供了更强大的能力。

当然,广泛覆盖并不意味着对城市的每个角落进行全方位的信息采集,这既不可能也无必要,智慧城市的信息采集体系应以系统的适度需求为导向,过度追求全面覆盖既增加成本又影响效率。

2. 协同共享(Collaboration)

在传统城市中,信息资源和实体资源被各种行业、部门、主体之间的边界和壁垒分割,资源的组织方式是零散的,智慧城市协同共享的目的就是打破这些壁垒,形成具有统一性的城市资源体系,使城市不再出现"资源孤岛"和"应用孤岛"。

在协同共享的智慧城市中,任何一个应用环节都可以在授权后启动相关联的应用,并对其应用环节进行操作,从而使各类资源可以根据系统的需要,各司其职地发挥其最大的价值。这使各个子系统中蕴含的资源能按照共同的目标协调统一调配,从而使智慧城市的整体价值显著高于各个子系统简单相加的价值。

3. 深度互联(Interconnection)

智慧城市的信息感知网络是以多种信息网络为基础的,如固定电话网、互联网、移动通信网、传感网、工业以太网等,深度互联要求多种网络形成有效连接,实现信息的互通访问和接入设备的互相调度操作,实现信息资源的一体化和立体化。

梅特卡夫法则指出,网络的价值同网络节点数量的平方成正比。在智慧城市中,我们也会看到,将多个分隔独立的小网连接成互联互通的大网,可以大大增加信息的交互程度,提升网络对所有成员的价值,从而显著提升网络的总体价值,并形成更强的驱动力,吸引更多的要素加入网络,形成智慧城市网络节点扩充与信息增值的正反馈。

4. 智能处理(Intelligence)

智慧城市拥有体量巨大、结构复杂的信息体系,这是其决策和控制的基础,而要真正实现"智慧",城市还需要表现出对所拥有的海量信息进行智能处理的能力,这要求系统根据不断触发的各种需求对数据进行分析,产生所需的知识,自主地进行判断和预测,从而实现智能决策,并向相应的执行设备给出控制指令,这一过程中还需要体现出自我学习的能力。

智能处理在宏观上表现为对信息的提炼增值，即信息在系统内部经过处理转换后，其形态发生了转换，变得更全面、更具体、更易利用，提升信息的价值。在技术上，以云计算为代表的新信息技术应用模式，是智能处理的有力支撑。

5．开放应用（Openness）

智能处理并不是信息使用过程的终结，智慧城市还应具有信息的开放式应用能力，能将处理后的各类信息通过网络发送给信息的需求者，或对控制终端进行直接操作，从而完成信息的完整增值利用。

智慧城市的信息应用应该以开放为特性，并不仅仅停留在政府或城市管理部门对信息的统一掌控和分配上，而应搭建开放式的信息应用平台，使个人、企业等个体能为系统贡献信息，使个体间能通过智慧城市的系统进行信息交互，这将充分利用系统现有能力，大大丰富智慧城市的信息资源，并且有利于促进新的商业模式的诞生。

智慧城市的概念是动态的，随着智慧城市的实践不断改变人们的生活，其概念的内涵也将在发展中不断丰富和完善。

1.3 智慧城市的体系架构

智慧城市整体的体系架构如图 1.1 所示，该架构将智慧城市由下到上分成了 4 层，分别是感知层、网络层、服务层和应用层，同时两大保障体系（包括标准规范体系和信息安全体系）贯穿了这 4 个层次。

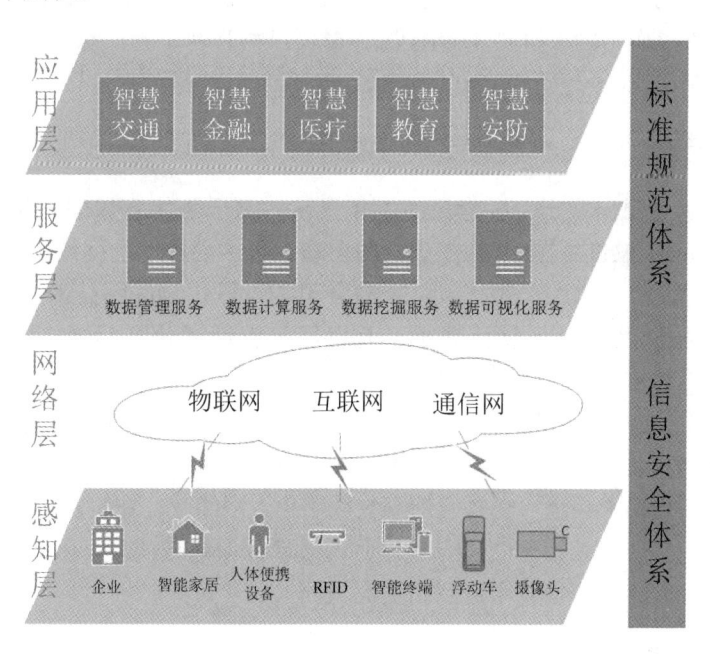

图 1.1 智慧城市整体的体系架构

（1）感知层。感知层的存在是智慧城市区别于数字城市的重要特征之一。感知层提供对环境与社会成员各项活动的智能感知能力,通过感知设备、执行设备及传输网络实现对城市范围内基础设施、环境、设备和人员等要素的识别、信息采集、监测和控制。数据来源包括但不限于企业客户数据、智能家居采集数据、人体便携设备数据、RFID 记录数据、智能终端数据、浮动车轨迹数据和监控视频图像数据。

（2）网络层。网络层包括物联网、互联网和通信网,为智慧城市提供大容量、高带宽、高可靠的网络通信基础设施,实现信息的可靠传递。网络层和感知层一样是智慧城市赖以生存的基础。

（3）服务层。服务层包括数据管理服务、数据计算服务、数据挖掘服务和数据可视化服务,为智慧城市提供数据存储和计算,以及相关软件环境的资源,保障上层对数据的相关需求通过数据和服务的融合支撑,承载应用层中的相关应用,提供应用所需的各种服务,为构建上层各类智慧应用提供支撑。服务层处于智慧城市总体参考模型的中上层,具有重要的承上启下的作用。

（4）应用层。应用层的内容是在感知层、网络层、服务层之上建立的各种基于行业或领域的智慧应用及应用整合,如智慧交通、智慧金融、智慧医疗、智慧教育、智慧安防等,为社会公众、企业用户、城市管理决策用户等提供整体的信息化服务应用。

1.4 建设智慧城市的关键技术

如今的智慧城市融合了"互联网+"思维和新技术,促进了之前的各个智慧城市平台下各个模块之间联系互动,应用层和服务层相互融合,实现了万物互联互通,信息本身成为基础资源。其中起到支撑作用的关键技术包括以下 5 项:物联网、云计算、大数据、人工智能和通信技术。

1.4.1 物联网

物联网的基本思想出现于 20 世纪 90 年代末,源于美国麻省理工学院（Massachusetts Institute of Technology，MIT）在 1999 年建立的自动识别中心提出的网络无线射频识别（Radio Frequency Identification，RFID）系统。从 2009 年开始,国内物联网技术的研发和应用得到极大程度的关注,物联网已成为继计算机、互联网和移动通信之后新一轮信息产业的核心领域[16]。

由于物联网研究者研究着眼点的不同,目前尚没有对物联网的统一定义。狭义上的物联网是指连接物品到物品的网络,它实现物品的智能化识别和管理。广义上的物联网则可以看作信息空间与物理空间的融合,它将一切事物数字化、网络化,在物品之间、物品与人之间、人与现实环境之间实现高效信息交互方式,并通过新的服务模式使各种信息技术融入社会行为,是信息化在人类社会综合应用达到的更高境界[17]。

1. 物联网的关键技术

在物联网应用中有 3 项关键技术:传感器技术、RFID 技术和嵌入式系统技术。

（1）传感器技术。物联网系统中的海量数据信息源于终端设备，而终端设备数据的来源可归根于传感器，传感器是物联网服务和应用的基础。传感器是将物理、化学、生物等变化按照某些规律转换成电参量变化的一种器件或装置[18]。传感器种类繁多，原理也各不相同。近年来随着生物科学、材料科学和微电子科学的迅猛发展，传感器技术发展出了智能化和微型化等特征。

（2）RFID技术。RFID技术兴起于20世纪80年代，是一种非接触式的自动识别技术，系统包含阅读器（Reader）和标签（Tag）两个基本器件和应用软件系统。标签由耦合元件和芯片组成，具有唯一的电子编码，附着在诸如超市磁扣和酒店房卡等需要被识别的目标对象上。阅读器是读取（有时还可以写入）标签信息的设备。标签进入磁场后接收到阅读器发出的射频信号，凭借感应电流所获得的能量发送出标签芯片中的产品信息，阅读器通过射频信号自动识别目标对象并获取相关数据。RFID技术的优势是易于操控、读取方便快捷、识别速度快、数据容量大、使用寿命长、应用范围广、标签数据可动态更改、安全性和实时性高[19]，已经被广泛运用于日常生活和智慧城市感知层数据获取中。

（3）嵌入式系统技术。嵌入式系统技术的起源和个人计算机（Personal Computer，PC）的出现有关，为了区别个人计算机和被嵌入物理对象体系中实现智能控制的计算机，将前者称为通用计算机系统，后者称为嵌入式计算机系统，简称为嵌入式系统。

嵌入式系统拥有4个通道接口：前向通道的传感器接口、后向通道的控制接口、人机通道的人机交互接口、相互通道的通信接口[20]。嵌入式系统是嵌入物理对象中，实现物理对象的感知、控制、交互的一个智能化系统。嵌入式系统有全局性的物联应用界面，它们为物联网提供了全面物联与互联的技术支持。前向通道与后向通道实现与物理对象的连接。通过前向通道的传感器接口与各种传感器相连，实现对物理对象的感知。通过后向通道的控制接口连接各种控制单元，实现对物理对象的控制。通过人机通道的人机交互接口与各种键盘、显示设备相连，实现人与物理对象的交互，保证物联网系统中服务对象与物理对象的实时交互。相互通道的通信接口是一个泛性接口，它以各种串行总线形式将众多的嵌入式应用系统连接起来，形成各种类型的嵌入式系统的局域物联系统，也可以内嵌或外接各种类型的互联网接口，实现与互联网的单机物联、局域物联。此外，通过相互通道的通信接口，还能够以卫星通信方式为物联网系统获取全球定位系统（Global Positioning System，GPS）的时空定位信息。嵌入式系统以这样的形式实现物理对象与互联网、局域物联系统与互联网的连接，实现互联网向物联网的跨越。

2. 无线传感器网络

无线传感器网络（Wireless Sensor Network，WSN）是物联网的重要组成部分，由部署在一定区域内的大量传感器节点组成，是通过无线通信方式形成的一个多跳自组织的网络系统。其目的是协作地感知、采集和处理网络覆盖区域中被感知对象的信息，并发送给观察者。无线传感器网络核心技术主要集中于网络拓扑控制技术、多跳可靠数据交互技术、信道资源调度技术、物理层技术、协同计算与处理技术、分布式信息感知技术等。无线传感器网络以其智能化、低功耗、自组织的特性提供了全新的智能化通信、控制手段，是目前大范围、低成本获得传感信息最有效的解决办法之一。无线传感器网络的关键技术包括RFID、蓝牙

（Bluetooth）、IEEE 802.15.4、ZigBee/ZigBeePro 等技术[21]。

（1）蓝牙是一种无线技术标准，可实现固定设备、移动设备和楼宇个人域网之间的短距离数据交换（使用 2.4GHz～2.485GHz 的 ISM 波段的 UHF 无线电波）[22]。蓝牙技术最初由爱立信公司于 1994 年创制，当时是作为 RS-232 数据线的替代方案。蓝牙可连接多个设备，克服了数据同步的难题。优点是适用设备多、工作频段全球通用、安全性高、抗干扰能力强，主要缺点是传输距离较短。蓝牙技术被广泛应用于汽车行业和医药领域。

（2）ZigBee 译为"紫蜂"，与蓝牙类似。蓝牙技术作为短距离无线通信技术拥有许多优点，但在工业自动化控制和遥测遥控领域中却存在功耗高、传输距离短、组网规模小的缺点。对工业现场高可靠性无线传输的需求直接催生了 2003 年 ZigBee 协议的诞生。它是一种新兴的短距离无线通信技术，用于传感控制。ZigBee 的底层技术基于 IEEE 802.15.4，即其物理层和媒体访问控制层直接使用了 IEEE 802.15.4 的定义。它依据 IEEE 802.15.4，在数千个微小的传感器之间相互协调实现通信。这些传感器只需要很少的能量，以接力的方式通过无线电波将数据从一个网络节点传到另一个节点，通信效率高。其最大的特点就是高可靠性和低功耗。

3. 基本特征

物联网有 3 个基本特征，分别是全面感知、可靠传递和智能处理。物联网是各种感知技术的广泛应用，利用部署的 RFID 技术、感知器、定位器和二维码等手段获取数据采集信息，不同类型的传感器获取的信息格式内容是不同的，物联网必须具备全面完善的识别处理系统；物联网是建立在互联网基础上的泛在网络，它的核心和系统仍然是互联网，通过有线网络和无线网络与互联网融合，将感知器获得的信息实时传输出去。在传输过程中由于数据数量庞大、结构复杂，必须保证数据传输的实时可靠；物联网不仅提供了传感器网络的连接，其本身也能利用云计算、模糊识别等智能计算技术，对接收到的跨行业跨部门的海量数据信息进行分析处理，提升对物理世界各种对象活动和变化的洞察力，实现智能化的决策控制。

智慧城市建设作为一个有机的系统工程提出了三项具体的要求：更透彻的感知、更全面的互联及更深入的智能，物联网全面感知、可靠传递和智能处理的三个特征与智慧城市的三项要求高度重合。物联网为智慧城市提供了技术基础，智慧城市给物联网提供了集中应用的平台。

4. 基于物联网的智慧城市的应用范例

物联网技术在智慧医疗领域的主要应用为医疗信息数字化技术和远程医疗技术。医疗信息数字化技术主要应用于医疗物资管理，附着于医疗设备和药品，甚至是医疗垃圾的标签信息具有唯一性，包含出厂以来的存储和使用的所有中间信息。医院信息管理系统包含患者电子健康档案管理，一方面获授权的医生能够快速查阅患者病历病史和治疗措施，为确定治疗方案提供参考，另一方面增强医院间的信息互联，支持患者转院档案信息共享，支持乡镇小区医院与中心在信息上实现无缝对接，能实时获取专家建议、接受培训等。远程医疗监护主要利用物联网技术，构建以患者为中心，基于危急重患者的远程会诊和持续监护服务体系，使医疗在移动性、连续性、实时性方面做到更好。

交通堵塞已经成为影响城市和谐健康发展的重大问题，传统的交通管理手段面临大量的信息孤岛问题，已经不适合如今的城市。智能交通系统（Intelligent Traffic System，ITS）是指将先进的传感器技术、信息技术、网络技术、自动控制技术、计算机处理技术等应用于整个交通运输管理体系，从而形成的一种信息化、智能化、社会化的交通运输综合管理和控制系统。打造一套城市交通支撑平台将是交通事业发展的必然选择，也是实现智慧交通的必经之路。近些年，随着物联网技术的发展，交通也越来越智能化、交通基础设施发挥的效能越来越大。它对道路和交通进行全面感知，可以实现对每一辆汽车进行交通全程控制，对每一条道路进行交通全时空控制，从而提高交通效率。可以将整个城市的车流量、道路状况、天气、温度、交通事故等大数据量的信息实时收集起来存储在云端，通过云计算中心动态地分析并计算出最优的交通指挥方案和车行路线，并将这些信息通过无线通信、有线广播、电子显示屏、互联网、车载器等方式向出行者、驾驶员发布，保障人与车、路、环境之间的信息交互，从而提高交通系统的效率。

可以说共享单车的兴起在很大程度上归功于市场需求和投资，不可忽视的是其背后技术的进步，以摩拜单车为例，摩拜单车创建了全球首个智能共享单车模式，自主研发的专利智能锁集成了GPS和通信模块，使用新一代物联网技术，通过智能手机应用程序（Application，App）使用者可以随时随地定位并使用最近的摩拜单车，骑行到达目的地后，就近停放在路边合适的区域，关锁即可实现电子付费结算[23]。

1.4.2 云计算

云计算的想法可以追溯到20世纪60年代，McCarthy J曾经提到"计算迟早有一天会变成一种公用基础设施"，即计算能力可以像煤气、水电一样，取用方便、费用低。在并行计算、分布式计算、网格计算和效用计算的基础上，云计算经过持续演化和融合改进，逐步形成了目前流行的云计算模型。云计算的出现并非偶发性的创新成果，而是信息技术，尤其是计算技术一步步发展的必然结果，并且在未来仍然还有巨大的发展空间。

1. 云计算的基本概念与体系架构

从根本上说，云计算以虚拟化机制为核心，以规模经济为驱动，以互联网为载体，以由大规模的计算、存储和数据资源组成的信息资源池为支撑，按照用户需求动态地提供虚拟化的、可伸缩的信息服务，包括公开云和私有云两种类型。云计算系统一般具备7个典型特征：超大规模、虚拟化、高可靠性、通用性、高扩展性、按需服务与极其廉价。

云计算的体系架构可分为核心服务层、服务管理层和用户访问接口层，如图1.2所示。

云计算核心服务可以分为3个子层：基础设施即服务（Infrastructure as a Service，IaaS）层、平台即服务（Platform as a Service，PaaS）层、软件即服务（Software as a Service，SaaS）层。这3个子层也是云计算的3种典型的服务方式：IaaS层利用硬件基础设施部署服务，为用户按需提供实体或虚拟的计算、存储和网络等资源；PaaS层基于计算、存储和网络基础资源，为面向企业或终端用户的应用及业务创新提供快速、低成本的开发平台和运行环境；SaaS层提供了完整可用的应用软件，不需要用户安装，软件升级与维护也无须终端用户参与。各层可独立提供云服务，下一层的架构也可以为上一层云计算提供支撑[24]。

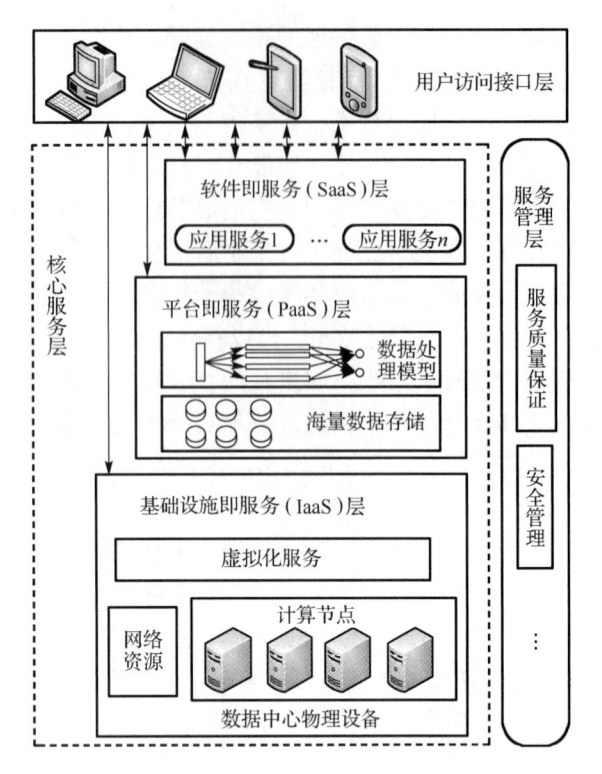

图 1.2　云计算的体系架构

服务管理层为核心服务层的可用性、可靠性和安全性提供保障。服务管理层包括服务质量（Quality of Service，QoS）保证、安全管理、计费管理、资源监控等管理内容，这些监管措施对云计算的稳定、高效运行起到重要的作用。

用户访问接口层实现了云计算服务的泛在访问，通常包括命令行和 Web 门户等形式。命令行和 Web 服务的访问模式既可为终端设备提供应用程序开发接口，又便于多种服务的组合。由于不同云计算服务商提供的接口标准不同，用户数据不能在不同服务商之间迁移。为此，在 Intel、Sun 和 Cisco 等公司的倡导下，云计算互操作论坛（Cloud Computing Interoperability Forum，CCIF）宣告成立，并致力于开发统一云接口（Unified Cloud Interface，UCI），以实现"全球环境下不同企业之间可利用云计算服务无缝协同工作"的目标。

2．云计算与智慧城市

云计算平台以其空前强大的数据分析计算能力，成为智慧城市的"大脑"，全面协调城市生活的各个方面，实现对城市中海量数据的计算及存储，并可提高城市中各种资源利用率，节约智慧城市建造成本。智慧城市包含城市生活的各个方面，是一个由多应用、多行业、多系统组成的复杂的综合体。在智慧城市的建设中，累积了大量数据信息，并且在城市的多个应用系统之间存在资源共享与信息交互的需求。智慧城市的各个应用系统均需要存储在云计算中的各种数据，用于实现各自功能。如此众多而繁复的系统需要多个强大的信息处理中心来进行各种信息、各种数据的处理，所以说，云计算能满足智慧城市建设的要求。

云计算作为一种新的计算模式和服务模式，以其海量的存储能力和可变化的计算能力著称，并且它以服务的方式提供给用户，使用户能够在不同地点、不同时间、不同平台上使用，极大地发挥网络资源的价值和优势，减少对终端平台的依赖性。云计算对智慧城市的各类应用做出有力支撑，以建设云计算为核心，打造各类云技术（如电子政务云、医疗云、市政云、交通云、教育云、安全云、社区云、旅游云等），已经成为智慧城市建设中较为广泛的应用模式。云计算将改革整个城市的发展模式，极大提高城市的智慧程度，促进城市各个方面健康快速发展。

城市各个领域之间是一种"相互依赖"的网状关系。智慧城市的建设需要充分了解城市中的信息，分析城市各个领域之间的网状关系。智慧城市将城市中的人才流、物资流、信息流、资源流、资金流等信息存储在云端，全面整合城市的信息资源。

融合是智慧城市的本质所在，它将信息技术与传统产业相融合，在融合过程中将产生一系列的新型行业，如快递、网络运维管理、高端网站建设等，这些行业将间接推动城市传统支柱产业的发展。在构建基于云计算平台的智慧城市的过程中，需要先一步建立智慧政府，再以智慧政府为核心，解决交通、医疗、教育、居民生活等一系列社会管理服务问题。云计算为智慧城市的发展提供了更加广阔的发展空间。

智慧城市需要各方协力推进，更需要注重整合相关信息资源。智慧城市建设要高度重视信息的挖掘、整合与再应用。而云计算作为一种新兴的计算模式，其重要功能就是整合资源，为应用提供强大的支撑，使信息能够全方面地共享，为预测和决策提供有力的智慧参考，从而提升政府的行政能力。例如，城市在多年的建设中已经开发了多个电子政务、电子商务等应用平台，这些系统积累了大量有价值的资源。但这些平台是相互独立的，彼此之间没有信息交互与资源共享。同时，大量且重复的系统平台使各行业出现了设备利用率低、管理成本高等问题。云计算中心的建设能够有效整合设备硬件资源和信息数据，支撑更大规模的应用，处理更大规模的数据，并且能够对数据进行更深度的挖掘，从而为政府决策、企业发展、公众服务提供更好的平台。

云计算的突出特点在于实现资源共享。采用云计算方案构建的智慧城市将提高城市基础资源的利用率，有效降低城市基础设施的投资规模。此外，云计算还可以有效地节约能源，在夜间设备资源负载低时，可以将业务转移到部分物理资源上，而将其他空闲的物理资源关机或转入节能模式。云计算数据中心通过集中的资源管理，可以降低日常维护工作量，大量的工作都转移到后台由专业人员完成，从而降低管理维护成本，提高管理效率。云计算数据中心通过资源整合、统一管理可以有效降低信息资源共享的成本和信息化的门槛，使更多的单位和企业走进信息化时代，从而提高工作效率。

信息是现代城市发展的基础，人们对信息服务的要求不断提高。相对于各行业混杂的公众云，行业云不仅能够提供更丰富、更有层次、更专业的信息服务，还能够深度挖掘行业数据信息，推动智慧城市的建设。例如，针对医疗设备、医务人员、患者信息、电子病例等的医疗云，针对道路信息、车流量、天气、温度等的交通云，针对商业组织市场情报与服务的商业云等。多个不同层次、不同大小的行业云形成一套有机的城市生态系统，支撑起智慧城市的建设，推进智慧城市的发展。

庞大的基础软、硬件资源将造成巨大的能源消耗，绿色且节能地使用这些资源是每个行业的必然追求，也是云计算发展的初衷之一。

云计算数据中心的模式是将公共资源池租给多个用户使用，将多个硬件资源集中起来，使用专业合理的方式维护设备，降低能耗。同时，按需分配资源可以有效提高资源利用率，在夜间数据中心整体负载降低的情况下，可将空闲资源转入休眠模式或直接关闭机器，从而在最大限度上实现数据中心绿色、低碳的节能运行。

3. 基于云计算的智慧城市的应用范例

智慧政府是智慧城市发展的核心动力，政府信息资源可通过政务管理平台实现资源的优化配置和高效利用，而其功能的实现也依赖于云计算的支持。传统的基于设备的资源共享系统具有很多局限性，如文件传送、公共数据中心运维管理等无法实现高效率的使用与共享。基于云计算的政务管理平台不仅向公众提供可参与的网络平台，还可以保证公众的诉求有良好的回应。通过政务管理平台，公众可以自助满足对政府服务的各种需要，这些服务以开放公用的方式集中在云端，公众可通过网站、App等各种手段享受智慧政府的各种服务。因此，智慧政府可通过云计算平台来提高自身运作能力和运作效率，为智慧城市的建设提供核心动力。

智慧是教育永恒不变的追求，教育的目的就在于启迪人们的智慧，新一代信息技术的发展使教育有了新特征，教育本身被赋予了智慧的内涵。以智慧的教育启迪智慧是教育信息化的必然之路，也是现代教育发展的新阶段。智慧教育并不是信息技术与传统教育的简单累加，它需要以智慧学习环境为技术支撑、以智慧教学方法为催化促导、以智慧学习为根基。我国教育信息化发展到现在仍然不能实现智慧教育主要是因为教学方法单一，不能很好地利用各种教育资源丰富教育手段、改善教育方法；教学环境孤立，优质教育资源共享困难；学生学习仅仅局限于教师教授，不能很好地利用互联网上的各种资源进行自主学习。云计算的出现为智慧教育带来了希望与可能，是智慧教育实现智慧的所在。云计算的核心在于计算与存储功能的虚拟化、集中化，可实现教学资源的快速统整与共享，改善教育现状。基于云计算的教育支撑平台将全面整合教育系统中的各种优质教学资源、平台、应用等，构建一个统一的智能开放架构的云计算平台，为用户提供租用或免费服务，满足用户通过终端应用完成教学、学习、管理、科研、社会交往等方面的需求，实现发布教育信息、获取教学资源、开展教学互动、统计教育信息与数据、形成科学决策、实施教育评价、开展协同科研等系列教育活动。

智慧社区可实现社区内的充分连通，达到人与物、人与人的全方位交流，有助于解决民生问题，以及日渐复杂的城市管理问题。

云计算技术将全面整合社区内的物业、家居、监控、医疗、教育等资源，集成物业服务、家居服务、医疗服务、教育服务、安保服务等业务，集中智能化处理社区中的各种资源信息，向社区居民提供各种信息和应用服务，实现社区服务的高效运行，为住户提供一种安全、舒适、方便、快捷和开放的信息化生活空间，全面提高居民生活水平，打造优秀的城市单元，解决城市管理难题。

1.4.3 大数据

大数据（Big Data）的概念最初源于美国，是由思科、威睿、甲骨文、IBM等公司共同倡议发展起来的。2011年，麦肯锡公司在题为"海量数据，创新、竞争和提高生成率的下一个新领域"的研究报告中指出，数据已经渗透到每一个行业和业务职能领域，逐渐成为重要的生产因素；而人们对于海量数据的运用将预示着新一波生产率增长和消费者盈余浪潮的到来。大数据成为继云计算之后的全球新热点[25]。

1．大数据的定义和特征

对于大数据的定义，由于出发点的不同，达成共识非常困难。麦肯锡公司的研究报告中对大数据的定义：超过典型数据库软件工具捕获、存储、管理和分析数据能力的数据集。这种观点从比较的观点出发说明了什么样的数据集才能被认为是大数据。IBM 提出了大数据"5V"特点，分别是 Volume（大量）、Velocity（高速）、Variety（多样）、Value（低价值密度）、Veracity（真实性）[26]。

2．大数据价值链

大数据不是凭空出现的，其应用也不是断章取义的结果，其生命周期的不同阶段实际上是在大数据价值链中完成的。大数据价值链依次由 4 个阶段构成：数据生成、数据获取、数据存储和数据分析[27]。

数据生成关心的是数据如何产生，此时大数据意味着从多样的纵向或分布式数据源（传感器、视频和其他数字源）产生的大量的、多样的和复杂的数据集。通常，这些数据集和领域相关的不同级别的价值联系在一起。

数据获取是获取信息的过程，可分为数据采集、数据传输和数据预处理。数据采集是指从特定数据生产环境获得原始数据的专用数据采集技术。数据采集完成后，需要高速的数据传输机制将数据传输到合适的存储系统，供不同类型的分析应用使用。数据集可能存在一些无意义的数据，将增加数据存储空间并影响后续的数据分析。因此，必须对数据进行预处理，以实现数据的高效存储和挖掘。

数据存储解决的是大规模数据的持久存储和管理。数据存储系统可以分为两部分：硬件基础设施和数据管理软件。硬件基础设施由共享的信息和通信技术（Information and Communication Technology，ICT）资源池组成，资源池根据不同应用的即时需求，以弹性的方式组织而成。硬件基础设施应能够向上和向外扩展，并能进行动态重配置以适应不同类型的应用环境。数据管理软件部署在硬件基础设施之上用于维护大规模数据集。此外，为了分析存储的数据及数据交互，存储系统应提供功能接口、快速查询功能和其他编程模型。

数据分析利用分析方法或工具对数据进行检查、变换和建模并从中提取价值。许多应用领域利用领域相关的数据分析方法获得预期的结果。尽管不同的领域具有不同的需求和数据特性，它们可以使用一些相似的底层技术。当前的数据分析技术的研究可以分为 6 个重要方向：结构化数据分析、文本数据分析、多媒体数据分析、Web 数据分析、网络数据分析和移动数据分析。

1.4.4　人工智能

2016 年 3 月，AlphaGo 在与围棋世界冠军李世石的对弈中以总比分 4：1 获胜[28]，人工智能（Artificial Intelligence，AI）这一科技前沿领域再一次进入人们的视线中。

实际上，人工智能的起源可以追溯到 20 世纪 50 年代。1950 年，"计算机之父"Turing A

提出了著名的"图灵测试"：如果一台机器能够与人类展开对话（通过电传设备）而不能被辨别出其机器身份，那么称这台机器具有智能。1956年，美国达特茅斯学院聚集了数学、心理学、工程学、经济学和政治学领域的科学家，举办了历史上第一次人工智能研讨会。会上McCarthy J 首次提出"人工智能"概念，标志着人工智能的正式诞生。人工智能也迎来了它的第一个黄金时期，计算机被广泛应用于数学和自然语言领域，用来解决代数、几何和英语问题。这让很多研究学者看到了机器向人工智能发展的信心。甚至在当时，有很多学者认为：二十年内，机器将能完成人能做到的一切。然而，问题的复杂性、计算机性能的不足和数据量的缺失使得人工智能研究进入瓶颈期，成果未能达到民众和当局期待的高度，从1974年开始，人工智能遭遇"第一次寒冬"，投资者和政府对人工智能研究的资金投入骤减。1980年，人工智能中"专家系统"的商用价值被广泛接受，企业订单增多，人工智能研究才开始复苏。卡内基梅隆大学为数字设备公司设计了一套名为"XCON"的"专家系统"，它在1986年之前能为公司每年至少节省4000美元经费。1987年，Apple 和 IBM 生产的个人计算机的性能迅速提升，"专家系统"风光不再。人工智能硬件的市场急剧萎缩，科研经费随之又被削减，人工智能经历了"第二次寒冬"。

20世纪90年代中期，随着人工智能技术尤其是神经网络技术的逐步发展，以及人们对人工智能开始抱有客观理性的认知，人工智能技术开始进入平稳发展时期，进入了"第三次黄金时代"。1997年5月11日，IBM 的计算机系统"深蓝"战胜了国际象棋世界冠军Kasparov G，又一次在公众领域引发了现象级的人工智能话题讨论。2006年，Hinton G 在神经网络的深度学习领域取得突破，人类又一次看到机器赶超人类的希望。这次标志性的技术进步，引爆了一场商业革命。谷歌、微软、阿里巴巴等公司，还有众多的初创科技公司，纷纷加入人工智能产品的战场，人工智能渗透到金融、交通、娱乐、医疗等领域中，创造出持续且潜力无穷的商业价值[29]。

2017年，国务院印发《新一代人工智能发展规划》，从国家层面对我国人工智能的发展道路进行了战略部署[30]。2018年3月6日，南京大学官网正式发布新闻，成立人工智能学院，聘请周志华教授担任南京大学人工智能学院院长。南京大学方面表示，在人工智能发展进入新阶段的时代背景下，南京大学组建人工智能学院，旨在顺应国家的科技发展战略，切合产业的发展需要，充分发挥南京大学在人工智能方向上学科发展和人才培养优势，形成高端人才积聚效应，探索智能产业产学研合作的新模式，为促进我国在新一轮国际竞争中处于优势地位做出重要贡献[31]。

1. 人工智能的定义

在认识人工智能为何物的之前，先要认识智能为何物。Sternberg R 就人类意识这个主题给出了以下有用的定义：智能是个人从经验中学习、理性思考、记忆重要信息，以及应付日常生活需求的认知能力。人工智能的一个比较流行的定义，就是由当时麻省理工学院的McCarthy J 在达特茅斯会议上提出的：人工智能就是要让机器的行为看起来就像是人所表现出的智能行为一样。但是这个定义似乎忽略了强人工智能的可能性。另外还有许多在历史上有相当影响力的或是仍在流行的定义，比如"人工智能就是会学习的计算机程序"和"人工智能就是根据对环境的感知，做出合理的行动，并获得最大收益的计算机程序"等。总体来讲，目前对人工智能的定义大多可划分为 4 类，即机器"像人一样行动""像人一样思考""理性地思考""理性地行动"。这里"行动"应广义地理解为采取行动，或制定行动的决策，而不是肢体动作[32]。

2．人工智能的层级划分

如果将人工智能根据智能程度划分，那么人工智能包含 3 个不同层级：弱人工智能、强人工智能和超人工智能[33]。

弱人工智能（Weak AI）也称限制领域人工智能（Narrow AI）或应用型人工智能（Applied AI），指的是专注于且只能解决特定领域问题的人工智能。毫无疑问，今天所能看到的所有人工智能算法和应用都属于弱人工智能的范畴。AlphaGo 是弱人工智能的一个最好实例。

强人工智能（Strong AI）又称通用人工智能（General AI）或完全人工智能（Full AI），指的是可以胜任人类所有工作的人工智能。一般认为，一个可以称得上强人工智能的程序，大概需要具备以下几方面的能力：存在不确定因素时进行推理、使用策略、解决问题、制定决策的能力；知识表示的能力，包括常识性知识的表示能力；规划能力；学习能力；使用自然语言进行交流沟通的能力；将上述能力整合起来实现既定目标的能力。

假设计算机程序通过不断发展，可以比世界上最聪明、最有天赋的人类还聪明，那么由此产生的人工智能系统就可以被称为超人工智能。与弱人工智能、强人工智能相比，超人工智能的定义最为模糊，因为没人知道，超越人类最高水平的智慧到底会表现为何种能力。电影里描绘的多为强人工智能或超人工智能。

3．基于人工智能的智慧城市的应用范例

智慧城市建设是一项复杂的、跨多领域融合的系统工程，"智慧"作为智慧城市的核心特征，少不了人工智能的助力。人工智能渗透到城市内的各个角落，提供智慧城市建设的技术手段，不仅创造经济价值，提高居民生活质量，还有助于提供城市问题的解决方案。我国不断加大对人工智能等新兴产业的扶持力度，并出台一系列政策，积极推动其创新发展。从《"十三五"国家科技创新规划》到《"互联网+"人工智能三年行动方案》，再到《新一代人工智能发展规划》都在不断提出研发并支持人工智能产业发展，推进重点领域智能产品创新。人工智能和城市的发展是协同共进、相辅相成的。

城市计算实际上就是将大数据和人工智能技术运用于解决智慧城市建设的各方面问题。相关内容将会在第 2 章中详细阐述。

1.4.5　通信技术

纵观智慧城市体系结构上下各层，无论感知层数据获取过程还是服务层数据管理和挖掘过程，乃至应用层智慧应用之间的协同互动，通信技术作为数据信息的载体，扮演着智慧城市"血管"的角色。

城市内电信网整体网络架构如图 1.3 所示，分为左右两部分，左边为固定电话网络侧（简称固网侧）网络架构，右边为无线网侧网络架构。

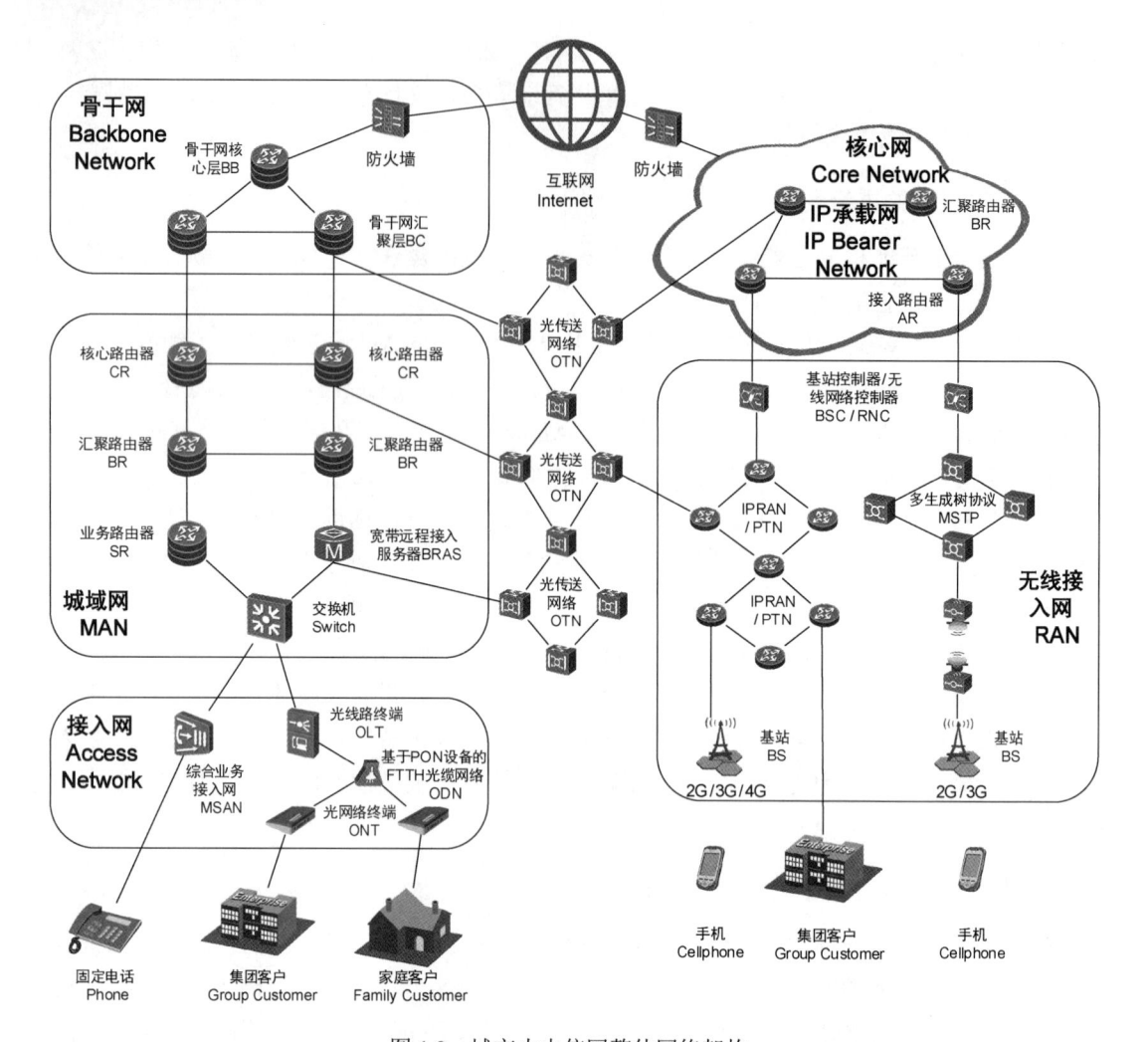

图 1.3　城市内电信网整体网络架构

固网侧集团用户和家庭用户先通过接入网接入，然后进入城域网，城域网可以分为接入层、汇聚层和核心层。信号从城域网出来之后到达骨干网，骨干网又可以分为接入层和核心层。无线网侧手机和集团用户通过基站接入无线接入网，信号经过 IP 承载网传递给核心网。固网侧和无线侧可以通光纤进行传递，远距离传递主要由波分产品承担。两侧的信号最后分别通过防火墙到达互联网。

接入网（Access Network，AN）[34]位于固网侧的底层，又称本地接入网或居民接入网，根据国际电信联盟电信标准局（Telecommunication Standardization Sector of the International Telecommunications Union，ITU-T）的定义：接入网是由业务节点接口（Service Node Interface，SNI）和相关用户网络接口（User Network Interface，UNI）之间的一系列传送实体组成的，它是一个为传送电信业务提供所需传送承载能力的实施系统，由 Q3 接口配置和管理。通俗理解为接入网只是起到让用户能够与互联网连接的"桥梁"作用，这里的用户可以只是一台设备，也可以是多台设备组成的网络。

城域网（Metropolitan Area Network，MAN）是指介于广域网（WAN）和局域网（LAN）

之间，在城市及郊区范围内实现信息传输与交换的一种网络，是电信运营商或互联网服务提供商（Internet Service Provider，ISP）在城域范围内建设的城市 IP 骨干网络。从城市信息化建设的角度来看，城域网是城市重要的信息基础设施。城域网可以分为接入层、汇聚层和核心层，接入层网络负责提供各种类型用户的接入远程宽带接入服务器（Broadband Remote Access Server，BRAS）作为入口负责认证、鉴定和计费，其节点的设置主要是为了将不同地理分布的用户快速有效地接入骨干节点，也就是汇聚层和核心层节点。汇聚层位于核心层和接入层中间，主要实现如下功能：扩大核心层设备的端口密度和种类；扩大核心层节点的业务覆盖范围；汇聚接入节点；实现接入用户的客观理性。核心层网络主要负责进行数据的快速转发和城域网路由表的维护，同时实现骨干网的互联，提供城市的高速 IP 数据出口，重点考虑可靠性和可扩展性[35]。

骨干网（Backbone Network，BN）作为城域网的上一级网络，是用来连接多个区域或地区城域网的高速网络，是整个固网的核心，承担着城域网之间互通的枢纽作用和访问外网的出口作用。其特点是高可靠性、灵活性、可扩展性和扁平化[36]。

无线接入网（Radio Access Network，RAN）位于无线网络的底层，是指为满足传送用户业务所需的传送能力，业务节点和用户终端之前全部或部分设施采用无线方式传输的网络。其上是 IP 承载网和核心网，IP 承载网的功能是承载对传输质量要求较高的业务；核心网的功能是提供用户连接、对用户的管理，以及对业务完成承载，作为承载网络提供到外部网络的接口，即路由与交换。

第三代移动通信技术（3rd-Generation，3G）：国际电信联盟（International Telecommunications Union，ITU）目前一共确定了全球四大 3G 标准，分别是 WCDMA、CDMA2000、TD-SCDMA 和 WIMAX[37]。2009 年 1 月 7 日，工业和信息化部为中国移动、中国电信和中国联通分别发放了 TD-SCDMA、CDMA2000 和 WCDMA 第三代移动通信（3G）牌照[38]，宣布中国进入了 3G 时代。3G 时代淘汰了 2G 时代只能打电话发短信的功能机，迎来了智能手机的浪潮，进入了手机互联网时代。

第四代移动通信技术（4th-Generation，4G）：4G 基于 3G 通信技术基础上不断优化升级、创新，融合了 3G 通信技术的优势，并衍生出了一系列自身固有的特征，以 WLAN 技术为发展重点[39]，包括 TD-LTE 和 FDD-LTE 两种制式。2013 年 12 月 4 日，工业和信息化部正式向三大运营商发放 4G 牌照，中国移动、中国电信和中国联通均获得 TD-LTE 牌照[40]。4G 通信技术的创新使其与 3G 通信技术相比具有更大的竞争优势，在图片、视频传输上能够实现以更快的无线通信速率对原图、原视频高清传输，催生了直播、外卖行业的兴起，以淘宝网为代表的电子商务的蓬勃发展和以支付宝为代表的移动支付方式取代了现金支付方式，深刻地改变了人们的生活。

第五代移动通信技术（5th-Generation，5G）：5G 并不是独立的、全新的无线接入技术，而是对现有无线接入技术（包括 2G、3G、4G 和 Wi-Fi）的技术演进，以及一些新增的补充性无线接入技术集成后解决方案的总称[41]。网络按场景切片优化资源分配；核心网采用基于服务架构（Service Based Architecture，SBA）模块化、软件化等技术手段。国际电信联盟将 5G 应用场景划分为移动互联网和物联网两大类，可以理解为 5G 标准不再是仅仅提供给手机使用的。移动互联网包含于互联网中，而互联网又包含于物联网中，5G 被公认为开启真正万物互联的"钥匙"。

智慧城市是一项包含物联网、云计算、大数据等众多技术的复杂系统。对于物联网技术，5G 技术恰好能提供物联网发展需要的高质量基础网络设施的支持。在物联网概念细分下的诸多对于移动网络传输速率有较高要求的子领域中，如车联网中，5G 技术的落地也将解决传输速率问题。对于云计算技术，由于 5G 明显提升了网络响应效率、可靠性和单位容量，5G 的落地应用会使得云计算的计算终端向云端迁移，全面促进了云计算的普及。对于大数据技术，5G 将大数据的连接、计算、存储、应用、产业链各个环节行动起来，全面提升优质大数据实时性、持续性、真实性、安全性和全面性。在 5G 技术的加持下，各项技术将得到进一步的提升，促使智慧城市建设的飞速发展。

1.5 国内外智慧城市建设成果案例

1.5.1 美国迪比克市

2009 年 9 月，艾奥瓦州迪比克市和 IBM 共同宣布发起"智慧的可持续迪比克"计划（Smarter Sustainable Dubuque），将建设美国第一个智慧城市，特点是重视智能化建设。迪比克市计划与 IBM 合作，通过运用物联网技术将城市的水、油、气、交通、公共服务等资源数字化并连接起来，从而实行高校的检测分析和智能分配，在降低城市整体能耗和成本的情况下，满足各个市民的需求[42]。

"智慧的可持续迪比克"计划主要包括 5 个方面：智慧卫生健康（Smarter Health&Wellness）、智慧水务（Smarter Water）、智慧电网（Smarter Electricity）、智慧废弃（Smarter Discards）和智慧旅游（Smarter Traval）。其中最为值得一提的就是在智慧水务和智慧电网这两个方面开展的工作。

迪比克市的智慧水务与对城市社区范围内的水表更换项目一并进行，安装数控水电计量器到户、到店，智能水电计量器中使用了低流量传感器技术，防止公共设施和民宅水电泄漏，减少浪费。同时 IBM 专门为公共事业用户开发了实时可持续发展综合监督平台"智慧水务门户网站"，及时对数据进行分析、整合和展示，数据内容包括用水量、成本、碳足迹等，为市民提供一种通过识别日常水使用模式检测水泄漏的方法，智能地管理他们的水资源。300 多户迪比克家庭参加了为期 12 个月的试点研究，用水量下降了 6.6%，漏水检测率也显著增加。

智慧电网试点项目的开展是通过密切协调与艾奥瓦州当地的 Alliant 州际电力能源公司的合作实施的。IBM 和 Alliant 州际电力能源公司提供技术和服务支持，为迪比克市提供更加智能化的基础设施，深入了解用户使用模式，实现电力消费决策。能源试点项目（部署超过 1200 户迪比克家庭）通过智能电表收集用户的用电数据，IBM 使用住户的这些数据开发了用户界面系统，市民可以方便地监控自己的电能消耗，对电能消耗方案选择更加明智。该市家庭采用该方案之后，已经减少了 11% 的用电量。

迪比克市智慧城市建设案例中最值得学习的地方就在于，迪比克市向市民和企业公布了这些数据信息。只有每位市民、每家企业对自身的能耗拥有直观清晰的认识，才会对可持续发展担负起更多责任。

1.5.2 瑞典斯德哥尔摩市

斯德哥尔摩市是 2009 年美国"智能社区论坛"评选的"年度智慧城市"奖获得者。这一奖项表彰该城市在智能交通、宽带部署、创造和维持知识型劳动力的能力、数字包容性、城市创新能力、市场营销与宣传能力等领域的优秀表现[43]。其智慧城市建设的亮点在交通系统上得到了最大的体现。

斯德哥尔摩市平均每天有 45 万辆汽车驶过城市中央商务区，严重交通拥堵时有发生。为此，瑞典公路管理局请 IBM 为其设计、构建并且运行一套先进的智能收费系统，包含摄像头、传感器和中央服务器，确定交通工具并根据车辆出行的时间和地点收费，这一举措使交通量降低了 20%，排放量减少了 12%。在 IBM 的助力下，斯德哥尔摩市在通往市中心的道路上设置了 18 个路边控制站，通过使用 RFID 技术，以及利用激光、照相机和先进的自由车流路边系统，自动识别进入市中心的车辆，自动向在周一至周五（节假日除外）6:30—18:30 进出市中心的注册车辆收税。通过收取"道路堵塞税"减少了车流，交通拥堵降低了 25%，交通排队所需的时间下降了 50%，道路交通废气排放量减少了 8%~14%，二氧化碳等温室气体排放量下降了 40%。由于在环保方面做得出色，斯德哥尔摩市于 2010 年被欧盟委员会评定为"欧洲绿色首都"。

1.5.3 日本柏之叶校园城市

日本智慧城市建设的前身是数字社会建设，日本政府出台了一系列政策举国推进数字信息化发展。

2001 年，日本制定了"e-Japan"战略（electronic-Japan），出台了 IT 基本法，由内阁总理担任 IT 战略本部部长，在国内 47 个都道府县均衡配置高速和超高速宽带网络，实现通信基础设施的世界领先地位。建设重点是 IT 基础设施建设和加强应用性、提高利用率。

2006 年，日本总务省正式实行"u-Japan"战略，目标是在 2010 年建成泛在网络社会，将以往的有线网络基础设施建设提升到不分有线无线、泛在的网络环境建设，实现全国"任何时间、任何地点、任何人、任何事"都能够轻松连接网络的网络通信环境。"u"不仅是"普遍的（universal）""用户导向的（user-oriented）"，也是"个性的（unique）"。

2009 年 7 月，日本政府 IT 战略本部出台"i-Japan 战略 2015——迈向国民主体的安心与活力数字社会"。"i-Japan"战略目标是让国民可以像水和空气一样获得和利用数字信息，开发易于使用的数字技术，消除妨碍数字使用的壁垒，增强使用的安全性，促进数字技术和信息对经济社会的渗透，创新日本社会。"i-Japan"战略把政府、医院和学校三大公共领域列为重点领域。

柏之叶校园城市是 2011 年日本内阁府指定的 11 个"环境未来城市"之一[44]。2016 年，柏之叶校园城市获得美国绿色建筑协会颁发的国际性绿色环境认证制度"LEED 认证"中"社区开发（Neighborhood Development, ND）"认证最高的"铂金级认证"，这在日本尚属首次。以柏之叶创新校区为中心面积达 420000m^2 的对象区域是世界上规模最大的区域之一。

"LEED 认证"是世界公认最有影响力的建筑与城市街区可持续性评估标准，标志着柏之叶街区建设达到了世界顶级环境性能。

柏之叶智慧城市建设主体除千叶县柏市外，还包括东京大学、千叶大学、三井不动产株式会社、智慧城市规划株式会社、柏之叶城市设计中心、TX 企业家伙伴。

柏之叶智慧城市建设由 3 个基本理念组成：第一，建设能够迎接城市问题挑战的街区。其中，绿色能源、环境共生、安全与安心、健康长寿、产业振兴是最重要的课题。第二，城市是人的生活场所。人是城市的主体，智慧城市建设的目标是创造轻松的工作环境、舒适环保的娱乐与生活环境、应对自然与社会风险的能力以确保家庭与资产的安全性。不依赖汽车的街区是智慧城市建设的目标之一。柏之叶地区距离东京都心秋叶原乘坐快轨仅需 30min 即可到达，城市建立了发达的公共交通设施、自行车专用道、社区循环公交系统，其中充分发挥公共自行车优势，改善居住环境是一大亮点。第三，复合功能优势与专业化街区管理有机结合，实现街区的可持续发展。与传统的单一功能的街区设计不同，复合功能城市可以通过城市经营实现城市价值的持续创造，让智能技术为城市创造附加价值。

柏之叶地区开发以 2014 年为界，分为站前开发和整个区域开发两大阶段。首先是 2005—2013 年的站前创新校园建设。柏之叶快轨站前地区建设可以分为 3 个阶段，即规划阶段的智慧聚焦、开发阶段的智慧解决、建成之后的智慧管理。截至 2013 年，柏之叶地区运用先端技术体系在城市轨道车站前核心街区建起了 $70000m^2$ 的创新校园。创新校园建设包括能源体系、交通体系、粮食与园艺、健康服务，建设成果包括在环境共生领域建成了日本最早的街区电力融通系统。日本电气公司日立公司为柏之叶智慧城市设计建设了对区域整体能源进行运转、监测、控制的地域能源管理系统。在健康长寿领域，柏之叶地区建成了疾病预防体系，在新产业创造领域设立创新办公室，建立了多元主体的社区交流平台，职住接近、富有活力、多功能的精准街区雏形初现，地区由建设阶段进入智慧管理阶段。

2014 年之后，柏之叶地区智慧城市建设进入推进街区整体（面积为 $3000000m^2$）建设的新阶段，以 2030 年为目标实现整个地区的创新校园化。第一个目标是通过"复合用途"创造"复合优势"，实施工作、居住、旅游（商业）、大学（研究）的复合开发，建设文化、便利店和俱乐部（Culture Convenience Club，CCC）一体的复合商业设施，实现昼夜人口比例最优化。第二个目标是推出以"水与绿"为主题的城市设计，将蓄水池塘改建为水上平台，实现道路、公园等公共空间的环境治理。第三个目标是创造居民与大学科研人员的社区交流场所，居民与企业、大学、研究机构携手实施研究开发和产品开发，引进环保性能高和对健康无伤害的优质企业，创建新一代生活科学产业的创新基地。

日本数字城市特别是智慧城市建设经验对我国有以下 3 点重要启示。

（1）明确数字城市建设与智慧城市建设的不同使命。数字城市建设以信息通信基础设施建设为主，而智慧城市本质上是为了破解城市所面临的环境能源问题、居民生活问题和产业创新等现实问题，是一个问题解决型的城市发展战略。

（2）智慧城市建设所借助的高科技手段是有技术标准的，而智慧城市挑战的环境问题、经济问题和生活问题因城而异，不具有可比性，不宜制定达标标准，更不宜作为政绩考核标准。

（3）智慧社区建设是智慧城市建设的基础，也是智慧城市建设的核心内容。

1.5.4 中国深圳

深圳是国内通信产业发展最快的城市之一,已成为全国乃至全球重要的通信产业基地,华为、腾讯等一批具有国际竞争力的骨干企业均聚集于深圳。放眼国内甚至国际新型智慧城市建设领域,深圳处于第一梯队。国家信息中心发布的《中国信息社会发展报告 2017》显示,深圳信息社会指数达 0.88,连续 4 年位居全国地级以上城市第一,成为国内率先进入信息社会发展中级阶段的城市。同时,中国社科院信息化研究中心发布的《第八届(2018)中国智慧城市发展水平评估报告》称,深圳智慧城市发展水平指数达 76.3,位居全国第一[45]。

2010 年,深圳市政府提出了要抓住城市竞争力要害,打造智慧城市。

2011 年,深圳市交通运输委员会依托深圳举办世界大学生运动会的契机,建成了综合交通运行指挥中心实施"U 交通战略"。截止到 2016 年共接入了 13 万台营运车辆的实时动态 GPS 数据、近 20000 路监控视频数据,搭建了"1+4"智能交通应用体系框架(1 个综合交通数据中心,以及智能交通、智能设施、智能物流、智能政务四大平台),成为国内领先的智慧交通城市。

2012 年,深圳市政府通过《智慧城市规划纲要》[46]。

2016 年,《深圳市国民经济和社会发展第十三个五年规划纲要》提出,建设信息经济为先导的智慧城市,打造具有国际先进水平的智慧之城[47]。

2018 年,发布《深圳市新型智慧城市建设总体方案》,到 2020 年,新型智慧深圳要建成的目标是:一图全面感知、一号走遍深圳、一键可知全局、一体运行联动、一站创新创业和一屏智享生活,让市民生活更便利,城市更美好。这标志着深圳新型智慧城市建设进入了抢占全球智慧城市建设制高点的新阶段[48]。

深圳将打造优质普惠的公共服务,对市民而言,"一号走遍深圳"实现后,其身份证、驾驶证、社保卡、图书证、银行卡等,只要是实名办理的卡都可合成一个账户,在购物支付、医疗保障、图书借阅等过程中,均可使用身份证办理相关事项和服务。未来,还可以通过生物识别+身份证号或实名手机号办理各类事项和服务。"一屏智享生活"实现后,市民办事、享受生活服务无须到处找入口,可从 App 获得想要的服务,该 App 还能根据个人情况通过移动端推送服务信息。对企业而言,"一号走遍深圳"实现后,企业在办理各类事项时,无须重复提交各种证明材料,只需要使用社会信用代码+数字证书就可办理各类公共服务事项,尽量做到不见面办理。"一站创新创业"实现后,企业可方便地获得政府开放的数据和软件开发资源进行创新,也能享受一站式创业服务。

《深圳市新型智慧城市建设总体方案》着重强调了政企合作的重要战略地位。深圳智慧城市建设已深入电子政务、医疗、教育、交通等场景,创造了很多行业第一,由华为提供解决方案。华为主要致力于提供以下 4 个方面的能力:一是顶层设计能力;二是资源整合能力;三是综合解决方案的提供能力;四是全方位的技术能力。深圳市龙岗区政府与华为全面展开战略合作,由华为任"总设计师",将信息网络系统、信息资源系统和信息应用系统的设计、建设、运行维护等纳入管理范围,力推深圳市龙岗区成为智慧城市建设全球样板点。另外,华为在各个领域做深做透,通过技术创新、前沿算法不断为应用场景赋能[49]。

1.5.5 中国上海

2010 年，上海提出"创建面向未来的智慧城市"战略，拉开智慧城市建设的序幕。

2011 年，出台《上海市推进智慧城市建设 2011—2013 年行动计划》[50]。

2014 年，发布《上海市推进智慧城市建设行动计划（2014—2016）》，指出实施"活力上海"五大行动，推动建设 28 个重点专项。

2016 年，《上海市国民经济和社会发展第十三个五年规划纲要》指出，深化以泛在、融合、智敏为特征的智慧城市建设。

上海市经济和信息化发展研究中心在 2018 年公布的《2017 上海市智慧城市发展水平评估报告》显示：上海智慧城市发展水平指数为 99.53，较 2015 年、2016 年保持增长势头。其中，网络就绪度指数为 99.03，智慧应用指数为 105.74，发展环境指数为 95.3。在智慧城市建设方面，上海远远超过了很多其他城市。

2018 年 8 月，上海申通地铁股份有限公司与阿里巴巴、蚂蚁金服联合宣布，三方达成战略合作。签约仪式上，阿里巴巴研发的语音购票、刷脸进站、智能客流分析等多项技术首度亮相。虽然这些技术才刚刚完成实验室测试，进入样机研制阶段，但未来将逐步应用于上海地铁。阿里巴巴集团不少业务与上海的发展方向高度契合，将全力支持阿里巴巴在沪优化产业布局，创新应用场景，推动智慧城市建设和互联网金融、新零售等产业发展。希望双方以战略合作协议的签署为契机，更好地发挥各自优势，共同实现更大的发展。

上海不但有全面的智慧城市建设规划和积极的政府投入，而且有较为完备的 IT 基础设施建设和较高的基础服务水平。尤其是上海在智慧城市建设的重点领域智慧交通走在前列，值得其他城市借鉴与学习[51]。其中，智能交通信号灯管理系统以云计算平台为基础，以"数据驱动+人工智能"为核心，通过提升交通泛感知能力，依托机器深度学习，实现信号配时和设备运维智能化，交通事件发现、处置流程的优化，最终达成警务流程再造、信号配时实时优化、交通组织合理配置的目标。该系统自 2018 年 10 月起运用于部分地区；截至 2019 年 4 月，已先后在浦西世博园区、黄浦外滩地区、国展中心周边共 33km^2 区域内实现试点应用，道路通行效率平均提升 10%。公交信号优先系统主要通过路口公交优先控制主机获取所需的公交车辆 ID、线路号、线路等级、行驶方向、与路口距离的信息、车次属性、车辆速度、晚点与否等公交车辆信息，以及路口各方向的车流量、占有率、排队长度等路口交通状态信息，并通过核心公交信号优先算法进行智能研判，根据公交车辆与路口社会车辆实时运行状态的不同，选择不同级别的优先控制策略。上海综合交通 App 主要包括上海交通 App、上海公交 App、上海交警 App、上海停车 App、乐行上海 App、上海地铁 App，以及云闪付 App 上线的上海公共交通乘车码等。其中，于 2018 年 1 月 18 日上线的上海交通 App，共有 12 项信息服务功能模块，集成实时公交、地铁、路况、轮渡、机场巴士等相关信息，基本实现包括步行、公交（公共汽电车、地铁和轮渡相结合）和驾车的出行路径规划；此外，还进一步融合对外交通信息的对接，完成铁路、机场等信息的接入，以进一步丰富出行信息查询功能，提供市民一站式的交通出行及资讯服务。

1.6 本章小结

本章主要介绍智慧城市这一概念：首先介绍了智慧城市的起源与发展历程，可以看到智慧城市概念的提出并不是偶然的，而是顺应了人类社会发展，从信息化城市到数字城市再到智慧城市的逐步进化的历程；然后简要介绍了智慧城市的定义、核心特征与体系架构，重点介绍了建设智慧城市的关键技术；最后介绍了国内外智慧城市建设成果案例。

通过本章，读者能够对智慧城市有一个相对全面的概念认识。接下来，本书将向读者介绍面向智慧城市建设的城市计算。

本章参考文献

[1] 李月. 刘易斯·芒福德的城市史观[D]. 上海：上海师范大学, 2016.

[2] 中央电教馆. 城市产生与发展[EB/OL]. [2019-07-08]. http://www.nyq.cn/xkbk_view.asp?xk=8&id=1618&Xkjx=5.

[3] 汪向东. 信息化：中国 21 世纪的选择[M]. 北京：社会科学文献出版社, 1998.

[4] 章建. 深入信息化城市试点推进就业档案库建设[J]. 杭州科技, 2013（4）：54.

[5] 孙世界, 吴明伟. 信息化城市的特征——关于信息化条件下我国城市规划的思考[J]. 城市规划汇刊, 2002（1）：9-11.

[6] 孙小礼. 数字地球与数字中国[J]. 科学学研究, 2000（4）：20-24.

[7] 中国科学院地球观测和数字地球中心. 1999 年首届数字地球会议在中国[EB/OL]. [2019-07-09]. http://www.cas.cn/zt/hyzt/gjszdqhy/ljhy/dyj/200909/t20090903_2463151.html.

[8] 高俊艳, 徐宏, 张晓欢, 等. 智慧城市是基于新一轮信息技术的深度化城市社会革命[J]. 中国信息界, 2013（12）：67-69.

[9] 石宇良. 信息化与数字城市发展历程[J]. 北京城市学院学报, 2008（2）：4-6.

[10] MBA 智库百科. 数字城市[EB/OL]. [2019-07-09]. https://wiki.mbalib.com/ wiki/%E6%95%B0%E5%AD%97%E5%9F%8E%E5%B8%82.

[11] 李德仁, 姚远, 邵振峰. 智慧城市中的大数据[J]. 武汉大学学报（信息科学版）, 2014, 58（6）：631-640.

[12] 李德仁, 龚健雅, 邵振峰. 从数字地球到智慧地球[J]. 武汉大学学报（信息科学版）, 2010, 35（2）：127-132.

[13] 伍吉泽. 用大数据支持智慧城市建设[J]. 智慧中国, 2016（Z1）：94-95.

[14] 宋刚, 邬伦. 创新 2.0 视野下的智慧城市[J]. 北京邮电大学学报（社会科学版）, 2012, 19（4）：53-60.

[15] 刘壮, 赵海清, 徐明航, 等. 智慧城市的核心理念与先锋规划[J]. 居业, 2014（1）：14-15.

[16] 孙其博, 刘杰, 黎羴, 等. 物联网：概念、架构与关键技术研究综述[J]. 北京邮电大学学报, 2010, 33（3）：1-9.

[17] 王丽红，滕海坤，于光华. 基于物联网网关的传感器接入方案设计[J]. 信息通信，2015（1）：64-66.

[18] Spider A. 物联网关键技术——传感器技术[EB/OL]. [2019-07-10]. https://blog.csdn.net/u011800133/article/details/86504572.

[19] RFID 世界网. 射频识别技术[EB/OL]. [2019-07-10]. http://tech.rfidworld.com.cn/2018_04/b3e5a7062470ce77.html.

[20] 何立民. 从嵌入式系统视角看物联网[J]. 单片机与嵌入式系统应用，2010，10（10）：5-8.

[21] 袁远明. 智慧城市信息系统关键技术研究[D]. 武汉：武汉大学，2012.

[22] 张琪琪. 探究蓝牙技术的原理及应用[J]. 中国新通信，2018，20（23）：98-99.

[23] 龙剑江，门禹彤，张悦，等. 我国共享单车盈利模式分析以及未来出路——以摩拜单车为例[J]. 新财经，2019（16）：6.

[24] 徐小龙. 云计算技术及性能优化[M]. 北京：电子工业出版社，2017.

[25] 韩蕊. 企业大数据已进入应用摸索阶段[J]. 互联网周刊，2013（19）：14-15.

[26] 孟小峰，慈祥. 大数据管理：概念、技术与挑战[J]. 计算机研究与发展，2013，50（1）：146-169.

[27] 李学龙，龚海刚. 大数据系统综述[J]. 中国科学：信息科学，2015，45（1）：1-44.

[28] 中国青年网. 人机大战最终李世石再败 总比分 1 比 4 负 AlphaGo[EB/OL]. [2019-07-10]. http://news.youth.cn/kj/201603/t20160315_7746899.html.

[29] 刘兴亮. 了解人工智能，必须知道这三位名人、两次寒流和一个关键地点[EB/OL]. [2019-07-14]. https://www.tmtpost.com/1658230.html.

[30] 中国政府网. 国务院关于印发新一代人工智能发展规划的通知[EB/OL]. [2019-07-10]. http://www.gov.cn/zhengce/content/2017-07/20/content_5211996.htm?from=timeline&isappinstalled=0.

[31] 全球人工智能. 重磅！南京大学成立人工智能学院[EB/OL]. [2019-07-10]. http://www.sohu.com/a/225003490_642762.

[32] Stuart J R. 人工智能：一种现代的方法[M]. 3 版. 殷建平，译. 北京：清华大学出版社，2013.

[33] 李开复. 人工智能[M]. 北京：文化发展出版社，2017.

[34] 张中荃. 接入网技术[M]. 北京：人民邮电出版社，2013.

[35] 百度文库. 城域网组网技术交流[EB/OL]. [2019-07-12]. https://wenku.baidu.com/view/385f55e00066f5335b812153.html.

[36] 百度百科. 骨干网[EB/OL]. [2019-07-12]. https://baike.baidu.com/item/%E9%AA%A8%E5%B9%B2%E7%BD%91/7371439?fr=aladdin.

[37] Keiven L Y. LTE 学习之路——移动通信技术发展历程[EB/OL]. [2019-07-12]. https://www.cnblogs.com/kkdd-2013/p/3726325.html.

[38] 刘民. 3G 背景下上海贝尔发展战略研究[D]. 上海：复旦大学，2009.

[39] 佚名. 5G 时代即将来临：此文献给即将逝去的 4G 时代[EB/OL]. [2019-07-12]. https://www.bilibili.com/read/cv2909553/.

[40] 网易新闻. 工信部正式向三大运营商发布 4G 牌照[EB/OL]. [2019-07-13]. http://www.tpy888.cn/news/201312/06/75204.html.

[41] 与非网. 5G成全球研发竞争的新战场[EB/OL]. [2019-07-13]. https://www.eefocus.com/communication/326410/r0.

[42] 姬晴晴, 杨立平. 迪比克："智慧"的可持续发展[J]. 智能建筑与智慧城市, 2016（9）: 22-25.

[43] 闵丽. 国内外智慧城市的现状与发展[J]. 上海电气技术, 2016, 9（2）: 68-70.

[44] 李国庆. 日本智慧城市建设特征及对中国的启示[J]. 中共福建省委党校学报, 2017（6）: 11-18.

[45] 迪蒙科技. 新型智慧城市建设深圳一骑绝尘[EB/OL]. [2019-07-13]. http://wemedia.ifeng.com/92493833/wemedia.shtml.

[46] 深圳特区报. 合力打造智慧城市新标杆[EB/OL]. [2019-07-14]. http://sz.people.com.cn/n/2015/0817/c202846-26008865.html.

[47] 深圳特区报. 深圳市国民经济和社会发展第十三个五年规划纲要[EB/OL]. [2019-07-13]. http://www.sz.gov.cn/szsfzyjzx/xxgk/ghjh/201605/t20160506_3618430.htm.

[48] 安防知识网.《深圳市新型智慧城市建设总体方案》提出2020年目标[EB/OL]. [2019-07-13]. http://security.asmag.com.cn/news/201804/93929.html.

[49] 南方日报. 深圳龙岗打造沿海发达区域智慧城市样板[EB/OL]. [2019-07-14]. http://www.sohu.com/a/108118451_161794.

[50] 刺身与姿造. 国内外智慧城市的发展现状[EB/OL]. [2019-07-15]. http://www.woshipm.com/it/1612154.html.

[51] 孙盼. 中国智慧城市建设上海有哪些借鉴之处[EB/OL]. [2019-07-15]. https://www.iyiou.com/intelligence/insight101523.html.

第 2 章 城市计算

"智慧城市"概念自提出起就成了世界范围内的城市发展研究热点课题,在国内也掀起了以智慧城市理念为核心的城市智慧化建设潮流。如何利用信息技术手段解决或优化一系列在智慧城市建设过程中遇到的具体问题,以实现优化城市资源调度,提升城市运行效率,提高市民生活质量是关键。前微软亚洲研究院研究员、京东集团副总裁、"城市计算"概念的提出者郑宇教授给出了他的答案:在人工智能时代,城市计算是解决城市问题的必然选择,也很可能是好的路径[1]。

2.1 城市计算的起源与定义

城市化的进展带来了现代化的生活,但是也带来了交通拥堵、环境恶化、能耗增加等问题。城市的整体结构设置非常复杂,牵一发而动全身,要解决这样的问题在很多年前几乎不可能。随着感知和计算技术的成熟,一方面产生了各种各样的大数据:从社交媒体到交通流量,从气象信息到地理信息;另一方面强大的计算平台和智能算法也提供了不仅仅是反映问题而是解决问题的机会。

基于这样一个挑战和机遇,微软亚洲研究院郑宇团队在 2008 年提出了城市计算这一愿景:用大数据和人工智能把我们的每个阶段都理清楚,通过理解、洞察历史,来合理地配置资源;通过掌控现状,来高效稳定地运营城市;通过预测未来,来帮助我们去决策、指导未来的规划,来解决城市中的交通拥堵、环境恶化、规划落后等问题[1]。

城市计算是一门交叉学科,是计算机科学以城市为背景,与城市规划、交通、能源、环境、社会学和经济等学科融合的新兴领域。更具体地说,城市计算是一个通过不断获取、整合和分析城市中多种异构大数据来解决城市所面临的挑战(如环境恶化、交通拥堵、能耗增加、规划落后等)的过程。城市计算将无处不在的感知技术、高效的数据管理和分析算法,以及新颖的可视化技术相结合,致力于提高人们的生活品质、保护环境和促进城市运转效率。城市计算帮助我们理解各种城市现象的本质,甚至预测城市的未来[2]。

城市计算的实质是利用先进的信息技术,实现城市智慧式管理和运行,进而为城市居民创造更美好的生活,促进城市的和谐、可持续发展。

城市计算目前还处于初期阶段，但可探索的空间非常巨大，根据全球第二大市场研究机构 Markets and Markets 统计[3]显示全球智慧城市相关产业市场规模预计 2023 年全球智慧城市市场规模为 7172 亿美元。城市计算领域在美国一些高校设立了硕士学位专业，在很多国际会议上也已成为一个热门领域。

2.2 城市计算的体系架构

城市计算体系"自下而上"包含城市数据获取层、城市数据管理层、城市数据分析层和城市服务提供层，将先进的多源数据融合方法和时空大数据分析模型相结合，利用从数据中计算挖掘出来的知识，解决交通、环境、能耗等城市问题，如图 2.1 所示[2]。

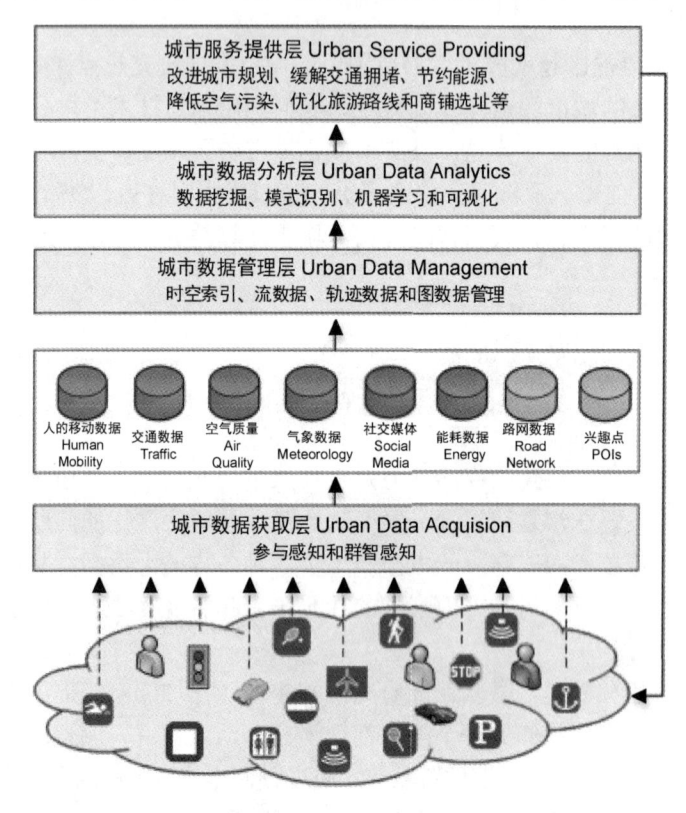

图 2.1 城市计算的体系架构[2]

（1）城市数据获取层。城市数据获取层提供对城市环境的智能感知能力，通过各种信息采集设备、各类传感器等实现对城市范围内的基础设施、交通情况、生活环境、公共安全等方面的数据信息采集。感知获取的数据类型主要包括人的移动数据、交通数据、空气质量、气象数据、社交媒体、能耗数据、路网数据和兴趣点等。

（2）城市数据管理层。城市数据管理层提供可靠的数据存储和高效的数据索引功能。数据类型主要包括流数据、轨迹数据和图数据。由于城市大数据有别于传统的图像和文本，空间和时间是城市计算中最常用的两个数据维度，索引方式主要是空间索引和时空索引。

（3）城市数据分析层。城市数据分析层综合利用城市数据库提供的多源城市数据，来挖掘问题和分析问题，并可能进一步对问题走势给出预测。分析方法主要有数据挖掘、模式识别、机器学习和可视化。

（4）城市服务提供层。城市服务提供层作为体系结构顶层，根据问题和数据分析结果，给出相应的解决方案或优化方案，例如，如何改进城市规划、如何缓解交通拥堵、如何节约能源、如何降低空气污染、如何优化旅游路线和商铺选址等。

2.3 城市计算的关键技术

2.3.1 数据采集

1. 以传感器为中心的数据采集方式

数据采集技术[4]对应着城市计算框架的底层——城市数据获取层，传统的传感器是指将物理、化学、生物等变化按照某些规律转换成电参量变化的一种器件或装置。其种类繁多，原理也各不相同。作为城市数据获取层的重要组成部分，传感器是城市计算提供服务和应用的基础。传感器技术作为信息获取的重要手段，与通信技术和计算机技术共同构成信息技术的三大支柱。

近年来，随着生物科学、材料科学和微电子科学的迅猛发展，现代传感器技术的发展趋势可以从 4 个方面分析与概括：一是开发新材料、新工艺和新型传感器；二是实现传感器的多功能、高精度、集成化和智能化；三是实现传感器技术硬件系统与元器件的微小型化；四是通过传感器与其他学科的交叉整合，实现无线网络化[4]。

传感器网络实现现有专业传感器（如温度传感器、位置传感器、交通流线圈、空气质量监测仪等）之间的互连互通，完成数据的快速收集。依靠传感器的感知采集方法可以进一步将其划分为固定式的传感器（如安置在路面上监测过路车辆是否超重的压力传感器）和移动式的传感器（如出租车上的 GPS 定位器和用于计算行驶里程的变速箱计数传感器）。无论哪种方式，在传感器安装完之后的数据采集获取过程都没有人员的参与，交由传感器和网络自动传送到后台数据库。

2. 以人为中心的数据采集方式

如今城市环境中数据采集方式不只是围绕传感器的传统方法，也就是说不只是围绕作为城市数据获取层感知节点的传感器与传感器网络，还有一种重要的方式是以人为中心，围绕移动智能终端用户的感知方式，包括主动参与式感知和群体感知两种。

得益于移动智能手机的普及，移动感知采集到的数据不再仅仅局限于定位信息[5]，移动设备附带的各种传感器都在发挥着作用，如旅行者通过分享由摄像头拍摄的图像视频和跑步爱好者通过加速度传感器检测运动量。除智能手机外，各种具有通信和传感功能的设备，如智能手环等，也能作为感知节点提供感知数据。城市中各种信息基础设施也为城市计算提供良好的感知平台。这些基础设施可能并不是专门为城市计算设立的，但当用户在使用这些基础设施时会产生大量的数据，将这些数据融合到一起能很好地反映城市的韵律。

群体感知（Crowd Sensing）是结合众包思想和移动设备感知能力的一种新的数据获取模式，是物联网的一种表现形式。群体感知指通过人们已有的移动设备形成交互式的、参与式的感知网络，并将感知任务发布给网络中的个体或群体来完成，从而帮助专业人员或公众收集数据、分析信息和共享知识。群体感知的理念就是要无意识协作，使用户在不知情的情况下完成感知任务，用户并不知道自己的数据将作何使用，甚至不知道自己在产生数据，突破专业人员参与的壁垒。例如，通过分析大量用户的地铁刷卡数据能掌握城市的人口流动规律；通过分析大规模的出租车轨迹数据能感知城市路面的交通流。

主动参与式感知（Participatory Sensing）与群体感知在理念上近似，但是强调以用户为中心，由用户有意识地主动参与响应感知需求的过程[6]。用户通过主动分享自己获取的数据来共同完成一个复杂的任务。例如，每个用户都利用手机上的传感器来分享自己周边的气温和湿度，从而构建出全城细粒度的气象信息。主动参与式感知的特点是数据精度高，实时性低，容易受到用户主观意识干扰。这种方式下数据采集的组织会很明确地将任务发布出去，时间、地点、目的，甚至包含激励机制，交由用户决定是否加入。

2.3.2 数据管理

数据管理技术对应着城市数据管理层，这一层事关机器学习算法的进步，各项城市问题的解决乃至城市计算事业是仅仅停留在理论，还是能够实实在在落地。从城市数据获取层采集得到的数据有着异构、多源和多模的特征[7]。异构数据是指因各项业务和数据管理系统阶段性、技术性等元素而导致存储方式不同的数据，有结构的和非结构的；多源数据是指来源于不同数据源和不同领域的数据，如交通、医疗和气象数据等；多模数据是指存在文本、语音和图像数据等多种模态、类型的数据。同时，数据规模前所未有的庞大。对于城市计算，城市数据的特征对数据管理技术提出了以下两个方面的要求。

1．数据属性管理

城市环境中数据类型可能千变万化，但按照数据结构来分的话，可以分为点数据和网数据。根据数据的时空属性可以分为 3 类：时空都不变、时间变空间不变和时空都变。为了方便数据管理和数据挖掘的标准化，按上述方法可以将城市大数据定义为 6 种类型，6 种不同类型城市大数据如表 2.1 所示。

表 2.1　6 种不同类型城市大数据

数据类型	时空都不变	时间变空间不变	时空都变
点数据	空间静态点数据：兴趣点数据	空间点时序数据：气象数据	时空动态点数据：共享单车请求数据
网数据	空间静态网数据：路网数据	空间静态事件动态网数据：交通流数据	时空动态网数据：轨迹数据

由于空间和时间是城市计算中最常用的两个数据维度，因此空间索引和时空索引都是常用技术。有效的索引可以大大提高数据提取的效率。更重要的是利用时空索引技术将不同种类的数据（如文本、车流等）关联和组织起来，为之后的高效数据挖掘和分析做好准备。

城市大数据中较为重要的数据类型还包括流数据（Streaming Data）、轨迹数据和图数据。20 世纪末，流数据的应用模型广泛出现在众多领域，如金融应用、网络监视、通信数据管理、Web应用、传感器网络数据处理等。流数据是一组顺序、大量、快速、连续到达的数据序列，它有4个特点：一是数据实时到达；二是数据到达次序独立，不受应用系统控制；三是数据规模宏大且不能预知其最大值；四是数据一经处理，除非特意保存，否则不能被再次取出处理，再次提取数据代价昂贵。针对流数据的这些特点，一个处理思路就是设计高效的单遍数据集扫描算法，在一个远小于数据规模的内存空间里不断更新一个代表数据集的结构——概要数据结构，从而实时、高效地获得近似查询结果。数据处理模型主要有界标模型、滑动窗口模型和衰减窗口模型[8]。由于大量的传感器数据都以流的形式输入，高效的流数据库技术是城市数据管理层的基石。

交通流、人的移动及带位置标签的社交媒体都可以表示为轨迹数据（带有时间戳并按时间排序的点序列）。在城市计算中经常会用到轨迹处理技术，如地图匹配算法、轨迹压缩、轨迹搜索、轨迹频繁模式挖掘等。

社交网络中人的关系、不同地区之间的人口流动、道路上的交通流等都可表达为图模型。因此，图数据的管理和模式发现技术尤为重要。城市计算的应用中更多会用到带有时空属性的图模型，即每个节点都有空间坐标信息，图中边和点的属性（甚至图结构）会随时间而变化。查找路网中不合理规划、发现城市不同的功能区域，以及交通流异常检测都是以带有时空属性的图为研究模型的。

2．城市计算大数据平台

针对城市级规模的场景和该场景下产生的海量异构多源多模数据的数据管理和数据挖掘，没有强大的城市计算大数据平台支持是不可能完成的。城市计算大数据平台是城市操作系统的基础，可以有助于解决智慧城市建设中的四大核心难题。第一，城市计算大数据平台利用时空数据模型解决数据结构化和标准化的难题，让海量多维数据能够彼此对话；第二，城市计算大数据平台将时空数据人工智能算法进行模块化、积木式输出，可提高算法复用率，解决不同场景下智能应用的开发问题；第三，城市计算大数据平台利用开放式架构和统一账户体系，兼容城市管理部门及其他智慧城市服务商共同开发使用，包括云服务公司、智能硬件公司、行业解决方案提供商等；第四，城市计算大数据平台通过数字网关技术，利用基于用户隐私保护的联合建模机制和多源数据融合算法，可解决隐私保护的问题[9]。

2.3.3 数据挖掘

数据挖掘是从大量数据中挖掘有趣模式和知识的过程。这里的"有趣"可以解释为易于理解的，在某种确信度上对于新数据或检验数据是有效的、潜在有用的和新颖的[10]。数据挖掘还有一种从商业价值角度出发的定义：数据挖掘是一种新的商业信息处理技术，其主要特点是对商业数据库中的海量业务数据进行抽取、转换、分析和其他模型处理，从中提取辅助商业决策的关键数据。

1．数据挖掘的主要功能

（1）数据特征化和数据区分：数据特征化是目标类数据的一般特性或特征的汇总，数据区分是将目标类数据对象的一般特性与一个或多个对比类对象的一般特性进行比较。

（2）挖掘频繁模式和关联性分析：频繁模式是在数据中频繁出现的模式，包括频繁项集、频繁子序列和频繁子结构。挖掘频繁模式可以发现数据中有价值的相关性。

（3）用于预测分析的分类与回归：分类是这样的过程，它找出描述和区分数据类或概念的模型，以便能够使用模型预测类标号未知的对象的类标号。导出模型基于对训练数据集的分析，该模型用来预测类标号未知的对象的类标号。回归分析预测是在分析自变量和因变量之间相关关系的基础上，通过建立变量之间的回归方程来衡量自变量对因变量的影响能力，进而预测因变量的发展趋势。回归与分类的模型在本质上是一样的，一个较为明显的区别在于，回归模型的输出是连续值，分类模型的输出是离散值。

（4）聚类分析：不像分类和回归分析标记类的（训练）数据集，聚类分析数据对象不考虑类标号。在大多情况下，根据最大化类内相似性、最小化类间相似性的原则进行聚类，来产生数据组群的类标号。

（5）离群点分析：离群点是数据集中可能包含的一些数据对象与数据的一般行为或模型不一致的点，大部分数据挖掘方法都将离群点视为噪声或异常而丢弃，然而在一些场景下，如在欺诈检测中，罕见的事件反而具有更大价值量。可以使用统计检验、距离度量或基于密度的度量来进行离群点分析。

2．城市环境下的数据挖掘

用于城市计算的数据挖掘和机器学习算法比较多。各种模式发现、统计学习和人工智能方法都可以应用城市计算领域。但在挑选这些技术时需要考虑以下两个因素[2]。

（1）能从异构数据中学习到相互增强的知识。通常有以下3种方法来实现这个目标。

① 先分别从不同数据中提取特征，然后简单地将这些特征直接拼接并归一化到一个特征向量中，输入机器学习的模型中。由于不区分不同数据的特性，因此这种方法并不是最有效的。

② 在计算模型的不同阶段先后使用不同数据。

③ 将不同的数据分别输入同一个计算模型的不同部分。

（2）应对数据稀疏性。大数据与数据稀疏性并不矛盾，例如，预测城市的细粒度空气，能观测到的交通流、人流、道路和兴趣点数据都是大数据，由于只有有限的监测站能产生空气质量的读数，因此训练数据很稀疏。另外一个例子是利用出租车来估计城市的燃油消耗。出租车的GPS轨迹数据巨大，但某些时刻有相当一部分加油站并没有出租车出入。如何估计这些站点的油耗，也是一个应对数据稀疏性的问题。解决这一问题通常可采用以下3种方法。

① 使用半监督学习算法或转移学习算法。

② 采用矩阵分解算法和协同过滤。城市油耗估计就是利用这种方法来解决数据稀疏性问题的。

③ 基于相似性的聚类算法。采集交通流数据时需要根据埋在地面的线圈传感器来估计行驶在道路上的车辆数，但由于不是所有路面都埋有线圈传感器，因此很多道路上的流量无法估计。根据道路的拓扑结果、周边的兴趣点分布等信息，可以计算不同道路之间的相似性，从而对道路进行聚类。这样被分在同一个类中的道路很可能具有相同的车流模式。在一个类中可以将有传感器道路的读数赋给那些没有传感器的道路。

2.3.4 数据可视化

数据可视化[11-15]是指将大型数据集中的数据以图形图像形式表示，并利用数据分析和开发工具发现其中未知信息的处理过程。数据可视化技术的基本思想是将数据库中每个数据项作为单个图元素表示，大量的数据集构成数据图像，同时将数据的各个属性值以多维数据的形式表示，可以从不同的维度观察数据，从而对数据进行更深入的观察和分析。

在大数据时代，数据可视化技术可以支持实现多种不同的目标，主要有观测跟踪数据、分析数据、辅助数据理解和增强数据吸引力。

与单一数据可视化不同，城市计算中的数据可视化技术需要同时考虑多个维度，其中空间和时间是两个至关重要的维度。传感器与移动终端的迅速普及，使得时空数据成为大数据时代典型的数据类型。以时空数据可视化为例，时空数据可视化与地理制图学相结合，重点对时间与空间维度，以及与之相关的信息对象属性建立可视化表征，对与实践和空间密切相关的模式及规律进行展示。大数据环境下时空数据的高维性、实时性等特点，也是时空数据可视化的重点，同时是地理信息系统（Geographic Information System，GIS）重点关注的问题。

时空数据可视化[15]可分为时空数据静态可视化和时空数据动态可视化。

1. 时空数据静态可视化

时空数据静态可视化一般在二维地图上叠加可以描述时间变化的要素，来描述时空属性数据与空间范围内的变化特征。这些用于表达时空属性数据的要素可以通过不同的符号、注记、标绘符号、统计图表等多种方式来表达，也可以将多个时间的专题地图同时展示进行对比。

为了反映信息对象随时间进展与空间位置所发生的行为变化，通常通过信息对象的属性可视化来展现。流式地图（Flow Map）[13]是一种典型的方法，将时间流与地图进行融合。图 2.2 显示了法国工程师查尔斯米拉德出版于 1869 年，分析 1812 年拿破仑东征莫斯科的流式地图。

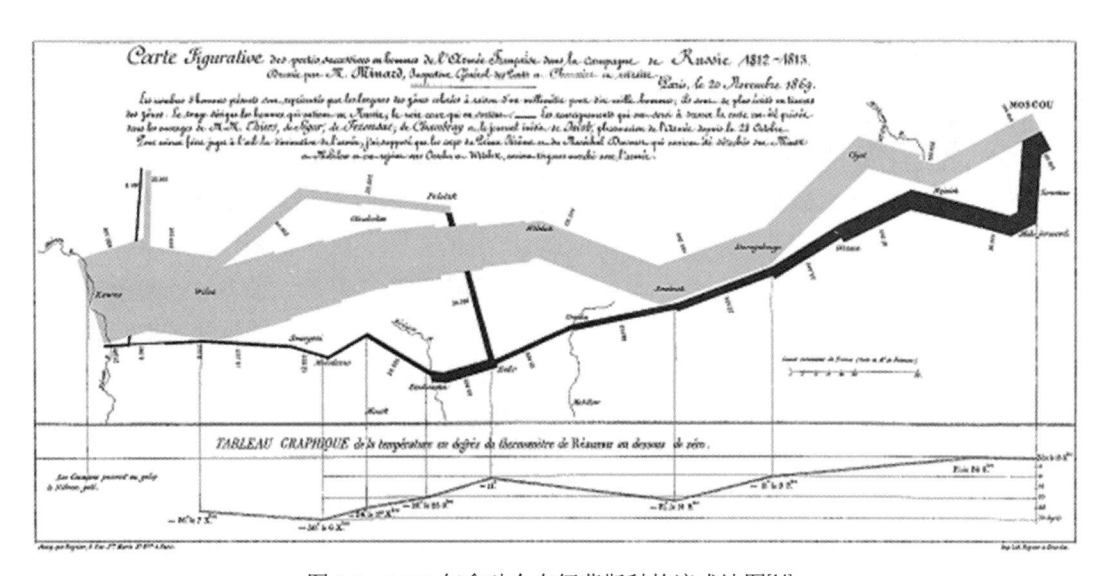

图 2.2　1812 年拿破仑东征莫斯科的流式地图[14]

图 2.2 经典之处在于在一张二维图上表现出了丰富的信息，包括法军部队的规模、地理坐标、法军前进和撤退的方向、法军抵达某处的时间及撤退路上的温度，提供了对俄法 1812 年战争全面的、文字难以比拟的视觉表现。

2. 时空数据动态可视化

时空数据动态可视化可采用动态地图等多种手段来展现。将时空数据在动态变化的地图或三维场景中呈现出来，可以直观生动地表示各种空间信息的变化过程。时空数据动态可视化是空间数据可视化的新阶段，这个阶段的关键问题是多维动态可视化问题，即以时间为主导的空间数据可视化缺乏有效的数据模型。另外，在增加时间维度之后，信息量急剧增加，现有计算机技术难以处理与之相应的可视化。要解决这些问题，除了要建立合理的数据模型，还需引入新的数据可视化技术，即时空数据库的动态可视化，作为时空可视化的一种应用技术，时空数据库的动态可视化是在时空数据库系统的基础上，采用动态符号和动态地图及计算机图形学理论，通过计算机动画、计算机高级显示技术，把时空数据库中存储的多时态或多版本的地理数据，按照时间发展的规律，以动态的方式表达的过程。通过采用动态符号和动态地图，可以直观生动地表示各种地理信息的变化过程[15]。

一个典型的例子就是阿里云 DataV 团队的"双十一"销售情况可视化。从 2012 年起，阿里巴巴每年的"双十一"大促都会推出一个大屏，以多种生动的展示方式实时地显示交易情况。2017 年的"中国区域经济闪电图"媒体触控大屏成为"双十一"晚会现场的核心焦点之一，实时订单数据与物流干线结合展示，大屏上全国上亿买家的订单沿着真实道路涌向卖家，效果震撼，极大增强了数据可读性。

2.4 城市计算的应用案例

2.4.1 城市自行车道规划

共享单车的出现为人们提供了一种便利的出行方式，用户可以方便地在街头路边使用智能手机来享受自行车的租借服务[16]。"最后一公里"的自行车备受城市用户青睐。与此同时，因为市政层面上共享单车拥有可以减轻空气污染，缓解道路拥堵，提高交通资源利用率的优势，政府也非常愿意在有一定管控的条件下在城市居民中推广共享单车[17]。

然而城市自行车道建设却没能跟上共享单车所带来的骑行需求，很多时候骑行的人们只能和机动车一起使用机动车道路，这就使人们的骑行体验大打折扣，并且还可能产生潜在的交通事故。因此，政府希望能够规划出更有效的自行车道来提升大众的骑行体验。城市计算可以利用大数据和数据挖掘技术更有效、合理地规划自行车道的建设。

从城市角度看，自行车道的规划存在一定的要求和限制：首先，建设专门的自行车道需要消耗一定的资源，如政府预算和道路空间等；其次，自行车道作为一种公共资源，政府希望它能够更好地服务更多的人，并覆盖更长的个人骑行轨迹；最后，为了施工和管理的便利，政府更希望这些道路的建设能够在整个路网上连成有限个区域，而不是在整个城市中分散地分布。要同时满足这些建设限制要求的规划是一个非常困难的组合优化问题。

在 KDD 2017 大会上发表的 *Planning Bike Lanes based on Sharing Bikes' Trajectories* 论文中，微软亚洲研究院城市计算组利用摩拜单车的用户在使用过程中记录下的轨迹信息，提出了一个基于贪心思想的近似解法，包括基于路网距离的空间聚类、基于贪心的网络扩展（Greedy Network Expansion）两个步骤[18]，实现了自行车道规划方案的推荐。

在第一步的计算中，首先根据用户在各条道路上的骑行数据选出 Top-M 条用户骑行最频繁的候选路段。然后利用这些路段之间的距离进行层次空间聚类，每次合并两个路网距离上最接近的路段聚类，结果剩下 K 个聚类。最后在每个聚类中选择骑行最频繁的路段作为下一步贪心网络扩展的起始点。

在第二步的计算中，每一次都将这些起始路段的邻接路段作为候选集合，检验每个候选路段所能够带来的单位长度上所有轨迹分数的提升。接下来在每一轮都选择能够给现有方案带来最大提升的路段作为结果，直至预算被使用完。

通过式（2.1）的计算，每条轨迹都会为新的路段给出一个得分：

$$\text{Score}(\tau,\alpha) = \sum_{s\in \text{segs}(\tau)} \text{sl}\times \alpha^{\text{sl}} \quad (2.1)$$

式中，$\text{segs}(\tau)$ 表示这条轨迹被建设方案分成的连续的段数；sl 表示每一段的长度；而 α 则是一个调节参数，当该数值越大时，更多的分数就会被给予更连续的规划方案，因为在连续的自行车道上骑行会有更好的体验。例如，相对于如图 2.3（a）所示的不连续的自行车道，用户更希望在如图 2.3（b）所示的连续的自行车道上骑行。

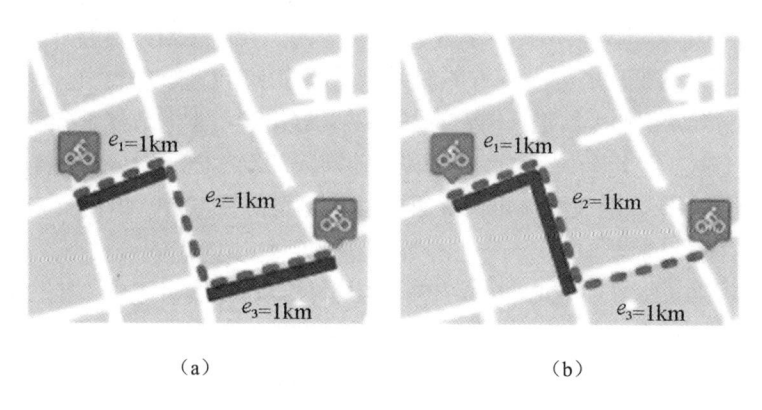

图 2.3 分设 2km 和连续 2km 自行车道[18]

为了更好地评估算法所产生的自行车道规划方案的优劣，研究组在上海开展了一系列的实验。在金运路地铁站附近，研究组发现除了有规模不小的万达虹桥商场，周围 2km 内还坐落着许多高密度的居民区。骑行在这个区域内是最方便的出行方式，在这里出现了密度很高的骑行数据。算法规划的自行车道如图 2.4 所示，研究组发现，在这个区域内政府只在主要干道上修建了专门的自行车道，算法同样也给出了在这里修建自行车道的建议。更进一步，算法在那些支路和小区周围的道路上也给出了修建自行车道的建议，因为那些道路连接了各个居民区，从数据上也可以看到很多骑行轨迹。但是目前这些地方并没有专门的自行车道，由于各种不规范停车，自行车用户只能在人行道上骑行，或者在机动车道上骑行，这样的骑行体验自然大打折扣，也有潜在的交通事故隐患。

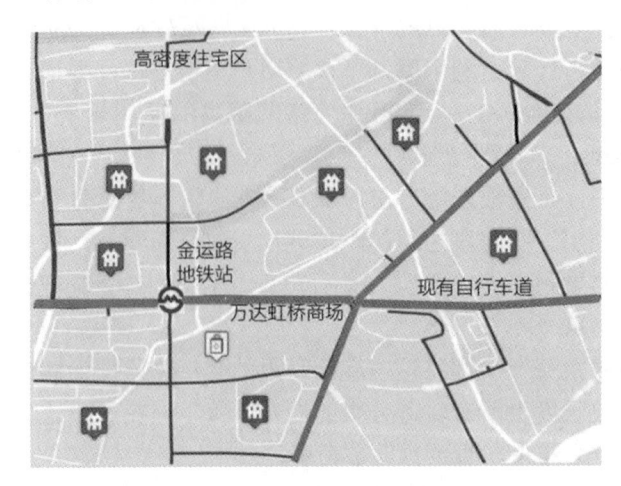

图 2.4　算法规划的自行车道[18]

根据系统提出的建议，政府可以在这些支路上修建自行车道，或者先在这些地方增强违章停车的管理，以减少事故发生的可能性，并且提升民众的骑行体验。该系统得到了上海市政府的高度评价。

2.4.2　京东城市计算平台

2017 年 11 月 6 日，在首届"JDD-2017 京东数字科技全球探索者大会"上，京东宣布已经形成了鲜明的 ABC 技术发展战略[19]：A 代表着在人工智能（AI）领域，京东凭借精准的数据积累和丰富的应用场景，成为人工智能深入广泛的应用者和推动者；B 代表着自营起步的京东已经拥有海量有价值的大数据（Big Data），并发展出了坚实的数据基础和丰富的大数据挖掘应用能力；C 代表着京东是中国电商领域较早使用云计算（Cloud Computing）的企业之一。

2018 年 2 月，京东金融成立城市计算事业部，并聘请郑宇教授担任京东集团副总裁、京东数字科技首席数据科学家。

2018 年 11 月 20 日，在"JDD-2018 京东数字科技全球探索者大会"上，京东数字科技正式发布"城市计算平台"。城市计算平台旨在为城市提供点、线、面结合的智能解决方案，通过洞察城市的过去，了解城市的现状，预测和优化城市的未来，实现用数字科技打造数字与智能之城。其中包含两个方面的理念：一是点、线、面结合的顶层总体设计，二是规划→运维→预测的闭环可持续发展模式，如图 2.5 所示。

京东城市计算平台将城市计算整体架构构筑在云计算的基础之上，而时空索引等技术与云计算和分布式计算结合，形成了这个平台的核心技术。京东城市计算平台有 3 个主要特点：一是数据标准化，城市计算中的数据可以根据时空属性，以及是点数据还是网数据分为六类标准数据模型，增强整个平台的系统扩展性；二是算法模块化，城市计算平台将时空数据人工智能算法进行模块化、积木式输出，提高算法复用率，解决不同场景下智能应用的开发问题；三是平台生态化，利用开放式架构和统一账户体系，兼容城市管理部门及其他智慧城市服务商共同开发使用。

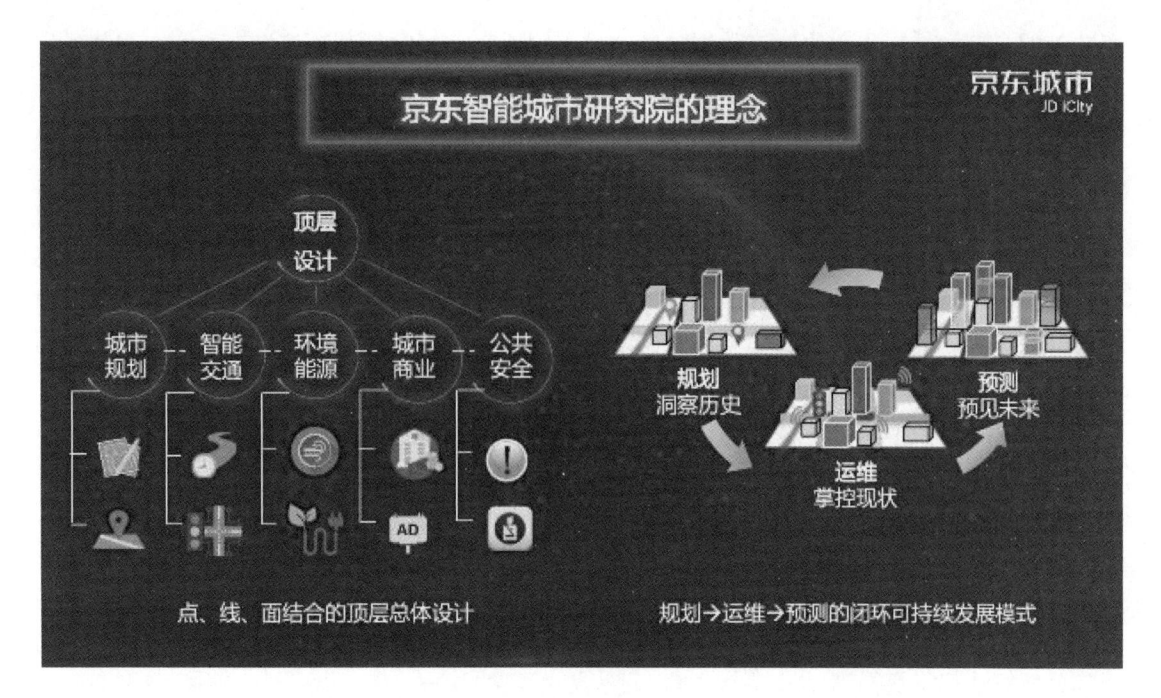

图 2.5　京东城市计算平台两大理念[20]

2.5　城市计算面临的问题与挑战

2.5.1　城市数据的自动获取

郑宇教授在 2019 年第 33 届美国人工智能协会会议上受邀发表演讲，他首先谈及了目前底层的城市数据获取层面临的挑战，一是资源配置不均匀，如何利用有限的资源获得更多的数据；二是获取到的往往是采集数据，而不是全集数据，数据常常出现偏差；三是城市传感器稀少，获得的数据往往很稀疏，导致数据匮乏；四是传感器故障等原因，导致数据丢失问题严重[21]。

如何利用城市现有的资源（如智能手机、摄像头、各类传感器、车辆和人等），在不干扰人们生活的前提下自动感知城市的韵律，是一个重要的研究课题。如何从大量的传感器和设备中高效而可靠地收集、传送数据将给现有的传感器网络技术带来挑战。

得益于移动智能手机的普及，人作为传感器参与到城市感知过程是一个新概念。人赋予了传统传感器强大的感知能力和前所未有的灵活性，但此类群体感知技术也面临着以下挑战：首先是其产生的数据更为自由无序、间接隐晦，如用户的开车轨迹数据并不能直接像专业传感器那样告诉我们每条道路上的交通流量、汽车油耗和尾气排放；其次是数据的产生时间也变得难以预测和不可控，数据的空间分布也会随着人群的移动而变得很不均匀，在某些时间点时间段、某些地区将没有数据可用；最后是并不能期望所有的用户都参与到感知过程中来贡献数据，因此能拿到的数据仅仅只是数据全集中的一个样本。这个样本可能会与数据全集存在偏差。例如，出租车的轨迹数据与整个城市中所有车辆的行驶轨迹会有偏差。在某条道路上观测到很多出租车，并不一定代表这条道路上就会有很多其他车辆[2]。

2.5.2　异源异构数据的管理和协同计算

城市产生的数据五花八门，属性差别很大。气象是时序数据，兴趣点是空间点数据，道路是空间图数据，人的移动是轨迹数据，交通流量是流数据，社交网上用户发布的信息是文本或图像数据。如何管理和整合大规模的异构数据是一个新的挑战。尤其是在一个应用中使用多种数据时，只有提前建立起不同数据之间的关联，才能使后面的分析和挖掘过程变得高效、可行。

异源异构数据的协同计算难题包括 3 个方面：首先是如何从不同的数据源中获取相互增强的知识，这是一个新的课题。传统的机器学习往往基于单一数据，如自然语言处理主要分析文本数据，图像视觉主要基于图像数据。在城市计算的很多应用中，如果对不同性质的数据一视同仁，其效果并不理想。其次是在保证知识提取深度的同时，如何提高对大数据的分析效率，从而满足城市计算中众多实时性要求较高的应用（如空气质量预测、异常事件监测等）。最后是数据维度的增加也容易导致数据稀疏问题。当数据规模达到一定程度时，简单的矩阵分解算法都将变得难以执行[2]。

2.5.3　虚实结合的混合系统

城市计算常常催生混合系统，信息产生在物理世界，通过终端设备被收集到虚拟世界的云端来分析和处理，最后云将提取的知识作为服务提供给物理世界的终端用户。数据在物理和虚拟世界中来回交换，从分散到集中，再到分散。这对系统的设计和搭建提出了更高的要求[2]。

2.5.4　数据科学家的缺乏

郑宇教授在 2018 年 3 月 9 日接受采访时提到[22]："现在我不担心硬件不发达，或者算法上不去，或者算法本身研究不出来，这都不是问题，我相信总会有突破。怎样把这些 AI 大数据人工智能算法跟行业的问题对接，是需要一大批数据科学家来支撑的。"

大数据时代需要数据的复合型人才，能够将扎实的专业知识背景熟练运用到所在行业和业务领域中。在高等教育条件下，我们在相关专业学科领域实际上已经储备了一些数据人才，包括统计学、数学、计算机科学、管理学、经济学、社会科学、人工智能和可视化等领域，但是城市计算作为一个新兴的多学科融合领域，传统单一学科人才很难满足需求。数据人才体现在许多方面，包括数据处理、数据管理、数据安全、数据分析和数据政策等，而只有拥有至少两项上述素质的人才才能被称作数据科学家[23]。

拥有一定基础能力的数据分析师的工作过程有明确的任务和明确的数据，也能输出明确的结果，然而数据科学家远不止于此，数据科学家实际上相当稀缺。首先在城市计算中，要解决行业问题需要对行业本身的了解，数据分析师仅仅拥有基础素质，但这不代表他能够解决行业问题；其次在了解行业问题后，数据科学家需要对数据背后的隐藏信息足够敏感，这些数据能够解决什么问题，思维的开放才能进一步促成数据和知识的融合；最后数据科学家需要对各类模型都很清楚，要懂得如何组合，对云计算平台有一定的了解。只有把模型组合起来部署到平台上才能解决问题。

以空气质量分析和预测工作为例，数据科学家必须知道是什么因素导致了空气污染，这样才能想到用什么样的数据来分析和预测。当反映某个因素的数据不存在时，要考虑能不能用其他数据来替代。需要对这个行业里面的传统方法展开调研，吸收借鉴其中精华思想，判断有什么地方是不足之处。针对这个不足之处探明原因并尝试改进，明确改进的优势。

城市计算还需要企业或政府管理者与数据科学家的对接，形成一个环路来推动整个城市建设螺旋式地提升，否则即便利用数据挖掘的方式得出成果，看起来模型结果比较好，但不一定能够获得行业认可。需要拥有行业背景才能在特定背景下与从业人员顺利沟通，最终城市计算的应用就要落到业务场景中。

2.6 本章小结

本章首先介绍了城市计算的起源与定义，然后介绍了城市计算的体系架构和体系架构中对应每层的关键技术，再从点和平台两个角度介绍了城市计算的应用案例，最后介绍了城市计算面临的问题与挑战。城市计算的应用受限于篇幅在本章不做过多展开，后续章节将介绍城市计算在智慧旅游、智慧物流、灾害应急、智慧停车、智慧饮食、智慧娱乐、安全驾驶和智慧监护等领域的应用。

本章参考文献

[1] 微软亚洲研究院．郑宇：城市计算让生活更智能[EB/OL]．[2019-07-08]．https://www.sohu.com/a/169450278_133098．

[2] 郑宇．城市计算概述[J]．武汉大学学报（信息科学版），2015，40（1）：1-13．

[3] 安防知识网．全球智慧城市IOT市场规模达2196亿元[EB/OL]．[2019-07-08]．http://security.asmag.com.cn/news/201902/97824.html．

[4] 赵海霞．物联网关键技术分析与发展探讨[J]．中国西部科技，2010，9（14）：25-26．

[5] 于瑞云，王鹏飞，白志宏，等．参与式感知：以人为中心的智能感知与计算[J]．计算机研究与发展，2017（3）：4-20．

[6] 陈荟慧，郭斌，於志文．移动群智感知应用[J]．中兴通讯技术，2014（1）：35-37．

[7] 郑宇．多元数据融合与时空数据挖掘（上）[EB/OL]．[2019-07-13]．https://mp.weixin.qq.com/s?__biz=MzAwMTA3MzM4Nw==&mid=2649440531&idx=1&sn=d9c92b1f157ee37c7c6e185919a3ffbb&chksm=82c0a897b5b721810f4d795cc144d309086274a9071515e727f9f420d7ffb7f06c9b376557ee&scene=21#wechat_redirect．

[8] 新华社客户端．城市计算平台亮相JDD-2018京东智能城市研究院正式启动[EB/OL]．[2019-07-13]．https://baijiahao.baidu.com/s?id=1617716089648734033&wfr=spider&for=pc．

[9] 金澈清，钱卫宁，周傲英．流数据分析与管理综述[J]．软件学报，2004，15（8）：1172-1181．

[10] Jiawei Han. 数据挖掘概念与技术[M]. 3版. 范明, 译. 北京: 机械工业出版社, 2012.

[11] 林子雨. 大数据技术原理与应用[M]. 北京: 人民邮电出版社, 2016.

[12] 曾悠. 大数据时代背景下的数据可视化概念研究[D]. 杭州: 浙江大学, 2014.

[13] 谢金运. 浮动车GPS轨迹的实时流式地图匹配方法与实现[D]. 深圳: 深圳大学, 2016.

[14] 任磊, 杜一, 马帅, 等. 大数据可视分析综述[J]. 软件学报, 2014（9）: 1909-1936.

[15] 杨平, 唐新明, 翟亮, 等. 基于时空数据库的动态可视化研究[J]. 测绘科学, 2006, （3）: 111-113.

[16] DataV. DataV 数据可视化[EB/OL]. [2019-07-16]. https://tianchi.aliyun.com/markets/tianchi/outsource/product/dataworks/datav.

[17] 城市计算组. 大数据 freestyle: 共享单车轨迹数据助力城市合理规划自行车道[EB/OL]. [2019-07-16]. https://mp.weixin.qq.com/s?__biz=MzAwMTA3MzM4Nw==&mid=2649441578& idx=1&sn= 7250a6603adaf9137d3987b01b4683d8&chksm=82c0acaeb5b725b865917e39377f217a304567720 6a0b7e7cff6ea13aa6083fa11b820f4b52f&mpshare=1&scene=1&srcid=08223QnaeDtI2NPLFOcni RzB&pass_ticket=rUsHQILpkOzO2pnDceRQz5STji%2FLSrEWIiT4reXJd5h5Cwim2G6N08K21 ZKVQhrF#rd.

[18] Bao J, He T, Ruan S, et al. Planning Bike Lanes based on Sharing-Bikes' Trajectories[C]// Acm Sigkdd International Conference on Knowledge Discovery & Data Mining. ACM, 2017.

[19] 任思. JDD大会召开, 刘强东发表演讲: 京东形成鲜明的ABC技术战略[EB/OL]. [2019-07-16]. https://www.pintu360.com/a39007.html.

[20] 王刚. 一文看懂京东智能城市布局: 城市计算的方法论[EB/OL]. [2019-07-18]. https://www.leiphone.com/news/201808/lUELplljaajfQ4I5.html.

[21] 网易科技报道. 京东副总裁郑宇: 城市计算可将智能城市愿景变为现实[EB/OL]. [2019-07-18]. http://tech.163.com/19/0201/19/E6V1SA6M00097U7R.html.

[22] 机器之能. 对话郑宇: 城市计算比AlphaGo难多了, 我要在京东金融继续All in[EB/OL]. [2019-07-18]. https://baijiahao.baidu.com/s?id=1594330435442484435&wfr=spider&for= pc.

[23] 马海群, 蒲攀. 大数据视阈下我国数据人才培养的思考[J]. 数字图书馆论坛, 2016（1）: 2-9.

第3章 智慧旅游

近年来,我国旅游业发展迅速,产业和产品结构不断优化。但也要看到,对标高质量发展的要求,目前我国旅游业还存在较大差距,具有较大的发展空间[1]。对于旅游者而言,在策划一次旅程时,需要结合自身实际情况考虑旅游路线、景点、交通、住宿、餐饮、购物、娱乐、天气等方面,耗费了大量时间在这些方面。旅游者既希望旅途令人倍感愉悦,也希望旅游策划过程简单化,而不是自己事无巨细考虑方方面面,劳心费神,智慧旅游概念应运而生。智慧旅游[2]就是借助互联网/移动互联网和终端上网设备,结合云计算、物联网等新技术,主动感知旅游资源、旅游经济、旅游活动、旅游者等方面的信息,从而安排和调整工作与旅游计划。智慧旅游的建设与发展最终将体现在旅游体验、旅游管理、旅游服务和旅游营销4个层面,是服务于公众、企业、政府等的新型旅游形态[3]。本章将介绍智慧旅游的背景与需求分析、智慧旅游的发展现状、旅游路线规划算法及旅游路线规划系统[4]。

3.1 智慧旅游的背景与需求分析

3.1.1 智慧旅游的背景分析

旅游业是我国综合性、战略性、支柱性产业,对国民经济和社会发展发挥着全方位、多功能、大带动的重要作用[5]。《旅游经济发展战略》[6]一文指出,中国已经是一个旅游大国,但还不是一个旅游强国。从旅游大国到旅游强国,这一发展战略的核心是质量,目标是大幅度地提高市场竞争力。2015年1月10日,国家旅游局印发《关于促进智慧旅游发展的指导意见》。

现代旅游业开始于20世纪中叶,工业化的发展和现代化的交通通信工具,使现代旅游业,特别是跨越国境的长途国际旅游真正开始起步,此后世界旅游市场需求持续增长,在20世纪90年代旅游业就已经超过了汽车、石油等产业,跃升为世界第一大产业[7]。改革开放以来,我国旅游业飞速发展。

2019年2月12日,文化和旅游部财务司发布了《中华人民共和国文化和旅游部2018年文化和旅游发展统计公报》[8],数据如表3.1所示。

表 3.1 2010—2018 年旅游业主要发展指标[8]

年份	国内旅游人次（亿人次）	国内旅游收入（亿元）	入境旅游人次（万人次）	入境旅游收入（亿美元）	出境旅游人次（万人次）	旅游总收入（万亿元）
2010 年	21.03	12580	13376	458.14	5739	1.57
2011 年	26.41	19305	13542	484.64	7025	2.25
2012 年	29.57	22706	13241	500.28	8318	2.59
2013 年	32.62	26276	12908	516.64	9819	2.95
2014 年	36.11	30312	12850	1053.80	10728	3.73
2015 年	39.90	34159	13382	1136.50	11689	4.13
2016 年	44.35	39390	13844	1200.00	12203	4.69
2017 年	50.01	45661	13948	1234.17	13051	5.40
2018 年	55.39	51278	14120	1271.03	14972	5.97

2010—2018 年国内旅游人次折线图如图 3.1 所示。

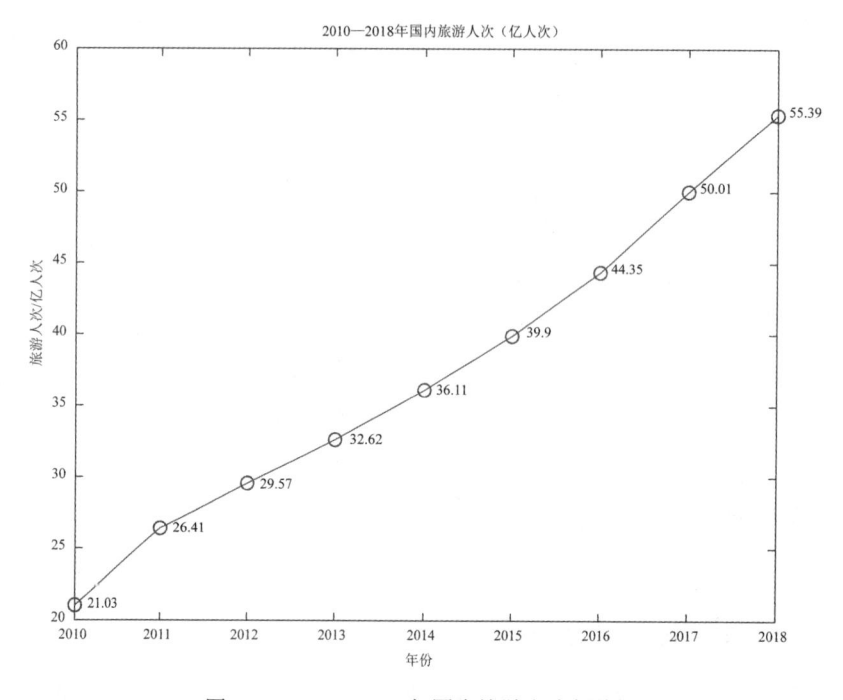

图 3.1 2010—2018 年国内旅游人次折线图

从图 3.1 中可以明显看出，2010—2018 年国内旅游人次持续增长，旅游业发展潜力依然巨大，旅游对于大部分人来讲已经成为日常生活的一部分。旅游活动或旅游消费的门槛不再难以跨越，已经逐渐成为人们的日常谈资，旅游消费日益大众化。

2018 年入出境旅游总人次达 2.91 亿人次，同比增长 7.8%。在经济生活水平逐步提高后，越来越多人选择出境游，一些世界级旅游强国，如西班牙、法国、德国、美国等国家备受旅游者青睐；随着主题乐园、生态园、度假村等多样化景区的出现，旅游不再局限于"游山玩水"，更加倾向于自助游，追求的是身心上的娱乐，希望旅游可以给自己带来一些不一样的东西，如友谊。旅游方式由单一化向多元化发展，旅游路线趋向长途化和体验化，乡村旅游、生态旅游常态化[7]。

3.1.2 智慧旅游的需求分析

根据智慧旅游服务群体的不同，下面将从游客、旅游企业、旅游管理部门 3 个方面介绍智慧旅游的需求分析。

1．游客

在旅游过程中，游客需要关心的问题包括旅游路线、景点、交通、住宿、餐饮、购物、娱乐、天气等方面。其中交通问题又涉及航班、火车、轮船、客运汽车、出租车等交通工具有关信息。在传统旅游信息化中，信息不是以游客为中心来组织的，而是以部门为中心来组织的。举例来说，旅游主管部门发布旅游景点信息，航空公司发布航班信息，气象部门发布天气预报信息，宾馆酒店发布住宿信息。这些部门按旅游涉及的相关领域建设一个个孤立的信息系统，这些信息系统之间没有实现互联互通和信息共享。当游客需要查找信息时，需要登录一个个网站查找不同的信息，既费时又费力[5]。

如果一款手机 App 能为游客在任何时间、任何地点提供餐饮娱乐消费导引、远程资源预订、自导航、自导游、电子门票、服务信息及时推送等多种智慧旅游服务，包括手机电子门票、景点、酒店、美食、特产购物、天气预报等，那么旅程就会变得简单而有趣。游客可借助便携式终端，如手机，就像线上购物一样，App 可以根据游客自主选择的出发地、目的地、价格区间等信息给出推荐方案，之后，游客选择自己中意的解决方案。

结合背景所叙述的内容可知，人们需要旅游区别以往生活中其所扮演的角色，人们对旅游提出了更多的需求，想让旅游策划简单化，追求更舒适的旅游体验。

2．旅游企业

对旅游企业而言，智慧旅游系统是充分展示企业形象和提供产品的平台，并将节约企业运营成本，提高企业运营效率。一方面，企业需要开发出合乎游客需求的智慧旅游系统，系统借助位置服务（LBS）技术，实现游客走到哪里，相关的吃、住、行、玩等方面的信息都会立刻呈现在游客面前；另一方面，旅游企业通过旅游舆情监控和数据分析，挖掘旅游热点和游客兴趣点，进行精准营销。

3．旅游管理部门

2016 年 12 月，国务院下发《国务院关于印发"十三五"旅游业发展规划的通知》，要加快国家智慧旅游城市、智慧旅游景区、智慧旅游企业和智慧旅游乡村建设。该文提出：近年来，我国旅游信息化建设取得长足发展，旅游在线服务市场初具规模，全覆盖式旅游宣传营销格局基本形成，旅游电子政务稳步推进，旅游信息化对旅游业支撑保障作用明显增强。但是与此同时，旅游信息化工作还存在诸多问题与挑战，如部分地区对推进旅游信息化认识存在一定偏差、有效供给普遍不足、信息技术应用水平不高和体制机制掣肘、信息化标准体系有待完善等。这就要求相关地方政府旅游管理部门通过目标定位、数据统计、安全和反馈等系统，全面了解游客需求、旅游目的地动态、投诉建议等内容，帮助实现科学决策和管理[9]。

随着国民经济的不断提高，旅游业得到了迅速的发展，成为人们增长见识、放松心情的方式。不论是组团游还是自驾游，旅游路线都是连接客源地与目的地的重要环节。设计科学而合理的旅游路线既有利于提高游客的满意度，也能够充分发挥各旅游点的特点，促进旅游目的地的长远发展。尽管旅游业越来越重要，旅游行程规划和旅游路线设计仍然是一个具有挑战的课题，现在市场上推出的旅游路线雷同现象严重，景点选择单一，导致旅游路线固定化、单一化，不仅严重地降低了游客的满意度，而且使得各旅行社为了生存不断地降低价格和成本，导致服务质量下降，陷入恶性循环的怪圈中，从而影响旅游目的地的形象。而对于自驾游，虽然有许多的在线资源，但面对如此庞大、混乱、复杂的数据信息，游客常常被淹没于大量的信息检索和产品的对比选择中，很难获得有用的数据信息。因此，设计一套客观合理的旅游路线方案，是各地发展旅游需要着重考虑的地方[10]。

旅游路线问题涉及多个学科，如运筹学、管理学、心理学、数理统计、经济学等，得到了诸多相关学科学者的关注和重视。旅游路线的优化，既有利于实现旅游六要素的统筹配置，获得满足游客需求的合理路线，从而提高游客对旅游目的地的满意度和忠诚度；也能合理的对旅游景点的冷热点进行调节，充分利用资源，有利于保护环境和经济均衡发展，有利于旅游企业获取更大效益；同时为政府和旅行社设计科学合理的旅游路线提供指导。

3.2 智慧旅游的发展现状

在欧美发达国家，旅游信息化往往以游客为中心，游客走到哪里，都可以很方便地获取与旅游有关的信息。在欧美城市中，Wi-Fi覆盖范围很广，利用智能手机终端就可以随时随地查阅与旅游有关的信息。LBS系统建得很好，相关的交通、语言、汇率等方面的信息服务也做得很好，游客进入完全陌生的旅游目的地也可以按图索骥找到景点，吃住行没有障碍。

智慧旅游源于智慧城市，在智慧旅游城市建设方面涌现了许多有益的实践和报道。2012年5月，国家旅游局公布第一批18个国家智慧旅游试点城市；2013年1月，国家旅游局再次公布15个城市为第二批国家智慧旅游试点城市。2011年7月，国家旅游局正式批准在镇江建设"国家智慧旅游服务中心"，支持开展智慧旅游装备、软件及相关应用模式的研发、示范和推广工作，镇江市旅游产业蓬勃发展。2013年，《国民旅游休闲纲要（2013—2020年）》和《中华人民共和国旅游法》的推出，是中国旅游和休闲产业发展历程中非常重要的标志性事件，具有历史意义。2014年，国务院颁布《国务院关于促进旅游业改革发展的若干意见》，明确提出加快旅游基础设施建设，包括加快智慧景区、智慧旅游企业建设，以及完善旅游服务体系，制定旅游信息化标准等内容。

常州建设智慧旅游公共服务平台[11]；南京构建智慧旅游"祥云计划"，实施智慧旅游总体规划架构[12]；秦皇岛不断完善全景区的智能化服务[13]；天津推进智慧旅游的"1369"工程，并部署智能旅游终端[14]；北京编制《北京智慧旅游行动计划纲要》，并开发自助导游讲解、城市自助导览、网络虚拟旅游系统[15]；镇江构建国家智慧旅游服务中心、中国智慧旅游云计算平台、智慧旅游感知网络体系、智慧旅游联盟、智慧旅游产业谷等[9]；宁波通过整合旅游信息资源，打造一个智慧旅游中央管理平台和旅游资源数据库，构建"虚拟旅游社区"[16]；苏州从游客的角度出发，通过信息技术提升旅游体验和旅游品质，为游客提供"一云多屏"和"一云多路"的旅游信息服务[17]。总体上，我国智慧旅游试点城市建设大多围绕智慧旅游基础设施、智慧旅游景区、智慧旅游公共服务平台进行建设，经过这几年的努力，已经初见成效，在国内有着较好的示范带头作用。各个城市的智慧旅游实践虽然各不相同，但总体趋势都朝着"感知化""互联化""人本化""智能化"的方向发展[18]。

智慧旅游主要体现在旅游管理部门、景区、酒店和旅行社等方面[5]。

1．旅游管理部门智慧管理

以杭州为例，杭州旅游主管部门成立了杭州旅游经济实验室，建立了旅游监测预警系统和旅游综合动态监测系统。以游客预定、消费、反馈等各类数据为依托，建立大数据平台，并利用大数据对景区客流人数进行实时统计分析，有效起到及时预测、提醒的作用。

2．智慧景区

从 2014 年国家旅游局推出"智慧旅游年"开始，各大景区纷纷加快智慧旅游的发展。例如，西溪国家湿地公园是杭州第一个智慧风景区，景区先后建成了自助导览服务系统、Wi-Fi 自助服务下载区、数字化管控平台和旅游电子商务服务平台。

3．智慧酒店和旅行社

作为旅游行业的重要支柱，酒店和旅行社也加快了信息化的步伐。通过技术手段实现酒店的信息化和智能化，创建智慧酒店，提供人机互动、自助入住等先进技术，并通过数据挖掘分析，更精确地了解市场，制定相应的营销策略。依靠客户管理系统和网络平台，旅行社实现在线展示查询、在线预订交易等功能。

3.3 旅游路线规划算法

3.3.1 多旅行商问题

当前旅游业正朝着定制化、个性化方向发展，旅游路线的智能规划也逐渐成为研究热点。多数学者针对单一景区内的游客行走路线或针对长距离、大跨度的跨省、出境游路线规划展开研究，而忽略了受众更广、更贴近日常出行真实状况的中远途（不跨省）、短时间（不超过 1 周）内的自驾出行情况，本章正是针对该范围内的中小型区域旅游展开研究的，将一个地区的多个景区构成的旅游目的地网络作为研究对象，将路线规划问题抽象成多旅行商问题（Multiple Traveling Salesman Problem，MTSP），并建立 Hamilton 回路的数学模型，通过两阶段遗传算法实现对该区域旅游路径的规划，有助于提升游客出行体验。

旅行商问题（Traveling Salesman Problem，TSP）的经典描述是：有一个销售员要去若干城市销售货品，从某个固定城市出发（假设每个城市之间的距离固定），经过剩下的每个城市至少一次，最后回到起始城市，问题是选择哪条路线，才能使总行程最短。

该问题在图论意义下就是所谓的 Hamilton 圈[19]问题。所以 TSP 和 Hamilton 圈问题有着不可分割的关系，下面将着重讨论 TSP 的数学模型、求解难度与 Hamilton 圈的关系。

图的定义：图 G 指的是非空集合 $V(G)$ 和其元素的无序对组成的集合 $E(G)$ 构成的二元组

$(V(G), E(G))$，$V(G)$ 称为 G 的顶点集，其中的每个元素称为 G 的顶点；$E(G)$ 称为 G 的边集，其中的每个元素称为 G 的边，记为 $V = V(G)$，$E = E(G)$。

在图 3.2 中，黑点代表顶点，黑点之间的连线代表边组成图 $G = (V, E)$。顶点集 $V = \{v_1, v_2, v_3, v_4\}$，边集 $E = \{e_1, e_2, e_3, e_4, e_5, e_6\}$，其中 $e_1 = v_1v_2$，$e_2 = v_2v_3$，$e_3 = v_3v_4$，$e_4 = v_4v_1$，$e_5 = v_2v_4$，$e_6 = v_2v_4$。

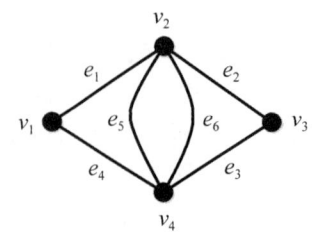

图 3.2　无向图 G

图 3.2 展示的是一个无向图 G，假设从任意一个顶点出发，剩下每个顶点恰好遍历一次，最后回到起点，由此生成的路径为一个闭环，把这个闭环称为 G 的一个生成圈（Spanning Cycle），也称为一个 Hamilton 圈，图 3.2 中，$v_1e_1v_2e_2v_3e_3v_4e_4v_1$ 为一个 Hamilton 圈。由此可见，TSP 就是在一个完全赋权图中寻找最小 Hamilton 圈的问题。

MTSP 是一个典型的组合优化问题，它是 TSP 的一个扩展。经典的 TSP 的目标是寻求单一旅行商由起点出发，遍历所有节点，最后回到起点的最小路线成本，可见 TSP 实际上是一个求最短路线规划的问题，在图论下，其任务就是寻找一条最小 Hamilton 回路。但是一些实际应用问题却不能归纳为经典的 TSP，如人员调度[20]、巡查[21]、物资配送等问题，涉及多个任务的分派与优化，TSP 演变为 MTSP。由此可见，MTSP 的求解难度比 TSP 更大，用于解决 TSP 的方法往往不能简单地直接应用于 MTSP，所以目前关于 MTSP 的研究成果还相对较少。但是社会发展的需求变化，使得对 MTSP 的研究逐渐成为新的热点。

目前对于 TSP 的求解已经取得了较好的研究成果，比较常见的求解 MTSP 的方法是将 MTSP 转化为 TSP 进行求解。这种方法最早是由 Gorenstein 提出的[22]，通过增加 $m-1$ 个虚拟城市，并且将这些虚拟城市之间的距离设为无穷大，从而阻止旅行商访问的城市序列中可能出现不合理的排列，以此将 MTSP 转化为 TSP。Yuan 等人[23]提出将染色体分为城市序列及旅行商序列的染色体，通过两部分染色体的交叉可减少搜寻解的范围。这种方法容易导致局部最优，以及求解开销的增加。Kaliaperumal 等人[24]提出将遗传算法的染色体分为城市序列及旅行商序列的染色体，通过对两部分染色体进行交叉为每个旅行商安排路径。这种方法为每个旅行商安排访问节点的个数是不同的，所以不能满足访问任务均衡的 MTSP。Osaba 等人[25]将拨号叫车服务抽象成非对称的 MTSP，并且采用改进的遗传算法进行求解，该算法根据适应度函数来自适应交叉概率生成下一代，逐代择优。Alves 等人[26]考虑工作量平衡的 MTSP，并且设计两种遗传算法，多目标的遗传算法设法取得一个较好的解，单目标的遗传算法通过适应度函数调节多目标的平衡性。然而这两种算法很难取得一个平衡，往往有一个目标占主导因素。

3.3.2 MTSP 建模

一般的 MTSP 可定义为：有 m 个旅行商需要访问 n 个城市（$n>m$），所有的旅行商都从同一个城市出发，各自访问不同的城市有且仅有一次，最后都返回起始城市，要求所有旅行商所遍历的路线成本（时间成本、费用成本）最小。若 $m=1$，则该问题就转化为 TSP，这也说明 TSP 是 MTSP 的子问题。为了说明 MTSP，设 $m=3$，$n=10$。具体的节点集合为 $\{0,1,2,3,4,5,6,7,8,9\}$，0 为出发节点。一种可能解如图 3.3（a）所示。

从图 3.3（a）中可以看出，其中的两个旅行商仅仅遍历了两个节点，最后一个旅行商遍历的节点个数是其他旅行商的两倍多，这种明显不符合实际。一个旅行商完成几倍于另一个旅行商的工作，失去了公平性。图 3.3（b）所示的是通过对每个旅行商进行访问节点任务均分得到的节点均衡的 MTSP 路线规划图，可以看出每个旅行商遍历的节点个数相当。

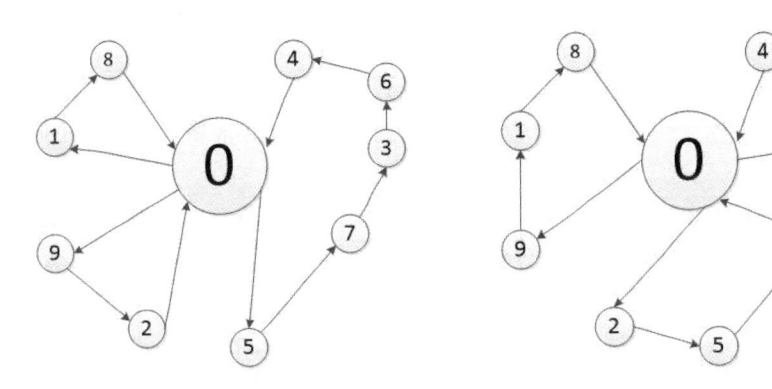

(a) 节点不均衡的 MTSP 路线规划图　　(b) 节点均衡的 MTSP 路线规划图

图 3.3　$m=3$、$n=10$ 的 MTSP 路线规划图

节点均衡的 MTSP 在图论下表示一个完备图 $G=(V,A)$，V 是顶点集，A 是弧集。其中 $V=\{0,1,2,\cdots,n\}$，0 是起点，$1,2,\cdots,n$ 是待遍历的节点，m 是旅行商的个数（$1<m<n$），d_{ij} 是两点之间距离（$d_{ij}>0$，$d_{ii}=\infty$，$i,j\in V$），对于访问节点均衡这一目标，令每个旅行商访问的节点个数为 Q，$Q=\lceil n/m \rceil$ 即可，且有如下假设：

$$r_{ijt}=\begin{cases}1, & \text{旅行商}t\text{从第}i\text{个节点到第}j\text{个节点} \\ 0, & \text{否则}\end{cases} \qquad y_{ti}=\begin{cases}1, & \text{旅行商}t\text{访问第}i\text{个节点} \\ 0, & \text{否则}\end{cases}$$

目标函数：

$$\min Z = \sum_{t=0}^{m}\sum_{i=0}^{n}\sum_{j=0}^{n} r_{ijt} \times d_{ij} \tag{3.1}$$

约束条件：

$$\sum_{t=1}^{m} r_{ti} = 1, \quad i=1,2,\cdots,n \tag{3.2}$$

$$\sum_{i=1}^{n} r_{ijt} = y_{tj}, \quad j=1\cdots n, \quad \forall t \tag{3.3}$$

$$\sum_{j=1}^{n} r_{ijt} = y_{ti}, \quad i = 1\cdots n, \quad \forall t \tag{3.4}$$

$$\sum_{i=1}^{n} y_{ti} \leqslant Q, \quad t = 1\cdots m \tag{3.5}$$

最小化总路线为一般路径优化问题经常研究的优化目标，在该模型中，式（3.1）是目标函数，意义是各个旅行商遍历完所有节点后总的路程开销最小。式（3.2）表示每个节点有且只能遍历一次。式（3.3）和式（3.4）保证每个旅行商都从起点出发，遍历结束后要求返回起点。式（3.5）表示每个旅行商遍历节点个数不能超过限制。

3.3.3 算法描述

在运筹学中，TSP 被认为是一个标准问题，MTSP 是 TSP 的扩展，同样属于 NP-hard 问题。而对于任务均分的 MTSP 研究相对较少，用一般的方法很难得到满意的解。而目前对于 TSP 的求解已经取得了较好的研究成果，各种启发式算法能够在合理的时间内取得较优的结果。通过将 MTSP 转化为 TSP 进行求解是比较实用的方法，因此很多解决 TSP 的方法都可以用在 MTSP。

对于任务均分的 MTSP，下面介绍一种两阶段遗传算法[4]（Two Phase Heuristic Algorithm，TPHA）。TPHA 算法的第一阶段主要是分集合，将 MTSP 转化为一般的 TSP，第二阶段采用启发式算法对每一个子集进行路径规划。对于 MTSP 的划分采用 K-means 算法，这种算法具有易于实现、聚集结果较优的特点。K-means 算法将节点之间的欧氏距离作为适应度评价函数，距离越近的节点，相似度越大，所以每个类簇中的节点坐标都相对集中，符合求解的目标。针对任务均分的要求，对 K-means 算法进行了改进，加入了容量限制的要求，使聚类形成的集合中节点的个数较为均匀。遗传算法凭借良好的全局搜索能力、高效的搜索效率及良好的可扩展性，是目前解决经典的 TSP 的首选方法之一。对遗传算法的选择操作采用保留最优结合轮盘赌选择策略，在保留最优个体的同时，保证适应度较大的个体进入下一代。交叉操作选择前置交叉基因段的方法，该方法解决了子代染色体与父代染色体相同的问题，确保了每一代染色体都是新创造的。这也增加了算法的全局搜索能力。

1. K-means 算法

采用 K-means 算法对 MTSP 进行划分，只要令旅行商的个数 m=k 即可。这样划分的 k 个集合正好给 m 个旅行商进行路线规划。传统的 K-means 算法的思路是：根据需求指定 k 个元素作为初始的类簇中心，依据适应度函数，将离类簇中心近的元素归类到当前的类簇中。通过对现有的 K-means 算法设置类簇中的容量限制，保证每个类簇的容量均衡，从而达到每个旅行商访问节点均衡的目标。

改进后的 K-means 算法的步骤如下。

设 $V = \{v_i | i = 1, 2, \cdots, n\}$ 表示节点集，初始类簇 c_j 的中心 $\overline{v}_j = v_{i_j}$，则初始的簇集为 $s = (c_1, c_2, \cdots, c_k)$，$j = 1, 2, \cdots, k$，每个类簇节点的个数 $q_j = 0$。

步骤 1：初始化类簇容量，设置 $Q = \lceil n/m \rceil$。

步骤2：计算距离值，按照式（3.6）计算各节点 $v_i \in V$ 到类簇中心 $\bar{v}_j$ 的距离：

$$\|v_i - \bar{v}_j\| = \sqrt{(x_i - \bar{x}_j)^2 + (y_i - \bar{y}_j)^2}, \quad i = 1, 2, \cdots, n, \ j = 1, 2, \cdots, k \quad (3.6)$$

对所有距离值 $\|v_i - \bar{v}_j\|$ 按从小到大排序。

步骤3：聚类，取到类簇中心 $\bar{v}_j$ 距离最小值对应的节点 $v_i \in V$，且令 $q_j = q_j + 1$，计算类簇 c_j 当前节点个数是否满足 $q_j \leq Q$。若满足条件，则将该节点分派给类簇 c_j；否则，将该节点分派给类簇 c_j 时的距离值 $\|v_i - \bar{v}_j\|$ 设为无穷大，并重新排序，以此类推，直到所有的节点都分配完毕。

步骤4：根据式（3.7）更新类簇 c_j 的中心 $\bar{v}_j$ 的坐标，类簇 c_j 的元素数目是 $|c_j|$，若类簇中心坐标与更新前相比没有变化，即结果收敛，则转步骤5；否则执行步骤2。

$$\begin{cases} \bar{x}_j = \dfrac{1}{|c_j|} \sum\limits_{v_i \in c_j} x_i \\ \bar{y}_j = \dfrac{1}{|c_j|} \sum\limits_{v_i \in c_j} y_i \end{cases} \quad (3.7)$$

步骤5：聚类完成，输出簇集 $s = (c_1, c_2, \cdots, c_k)$，运算终止。

2．遗传算法

TPHA 算法的第一阶段已经采用改进的 K-means 算法为需要遍历的节点进行了聚类，形成了节点集，下面利用遗传算法对 m 个节点集进行路径规划。由于算法说明涉及的参数较多，表 3.2 详细列举了算法说明过程中使用的一些参数。

表 3.2 算法相关参数说明

符 号	相 关 说 明
G	最大迭代次数
P_{size}	种群规模
p_c	交叉概率
p_m	变异概率
k	当前迭代次数
X^k	第 k 代种群所有个体的集合
X_i^k	X^k 中的第 i 个个体
D_i^k	X^k 中的第 i 个个体的评价度，$D_i^k = D(X_i^k)$
F_i^k	X^k 中的第 i 个个体的适应度，$F_i^k = F(X_i^k)$
$[\text{sub}x_1 \ \text{sub}x_2] = \text{CS}(x_1, x_2)$	表示对父代个体 x_1、x_2 进行顺序交叉操作，$\text{sub}x_1$、$\text{sub}x_2$ 分别为对 x_1、x_2 进行顺序交叉操作后得到的新一代（子代）个体

续表

符　号	相　关　说　明
$U(0,1)$	表示服从 $(0,1)$ 均匀分布的一个随机数
X_{best}	表示当前最优个体
D_{best}	当前最优个体的评价值

基本的遗传算法涉及编码操作、选择操作、交叉操作和变异操作，这些操作关系着遗传算法的求解效率。下面进行详细说明。

（1）初始解编码。采用整数编码，这种编码方式是直接将 n 个节点产生 $1\sim n$ 的不重复的随机排列组合，每种排列对应一种遍历方案。

（2）适应度函数。适应度函数可采用式（3.8）：

$$F(x) = 1/D(x) \tag{3.8}$$

式中，x 为种群的一个个体；$D(x)$ 为 x 的评价值函数，$D(x)$ 的倒数为适应度函数，$D(x)$ 表示距离开销。这样定义适应度函数简单高效。

（3）选择策略。将最优个体保留策略和轮盘赌选择策略相结合，这样能够确保最优个体遗传到下一代的同时，适应度值大的个体也能尽量保留。相比传统的单纯使用轮盘赌选择策略可以使较优个体完全保留，具体步骤如下。

步骤1：假设种群规模为 P_{size}，X_i^k 为第 k 代种群 X^k 中的第 i 个个体，F_i^k 为 X_i^k 的适应度函数，根据适应度值将当代染色体降序，将排在首位的直接遗传到 $k+1$ 代。

步骤2：按式（3.9）计算每个个体依据适应度被选择的概率 p_i，将各个概率值按照上述顺序分配给每个个体 X_i^k。

$$p_i = \frac{F_i^k}{\sum_{i=1}^{G} F_i^k} \tag{3.9}$$

步骤3：通过轮盘赌选择策略选择下一代。具体操作：随机产生 1 个服从 $(0,1)$ 均匀分布的数 δ，若 $\sum_{i=0}^{i-1} p_i \leq \delta < \sum_{i=0}^{i} p_i$，则选择 X_i^k 作为 $k+1$ 代的父亲。

重复上面的步骤1～步骤3，直至选择出 P_{size} 个父亲。

轮盘赌选择策略如表 3.3 所示，假设节点的数目为 8，种群规模为 5，各染色体的适应度值均假设已经经过计算得出，并由此计算出每个染色体的选择概率。可以看出，适应度值越大，对应的圆盘所占的面积越大，选择概率越大。

表3.3　轮盘赌选择策略

个　体	染　色　体	适　应　度	选择概率	累积概率
1	36587142	6	0.200	0.200
2	53168247	5	0.166	0.366

续表

个 体	染 色 体	适 应 度	选 择 概 率	累 积 概 率
3	87625413	2	0.066	0.432
4	73841625	10	0.333	0.765
5	26481537	7	0.233	1.0

（4）交叉算子。按照交叉概率 p_c 进行交叉操作，从当前种群中随机挑选两个染色体作为父代染色体（记为 P_1 和 P_2），随机产生两个交叉点，将交叉点间的基因段取出，记为 $(P\text{-}GE)_1$ 和 $(P\text{-}GE)_2$；将 $(P\text{-}GE)_1$ 作为子代 1 的起始基因，从父代 P_2 中去除 $(P\text{-}GE)_1$ 剩余的基因并将其移到子代 1 中。同理可生成子代 2。

交叉算子的执行过程如图 3.4 所示，假设节点的数目为 8，数字 1~7 的随机排列代表两个父代染色体，先随机截取父代 1 的基因（5213）作为子代 1 的起始基因，然后将父代 2 中与父代 1 中截取的染色体的相同部分去除，剩余的部分补充到子代中得到子代 1。同理可得子代 2 的生成原理。

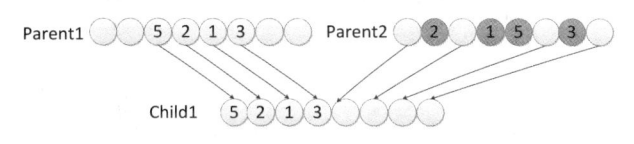

图 3.4　交叉算子的执行过程

（5）变异算子。按照变异概率 p_m 对种群中的个体进行操作。变异操作主要是为了模拟生物学中的基因突变，所以概率一般较低，但是该操作可以增加种群的多样性，避免局部最优。采用易位变异操作，依据变异概率 p_m 随机挑选一条父代染色体进行变异操作，将染色体上的两个基因位互换即可。

变异算子的执行过程如图 3.5 所示，假设节点的数目为 8，数字 1~7 的随机排列代表一种可行解，随机选取父代染色体的两个基因位，交换其顺序，生成子代序列。

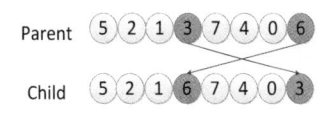

图 3.5　变异算子的执行过程

（6）终止准则。若满足预定的终止条件（迭代次数超过 G 时），则停止迭代，所得路径即满意的路径。

3. 算法流程

上面给出了遗传算法的详细设计方案，具体计算步骤如下。

步骤 1：给定相关参数 G、P_{size}、p_c、p_m，随机产生初始种群 X^1，令 $X_{best} = X_1^1$，$D_{best} = D(X_1^1)$，$k = 1$，$j = 2$，$m = 1$，$n = 1$。

步骤2：求出每一代中每个个体的评价度值及适应度值，计算 $D_i^k = D(X_i^k)$, $F_i^k = F(X_i^k)$, $i = 1,2,\cdots,m$ ，取 $X_{\min}^k : \min_{x \in X^k} D(X) = D(X_{\min}^k)$ ，则 $D_{\min} = D(X_{\min})$ 。若 $D_{\min}^k < D_{\text{best}}$ ，则使 $X_{\text{best}} = X_{\min}^k$ ，$D_{\text{best}} = D_{\min}^k$ ，同时 $Y_1 = X_{\min}^k$ 。

步骤3：计算每一代中个体被选择的概率 $p_i = \dfrac{F_i^k}{\sum\limits_{i=1}^{P_{\text{size}}} F_i^k}$ 。

步骤 4：若 $j > P_{\text{size}}$ ，则使 $j = 2$ ，转入步骤 5；否则，随机产生 $\delta \in U(0,1)$ ，求出 $i: \sum\limits_{i=1}^{i} p_i \leqslant \delta < \sum\limits_{i=1}^{i+1} p_i$ ，令 $Y_j = X_i^k$ ，$j = j+1$ ，重复步骤4。

步骤5：将自然数 $1,2,\cdots,P_{\text{size}}$ 随机排列得到序列 A ，将种群 Y 中的个体按序列 A 重新排列，得到种群 Z ，令 $X^k = Z$ 。

步骤6：若 $m > P_{\text{size}}$ ，则使 $m = 1$ ，转入步骤8，否则，随机产生 $r \in U(0,1)$ ，转入步骤7。

步骤 7：若 $r < p_c$ ，则 $[\text{sub}x_1, \text{sub}x_2] = \text{CS}(x_m^k, x_{m+1}^k)$ ，$S = [\text{sub}x_1, \text{sub}x_2, X_m^k, X_{m+1}^k]$ ，求 $x_1 : \min_{x \in S} D(x_1) = D(x)$ 及 $x_2 : \min_{x \in S \setminus \{x_1\}} D(x_2) = D(x)$ ，则下一代个体 $X_m^{k+1} = x_1$ ，$X_{m+1}^{k+1} = x_2$ ，令 $m = m+2$ ，转入步骤6。

步骤8：若 $n > P_{\text{size}}$ ，则使 $n = 1$ ，转入步骤10；否则，随机产生 $r \in U(0,1)$ ，转入步骤9。

步骤9：若 $r < p_m$ ，则对 X_n^{k+1} 执行变异操作，得到 V_n^{k+1} ，$X_n^{k+1} = V_n^{k+1}$ ，令 $n = n+1$ ，转入步骤8。

步骤10：令 $k = k+1$ ，若 $k < G$ ，则转入步骤2；否则算法终止，输出 X_{best} 、D_{best} 。

以上步骤便是TPHA算法详细的设计，其流程如图3.6所示。

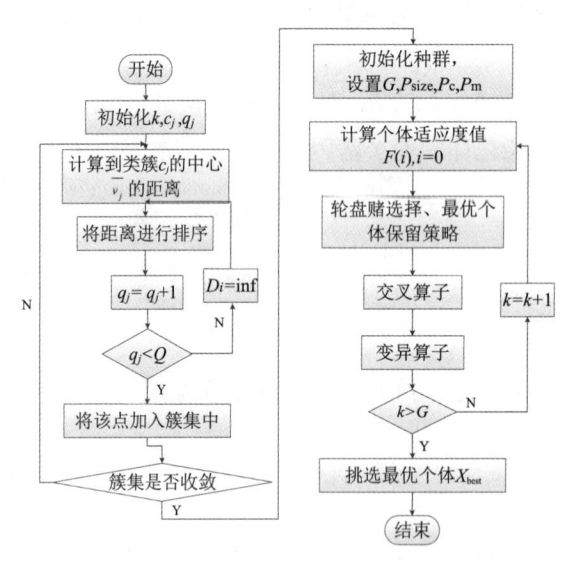

图 3.6　TPHA 算法流程

首先利用改进的 K-means 算法，将需要遍历的节点均衡聚类形成节点集，然后对每个集合中的节点依次安排旅行商采用遗传算法进行求解，得到各自的遍历顺序。

3.3.4 实验验证与性能分析

1．应用场景

景点游玩的合理化要求在满足遍历所有景点的条件下，以最小的路程开销游玩景点。同时受每天的游玩时间的限制，要求合理安排每天游玩的景点个数，需要均分每天游玩的景点个数。结合旅游路线规划为典型应用背景研究节点均衡的 MTSP，给定 n 个景点，一名游客希望分 m 天将这 n 个景点全部游玩完，即将 n 个景点规划出 m 条景点路线提供给游客一套完整的 m 天旅游行程，并且使其每天在景点之间路径上的开销尽可能小；由于游客在一个城市旅游通常不会因为每天游玩的景点不同而更换住宿酒店，因此 m 天旅游的每天起点和终点均为相同的酒店。

针对该问题，有如下假设：

（1）有且只有一个住宿地点；

（2）每个景点有且只能访问一次；

（3）每天的游玩时间有限制，只能游玩部分景点；

（4）每天游玩结束后都要回到住宿地点；

（5）总的目标是所有的景点都游玩一次，同时要求游客行驶的总距离最小。

选取了南京市的 16 个著名的旅游景点作为为期 4 天的游览对象，住宿地点为位于南京邮电大学中的凤凰星程酒店。表 3.4 详细地描述了各景点的信息，现在将各景点的名称及经纬度坐标列举如下。

表 3.4　景点信息

编　　号	景　　点	坐　　标
1	老山公园	（118.600362,32.102836）
2	珍珠泉	（118.665367,32.128073）
3	阅江楼	（118.753228,32.099638）
4	青奥体育公园	（118.671459,32.055351）
5	燕子矶	（118.823312,32.153159）
6	幕府山	（118.784569,32.121674）
7	动物园	（118.808457,32.102101）
8	神策门公园	（118.793415,32.090744）
9	雨花台	（118.785541,32.009374）
10	南京大屠杀纪念馆（南屠）	（118.752705,32.040775）
11	莫愁湖	（118.765195,32.043606）
12	总统府	（118.803388,32.049069）
13	博物院	（118.831876,32.045068）
14	中山陵	（118.859411,32.064341）
15	夫子庙	（118.795398,32.026971）
16	绿博园	（118.795398,32.026971）

2．实验验证

将从百度地图采集到的实验数据加载到 MATLAB 环境中进行实验分析。硬件平台采用的是 2.4GHz Intel i3 双核处理器、4GB DDR3（Double Data Rate 3）内存。将从地图中选取的旅游景点，按照经纬度的方式抽象到二维平面，如图 3.7 所示。

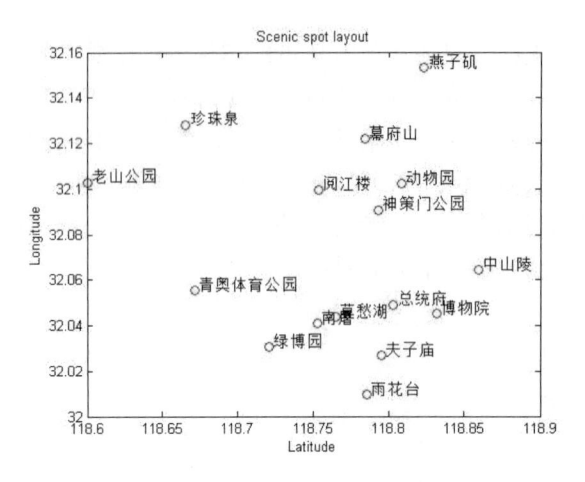

图 3.7 抽象后的景点布局

根据介绍的 TPHA 算法，按照景点的经纬度坐标将景点进行分区聚类。将选取的 16 个景点的坐标，根据游客需要游玩的天数 k（$k=m$）计算出每天游玩的景点个数 $Q=\lceil n/m \rceil$，即每天访问景点的容量限制。传统的 K-means 算法通过随机选取 4 个景点作为初始聚类中心，依次计算各景点到聚类中心的距离，根据距离作为适应度函数安排各景点加入各个聚类中，直至收敛，传统的 K-means 算法的聚类效果如图 3.8（a）所示。但是在实际游玩中考虑到每天的游玩时间是有限的，对传统的 K-means 算法进行改进，对每个簇集加入容量限制的约束，从而使每个簇集中的元素个数均匀，改进的 K-means 算法的聚类效果如图 3.8（b）所示。

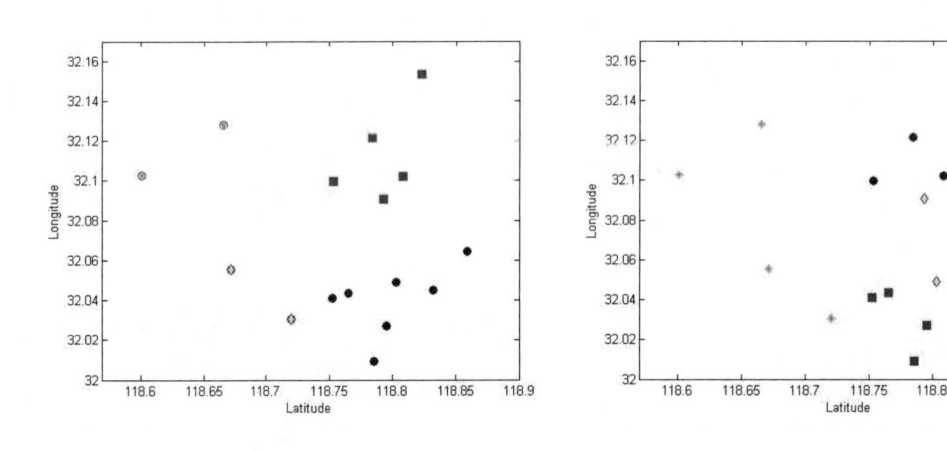

（a）传统的 K-means 算法的聚类效果 （b）改进的 K-means 算法的聚类效果

图 3.8 K-means 算法的聚类效果

通过比较图 3.8（a）和图 3.8（b）可以看出，尽管都分成了 4 个簇集，但是图 3.8（a）中划分的结果是每个簇集中元素的个数不统一，而图 3.8（b）中加入容量限制的约束，使每个簇集中元素的个数相同,更加符合问题模型。

TPHA 算法的第一阶段已经采用改进的 K-means 算法为需要游玩的景点进行了聚类,从而形成了景点集,第二阶段就应该利用遗传算法对景点集进行路线规划。假设游客的游览起点为凤凰星程酒店,每天游玩结束后都要回到起点。对遗传算法参数设置如下:迭代次数 G 为 100,种群规模 P_{size} 为 100,交叉概率 p_c 为 0.90,变异概率 p_m 为 0.05。依次为 4 个景点集求解,结果如图 3.9(a)所示。

遗传算法本身也是求解组合优化的方法,利用遗传算法直接进行求解时,设置参数为:迭代次数 G 为 100,种群规模 P_{size} 为 100,交叉概率 p_c 为 0.90,变异概率 p_m 为 0.05。求解的结果如图 3.9(b)所示。

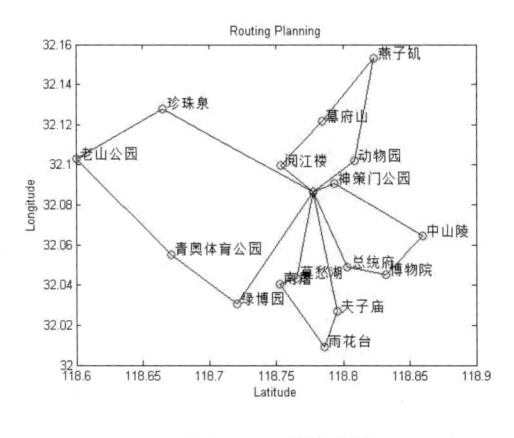

(a)TPHA 算法求解　　　　　　　　　　(b)遗传算法求解

图 3.9　景点路径规划图

通过比较图 3.9(a)和图 3.9(b)可以发现,TPHA 算法首先采用 K-means 算法将景点依据经纬度坐标划分为 4 个景点集,然后采用遗传算法便可以在较短的时间内规划出每个景点集的路径;而单纯地使用遗传算法,染色体长度较长,不仅使计算时间增加了,而且使算法的收敛速度也降低了。将 TPHA 算法与遗传算法在求解问题时所耗费的 CPU 计算时间及规划路径的直线距离进行了比较,详细的数据如表 3.5 所示。

表 3.5　算法性能比较

算　　法	时间开销(CPU)	路程开销
TPHA 算法	2.442360s	0.9941
遗传算法	10.698919s	1.1648

通过数据比较可以发现,TPHA 算法在求解问题时大大减少了 CPU 计算时间,同时规划出的路径距离也较短。

3.4 旅游路线规划系统

3.4.1 旅游路线规划系统的设计

随着科技的不断发展，以及 4G、5G 网络的不断普及，手机作为一种智能可携带产品已然成为人们生活中必不可少的重要设备。随着 Android 系统和 iOS 系统的不断成熟，各种 App 也不断地涌现出来，主要是为了满足人们的各类需求。这其中，对于手机地图服务的需求，也在不断地提升，手机地图服务可以极大地提升人们的出行效率，具有很大的研究价值[27]。

利用百度地图进行相关开发，通过设计手机地图 App，为游客设计合理的旅游路线，使得游客尽量走较短的路程来游览更多的旅游景区，该系统将旅游景点路线规划抽象成 TSP 数学模型，将 TSP 的求解结果作为路线安排依据。同时，考虑到目前的旅游行程可能包含数天的游玩计划，对 TSP 进行扩展，延伸研究了 MTSP，并根据 TPHA 算法进行求解。

1. 系统需求分析

手机地图 App 需要的功能如下。

1）地图信息

（1）定位服务：让用户可以实时知晓自己所处的位置，并将自己的位置显示在地图上。

（2）兴趣点搜索：用户查找类似宾馆、火车站、银行等信息时，只需要输入对应的信息，就可以在手机上反馈对应的结果，并将它们的位置标注在地图中，方便查找。

（3）公交查询模块：方便用户查询公交车班次、公交车站台等信息，方便出行。

（4）路线规划模块：主要提供两点之间的路线导航，通过设置起始位置和终点位置便可以发起路径规划；提供驾车搜索、公交搜索、步行搜索 3 种检索方案。

（5）卫星图模块：用户可以查看普通地图、卫星地图及热感应地图。

2）扩展内容

旅游景点路线推荐：为游客设计合理的旅游路线，使游客走较短的路程、花费较少的费用和较短的时间来游览更多的旅游景区。

2. 系统架构分析

该系统的设计思路主要是在 Android 系统的平台上，借助百度地图提供的开发接口，设计 Java 应用程序。

Android 系统是一个针对移动设备开发的软件集合，主要涉及应用框架层、系统层、数据存储层及运行时的 Linux 层。由于一般的开发只需要关注应用框架层，所以在开发程序时，主要关心 Activity 服务，这也与 UI 设计相关。Service 服务主要完成相关功能业务的实现。Broadcast Receive 服务主要用来实现事件的触发及一些消息的处理。Content Provider 服务主要进行数据之间的通信。一般的 Android 开发都离不开这些服务。

百度地图 Android SDK 是一套适用于 Android 设备的地图应用开发接口。该接口为开发者提供 BMapManager 类、MapView 类和 MapController 类，基本可以满足基本的地图开发工作，使开发者设计出功能丰富、交互性强的地图应用软件。系统架构图如图 3.10 所示。

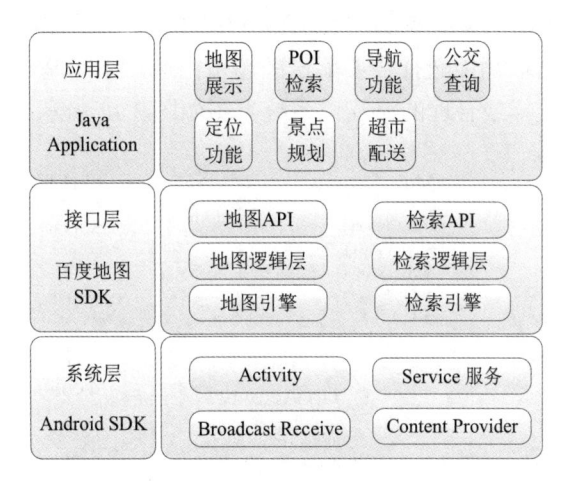

图 3.10　系统架构图

3．系统功能流程

将应用程序安装到 Android 智能手机中，单击应用图标便可以开始运行程序。整个应用程序包括我的位置、地点搜索、公交查询、路线规划、卫星图、景点规划、超市配送等功能模块。系统功能流程图如图 3.11 所示。

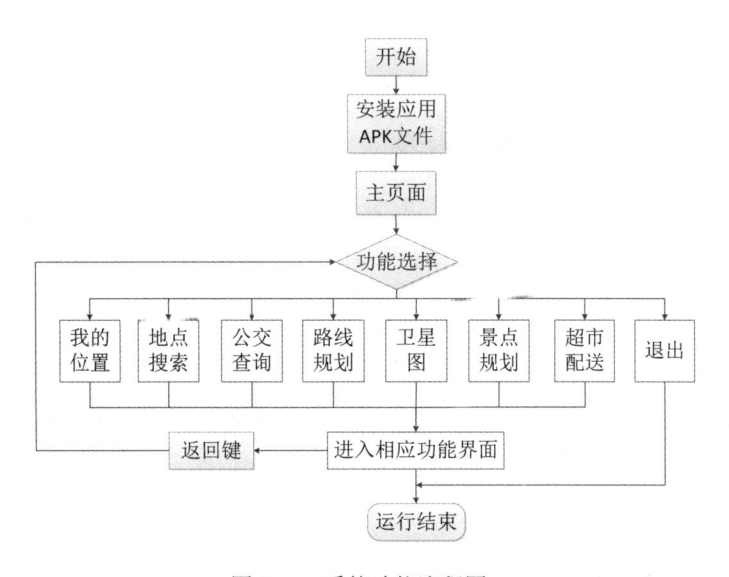

图 3.11　系统功能流程图

4．系统类图

借助百度地图提供的 Android SDK 在 Android 智能手机上进行应用程序开发，构建功能完善、交互性强的地图类手机应用 App。整个系统的构建主要包括获取百度地图 API Key、添加地图引擎到 Android 工程中、添加权限、初始化地图引擎、引入布局等操作。系统利用百度地图坐标拾取功能将景点的坐标通过分条目覆盖物 ItemizedOverlay 类将景点标记在地图上，分别采用 TPHA 算法进行求解，并将求解的结果利用百度地图的路线规划 RouteOverlay 类来进行旅游路线的规划，采用的策略是 ECAR_DIS_FIRST 两点间的距离最短。同样，对于超市配送的功能，通过坐标拾取功能选择需要配送的超市门店，采用基于二边逐次修正法的遗传算法进行求解，为司机选择最合理的路线。系统类图如图 3.12 所示。

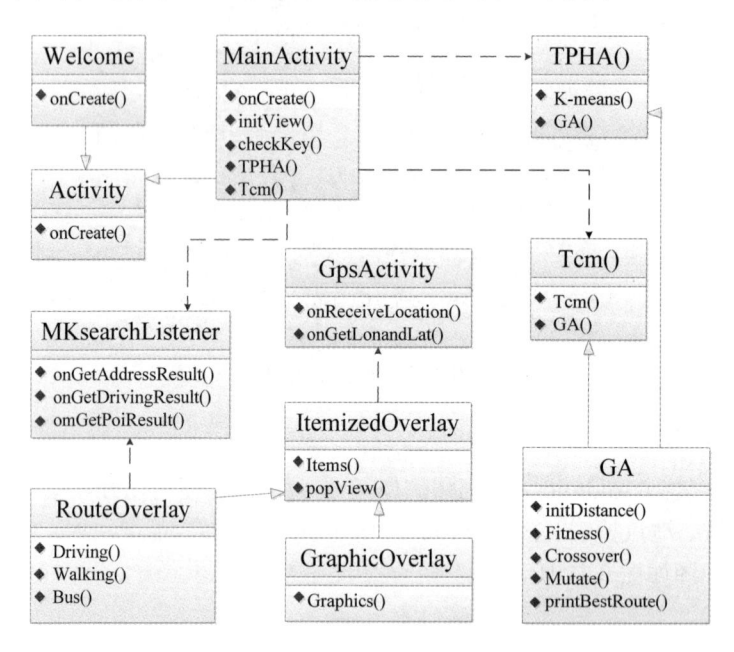

图 3.12 系统类图

3.4.2 旅游路线规划系统的实现

1．图层展示

3 种基本的地图包括：普通矢量地图、卫星图和实时交通地图，开发者通过 BaiduMap 中的 mapType()方法来设置地图类型。

2．定位服务

百度地图目前的定位技术已经很成熟，用户可以实时知晓自己所在的位置，或者根据地理位置信息查询相关地点的信息。定位服务的关键步骤如下。

步骤 1：开启定位图层。
步骤 2：构造定位数据。
步骤 3：设置定位数据。
步骤 4：关闭定位图层。

3．兴趣点检索

兴趣点（Point Of Interest，POI）是地理信息系统中的一个术语，如何知道附近有哪些学校、宾馆、电影院等，只要在文本框中输入想要查询的内容，检索服务会查询到需要的结果。兴趣点检索的关键步骤如下。

步骤1：创建POI检索实例。
步骤2：创建POI检索监听者。
步骤3：设置POI检索监听者。
步骤4：发起检索请求。
步骤5：释放POI检索实例。

在TextView控件中输入想要查询的内容，便可以查询出对应的结果。例如，查询美食，主界面便会返回对应的结果，单击每个标记，能看到对应美食的详细信息。查询景点的话，效果一样。

4．公交查询

利用BusLineSearch()方法，在搜索框中或公交路线查询页输入公交路线的名称，能看到对应的公交路线。公交查询的关键步骤如下。

步骤1：发起POI检索，获取相应路线的UID。
步骤2：根据POI检索结果判断是否为公交信息。
步骤3：设置公交信息结果监听者，发起公交详情检索。

在TextView控件中输入想要查询的公交车信息，假设查询45路公交，便会在界面中显示整条公交路线的所有站点的信息，单击每个站点，能看到详细的站台信息。

5．路径查询

百度地图Android SDK为开发者提供了公交、驾车、骑行和步行4种类型的路线规划方案，同时还可以选择"时间最短""距离最短"等策略来完成最终的路线规划，方便开发者根据自己实际的业务需求来灵活使用。

设置起点及终点信息，单击对应的搜索方式，可以在地图中展示对应的路线信息。起点信息默认为自己的当前位置。对于每个节点的信息，单击屏幕中的左右箭头，会有导航的提示信息。

公交搜索、步行搜索及骑行搜索都是相同的逻辑。单击不同的路径规划按钮，会返回不同的检索信息，且之前的卫星图层、交通图层及热力图层依旧可以使用，这样可以使用户个性化地选择图层的展示状态。

6．旅游景点路线规划

旅游景点的游玩合理化要求在满足遍历景点的条件下，以最小的里程开销游玩景点。南京城区旅游景点众多且地理信息复杂，有利于充分检验算法的效果。

南京是中国四大古都之一，城内拥有众多的人文景观、自然景观、古镇乡村等，每年都会吸引成千上万的游客前来游玩。本项目以南京为例，南京不仅有众多的旅游景点，而且地理信息复杂，通过在南京选取若干景点作为实验数据，不仅体现了算法的实际利用价值，也有利于充分检验算法的有效性。根据百度地图的坐标拾取功能，选取南京的16个较为著名的景点作为研究对象。具体景点信息参考3.3.4节的实验数据。

项目模块主要涉及以下步骤。

步骤1：通过百度地图的坐标拾取功能获取南京主要景点的经纬度坐标。

项目中采用json文件保存了景点的经纬度信息及对应景点的名称。用户通过checkbox控件选择需要游玩的景点,并在文本编辑框中输入需要游玩的天数,若不输入,则默认为只游玩 1 天。

步骤 2:根据复选框是否选中来判断一个景点是否被选中,项目中采用 hashmap 的形式来存储景点,通过景点的名称来一一得到对应的经纬度信息。

步骤 3:获取用户在文本编辑框中输入的需要游玩的天数,若不输入,则默认为只游玩 1 天。

步骤 4:根据得到的景点经纬度信息和输入的游玩天数,采用改进的 K-means 算法进行景点的聚类。

假设用户游玩全部景点,并且游玩 4 天,对应的景点聚类结果如图 3.13 所示。

```
TourName[0][0]总统府      TourName[1][0]神策门公园
TourName[0][1]博物院      TourName[1][1]雨花台
TourName[0][2]中山陵      TourName[1][2]南京大屠杀纪念馆
TourName[0][3]夫子庙      TourName[1][3]莫愁湖

TourName[2][0]阅江楼      TourName[3][0]老山公园
TourName[2][1]燕子矶      TourName[3][1]珍珠泉
TourName[2][2]幕府山      TourName[3][2]青奥体育公园
TourName[2][3]动物园      TourName[3][3]绿博园
```

图 3.13　K-means 聚类效果

步骤 5:对每个景点集合分别采用遗传算法进行求解,计算出每天的景点路线规划图。

为了测试算法在系统中的可行性,下面列举 3 组测试用例。

(1) Test1:用户游玩 1 天。

Case1:景点选择夫子庙、总统府、中山陵。

Case2:景点选择阅江楼、青奥体育公园、老山公园、珍珠泉、燕子矶、幕府山。

(2) Test2:用户游玩 2 天。

景点选择雨花台、神策门公园、幕府山、珍珠泉、青奥体育公园。

2 天的旅游行程规划如下。

Day1:雨花台→幕府山→神策门公园。

Day2:珍珠泉→青奥体育公园。

(3) Test3:用户游玩 3 天。

景点选择珍珠泉、老山公园、青奥体育公园、南京大屠杀纪念馆、幕府山、莫愁湖、雨花台、动物园、神策门公园、阅江楼、燕子矶。

3 天的旅游行程规划如下。

Day1:南京大屠杀纪念馆→雨花台→莫愁湖→幕府山。

Day2:阅江楼→燕子矶→动物园→神策门公园。

Day3:珍珠泉→老山公园→青奥体育公园。

系统会根据用户选择的景点及需要游玩的天数,为每天的景点游玩提供合适的游玩顺序及景点之间的导航信息。每天的景点游玩顺序在屏幕底部会显示出来,每两个景点之间的导航信息可以通过单击屏幕中的箭头来指明。

3.5 本章小结

本章介绍了旅游业的发展现状，简要叙述了国内智慧旅游的发展现状，具体叙述了旅游路线规划问题；在路线规划的研究过程中借鉴了前人长期的研究工作，结合实际介绍了节点均衡的路线规划算法——TPHA 算法，并对算法进行了实验验证；基于百度地图构建了旅游路线规划系统，说明了 TPHA 算法的实用价值，进一步证明了算法优秀的性能表现，也为智慧旅游信息平台的构建提供了有益的参考。

本章参考文献

[1] 李中亚. 切实提升旅游业的质量和效益[EB/OL]. [2019-07-24]. http://paper.ce.cn/jjrb/html/2019-07/04/node_13.htm.

[2] 百度百科. 智慧旅游[EB/OL]. [2019-07-24]. https://baike.baidu.com/item/智慧旅游/5631724.

[3] 范建永. 智慧旅游产业知识产权工作体系建设的几点思考[J]. 中国发明与专利, 2019, 16（6）: 27-32.

[4] 袁豪. 旅行商问题的研究与应用[D]. 南京: 南京邮电大学, 2019.

[5] 魏礼群. 中国旅游业发展"十三五"规划研究[M]. 北京: 国家行政学院出版社, 2017.

[6] 百度百科. 旅游经济发展战略[EB/OL]. [2019-07-24]. https://baike.baidu.com/item/旅游经济发展战略/12754724.

[7] 金振江, 宗凯, 严臻, 等. 智慧旅游[M]. 北京: 清华大学出版社, 2015.

[8] 中华人民共和国文化和旅游部财务司. 中华人民共和国文化和旅游部 2018 年文化和旅游发展统计公报[EB/OL]. [2019-07-22]. http://zwgk.mct.gov.cn/auto255/201905/t20190530_844003.html.

[9] 金江军. 智慧城市: 大数据、互联网时代的城市治理[M]. 北京: 电子工业出版社, 2017.

[10] 向永靖. 基于智能算法的旅游线路优化设计研究——以六盘水市为例[D]. 贵阳: 贵州民族大学, 2018.

[11] 刘加凤. 常州智慧旅游公共服务平台建设研究[J]. 中南林业科技大学学报（社会科学版）, 2012, 6（5）: 22-24.

[12] 邓贤峰, 张晓海. 南京市"智慧旅游"总体架构研究[J]. 旅游论坛, 2012, 5（5）: 72-76.

[13] 杨鹏, 李越. 秦皇岛构建智慧旅游城市现状、问题及对策研究[J]. 旅游纵览月刊, 2015（9）: 114.

[14] 李韵. "智慧旅游"天津起航[J]. 中国经济和信息化, 2013（18）: 78-80.

[15] 付业勤, 郑向敏. 我国智慧旅游的发展现状及对策研究[J]. 开发研究, 2013（4）: 62-65.

[16] 邢帆. 平台化宁波游[J]. 中国信息化, 2013（7）: 21-22.

[17] 曹灿明, 魏珍珍, 张芳, 等. 江苏省智慧旅游研究[J]. 经济师, 2014（5）: 195-197.

[18] 方明. 智慧旅游的发展现状及演化趋势[C]//2017 中国旅游科学年会论文集. 北京: 中国旅游研究院, 2017: 7-8.

[19] 梅凤翔，李彦敏．关于 Hamilton 原理[J]．动力学与控制学报，2016，14（1）：19-25．

[20] Masmoudi M, Mellouli R．MILP for Synchronized-mTSPTW: Application to Home HealthCare Scheduling[C]// Proc of the 2014 International Conference on Control, Decision and Information Technologies （CoDIT）．Metz ,2014:297-302．

[21] Ghadiry W, Habibi J, Aghdam A G, et al．Generalized Formulation for Trajectory Optimization in Patrolling Problems[C]// Proc of the 2015 IEEE 28th Canadian Conference on Electrical and Computer Engineering （CCECE）．Halifax, NS, 2015:231-236

[22] Gorenstein S．Printing press scheduling for multi -edition periodicals[J]．Management Science, 1970, 16(6):373-383．

[23] Yuan S, Skinner B, Huang S,et al．A new crossover approach for solving the multiple travelling salesmen problem using genetic algorithms[J]．European Journal of Operational Research, 2013, 228(12):72-82．

[24] Kaliaperumal R, Ramalingam A, Sripriya J．A Modified Two Part Chromosome Crossover for Solving MTSP Using Genetic Algorithms[C]// Proc of the 2015 International Conference on Advanced Research in Computer Science Engineering & Technology(ICARCSET 2015)．ACM, 2015．

[25] Osaba E, Onieva E, Carballedo R, et al．A multi-crossover and adaptive island based population algorithm for solving routing problems[J]．Journal of Zhejiang University-Science C(Computers and Electronics), 2013, 14(11):815-821．

[26] Alves R M F, Lopes C R．Using Genetic Algorithms to minimize the distance and balance the routes for the multiple Traveling Salesman Problem[C]// Proc of the 2015 IEEE Congress on Evolutionary Computation (CEC). Sendai , 2015．

[27] 张艳芳．Android 手机 Web 地图服务的应用设计[D]．南昌：南昌大学，2010．

第4章 智慧物流

在国际上,物流业被认为是国民经济发展的动脉和基础产业,其发展程度已成为衡量一个国家现代化程度和综合国力的重要标志之一。电商的活跃及全球范围内企业跨区域、跨行业合作,使物流行业正在不断向前发展,并向着智慧化发展[1]。智慧物流[2]是指通过智能软硬件、物联网、大数据等智慧化技术手段,实现物流各环节精细化、动态化、可视化管理,提高物流系统智能化分析决策和自动化操作执行能力,提升物流运作效率的现代化物流模式。本章将介绍智慧物流的背景与需求分析、智慧物流的发展现状、超市配送路线规划算法、超市配送路线规划系统,并重点描述智慧物流中的货物配送路线优化机制[3]。

4.1 智慧物流的背景与需求分析

4.1.1 智慧物流的背景分析

国家邮政局发布的《2018年快递市场监管报告》[4]对我国2018年的快递物流行业的业务量、业务收入、产品结构3个方面进行了全面分析。

1. 业务量

业务规模全球领先。2018年,我国快递服务企业业务量达到507.1亿件,同比增长26.6%。快递业务量及增量均创历史新高。我国日均快件处理量达到1.4亿件,最高日处理量达到4.2亿件,同比增长25.7%。2010—2018年,我国快递业务量年均复合增长率达到46.9%,是同期国内生产总值增速的6倍以上,增速居现代服务业前列,是我国新经济的代表行业。我国快递业务量超美、日、欧发达经济体之和,占全球快递包裹市场份额的一半以上。我国快递业务量规模连续五年稳居世界第一,成为全球快递包裹市场发展的动力源和稳定器。

2. 业务收入

快递业务收入占比持续提升。2018年,快递业务收入超过6000亿元,达到6038.4亿元,同比增长21.8%。快递业务收入占邮政行业业务收入的比重为76.4%,同比提高1.5个百分点。快递业务收入增速是服务业生产指数增速的近 3 倍，快递业占服务业增加值的比重为 1.28%，同比提高 0.12 个百分点。快递业务收入增速是国内生产总值增速的 3.3 倍，快递占国内生产总值的比重达 0.67%，同比提高 0.07 个百分点。

3．产品结构

同城快递增速平稳。2018 年，同城快递业务量达到 114.1 亿件，同比增长 23.1%，比行业增速低 3.5 个百分点。同城快递业务收入完成 904.7 亿元，同比增长 23.6%，比行业增速高 1.8 个百分点。同城快递业务收入增速高于业务量增速，平均价格回升，同城快递均价为 7.9 元，同比上涨 0.4%。

异地主力军作用强化。2018 年，异地快递业务量完成 381.9 亿件，同比增长 27.5%，比行业增速高 0.9 个百分点。异地业务收入完成 3101.9 亿元，同比增长 23.4%，比行业增速高 1.6 个百分点。异地业务占比继续提升，异地业务量和业务收入分别占全国的 75.3% 和 51.4%，同比提高 0.5 个百分点和 0.7 个百分点。

跨境快递增长迅猛。2018 年，快递企业加快步伐，在重点国家和地区布局网络，构建全球寄递网络。海外仓覆盖 50 多个国家和地区，新增跨境货运航线 17 条。国际及港澳台快递业务量达到 11.1 亿件，同比增长 34%，比行业整体增速高 7.4 个百分点。国际及港澳台业务量占比继续提升，占全国 2.2%，同比提高 0.1 个百分点。实现业务收入 585.7 亿元，同比增长 10.7%。

从以上可以看出，物流产业发展迅速，前景巨大，结构优良。从国内来看，我国仍处于发展的重要战略机遇期，经济长期向好的基本面没有改变，经济已由高速增长向高质量发展转变，转变过程中存在着矛盾、挑战和困难，经济下行压力加大。经济下行压力加大对行业发展提出了新期待、新要求，需要主动担当，稳住态势，更好地发挥基础先导作用、促进消费转型升级和促进实体经济提质增效，赋能经济发展。

4.1.2　智慧物流的需求分析

消费是经济的基础，快递业是消费的重要基石。经济增长带来的消费力水平的上升使得物流使用频率明显增加[4]。2018 年，全国快递企业日均服务达 2.8 亿人次，相当于每天 5 人中有 1 人在使用快递服务。年人均快件使用量为 36.4 件，同比增加 7.6 件。年人均快递费用支出为 432.7 元，同比增加 76.1 元。快递成为衣食住行后又一基本需求。

不同场景下的物流产业，其功能差异极大。对于餐饮业，尤其是外卖行业，给顾客提供了更多的就餐选择，在炎炎夏日顾客足不出户就可以在空调房里享用美食；而对于电商行业而言，物流与电商可谓相辅相成、珠联璧合。本章将重点介绍在同城连锁超市场景下，如何规划配送路线。

物流配送[5]是连锁超市发展的基础和保障，在配送活动的操作中，配送流程的安排至关重要。连锁超市在超市的基础上进行连锁经营，其物流配送活动是在超市内部建立配送机制，将"配"和"送"进行有机结合，保证超市门店正常的销售供给。作为超市物流的核心环节，连锁超市配送的特点决定了连锁超市的配送必须由 4 个环节互相配合，分别是订货购物环节、仓储环节、理货、装配环节，送货、收货环节。配送路线的优化设计，已经是现在连锁超市配送研究的重点，只有通过配送路线的优化设计，才能使配送中心的运转效率大大提高。

4.2 智慧物流的发展现状

物流业是国家经济支撑性产业，2009—2016 年，全国社会物流总费用在 GDP 中的占比由 18.1%下降至 15.5%，但与发达国家物流费用占 GDP 约 10%的比例相比还有很大差距，提高物流效率，降低物流成本成为政府、物流企业与其客户力争实现的目标[6]，政府和企业纷纷开始发力[4]。

1. 政府

2016 年 9 月，国家发展和改革委员会发布《物流业降本增效专项行动方案（2016—2018 年）》，交通运输部也规划从基础设施建设等 4 个方面着手帮助促进物流业降本增效。2018 年 1 月 8 日，全国邮政管理工作会议在北京召开，首次提出要通过"两步走"到 21 世纪中叶全面建成现代化邮政强国。2018 年 4 月 19 日，《中共中央国务院关于支持海南全面深化改革开放的指导意见》提出"加快推进快递业绿色包装应用"，国家邮政局印发《快递业信用体系建设工作方案》，在全国范围内开展快递业信用体系建设。

2. 企业

国内企业纷纷摩拳擦掌，旨在智慧物流产业开疆拓土。2018 年，对于企业来说，发生了很多具有年代意义的事情，如圆通、顺丰等企业加大资本输出，开辟新航道。圆通航空首架波音 B757-200 型全货机在厦门入列，圆通航空自有波音系全货机数量增加至 10 架。顺丰速运首列中欧班列在江西赣州港正式起航。国内首家通过 IPO 上市的快递物流企业"德邦股份"正式登陆资本市场。

另外，这些企业加大研发力度，不断推出新技术来衍生新业务。中铁快运携手顺丰联合推出"高铁顺手寄"，帮助旅客在高铁站内将不便随身携带的物品直接快递到家。苏宁物流在北京、上海、广州等全国 13 个城市同步上线共享快递盒回收站，为电商快递行业实现绿色包装带来创新性思维，并联合灰度环保科技发布国内第一款冷链循环箱产品，满足装载运输和循环回收的轻简需求。京东物流与中铁快运宣布"高铁生鲜递"项目上线。京东发布自主研发的区块链服务平台——智臻链，向社会开放区块链技术和应用。京东物流首架全货机成功首航，京东物流进入全货机时代。顺丰旗下江西丰羽顺途科技有限公司获批国内首张无人机航空运营（试点）许可证，在试点区域进行商业化运营。中通快递发布首份国内快递企业发布的区块链技术研究报告《实体化区块链：内生于中通快递的共创生态系》。顺丰与中铁快运联合宣布"高铁极速达"生鲜业务正式上线，促进绿色农业与高铁特色运输的联动发展。

随着物流业不断发展，智慧物流从理念走向了实际应用。基于智慧物流理念而建的成都物流公共信息平台将流行的云计算技术融入成都物流公共信息平台的搭建之中，将大量用网络连接的计算资源统一管理和调度，构成一个计算资源池向用户按需服务，具有超大规模、虚拟化、可靠安全等优点。

智慧物流理念的提出，顺应历史潮流，符合现代物流业发展的自动化、网络化、可视化、实时化、跟踪与智能控制的发展新趋势，也符合物联网发展的趋势。

4.3 超市配送路线规划算法

4.3.1 动态旅行商问题

连锁超市已成为一种流行的商业形式，实现了统一采购、统一配送。连锁超市的统购分销主要是通过配送中心的运转工作来实现的，运转效率的高低直接体现了连锁超市的核心竞争力。然而，我国的连锁超市的配送系统并不完善，还存在配送效率低下、运输成本高、资源浪费严重、配送路线安排不合理等问题。

配送作为物流系统中相当重要的环节，因其直接与客户相连接，影响到客户满意度、物流成本等而受到企业高度重视。而物流配送路线优化则是在配送的基础上进行路线调整与完善，有助于提高货物配送效率和准时达到率、降低企业物流成本、增加经济效益等。配送路线的科学规划至关重要，比如如何合理规划路线行程才能使得此次配送时间较短，符合预期，寻求效率更高的配送路线，从而达到节约企业成本、增强配送能力、增加经济效益的目的，这个实际问题可以抽象成动态旅行商问题。

动态旅行商问题（Dynamic Traveling Salesman Problem，DTSP）是 TSP 的一类扩展问题，同时又有其自身特点。DTSP 相比 TSP 往往有以下特点：①实时性，DTSP 中节点间的代价[7]随时间而变化；②健壮性，DTSP 对某些节点的删除和插入[8]能及时处理；③高效性，DTSP 能在有限的时间内得到一个最优或较优解。

关于 DTSP 的研究目前相对较少，Psaraftis[9]于 1988 年提出了 DTSP，他围绕算法设计、性能测试、仿真环境的构建等展开研究，并提出了一些求解 DTSP 的算法。

Mavrovouniotis 等人[10]提出了用蚁群算法求解 DTSP。蚁群算法根据信息素来快速收敛最优解，当产生动态性后，先前的信息素轨迹可以加速优化过程。但是这种思想只能满足环境变化量较小的情况，而对于城市节点数量变化较大的情况，寻优过程一般需要重新计算，所以这种环境变化量大的情况不能很好地被满足。

Cheng 等人[11]通过加入移民策略来改进遗传算法的选择算子，该策略将上一代种群中较好的个体直接保留到下一代，以此来替换当代种群中较差的个体。这样操作，当环境变化时，解的质量往往比遗传算法要好。但是对于节点较多的情况，需要通过迭代多次才能收敛，不能很好地满足实时性的要求。

Farhad 等人[12]提出了采用蚁群算法结合遗传算法进行求解，该方法能够适应环境变化量较大的情况，但是计算的时间开销相对较大。Blackwell 等人[13]提出了新的变异的粒子群优化算法，该算法专门用于在动态的环境中工作。该算法扩展了单种群粒子群的多样性，能够在环境变化的情况下找到较优解，但是加入了多样性使得算法的开销变大。

综上所述，目前研究 DTSP 的重点主要包括算法的设计、算法的性能提升，以及如何构建一个标准的动态测试库。

4.3.2 DTSP 建模

DTSP 是在 TSP 的基础上引入动态特征，其主要特征是随时间动态变化的距离矩阵，一般可描述如下：

$$D(T) = \{d_{ij}(t)\}_{n(t) \times n(t)} \tag{4.1}$$

式中，$d_{ij}(t)$ 为城市 i 到城市 j 的代价；$n(t)$ 为时刻 t 的城市数。

图 4.1 给出了一个简单网络，网络中包含 3 个顾客节点，以及各有向路段的开销，从图中可以容易地得出，初始最优访问顺序是 $0-C_1-C_2-C_3-0$，初始的行驶时间为 38min，那么开始按照默认的顺序行走即可。但是如果到达 C_1 之后，在去往 C_2 的路上发生了道路拥堵，行走时间增加了 30min，此时如果不改变路线的话，那么最终的时间开销为 68min。但是如果每到一个顾客节点，路线将更新，假设更新时间为 10s（足够小），那么就能及时地改变路线，时间开销可以缩减为 45min。

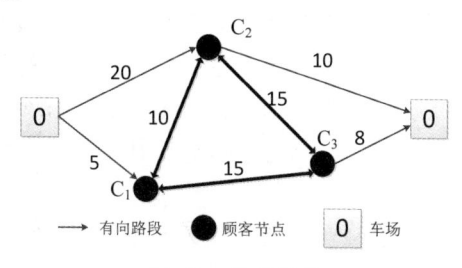

图 4.1 简单网络

假定：

（1）城市之间的路况实时更新。

（2）在采样周期内，城市规模与城市交通情况固定。

用 TSP_i 表示第 i 个 TSP，$H(i)$ 为到达的第 i 个城市的编号，$n(t)$ 为时刻 t 内的 TSP 的规模，Δt 为采样周期，Δd_{ij} 为采样周期内城市间距离的变化，Δn 为采样周期内城市规模的变化，T 为时间周期，N 为一个周期内的采样次数。

DTSP 可表示为

$$TSP(t) = \begin{cases} TSP_1, & 0 \leq t \leq \Delta t \\ TSP_2, & \Delta t < t \leq 2\Delta t \\ \cdots \\ TSP_N, & (N-1)\Delta t < t \leq N\Delta t \end{cases} \tag{4.2}$$

$$\min d(T) = \sum_{i=1}^{N} \sum_{j=1}^{n(i\Delta t)} d_{H(j)H(j+1)}(i\Delta t) \tag{4.3}$$

s.t.

$$\Delta t = \frac{T}{N} \tag{4.4}$$

$$\frac{\Delta d_{ij}}{\Delta t} = 0 \tag{4.5}$$

$$\frac{\Delta n}{\Delta t} = 0 \tag{4.6}$$

式（4.2）表示 DTSP 在不同的时间段代表不同的 TSP，若各时段的 TSP 都一样，则 DTSP 就变成了 TSP，当至少两个 TSP_i 不一样时，就变成了 DTSP；式（4.3）为目标函数，表示各时段的 TSP 的路径开销总和最小；式（4.4）为采样周期的定义；式（4.5）和式（4.6）表示在 Δt 内 DTSP 的各参数保持不变。

4.3.3 算法描述

1. 基本思想

DTSP 的基本特性是动态性，即问题规模、代价矩阵随着时间的变化而变化。如果动态程度不大，只需要采用局部优化算法便可以得到近似解。但如果动态程度很大，全局优化算法的作用就凸显出来了。遗传算法在 TSP 的应用研究中，往往需要经过多次的迭代才能收敛到一个满意的解。但是在动态环境中，由于动态性的实时性，往往要求算法在较少的迭代次数内收敛到较优解。所以单纯的遗传算法很难满足要求。二边逐次修正法[14]是对于某个初始解，通过若干次迭代，不断优化解的过程，具有求解速度快的优点。但是该算法受初始解的影响较大，容易陷入局部最优。

将二边逐次修正法与遗传算法融合起来，该算法不仅融合了遗传算法较强的全局搜索能力，同时加入了二边逐次修正法对染色体进行修正，使算法的收敛速度提升很多，这样当环境变化时，能够及时求解出较优解。

2. 二边逐次修正法

二边逐次修正法是用于求解最优 Hamilton 圈的近似算法。由于 TSP 抽象到图论中为求解最优 Hamilton 圈的问题。二边逐次修正法求该问题的近似最优解计算速度非常快，而且适用于顶点数目较多的情况。

该算法的具体步骤如下。

步骤 1：任取初始 Hamilton 圈 [见图 4.2（a）]：$C_0 = v_1, v_2, \cdots, v_i, \cdots, v_j, \cdots, v_n, v_1$。

步骤 2：对于所有的 i、$j (1 < i+1 < j < n)$，若 $W(v_i, v_j) + W(v_{i+1}, v_{j+1}) < W(v_i, v_{i+1}) + W(v_j, v_{j+1})$，则在 C_0 中删去边 $W(v_i, v_{i+1})$ 和 $W(v_j, v_{j+1})$，加入边 $W(v_i, v_j)$ 和 $W(v_{i+1}, v_{j+1})$，形成新 Hamilton 圈 [见图 4.2（b）]，即 $C_0 = v_1, v_2, \cdots, v_i, v_j, v_{j-1}, \cdots, v_{i+1}, v_{j+1}, \cdots, v_n, v_1$。

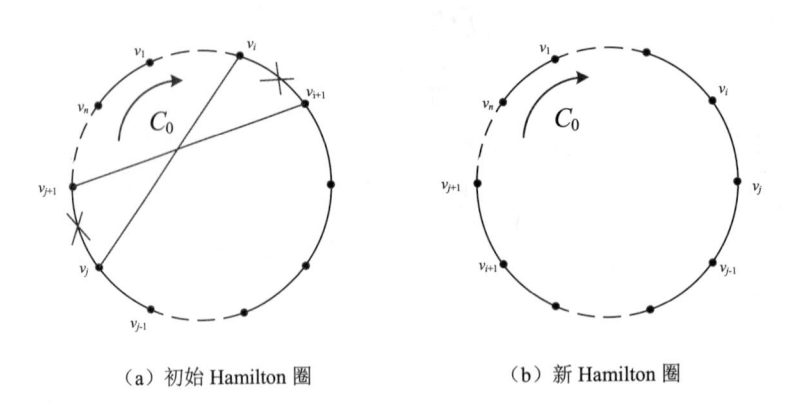

（a）初始 Hamilton 圈　　　　　（b）新 Hamilton 圈

图 4.2　构造 Hamilton 圈

步骤3：不断执行步骤2，直到条件不满足为止。

图4.3（a）所示为完备图，要求对这个完备图寻求最优Hamilton圈，如果初始Hamilton圈的 $C_0 = v_1, v_2, v_3, v_4, v_5, v_6, v_1$，因为 $W(v_1, v_4) + W(v_2, v_5) < W(v_1, v_2) + W(v_4, v_5)$，所以去除边 $W(v_1, v_2)$ 和 $W(v_4, v_5)$ 即可得到较优Hamilton圈，即 $C_0 = v_1, v_4, v_3, v_2, v_5, v_6, v_1$。

（a）完备图　　　（b）对初始Hamilton圈进行改进　　　（c）较优Hamilton圈

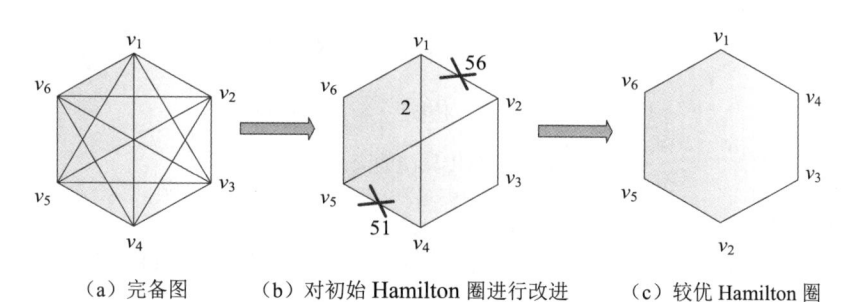

图4.3　二边逐次修正法示意图

3. 基于二边逐次修正法的遗传算法（TSC-GA）

遗传算法求解TSP时，具有良好的全局搜索能力、高效的搜索效率及良好的可扩展性，解的质量高。但是在动态环境中，遗传算法往往需要多次的迭代计算才能计算出较优解，因此计算所花费的时间往往比较长，不能满足实时性的要求。通过加入二边逐次修正法可以提升求解的速度，具体步骤如下。

步骤1：生成初始种群。

步骤2：用二边逐次修正法对每条染色体进行优化，并用优化后的个体取代原来的个体。

步骤3：对种群中的个体进行选择、交叉、变异操作。

步骤4：挑选出每代中的最优个体，重复执行步骤3。

步骤5：满足终止条件，退出。

遗传算法涉及编码操作、选择操作、交叉操作和变异操作，这些操作关系着遗传算法的求解效率。下面对关键步骤做详细说明。

1）染色体编码设计

采用整数编码，令 $X = (x_1, x_2, \cdots, x_i, \cdots, x_n)$，$1 \leq x_i \leq n_i$，$n_i$ 为第 i 个基因的最大值。这种编码方法是直接将 n 个节点按照 $1\sim n$ 的互不重复的自然数进行随机的排列，一种排列构成一个解并对应一种遍历路径方案。

2）适应度函数设计

适应度函数采用式（4.7），即

$$F(x) = 1/D(x) \tag{4.7}$$

式中，x 为种群的一个个体；$D(x)$ 为 x 的评价值函数，$D(x)$ 的倒数为适应度函数，$D(x)$ 表示距离开销。这样定义适应度函数简单高效。

3）交叉操作

采用前置交叉基因段的方法，克服了普通交叉算法可能导致子代染色体和父代染色体相同的情况，确保了种群的多样性和避免了"早熟"的缺点。

遗传算法的交叉操作如图 4.4 所示，假设节点的数目为 8，数字 1~7 的随机排列代表两个父代染色体，先随机截取父代 1 的基因（4623）作为子代 1 的起始基因，然后将父代 2 中与父代 1 中截取的染色体的相同部分去除，剩余的部分补充到子代中得到子代 1。同理可得子代 2 的生成原理。

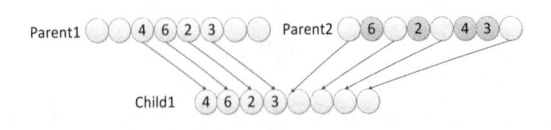

图 4.4　遗传算法的交叉操作

4）变异操作

按照变异概率随机选取一个父代染色体进行变异操作，将父代染色体的任意两个基因位互换。

遗传算法的变异操作如图 4.5 所示，假设节点的数目为 8，数字 1~7 的随机排列代表一种可行解，随机选取父代染色体的两个基因位，交换其顺序，生成子代序列。

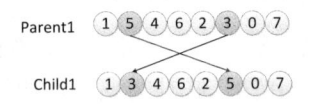

图 4.5　遗传算法的变异操作

5）选择操作

将每代染色体先进行交叉、变异操作，然后与前一代染色体放在一起，并依据适应度值从好到差挑选出同等规模的染色体，遗传到下一代。

采用的算法是一种全局优化算法，即不管环境变化是局部城市之间距离值发生改变，还是城市节点数目发生改变的全局变化，该算法都能胜任。因为该算法的思想是先通过采样的方式，将 DTSP 抽象成一个个标准 TSP，然后分别对每个 TSP 求解。这要求算法具有很强的收敛能力，能够在采样周期内求出较优解。求解策略总体流程如图 4.6 所示。

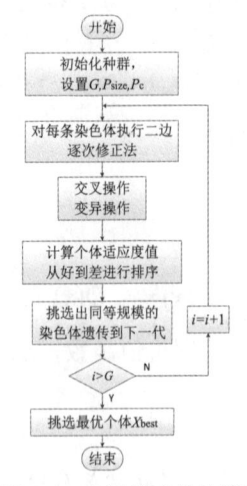

图 4.6　求解策略总体流程

4.3.4 实验验证与性能分析

1. 性能指标与实验环境

目前 DTSP 还没有标准的测试库供算法测试,根据式(4.1)可知,DTSP 的距离矩阵是随时间变化的,所以一种 DTSP 的情况可以改变两个节点之间的距离值。

由如下定义:

$$d'_{ij} \leftarrow d \times t_{ij} \tag{4.8}$$

t_{ij} 代表两个节点之间的变化,并且由如下公式生成:

$$t_{ij} = \begin{cases} t_{ij} \leftarrow 1 + r \in [F_L, F_U], & q \leqslant m \\ t_{ij} \leftarrow 1, & q > m \end{cases} \tag{4.9}$$

式中,F_L 和 F_U 分别代表最低和最高的变化级别范围;r 是一个介于 F_L 和 F_U 之间的随机数,代表变化的范围;q 是一个[0,1]的随机数;m 代表动态性变化的量级,$0 < m \leqslant 1$。对于每一条边,不同的 r 值会改变两点之间的权值。

为了测量算法优劣,这里利用动态优化问题中常用的总体性能评价值——离线性能指标(Offline Performance)作为评估指标:

$$\overline{P}_{\text{Off}} = \frac{1}{I} \sum_{i=1}^{I} \left(\frac{1}{E} \sum_{j=1}^{E} P^*_{ij} \right) \tag{4.10}$$

式中,I 代表一共迭代的次数;E 代表迭代的总次数;P^*_{ij} 代表运行第 j 次第 i 代的最好的解。

2. 实验验证

1)代价矩阵动态变化仿真

从标准 TSPLIB[15]中选出 4 种具有代表性的数据集作为实验数据,其中的城市数量分别为 52~318,数据集由小到大,随机产生的动态变化量 m,也分别取值为[0,0.25]、[0,0.5]、[0,1],代表了环境变化的剧烈程度。所有的程序均采用 MATLAB 编码,算法均在 Intel Core I3 3.2GHz 8GB memory PC 上运行,在离线性能指标下将 TSC-GA 和 Population-based ACO(P-ACO)、Elitism-based Immigrants ACO(EIACO)及其他一些启发式算法进行比较。

实验参数设置如下:距离矩阵变化范围 $F_L=0$,$F_U=2$。遗传算法相关参数设置如下:迭代次数 G 为 10,种群规模 P_{size} 为 10,交叉概率 p_c 为 0.80,变异概率 p_m 为 0.05。

从表 4.1 的数据可以看出,TSC-GA 的实验结果比 MMAS 稍差,但是和其他 3 种算法相比还是有较大优势的。

表 4.1 TSC-GA 与其他启发式算法在环境变化中求解的性能

问题实例	TSC-GA	MMAS[16]	P-ACO[17]	EIACO[18]	EIGA-GAPX[19]
随机生成 $m \in [0, 0.25]$,$f = 15s$					
berlin52.tsp	8012.5	7923.2	8055.6	7916.0	8347.5
eil101.tsp	667.6	655.7	671.4	663.2	703.4

续表

问题实例	TSC-GA	MMAS[16]	P-ACO[17]	EIACO[18]	EIGA-GAPX[19]
d198.tsp	17087.7	16932.0	17679.6	17106.9	18203.2
lin318.tsp	46625.4	45182.1	48588.1	46426.1	52737.9
随机生成 $m \in [0, 0.5]$，$f = 15s$					
berlin52.tsp	8470.8	8313.2	8506.4	8327.6	8715.8
eil101.tsp	725.6	701.5	724.8	716.1	783.7
d198.tsp	18160.5	17783.6	18707.5	18134.6	19588.6
lin318.tsp	49618.4	47779.3	51670.3	48981.4	56478.4
随机生成 $m \in [0, 1]$，$f = 15s$					
berlin52.tsp	8806.2	8603.8	8856.4	8634.5	9144.2
eil101.tsp	781.3	755.2	784.8	768.1	843.2
d198.tsp	19234.6	18727.1	19774.5	19086.8	21127.5
lin318.tsp	52742.6	50976.1	54641.3	51141.6	61448.2

2）城市规模动态变化仿真

因为 TSC-GA 是一种全局优化算法，所有单纯的城市之间权值发生改变的情况的动态程度不是很大，在实际情况中，有时城市规模也是会随时间动态变化的，为了模拟出这种效果，从 TSPLIB 中选择 4 个具有代表性的测试集作为实验数据：Eil51、Eil101、St70、Eil76，定义 DTSP(t) 为

$$\text{DTSP}(t) = \begin{cases} \text{Eil51}, & 0 \leqslant t \leqslant \Delta t \\ \text{Eil101}, & \Delta t < t \leqslant 2\Delta t \\ \text{St 70}, & 2\Delta t < t \leqslant 3\Delta t \\ \text{Eil 76}, & 3\Delta t < t \leqslant 4\Delta t \end{cases} \quad (4.11)$$

该实验主要测试算法在不同采样周期内的性能。设定 Δt 分别为 1s、2s，算法在 Δt 内分别独立运行 5 次、10 次。

当 $\Delta t = 1s$ 时，设置参数：迭代次数 G 为 5，种群规模 P_{size} 为 10，交叉概率 p_c 为 0.80，变异概率 p_m 为 0.05。

当 $\Delta t = 2s$ 时，设置参数：迭代次数 G 为 10，种群规模 P_{size} 为 10，交叉概率 p_c 为 0.80，变异概率 p_m 为 0.05。

TSC-GA 在一个 Δt 时间内分别执行 5 次和 10 次的结果如图 4.7 所示。从图 4.7 中可以看出，生成的路径图都是没有交叉的，说明解的质量比较高，同时，随着迭代次数的增多，可以发现，解的质量还可以提升一些。将 $G=5$ 与 $G=10$ 的实验结果数据做比较，从图 4.8 中可以看出，$G=10$ 的解的质量明显优于 $G=5$ 的解的质量，说明随着迭代次数的增多，解的质量还是可以有所提升的，但是在 DTSP 背景下，有时需要算法在短时间内求出最优解，此时就只能减少迭代次数，解的质量也会有所降低。

(a) G=5 的 Eil51 优化图

(b) G=10 的 Eil51 优化图

(c) G=5 的 Eil101 优化图

(d) G=10 的 Eil101 优化图

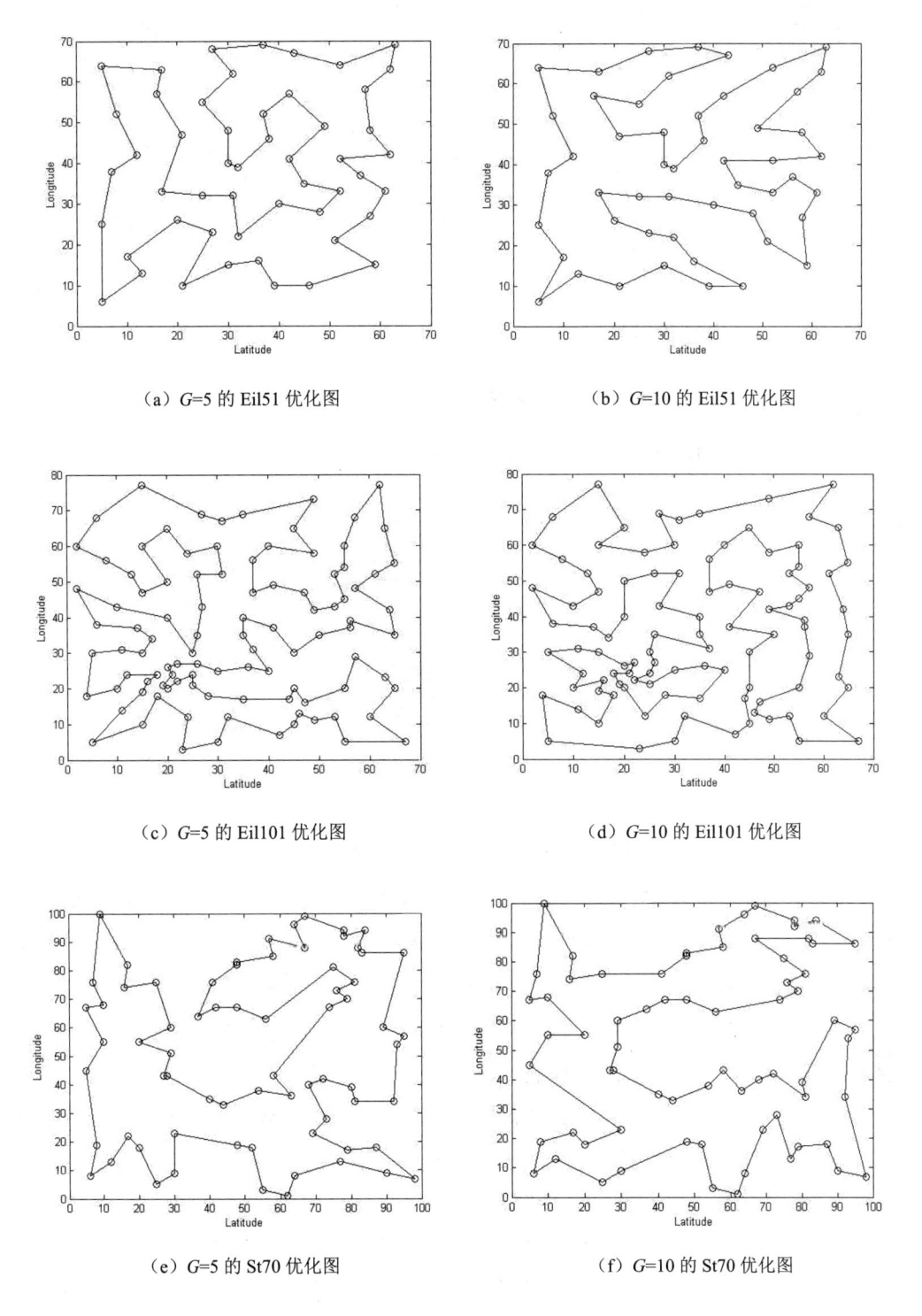

(e) G=5 的 St70 优化图

(f) G=10 的 St70 优化图

图 4.7 TSC-GA 在一个 Δt 时间内分别执行 5 次和 10 次的结果

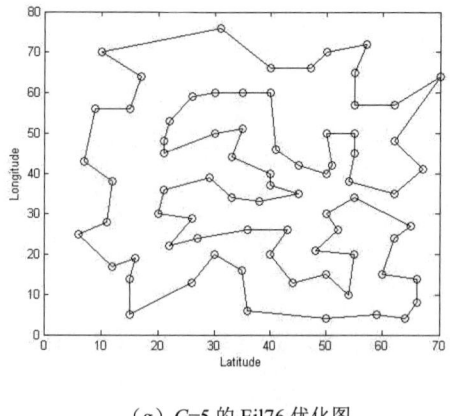

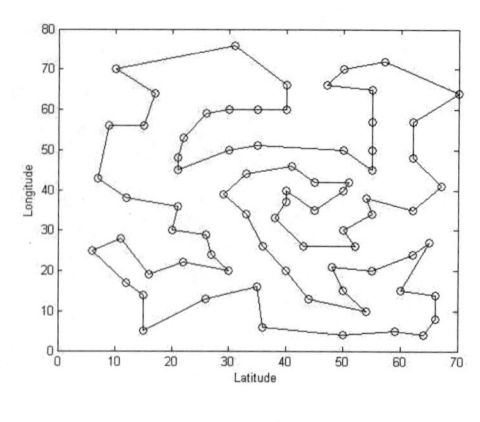

（g）G=5 的 Eil76 优化图　　　　　　　　（h）G=10 的 Eil76 优化图

图 4.7　TSC-GA 在一个 Δt 时间内分别执行 5 次和 10 次的结果（续）

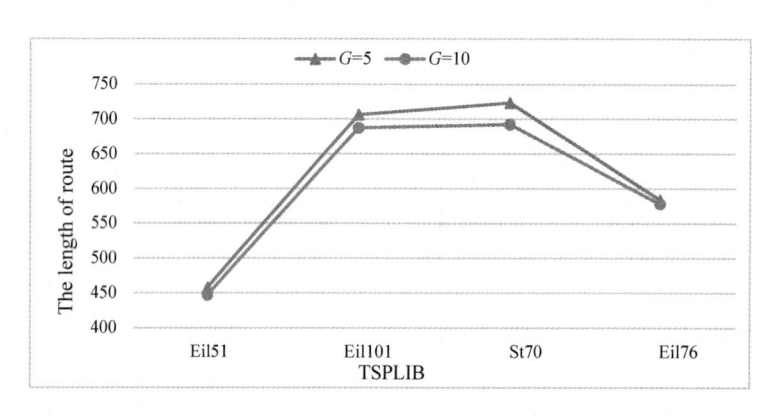

图 4.8　TSC-GA 在 G=5 与 G=10 的结果

为了体现出 TSC-GA 的路径寻优能力，将其与蚁群算法（ACO）[20]和最近邻算法（NNM）[21]对相同 TSPLIB 问题求解的情况进行比较，如图 4.9 所示，从图中可以发现 TSC-GA 的求解质量明显优于 NNM，比 ACO 稍差；当然，同时 TSC-GA、NNM 和 ACO 均比最优解差。

需要解决的是 DTSP，并且根据采样从横截面层次描述问题的动态特征，这样便可以将动态转变为标准 TSP 求解，但这要求算法的求解速度较快，能够在采样周期内找出较优解。求出的较优解均是在算法迭代 10 次得出的结果，耗时约 2s。采用 ACO，迭代 10 次的结果远远高于 TSC-GA，所以并不能很好地满足实时性。从图 4.10（a）中可以看出，算法只需要五六次便可以收敛到较优解，而采用 ACO，测试迭代 300 次，往往需要 170 次左右才能收敛到一个较优的解。迭代次数的增多，往往伴随着时间的消耗，所以在 DTSP 环境中，单纯的 ACO 是不能够很好地胜任的。从图 4.10（b）中也可以看出，ACO 在迭代 10 次左右时，计算出的结果在 720 左右，远远高于 TSC-GA。

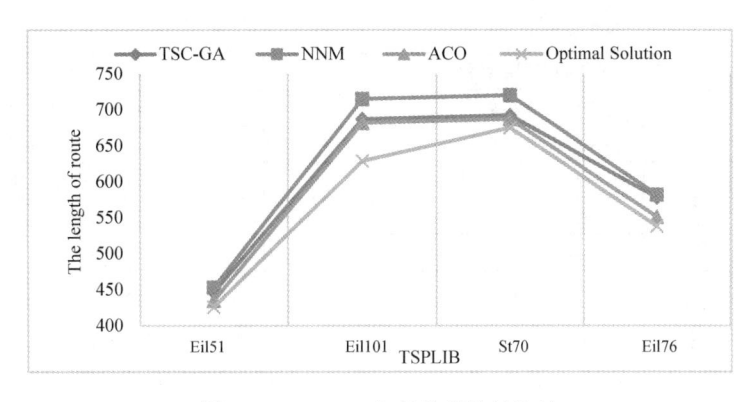

图 4.9 TSC-GA 与其他算法的比较

（a）TSC-GA 迭代 10 次

（b）ACO 迭代 300 次

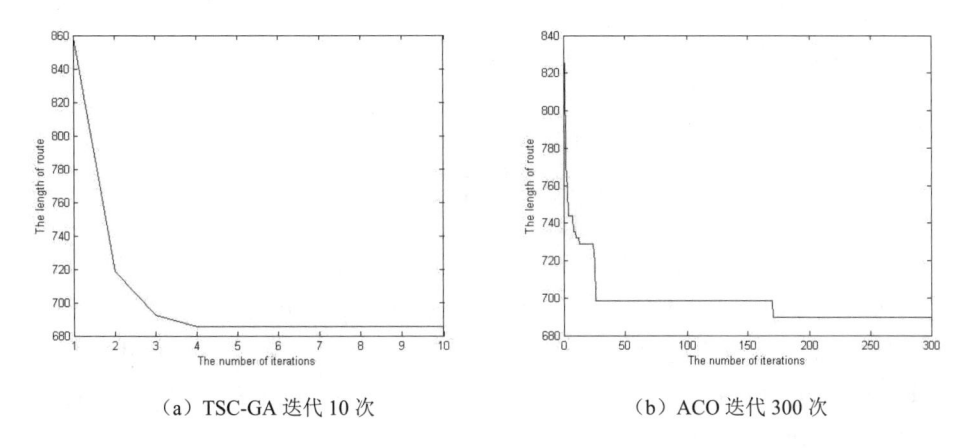

图 4.10 Eil101 的算法迭代次数

4.4 超市配送路线规划系统

物流配送效率的高低直接关系着配送的成本，好的配送路线可以提升配送效率。系统以南京鼓楼区苏果超市的配送为研究对象。以下选取 10 个南京鼓楼区苏果超市门店作为研究对象，具体配送点信息如表 4.2 所示。

表 4.2 鼓楼区苏果超市配送点信息

编 号	苏果超市门店名称	坐 标
1	苏果超市（金燕路）	（118.768708,32.110693）
2	苏果超市（社区店）	（118.733738,32.023282）
3	苏果超市（春江路店）	（118.763309,31.968957）
4	苏果超市（永乐路）	（118.804406,32.004606）
5	苏果超市（山水方舟店）	（118.835017,31.970562）

续表

编　号	苏果超市门店名称	坐　标
6	苏果超市（新丰店）	(118.840049,32.092209)
7	苏果超市（光华店）	(118.861029,32.023088)
8	苏果超市（马群花园城店）	(118.901653,32.056732)
9	苏果超市（学衡路店）	(118.921983,32.100508)
10	苏果超市（徐庄店）	(118.889726,32.088439)

当超市配送车辆到达某个超市配送点时，系统根据实时的交通信息调整路线，从而节约配送时间。以南京苏果超市（三牌楼店）为配送中心，司机从苏果超市（三牌楼店）开始配送，每到达一个配送点时采用本章介绍的算法——TSC-GA 进行求解，最后返回配送中心。

具体步骤如下：

步骤 1：通过百度地图的坐标拾取功能获取南京苏果超市的经纬度坐标。

步骤 2：采用 TSC-GA 进行初始路径的规划。

步骤 3：司机每到达一个配送点之后，利用算法重新进行路径规划，防止先前规划的路径可能遇到道路拥堵的情况，可以及时地做出调整。

步骤 4：重复步骤 3，直到顺利完成所有超市的配送。

超市配送中心选为苏果超市（三牌楼店）。

初始配送顺序为：配送中心→苏果超市（社区店）→苏果超市（春江路店）→苏果超市（永乐路）→苏果超市（山水方舟店）→苏果超市（光华店）→苏果超市（马群花园城店）→苏果超市（学衡路店）→苏果超市（徐庄店）→苏果超市（新丰店）→苏果超市（金燕路）。

司机按照初始的安排路径进行配送，每配送完一个超市，则重新进行一次路径规划。若交通情况允许，则按照初始路径行驶即可。

司机顺利配送完苏果超市（社区店）、苏果超市（春江路店）后，在苏果超市（春江路店）去往苏果超市（永乐路）的路上检测到交通拥挤的情况，重新规划路径后，新生成的路径为：苏果超市（春江路店）→苏果超市（山水方舟店）→苏果超市（永乐路）→苏果超市（光华店）→苏果超市（马群花园城店）→苏果超市（学衡路店）→苏果超市（徐庄店）→苏果超市（新丰店）→苏果超市（金燕路）。此时路径规划需要去除已经配送过的门店。

司机按照新生成的路线配送，每到达一个配送点则重新规划一次路径，确保所需时间较短。司机从苏果超市（马群花园城店）开往苏果超市（学衡路店），重新安排路线后新生成的路径为：苏果超市（马群花园城店）→苏果超市（徐庄店）→苏果超市（学衡路店）→苏果超市（新丰店）→苏果超市（金燕路）。

可以看出，单纯地使用 TSC-GA 进行一次路径规划时，以及每到达一个配送点进行一次路径规划时，得到的结果如表 4.3 所示。分析结果可以发现，每到达一个配送点进行一次路径规划，得到的结果可能路程开销较大，但是最优时间是较优的，这也满足了时间优先的条件。

表 4.3　一次路径规划和动态路径规划的结果比较

方　法	时间开销	路程开销
一次路径规划	195min	89.3km
动态路径规划	180min	95.9km

4.5 本章小结

物流业作为支撑国民经济发展的基础性、战略性产业，面临诸多发展机遇和挑战[22]。本章首先介绍了智慧物流的背景与需求分析、智慧物流的发展现状，然后详细叙述了智慧物流中的超市配送路线规划算法及系统，为面向智慧物流的信息化系统的构建提供有益参考。

本章参考文献

[1] 胡荣．智慧物流与电子商务[M]．北京：电子工业出版社，2016．

[2] 百度百科．智慧物流[EB/OL]．[2019-07-24].https://baike.baidu.com/item/智慧物流/3105626?fr=aladdin．

[3] 袁豪．旅行商问题的研究与应用[D]．南京：南京邮电大学，2019．

[4] 中华人民共和国国家邮政局．2018 年快递市场监管报告[EB/OL]．[2019-07-24]．http://www.spb.gov.cn/zf/kdscjg/201907/t20190710_1878302.html．

[5] 胡晶晶．H 超市配送业务流程重组分析[J]．企业科技与发展，2019（3）：189-190．

[6] 中国产业信息网．2018 年中国智慧物流行业发展现状及发展趋势分析[EB/OL]．[2019-07-24]．http://www.chyxx.com/industry/201803/616105.html．

[7] Renato T．Analysis of the dynamic traveling salesman problem with weight changes[C]// Proc of the 2015 Latin America Congress on Computational Intelligence (LA-CCI), 2015: 1-6．

[8] Li C, Yang M, Kang L．A New Approach to Solving Dynamic Traveling Salesman Problems[J]．Simulated Evolution and Learning, 2006, 4247:236-243．

[9] Psaraftis H N．Dynamic vehicle routing problems [J]．Vehicle Routing Methods & Studies, 1988,23(8):223-248．

[10] Mavrovouniotis M, Müller F M, Yang S．Ant Colony Optimization With Local Search for Dynamic Traveling Salesman Problems[J]．IEEE Transactions on Cybernetics, 2017, 47(7):1743-1756．

[11] Cheng H, Yang S．Genetic algorithms with elitism-based immigrants for dynamic shortest path problem in mobile ad hoc networks[C]// Proc of the Eleventh conference on Congress on Evolutionary Computation, 2009．

[12] Farhad S G, Maleki I, Farahmandian M．New Approach for Solving Dynamic Traveling Salesman Problem with Hybrid Genetic Algorithms and Ant Colony Optimization[J]．International Journal of Computer Applications, 2012,53(1):39-44．

[13] Blackwell T, Branke J．Multi-swarm Optimization in Dynamic Environments[C]// Proc of the Applications of Evolutionary Computing, 2004．

[14] 杨秀文，陈振杰，李爱玲，等．利用矩阵翻转法求最佳 H 圈[J]．后勤工程学院学报，2008，24（1）：102-106．

[15] Reinelt G．TSPLIB—A Traveling Salesman Problem Library[J]. INFORMS Journal on Computing, 1991, 3(3):376-384．

[16] Stutzle T, Hoos H. MAX-MIN Ant System and local search for the traveling salesman problem[C]// Proc of the IEEE International Conference on Evolutionary Computation, 1997.

[17] Guntsch M, Middendorf M. Applying Population Based ACO to Dynamic Optimization Problems[C]// Proc of the Third International Workshop on Ant Algorithms, 2002.

[18] Mavrovouniotis M, Yang S. Ant colony optimization with immigrants schemes for the dynamic travelling salesman problem with traffic factors[J]. Applied Soft Computing, 2013, 13(10):4023-4037.

[19] Renato S, Whitley D, Howe A. Use of explicit memory in the dynamic traveling salesman problem[C]// Proc of the 2014 Annual Conference on Genetic and Evolutionary Computation, 2014.

[20] Liu Y, Shen X, Chen H. An adaptive ant colony algorithm based on common information for solving the Traveling Salesman Problem[C]// Proc of the 2012 International Conference on Systems and Informatics （ICSAI2012）, 2012.

[21] Wang Y. A Nearest Neighbor Method with a Frequency Graph for Traveling Salesman Problem[C]// Proc of the 2014 Sixth International Conference on Intelligent Human-Machine Systems and Cybernetics, 2014.

[22] 任豪祥. 全面推动智慧物流业高质量发展[EB/OL]. [2019-07-24]. http://news.xd56b.com/shtml/xdwlb/20190701/379860.shtml.

第 5 章 灾难应急

近年来，难以预测和控制的各类灾难事件频频爆发，给人类带来沉痛的灾难和巨大的经济损失。灾难应急处理也是智慧城市系统的重要组成部分。如何针对灾难事件具有的高突发性、破坏性、复杂性和不确定性等特点，开展快速有效的灾难应急处理，越来越受到世界各国政府、学术界及产业界的关注。本章将介绍灾难应急的背景与需求分析及发展现状，重点介绍应急疏散规划机制和应急救援规划机制，还将具体介绍一种基于移动云计算平台的面向灾难应急的应急疏散与救援系统。

5.1 灾难应急的背景与需求分析

5.1.1 灾难应急的背景分析

2018 年，四川、甘肃发生严重的暴雨洪涝灾害，房屋、农田受损；福建、浙江受台风"玛莉业"影响，也出现了强降雨，数十万人受灾[1]。针对这两次灾害[2]，应急管理部紧急启动救灾应急响应，派出工作组赶赴灾区。城市灾害无情并且难以避免，做好应急管理工作是关键。

2005 年，"卡特里娜"飓风横扫美国佛罗里达州及墨西哥湾沿海地区，造成 1800 多人死亡，总的经济损失达 340 亿美元；2011 年，日本东部海域发生了 9.0 级地震，地震引发了巨大海啸，造成了重大人员伤亡和财产损失，地震和海啸还袭击了福岛核电站，引发了继切尔诺贝利核泄漏以来，最大规模的核泄漏事故，紧急疏散人数达 10 余万人[3]；2015 年 4 月 6 日，中国漳州市腾龙芳烃二甲苯装置发生漏油起火爆炸事故，方圆四五十千米内都有很强的震感，需紧急救援 11000 多人[4]。以上大型灾难事件都导致了大规模的群体性迁移行为，面对这些城市灾难时，需要合理地进行疏散与救援，尽可能地救援每个人和减小灾后城市损失。

灾难应急处理指在灾难发生后，将受影响区域内的人员以尽快、尽量可靠的方式转移到安全区域。其中，受影响区域由危险区和缓冲区两部分组成，危险区是指突发事件直接伤害或威慑其覆盖范围内的生命安全的区域，此区域的人员必须以最快的速度撤离；缓冲区是指突发事件及其衍生事件的间接影响区域，人员在此区域受到事件伤害的程度降低，此区域的人员需要尽快转移至区外的避难场所中。

灾难应急处理的主要工作就是要对整个区域内的人员进行合理规划，将受灾区域内的人员迅速及时地转移到安全地点，转移的方式分为两种：主动疏散和被动疏散。主动疏散又称自行疏散，受灾区域内的未受伤人员可以采用这种方式，自行疏散至安全区域。被动疏散包括伤员、残疾人、老年人等群体，在灾难发生后没有或很少有自行疏散的能力，需要及时安排救援车辆进行辅助疏散。

每一次灾害都在检视着一个国家的应急体系建设和应急救援能力。2018 年 9 月 7 日，应急管理部发布 1—8 月全国安全生产形势分析，其中提到[5]：32 个省级统计单位中，27 个单位事故起数和死亡人数同比"双下降"，20 个单位未发生较大事故或较大事故同比下降，23 个单位未发生重特大事故。应急管理部要求，要进一步增强责任感紧迫感，准确分析国内外经济形势、极端天气，以及地方人员机构调整等对安全生产可能造成的影响。现阶段，我国城市应急管理卓有成效。

5.1.2 灾难应急的需求分析

智慧城市中灾难应急机制的关键是协调政府、社会、企业、民众各方面来实现城市综合减灾，降低生命和财产损失。2019 年 4 月 18 日，应急管理部有发布《国务院安委会办公室 国家减灾委办公室 应急管理部关于加强应急基础信息管理的通知》（以下简称《通知》）。在《通知》执行方面，企业和政府监管部门分别承担着相应的义务和责任[6]。

（1）对企业来说，将应急基础信息接入全国应急管理大数据应用平台，接受相关政府部门监管，是企业必须依法履行的安全生产主体责任。因此，各行业企业应当无条件按照政府监管部门要求接入信息，包括企业生产过程中相关的实时监测数据、监控视频，以及其他感知设备获取的数据等，同时企业应当对接入信息的真实性、有效性负责，绝不允许弄虚作假、瞒报漏报，坚决避免出现安全生产监管的盲区死角。

（2）对政府部门来说，应当按照"管行业必须管安全"的原则，依法履行对有关行业企业的安全生产监管责任。督促指导企业将应急基础信息接入全国应急管理大数据应用平台，是政府部门履行安全生产监管责任的重要支撑，应当打消"不愿接入""不敢接入""怕担责任"的顾虑，做到依法履职尽责。在接入信息的过程中，要做好与企业的协同配合，确保接入的信息真实有效，并在科学研判分析信息的基础上，及时提醒企业在生产过程中出现的风险和隐患。同时，政府部门要按照《通知》要求，采取有效措施确保全国应急管理大数据应用平台的安全，严防网络入侵和数据泄露，切实保护企业的商业秘密不受侵害。

灾难应急处理有两个方面值得关注的问题：应急疏散规划问题（Emergency Evacuation Planning Problem，EEPP）和应急救援规划问题（Emergency Rescue Planning Problem，ERPP），它们都属于组合优化问题（Combinatorial Optimization Problem，COP）[7]。组合优化是指在离散的、有限的数学结构上，寻找一个或者一组满足给定的约束条件并使其目标函数达到最小的解。COP 在信息技术、网络设计、资源调度、交通运输等诸多领域都有广泛的应用，这类问题通常又是 NP-hard 问题[8]。随着问题输入规模的扩大，求解时间呈几何级数上升。因而运用传统的运筹学方法，包括线性规划法、动态规划法、分支定界法等，已经无法适用于求解大规模 EEPP 和 ERPP。

EEPP 指在灾难发生后，为受灾区域内的大规模人员提供及时有效的疏散引导，使其快速撤离至避难场所内,充分保障人员的生命安全。对于 EEPP,目前主要存在以下几个难点。

(1) 灾难发生时,由于灾难实况信息传播不及时,受灾区域内的疏散人员处于高度紧张和恐惧状态,影响了对灾难形势的判断,从众心理造成了大范围的道路拥堵,无组织的疏散行为造成了避难场所分配的严重不均衡,延误了宝贵的疏散时间。

(2) 现有的关于应急疏散规划的相关研究成果可分为宏观疏散和微观疏散两个方面。宏观疏散研究关注大规模的人员疏散,但是缺乏人性化疏散的考虑;微观疏散研究主要关注小规模人群在室内环境下的疏散,但是缺乏对宏观上避难场所分配的考虑,不具有普适性。

(3) 现有的应急疏散规划方案在为灾民分配避难场所时,缺乏对灾难发生时人的心理因素的考虑,没有利用人际关系等因素来实现人性化疏散。

(4) 影响应急疏散规划的因素很多,如疏散人员位置、道路拥塞状况、避难场所分布及容量等,但现有的研究通常仅考虑单方面或某几个方面的影响因素,进而影响了研究的科学性,且缺乏实际应用性。

而 ERPP 指在灾难发生后,受灾区域内的大规模人员没有或很少有自行疏散的能力,需要及时安排救援车辆进行救援,使其快速撤离至避难场所,充分保障人员的生命安全。对于 ERPP,目前主要存在以下几个难点。

(1) 灾难发生时,需要根据受灾区域内的待救援人员经纬度位置进行聚类,由于待救援人员具有分散性、随机性的特点,因此大大增加了聚类难度。

(2) 对待救援人员进行聚类时,应考虑灾难环境因素的影响,避免救援车辆绕行危险区,否则会在极大程度上增加救援车辆的总路程,也无法保证救援车辆的行驶安全。

(3) 应急救援规划问题需要根据待救援人员的位置、救援车辆的位置及容量、避难场所的位置,确定由哪些救援车辆到达哪些待救援人员的位置展开救援,以及救援车辆行驶路线的规划和避难场所的选择,既要使救援车辆访问的总路程最短,又要使各救援车辆资源得以均衡分配。

因此,进行深入研究,设计行之有效的方法,对防止和减少事故造成的人员伤亡具有重大意义。

5.2 灾难应急的发展现状

我国在应对灾害的漫长岁月中,逐渐形成了"居安思危,思则有备,有备无患""安不忘危""预防为主"等丰富的应急文化。中华人民共和国成立后,我国的灾难应急主要有 4 个发展阶段[9]。

(1) 中华人民共和国成立后,我国建立了专业性防灾减灾机构,一些机构又设置了若干二级机构,以及成立了一些救援队伍,形成了各部门独立负责各自管辖范围内的灾害预防和抢险救灾的模式,这一模式趋于分散管理、单项应对。该时期我国政府对洪水、地震等自然灾害的预防与应对尤为重视,但相关组织机构职能与权限划分不清晰,在应对突发事件时,应急响应过程往往是自上而下地传递计划指令,是被动式的应对。

(2) 改革开放之初到 2003 年左右,政府应急力量分散,表现为应对"单灾种"多,应对

"综合性突发事件"少，处置各类突发事件的部门多，但大多部门都是"各自为政"的。为提高政府应对各种灾害和危机的能力，我国政府于 1989 年 4 月成立了中国国际减灾十年委员会，后于 2000 年 10 月更名为中国国际减灾委员会。2002 年 5 月，南宁市社会应急联动系统正式运行，标志着"应急资源整合"的思想落地。在此阶段，当重特大事件发生时，通常会成立一个临时性协调机构以开展应急管理工作，但在跨部门协调时，工作量很大，效果不好。这种分散协调、临时响应的应急管理模式一直延续到"非典"事件爆发。

（3）2003 年春，我国经历了一场由"非典"疫情引发的从公共卫生到社会、经济、生活全方位的突发公共事件。应急管理工作得到政府和公众的高度重视，全面加强应急管理工作开始起步。2005 年 4 月，中国国际减灾委员会更名为国家减灾委员会，标志着我国探索建立综合性应急管理体制。2006 年 4 月，国务院办公厅设置国务院应急管理办公室，履行值守应急、信息汇总和综合协调职能，发挥运转枢纽作用。这是我国应急管理体制的重要转折点，是综合性应急体制形成的重要标志。同时，处理突出问题及事件的统筹协调机制不断完善，议事协调机构的职能不断完善。此外，专项和地方应急管理机构力量得到充实。

（4）2018 年 4 月，我国成立应急管理部，将分散在国家安全生产监督管理总局、国务院办公厅、公安部、民政部、水利部、中国地震局、国家减灾委员会、国务院抗震救灾指挥部等部门的应急管理相关职能进行整合，以防范、化解重特大安全风险，健全公共安全体系，整合优化应急力量和资源，打造统一指挥、专常兼备、反应灵敏、上下联动、平战结合的中国特色应急管理体制。

5.3 应急疏散规划机制

5.3.1 应急疏散规划问题建模

为实现灾难场景下的有效疏散，首先做 3 个重要的假设。

假设 1　只能给每个疏散人员分配一个避难场所，且每个疏散人员能按照系统推荐的疏散路线指引完成疏散。

假设 2　每个避难场所的容量都是有限的，为了保证疏散人员能够安全地进入避难场所内，每个避难场所的剩余容量不能为负值。

假设 3　灾难的发生不会对周边道路、桥梁等基本交通设施造成严重损毁、塌陷等状况，即道路处于基本可通行的状态，疏散不会完全不可行。

基于以上的条件假设，通过灾难场景下的应急疏散规划，可以在灾难发生后，迅速将处于灾难缓冲区的疏散人员通过现有道路网循序疏散至灾难点周边的避难场所内。

对于城市灾时大范围的人员应急疏散规划，需要解决以下两个关键问题。

（1）根据现有城市内部建成的避难场所设施，为灾难缓冲区的疏散人员分配合理的避难场所，对避难场所进行均衡分配，避免在疏散过程中出现一些避难场所过于饱和的问题。

（2）充分利用现有的道路交通状况，为疏散人员提供最佳的避难路线指引，缩短疏散路线长度和疏散时间，并综合考虑实时路况等因素。因此，对于此类问题的求解是一个规模庞大的组合优化问题，必须设计行之有效的方法。

采用人工势能场法[10-13]对大规模应急疏散规划问题进行建模，对灾难环境建立人工势能场，其基本思想是假设疏散人员作为一个质点在虚拟的人工势能场中移动。人工势能场中的疏散人员受到其周围作为目标点的多个避难场所产生的吸引力，并且受到作为障碍物点的灾难点产生的排斥力，吸引力由避难场所产生且指向避难场所的方向，排斥力由灾难点产生且指向远离灾难点的方向。于是，疏散人员在人工势能场中朝着下降的势函数方向移动，通过吸引力和排斥力共同作用实现有效疏散。灾难场景人工势能场如图 5.1 所示，距离避难场所越近，势能值越小；距离避难场所越远，势能值越大。

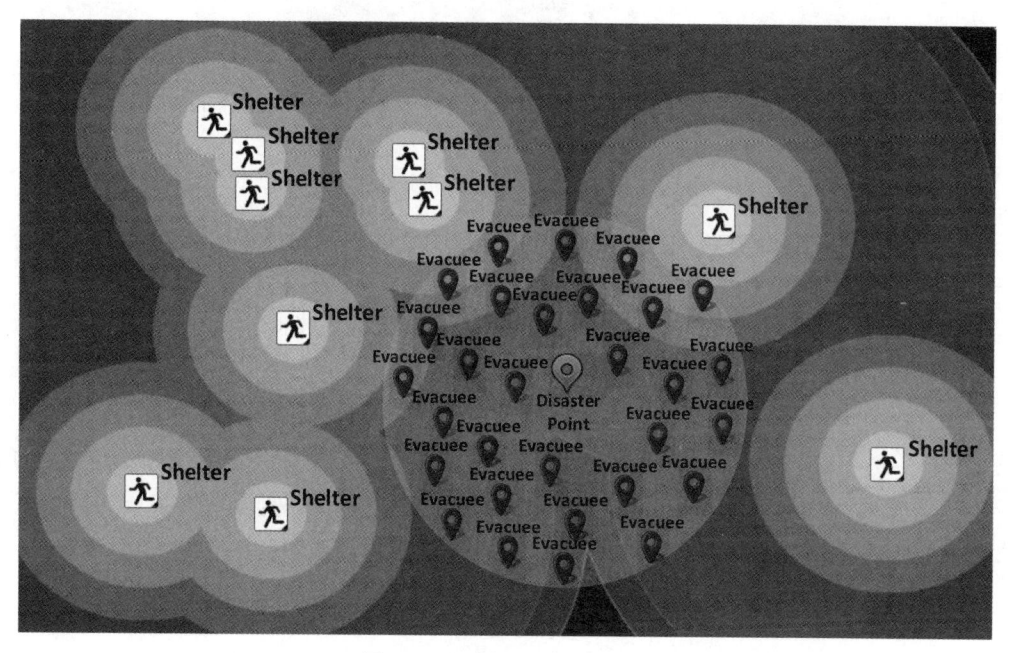

图 5.1 灾难场景人工势能场

5.3.2 算法描述

1. 基本思想

针对应急疏散规划问题，介绍 EPAAPF，对于灾难场景，用场和力的观点进行建模，并根据势能场的梯度方向确定人员疏散方向，算法能够有效地提高最优解精度和收敛速度，缩短疏散路线长度和疏散时间，使避难场所的分配达到均衡状态，实现大规模人群的快速有效疏散。在 EPAAPF 基础上，进一步引入关系引力势场，介绍 EPAAPF-RA，将具有亲属关系的疏散人员尽量疏散至同一处避难场所内，实现高效率、人性化疏散。

2. 基于人工势能场的疏散规划算法

在灾难环境空间中，可以对灾难环境建立人工势能场，设疏散人员 X_i 的坐标为 (x_i, y_i)，并以该坐标建立该疏散人员所对应的直角坐标系 xoy，避难场所集合 $S = \{G_j \mid j = 1,2,3,4\}$，灾难点 O 的坐标为 (x_O, y_O)。疏散人员在人工势能场中的受力如图 5.2 所示。

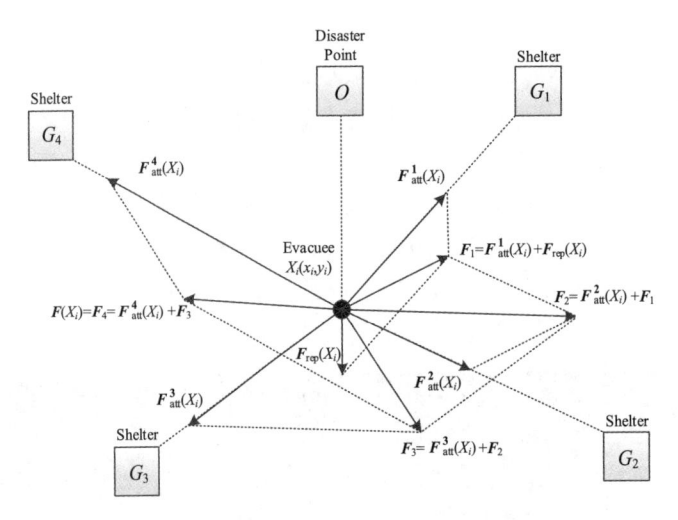

图 5.2 疏散人员在人工势能场中的受力

在灾难环境下，复合势场是指对灾难环境构建的总的人工势能场，疏散人员被视为一个质子在该势场中进行移动。

在灾难环境下，引力势场是指由避难场所产生，对疏散人员产生吸引作用的势场。

在灾难环境下，斥力势场是指由灾难点产生，对疏散人员产生排斥作用的势场。

设疏散人员集合 $E = \{X_i | i = 1, 2, \cdots, n\}$，避难场所集合 $S = \{G_j | j = 1, 2, \cdots, m\}$，疏散人员 X_i 的坐标为 (x_i, y_i)，并以该坐标建立该疏散人员所对应的直角坐标系 xoy，避难场所 G_j 的坐标为 (x_j, y_j)，灾难点 O 的坐标为 (x_o, y_o)。环境中有多个避难场所，复合引力势场为所有避难场所的引力势场的总和，则环境空间中疏散人员 X_i 的复合势场函数为

$$U(X_i) = \sum_{j=1}^{m} U_{att}^{j}(X_i) + U_{rep}(X_i) \tag{5.1}$$

式中，$\sum_{j=1}^{m} U_{att}^{j}(X_i)$ 表示避难场所 G_j 产生的引力势场总和，共有 m 个避难场所；$U_{rep}(X_i)$ 表示灾难点 O 产生的斥力势场。

避难场所 G_j 对疏散人员 X_i 产生的引力势场可以将疏散人员拉向目标点。由目标避难场所产生的引力势场为

$$U_{att}^{j}(X_i) = \frac{1}{2} k \cdot \rho(X_i, G_j)^2 \tag{5.2}$$

式中，k 表示引力系数；$\rho(X_i, G_j)$ 表示疏散人员 X_i 至避难场所 G_j 的欧氏距离。两坐标点 $X_i = (x_i, y_i)$ 和 $G_j = (x_j, y_j)$ 之间的欧氏距离定义为

$$\rho(X_i, G_j) = 2 \cdot R_e \cdot \arcsin\left[\sqrt{\sin^2\left(\frac{a}{2}\right) + \cos(y_i) \cdot \cos(y_j) \cdot \sin^2\left(\frac{b}{2}\right)}\right] \tag{5.3}$$

式中，$a = |y_i - y_j|$ 表示 X_i、G_j 两点的纬度之差；$b = |x_i - x_j|$ 表示 X_i、G_j 两点的经度之差；$R_e = 6378.137 \text{ km}$ 表示地球的球面半径。

灾难点所产生的斥力势场一般采用 Khatib 提出的 FIRAS 函数[14]，对灾难影响范围内的疏散人员建立斥力势场，其函数如式（5.4）所示：

$$U_{\text{rep}}(X_i) = \frac{1}{2} r \left(\frac{1}{\rho(X_i, O)} - \frac{1}{\rho_0} \right)^2 \tag{5.4}$$

式中，r 表示斥力系数；$\rho(X_i, O)$ 表示疏散人员 X_i 至灾难点 O 的欧氏距离；ρ_0 表示斥力势场作用距离，即灾难影响半径。

复合力是由复合势场产生的力，体现了复合势场对疏散人员的影响程度，其方向决定疏散人员的疏散方向。

吸引力是由引力势场产生的力，体现了引力势场对疏散人员的影响程度，其方向由疏散人员指向避难场所。

排斥力是由灾难点产生的力，体现了斥力势场对疏散人员的影响程度，其方向由灾难点指向疏散人员。

疏散人员 X_i 受到的复合力被定义为复合势场的负梯度。因此，疏散人员受到的复合力为

$$\boldsymbol{F}(X_i) = -\nabla U(X_i) = \sum_{j=1}^{m} \boldsymbol{F}_{\text{att}}^j(X_i) + \boldsymbol{F}_{\text{rep}}(X_i) \tag{5.5}$$

式中，$\boldsymbol{F}(X_i)$ 表示复合力；$\boldsymbol{F}_{\text{att}}^j(X_i)$ 表示避难场所 G_j 产生的吸引力；$\boldsymbol{F}_{\text{rep}}(X_i)$ 表示灾难点 O 产生的排斥力。

避难场所对疏散人员产生的吸引力为

$$\boldsymbol{F}_{\text{att}}^j(X_i) = -\nabla \left[U_{\text{att}}^j(X_i) \right] = k \cdot \rho(X_i, G_j) \tag{5.6}$$

式中，$\boldsymbol{F}_{\text{att}}^j(X_i)$ 是一个朝向疏散人员 X_i 并且大小与 X_i 和 G_j 相关联的矢量。

定义排斥力为斥力势场的负梯度：

$$\boldsymbol{F}_{\text{rep}}(X_i) = -\nabla \left[U_{\text{rep}}(X_i) \right] = m \left(\frac{1}{\rho(X_i, O)} - \frac{1}{\rho_0} \right) \cdot \frac{1}{\rho^2(X_i, O)} \cdot \nabla \rho(X_i, O) \tag{5.7}$$

EPAAPF 算法流程如图 5.3 所示。

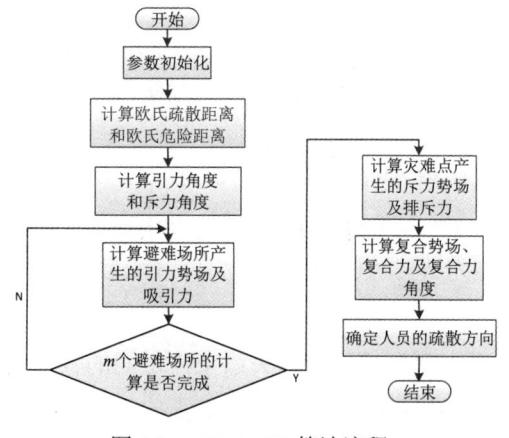

图 5.3　EPAAPF 算法流程

EPAAPF 算法的具体步骤如下。

步骤 1：以疏散人员 X_i 所在位置的经纬度坐标 (x_i, y_i) 建立直角坐标系 xoy，避难场所集合 $S = \{G_j \mid j = 1, 2, \cdots, m\}$，则疏散人员和避难场所的连线与 x 轴的夹角为 α_{ij}，疏散人员和灾难点 O 的连线与 x 轴的夹角为 β_i，复合力与 x 轴的夹角为 η_i。对 α_{ij}、β_i、η_i、避难场所个数 m、斥力势场作用距离 ρ_0 和避难场所距离阈值 ρ_G 进行初始化操作。

步骤 2：根据疏散人员 X_i 的坐标 (x_i, y_i) 与灾难点 O 的坐标 (x_O, y_O)，通过式（5.3）计算疏散人员与灾难点的距离（欧氏危险距离）d_O。根据疏散人员 X_i 的坐标 (x_i, y_i) 与避难场所 G_j 的坐标 (x_j, y_j)，计算疏散人员与 m 个避难场所的距离（欧氏疏散距离）d_{G_j}。

步骤 3：依次判断 m 个避难场所 G_j 是否满足 $d_{G_j} \leqslant \rho_G$，若满足，则记录 j；否则 $j = j+1$，当 $j = m$ 时转步骤 4。

步骤 4：根据反三角函数公式计算引力角度 α_{ij} 和斥力角度 β_i。

步骤 5：根据式（5.2）和式（5.6）分别计算避难场所 G_j 产生的引力势场 $U_{\text{att}}^j(X_i)$ 及吸引力 $\boldsymbol{F}_{\text{att}}^j(X_i)$。

步骤 6：判断 m 个避难场所产生的引力势场 $U_{\text{att}}^j(X_i)$ 及吸引力 $\boldsymbol{F}_{\text{att}}^j(X_i)$ 是否全部计算完成，若完成，则转步骤 7；否则转步骤 5。

步骤 7：根据式（5.4）和式（5.7）分别计算灾难点 O 产生的斥力势场 $U_{\text{rep}}(X_i)$ 及排斥力 $\boldsymbol{F}_{\text{rep}}(X_i)$。

步骤 8：根据式（5.1）和式（5.5）分别计算疏散人员受到的复合势场 $U(X_i)$ 及复合力 $\boldsymbol{F}(X_i)$，并计算复合力角度 η_i。

步骤 9：根据复合力 $\boldsymbol{F}(X_i)$ 及复合力角度 η_i 确定疏散人员 X_i 的疏散方向。

步骤 10：算法终止。

3. 引入关系引力势场

研究表明，在无法得知亲人或朋友是否疏散成功的情况下，很多人会有重返现场寻找亲人的行为。因此，尽可能将具有亲属关系的疏散人员疏散至同一处避难场所内，有利于缓解疏散人员的紧张恐惧心理。

在灾难环境空间中，设疏散人员 X_i 的坐标为 (x_i, y_i)，并以该坐标建立该疏散人员所对应的直角坐标系 xoy，避难场所集合 $S = \{G_j \mid j = 1, 2, \cdots, m\}$，灾难点 O 的坐标为 (x_O, y_O)，疏散人员 X_i 具有亲属关系的个体为 X_r，其坐标为 (x_r, y_r)。疏散人员在关系引力势场中的受力如图 5.4 所示。

在灾难环境下，关系引力势场是由亲属关系个体之间的吸引力产生的。

关系引力是指关系引力势场产生的由疏散人员指向亲属关系个体的力。

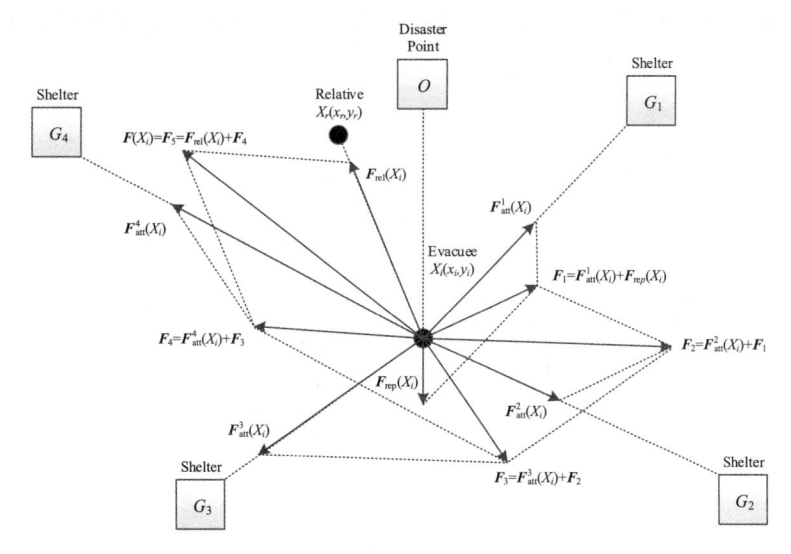

图 5.4 疏散人员在关系引力势场中的受力

通过构建关系引力势场并加入势场函数，复合势场可以表达为

$$U(X_i) = \sum_{j=1}^{m} U_{att}^{j}(X_i) + U_{rep}(X_i) + U_{rel}(X_i) \tag{5.8}$$

式中，$U_{rel}(X_i)$ 表示关系引力势场。假设 X_r 是疏散人员 X_i 具有亲属关系的个体，定义关系引力势场为

$$U_{rel}(X_i) = \begin{cases} \dfrac{1}{2} b \cdot \rho(X_i, X_r)^2, & \rho(X_i, X_r) < \rho_e \\ 0, & \text{其他} \end{cases} \tag{5.9}$$

式中，b 表示关系引力系数；$\rho(X_i, X_r)$ 表示疏散人员 X_i 与其亲属关系个体 X_r 之间的距离；ρ_e 表示关系引力势场作用距离，在 ρ_e 范围内的疏散人员受到其亲属关系个体的引力作用。

疏散人员 X_i 受到的复合力被定义为复合势场的负梯度。因此，疏散人员受到的复合力为

$$F(X_i) = -\nabla U(X_i) = \sum_{j=1}^{m} F_{att}^{j}(X_i) + F_{rep}(X_i) + F_{rel}(X_i) \tag{5.10}$$

式中，$F_{rel}(X_i)$ 表示关系引力。定义关系引力为关系引力势场的负梯度：

$$F_{rel}(X_i) = -\nabla [U_{rel}(X_i)] = \begin{cases} -b \cdot \rho(X_i, X_r), & \rho(X_i, X_r) < \rho_e \\ 0, & \text{其他} \end{cases} \tag{5.11}$$

EPAAPF-RA 算法流程如图 5.5 所示，具体步骤如下。

步骤 1：以疏散人员 X_i 所在位置的经纬度坐标 (x_i, y_i) 建立直角坐标系 xoy，避难场所集合 $S = \{G_j \mid j = 1, 2, \cdots, m\}$，$X_r$ 是疏散人员 X_i 具有亲属关系的个体，则疏散人员和避难场所的连线与 x 轴的夹角为 α_{ij}，疏散人员和灾难点 O 的连线与 x 轴的夹角为 β_i，疏散人员和亲属所在避难场所与 x 轴的夹角为 σ_{ir}，吸引力和排斥力的复合力与 x 轴的夹角为 η_i^1，吸引力、排斥力和关系引力的复合力与 x 轴的夹角为 η_i^2。对 α_{ij}、β_i、σ_{ir}、η_i^1、η_i^2、避难场所个数 m、斥力

势场作用距离 ρ_0 和避难场所距离阈值 ρ_G、关系引力势场作用距离 ρ_e 进行初始化操作。

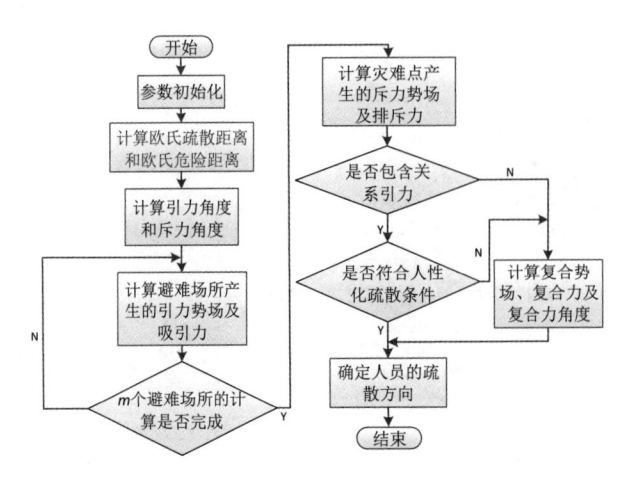

图 5.5　EPAAPF-RA 算法流程

步骤 2：根据疏散人员 X_i 的坐标 (x_i, y_i) 与灾难点 O 的坐标 (x_o, y_o)，计算疏散人员与灾难点的距离（欧氏危险距离）d_0；根据疏散人员 X_i 的坐标 (x_i, y_i) 与避难场所 G_j 的坐标 (x_j, y_j)，计算疏散人员与 m 个避难场所的距离（欧氏疏散距离）d_{G_j}；根据疏散人员 X_i 的坐标 (x_i, y_i) 与其亲属 X_r 所在避难场所的坐标 (x_r, y_r)，计算疏散人员与其亲属避难场所的距离（欧氏关系距离）d_{X_r}。

步骤 3：依次判断 m 个避难场所 G_j 是否满足 $d_{G_j} \leqslant \rho_G$，若满足，则记录 j；否则 $j=j+1$，当 $j=m$ 时转步骤 4。

步骤 4：根据反三角函数公式计算引力角度 α_{ij} 和斥力角度 β_i。

步骤 5：根据式（5.2）和式（5.6）分别计算避难场所 G_j 产生的引力势场 $U_{att}^j(X_i)$ 及吸引力 $F_{att}^j(X_i)$。

步骤 6：判断 m 个避难场所产生的引力势场 $U_{att}^j(X_i)$ 及吸引力 $F_{att}^j(X_i)$ 是否全部计算完成，若完成，则转步骤 7；否则转步骤 5。

步骤 7：根据式（5.4）和式（5.7）分别计算灾难点 O 产生的斥力势场 $U_{rep}(X_i)$ 及排斥力 $F_{rep}(X_i)$；根据式（5.1）和式（5.5）分别计算疏散人员受到的复合势场 $U(X_i)$ 及复合力 $F(X_i)$，并计算复合力角度 η_i^1。

步骤 8：判断疏散人员 X_i 是否存在关系引力 $F_{rel}(X_i)$，若满足，则根据式（5.9）和式（5.11）分别计算关系引力势场 $U_{rel}(X_i)$ 和关系引力 $F_{rel}(X_i)$；否则转步骤 12。

步骤 9：判断是否满足 $d_{X_r} \leqslant \rho_e$，若满足，则转步骤 10；否则转步骤 12。

步骤 10：根据式（5.8）和式（5.10）分别计算疏散人员受到的复合势场 $U(X_i)$ 及复合力 $F(X_i)$，并计算复合力角度 η_i^2，判断复合力与关系引力的夹角 $\varepsilon_i = |\sigma_{ir} - \eta_i^2|$ 是否满足疏散条件，若满足，则转步骤 11，否则转步骤 12。

步骤 11：根据关系引力角度 σ_{ir} 确定疏散人员的疏散方向，转步骤 13。

步骤 12：根据复合力 $F(X_i)$ 及复合力角度 η_i^1 确定疏散人员的疏散方向。

步骤13：算法终止。

5.3.3 实验验证与性能分析

1. 应用场景

以在南京市发生大型灾难事件为实验场景，该灾难发生位置的具体坐标为(118.774388,32.07471)，灾难影响范围为周边1.6km圆形区域，总疏散区域面积为8.042km²。该灾难影响区域周边2.5km范围内共有避难场所12处，其具体数据如表5.1所示。

表5.1 避难场所信息

ID号	名称	经纬度	建筑面积/m²	容量/人
1657560983	南京国防园	(118.761159,32.057838)	13200	8800
1657561005	玄武门街道	(118.793484,32.071386)	5000	3333
1657561011	新街口街道	(118.795624,32.059467)	8000	5333
1657561055	宝船遗址公园	(118.742962,32.067632)	50000	33333
1657561059	月光广场	(118.75146,32.065886)	10000	6666
1657561060	田家炳中学	(118.783814,32.090255)	15000	10000
1657561062	铁路北街广场	(118.765426,32.09196)	10000	6666
1657561063	绣球公园	(118.752392,32.095057)	59555	39703
1657561064	静海寺广场	(118.751757,32.097245)	15000	10000
1657561066	小桃园广场	(118.753183,32.092113)	20000	13333
1657561073	金川花苑广场	(118.764747,32.094514)	2000	1333
1657561075	华严岗广场	(118.755086,32.080763)	2000	1333

2. 性能指标与实验环境

假设测试的疏散人数分别为100人、200人、400人、800人、1500人、2500人。为了验证EPAAPF和EPAAPF-RA的有效性和收敛性，将其与SA、TS和GSA分别用于此场景下的应急疏散问题求解，对避难场所的容量按照比例进行调节，其中，避难场所总容量比总疏散人数多10%。采用数据随机生成的方法，在灾难影响区域内随机产生多个疏散人员经纬度坐标，算法参数信息如表5.2所示。

表5.2 算法参数信息

算法	参数名称	参数值
SA	初始化温度	5
	温度下界 T_{min}	1.2
	温度的下降率 b	0.96
	每个 T 值的迭代次数 k	3
	避难场所距离阈值 ρ_G	2500

续表

算　法	参 数 名 称	参 数 值
TS	迭代次数 G_{max}	10
	禁忌长度 L_{tabu}	3
	避难场所距离阈值 ρ_G	2500
GSA	引力常数 G_0	100
	避难场所距离阈值 ρ_G	2500
EPAAPF	斥力势场作用距离 ρ_0	1600
	避难场所距离阈值 ρ_G	2500
EPAAPF-RA	斥力势场作用距离 ρ_0	1600
	避难场所距离阈值 ρ_G	2500
	关系引力势场作用距离 ρ_e	3000

在 EPAAPF-RA 中，根据亲属关系（亲属关系类型应该不包含陌生人）的不同，按照表 5.3 中的关系等级对关系引力系数 b、复合力与关系引力的夹角 ε_i 赋值。

表 5.3　关系等级信息

关 系 等 级	关 系 分 类	关系引力系数 b	复合力与关系引力的夹角 ε_i
1	父母、子女、夫妻	1	0°≤ε_i≤90°
2	亲戚	0.8	0°≤ε_i≤60°
3	朋友、同学	0.6	0°≤ε_i≤30°

3．实验验证

（1）最优解精度对比。图 5.6 所示为不同疏散人员规模情况下的疏散路线长度。从总体上来看，疏散路线长度最大的是 SA 和 GSA，由于这两种算法的"早熟"缺陷，算法进入某一局部最优解后，倾向于将局部最优解作为全局最优解输出。其次是 TS，该算法通过对一些局部最优解的禁忌来接纳一部分较差解，从而也会导致某些局部最优解作为全局最优解输出。疏散路线长度较小的是 EPAAPF 和 EPAAPF-RA，在这两种算法中通过引入斥力势场作用距离 ρ_0 和避难场所距离阈值 ρ_G，对斥力势场的作用范围进行调整，对算法陷入局部最优问题进行改进，从而在整个疏散过程中保持避难场所的均衡分配。

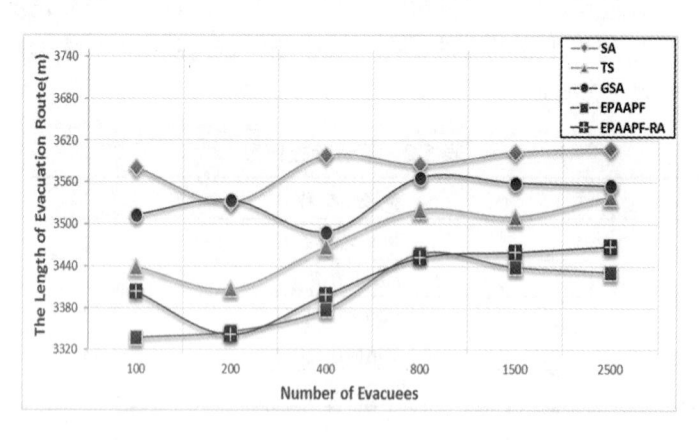

图 5.6　不同疏散人员规模情况下的疏散路线长度

图 5.7 所示为不同疏散人员规模情况下的疏散时间。从图 5.7 中可以看出，疏散时间从长到短依次是 GSA、SA、TS、EPAAPF、EPAAPF-RA。SA、TS 和 GSA 易陷入局部最优，导致避难场所分配失衡，总体疏散时间较长。EPAAPF 和 EPAAPF-RA 通过对灾难环境建立人工势能场，保持避难场所的均衡分配，从而减缓部分疏散人员的"舍近求远"现象，节省大量的疏散时间。

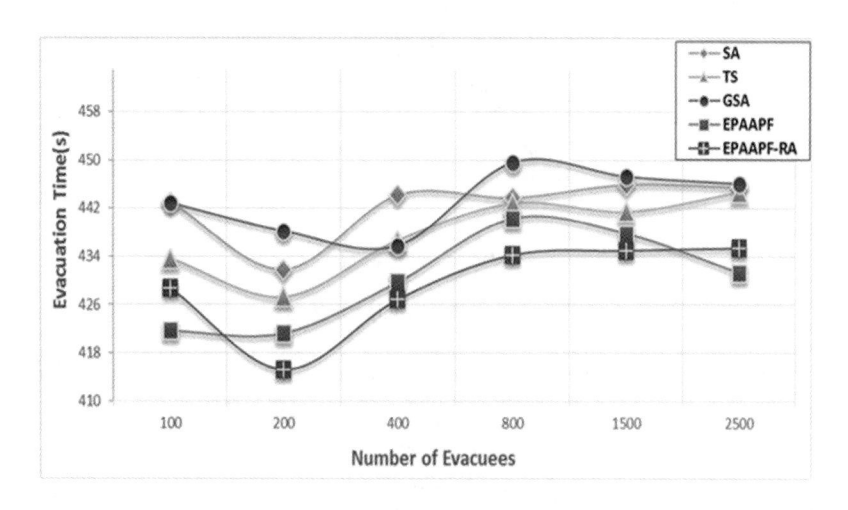

图 5.7 不同疏散人员规模情况下的疏散时间

（2）疏散成功率对比。图 5.8 所示为不同疏散人员规模情况下的疏散成功率。从图 5.8 中可以看出，SA、TS 和 GSA 的"早熟"缺陷使其很难跳出局部最优解，对避难场所容量的不合理分配会导致容量分配失衡，因此其疏散成功率较低。疏散成功率较高的分别是 EPAAPF 和 EPAAPF-RA，在整个疏散过程中保持避难场所的均衡分配，使其疏散成功率较高。随着疏散人数的增加，EPAAPF 和 EPAAPF-RA 的优势更加明显。

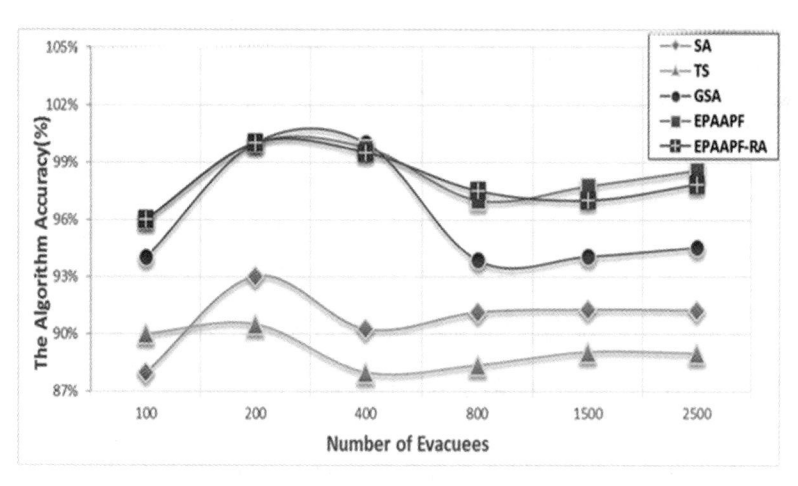

图 5.8 不同疏散人员规模情况下的疏散成功率

（3）疏散效率对比。图 5.9 所示为不同算法的疏散效率。从图 5.9 中可以看出，SA 和 TS 的疏散效率较低。在疏散前期，GSA 的疏散比例增长较慢，从总体上看，EPAAPF 和 EPAAPF-

RA 的疏散比例快速增长，体现出其优良性能。

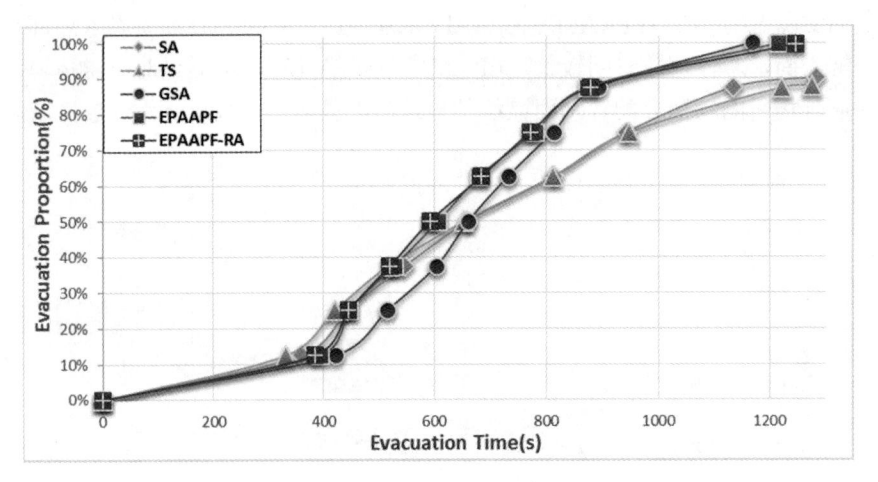

图 5.9　不同算法的疏散效率

（4）人性化疏散验证。在实验中，设置具有亲属关系的疏散人员比例占总人数的 20%，图 5.10 中的两条曲线分别表示避难场所容量充足和容量不足两种情况下人性化疏散成功的比例。从图 5.10 中可以看出，在容量充足的情况下，得到有效的人性化疏散的人数比例更高。在容量不足的情况下，得到有效的人性化疏散的人数比例较低。其中的原因是：受到避难场所的容量限制，在容量不足的情况下，部分疏散人员因容量问题无法与其亲属疏散至同一避难场所。因此，避难场所容量越充足，实现人性化疏散成功的比例越大。

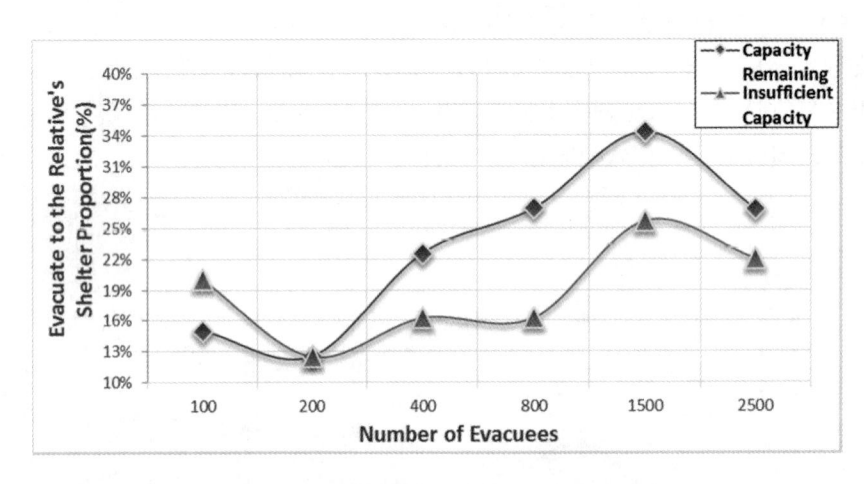

图 5.10　不同疏散人员规模情况下的人性化疏散成功的比例

（5）算法时间开销对比。图 5.11 所示为不同疏散人员规模情况下的算法时间开销。从总体上看，SA 和 TS 对避难场所的不合理分配，导致其时间开销较大。其中，SA 的收敛速度较慢，其次是 TS，禁忌长度的不合理设置会导致算法的运算量和存储量增加，因此时间开销增加。EPAAPF 和 EPAAPF-RA 通过对灾难环境建立人工势能场来保持避难场所的均衡分配，因此其时间开销较小。

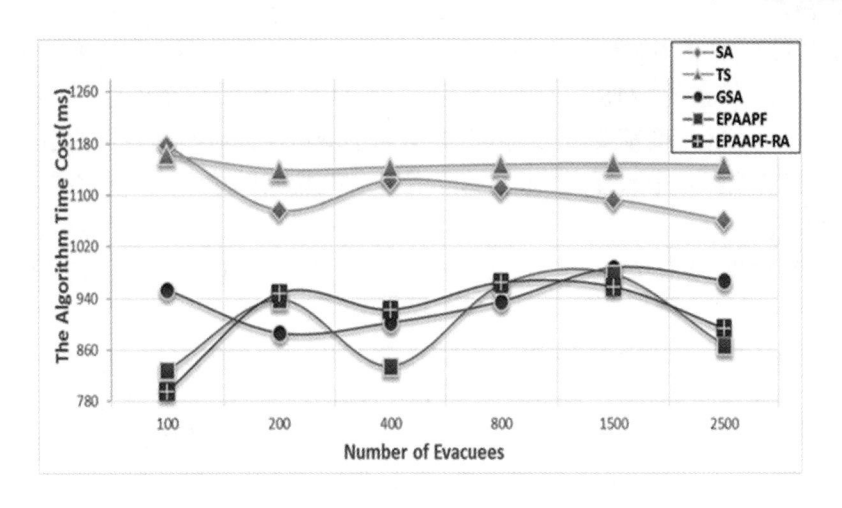

图 5.11　不同疏散人员规模情况下的算法时间开销

5.4　应急救援规划机制

5.4.1　应急救援规划问题建模

城市中发生大型灾难事件后，快速合理的救援规划显得至关重要。为了实现有效的救援规划，首先做 4 个重要的假设。

假设 1　可以给各救援车辆分配多个待救援人员，每个待救援人员只能被一辆车救援，且各救援车辆能按照系统推荐的救援路线指引完成救援任务。

假设 2　各救援车辆的容量都是有限的，为了保证救援任务量的大致均等分配（避免某些避难场所救援任务过重从而影响整体救援效率），假设各救援车辆的容量完全相同，且每条救援路线上的救援人数不超过车辆负载。

假设 3　各救援车辆从它所属的避难场所出发，完成所有救援任务后不一定要返回出发点（可以返回最近的避难场所）。

假设 4　灾难的发生不会对周边道路、桥梁等基本交通设施造成严重损毁、塌陷等状况，即道路处于基本可通行的状态。

灾难发生后，应迅速组织应急救援车辆展开救援，将处于灾难缓冲区的待救援人员通过现有道路网迅速疏散至周边的避难场所。对于城市灾时的应急救援规划，需要解决以下两个关键问题。

（1）根据城市内部建成的避难场所设施，为每辆救援车辆分配合理的救援任务，使救援任务量大致均等分配，避免在救援过程中出现某些救援车辆任务过重从而影响整体救援效率。

（2）充分利用现有的道路交通状况，为每辆救援车辆提供最佳的救援路线指引，缩短每辆车的救援路线长度和时间，并考虑救援顺序等因素。因此，对于此类问题的求解是一个规模庞大的组合优化问题。

在此场景下,可以将应急救援规划问题抽象成多旅行商问题(Multiple Traveling Salesman Problem,MTSP)。一般的 MTSP 可定义为:有 n 个城市,要求 m 个旅行商($m<n$)各自从某个城市出发,每个旅行商都要访问其中一定数量的城市,最后回到各自的出发点,要求每个城市有且仅有一次被一个旅行商访问,使多个旅行商访问的路线成本(路径长度成本、时间成本)最低。

为了对 MTSP 进行进一步的说明,设 $m=4$、$n=16$,且待访问的节点集合 $V=\{v_i\,|\,i=1,2,\cdots,n\}$,一种可能解如图 5.12(a)所示。

从图 5.12(a)中可以看出,其中的某个旅行商仅仅遍历了 3 个节点,而某个旅行商遍历了 7 个节点。这种节点分配方法没有考虑到节点分配的均衡性,一个旅行商的任务量远远大于另一个旅行商,导致了旅行商访问结果的差异化较大,影响了总体访问效率。图 5.12(b)中,通过对每个旅行商的任务进行均衡合理分配,保证了总体访问效率。

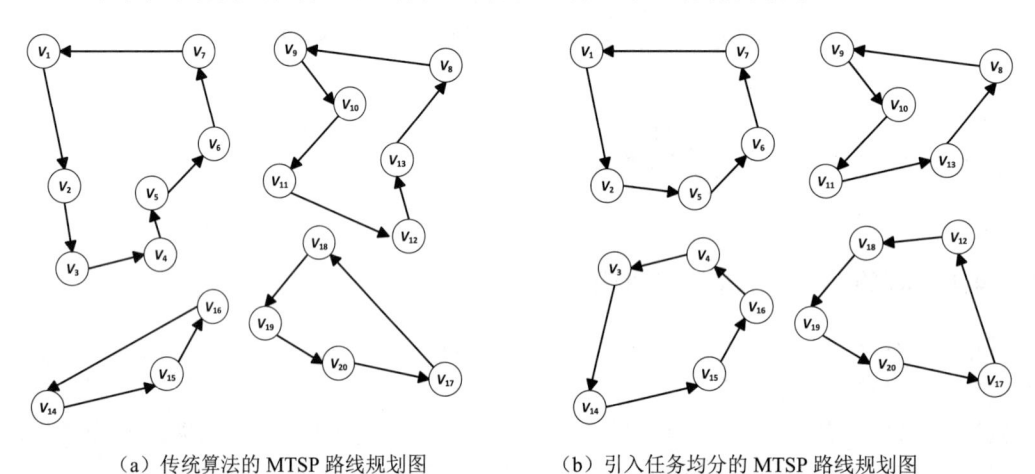

(a)传统算法的 MTSP 路线规划图　　(b)引入任务均分的 MTSP 路线规划图

图 5.12　传统算法与引入任务均分的 MTSP 路线规划图

引入任务均分的 MTSP 可以构造成网络图 $G=(V,A,D)$,其中 $V=\{v_i\,|\,i=1,2,\cdots,n\}$ 是待访问的节点集合;$A=\{(i,j)\,|\,i,j=1,2,\cdots,n,\ i\neq j\}$ 是弧集,表示节点之间的路线段集合;$D=\{d_{ij}\,|\,(i,j)\in A\}$ 是费用矩阵,d_{ij} 是两节点 v_i 和 v_j 之间的距离。旅行商 $t_k(k=1,2,\cdots,m)$,划分的集合 $s=(c_1,c_2,\cdots c_j,\cdots,c_m)$,可通过设置集合容量达到任务均分的目标,设置每个集合 c_j 的集合容量 $b=\left\lceil\dfrac{n}{m}\right\rceil$,其中 n 表示 v_i 的个数,m 表示 c_j 的个数,且有如下假设:

$$\alpha_{ijk}=\begin{cases}1, & \text{旅行商}\,t_k\,\text{从节点}\,v_i\,\text{到节点}\,v_j\\ 0, & \text{否则}\end{cases} \qquad \beta_{ki}=\begin{cases}1, & \text{旅行商}\,t_k\,\text{访问节点}\,v_i\\ 0, & \text{否则}\end{cases}$$

目标函数:

$$\min C=\sum_{k=0}^{m}\sum_{i=0}^{n}\sum_{j=0}^{n}\alpha_{ijk}\times d_{ij} \tag{5.12}$$

约束条件：

$$\sum_{k=1}^{m} \beta_{ki} = 1, \quad k = 1, 2, \cdots, m \tag{5.13}$$

$$\sum_{i=1}^{n} \beta_{ki} \leqslant b, \quad k = 1, 2, \cdots, m \tag{5.14}$$

$$\sum_{j=1}^{n} \alpha_{ijk} = \beta_{ki}, \quad i = 1, 2, \cdots, n, \quad \forall k \tag{5.15}$$

$$\sum_{i=1}^{n} \alpha_{ijk} = \beta_{kj}, \quad j = 1, 2, \cdots, n, \quad \forall k \tag{5.16}$$

一般路径优化问题研究的优化目标是总路线长度最小，在该模型中，式（5.12）是目标函数，意义是各个旅行商遍历完所有的节点后总路线长度最小；式（5.13）表示每个节点都需要被遍历且只能遍历一次；式（5.14）表示每个旅行商遍历节点个数不能超过集合容量限制；式（5.15）表示任一条弧的终点城市仅有一个起点城市与之相连；式（5.16）表示任一条弧的起点城市仅有一个终点城市与之相连。

5.4.2 算法描述

1. 基本思想

对于应急救援规划问题，介绍分阶段启发式救援规划机制。首先介绍基于障碍约束和任务均分的 K-means++聚类算法——OT-K-means++，将 MTSP 分解为多个 TSP，引入障碍约束的概念，使算法更适用于灾难环境下的待救援人员聚类问题；引入聚类容量限制的约束条件，使聚类形成的集合中节点个数较为均匀。然后介绍基于混沌初始化的萤火虫优化算法——GSOCI，对每个 TSP 进行求解。为了提高初始解的分布质量和种群的多样性、增强算法的全局搜索能力，GSOCI 引入切比雪夫映射，对萤火虫个体进行初始化，并引入 C2Opt 算子进行局部调整优化，从而提高算法的收敛速度。结合 OT-K-means++和 GSOCI 求解应急救援规划问题，能够有效地提高解的精度和收敛速度、缩短救援路线长度和时间、提高救援效率。

2. 基于障碍约束和任务均分的 K-means++聚类算法

为避免救援车辆多次绕行危险区，减少救援车辆的危险性和行驶路程，将灾难点对其近距离危险区内的救援任务产生的约束定义为障碍约束，将各待救援人员之间的距离定义为障碍约束距离。

将危险区的半径定义为危险距离。若两个待救援点之间的连线和危险区相交，则将两点之间的距离设为无穷大，通过构建障碍约束距离函数加入 K-means++聚类算法中。障碍约束距离示意图如图 5.13 所示。

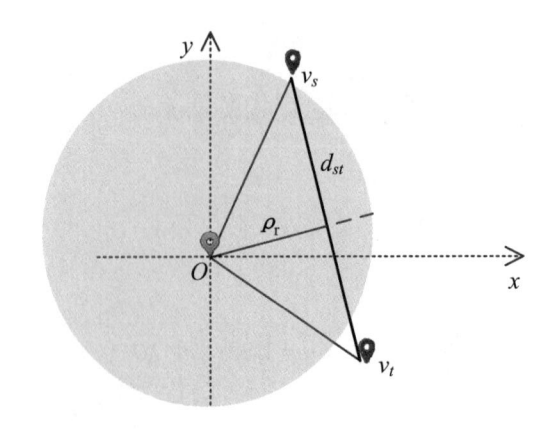

图 5.13　障碍约束距离示意图

v_s、v_t 分别表示两个待救援点，O 表示灾难发生位置，ρ_r 表示危险距离，v_s 和 v_t 之间的障碍约束距离 d_{st} 为

$$d_{st} = \begin{cases} \rho(v_s, v_t), & v_s\text{和}v_t\text{的连线与危险区不相交} \\ +\infty, & \text{其他} \end{cases} \quad (5.17)$$

两坐标点 $v_s = (x_s, y_s)$ 和 $v_t = (x_t, y_t)$ 之间的欧氏距离 $\rho(v_s, v_t)$ 定义为

$$\rho(v_s, v_t) = 2 \cdot R_e \cdot \arcsin\left[\sqrt{\sin^2\left(\frac{a}{2}\right) + \cos(y_s) \cdot \cos(y_t) \cdot \sin^2\left(\frac{b}{2}\right)}\right] \quad (5.18)$$

式中，$a = |y_s - y_t|$ 为 v_s、v_t 两点的纬度之差；$b = |x_s - x_t|$ 为 v_s、v_t 两点的经度之差；$R_e = 6378.137 \text{ km}$ 表示地球的球面半径。

任务均分指为了保证应急救援任务的均衡分配，使每个类簇的容量达到均衡，设置每个类簇的大小为对应救援车辆的容量，从而达到每个旅行商的访问节点个数均衡的目标。

OT-K-means++步骤如下。

设 $V = \{v_i | i = 1, 2, \cdots, n\}$ 表示待救援节点集，初始的簇集 $s = (c_1, c_2, \cdots, c_j, \cdots, c_m)$，$m$ 表示聚类中心的个数，初始类簇 c_j 的中心 $\overline{v}_j (j = 1, 2, \cdots, m)$，每个类簇节点的个数 $b_j = 0$。

步骤 1：初始化类簇容量 $b = \left\lceil \dfrac{n}{m} \right\rceil$，设置每个类簇 c_j 的大小为各救援车辆的容量。

步骤 2：初始化 m 个类簇中心 $\overline{v}_j$。

步骤 2.1：从待救援节点集中随机选择一个点作为初始类簇中心 $\overline{v}_1 = v_i$。

步骤 2.2：对于每个点 v_i，计算其和最近的一个类簇中心 $\overline{v}_j$ 的障碍约束距离 d_{ij}，再对距离值求和得到 $\text{Sum}(d_{ij})$。所谓障碍约束距离，意味着并非是直线距离，而是受城市各种障碍制约需要绕行而产生的距离。

步骤 2.3：取一个随机值，用权重的方式计算下一个类簇中心 $\overline{v}_j$。先取一个能落在 $\text{Sum}(d_{ij})$ 中的随机值 Ran，然后用 Ran $- d_{ij}$，直到 Ran ≤ 0，此时的点就是下一个类簇中心 $\overline{v}_j$。

步骤 2.4：重复步骤 2.2 和步骤 2.3 直到取出 m 个类簇中心 $\overline{v}_j$。

步骤 3：分别针对各个待救援节点 $v_i \in V$，按照式（5.17）计算各节点 v_i 到类簇中心 $\bar{v}_j$ 的障碍约束距离 d_{ij}，并对所有障碍约束距离值按从小到大排序。

步骤 4：聚类，取到类簇中心 $\bar{v}_j$ 距离最小值对应的节点 v_i，判断类簇 c_j 当前节点个数是否满足 $b_j < b$。若满足条件，则将该节点分派给类簇 c_j，且令 $b_j = b_j + 1$；否则，重新排序并进行节点分派，直到所有的节点都分配完毕。

步骤 5：根据式（5.19）更新类簇 c_j 的中心 $\bar{v}_j$ 的坐标 $(\bar{x}_j, \bar{y}_j)$，类簇 c_j 的元素数目是 $|b|$，若类簇中心坐标与更新前相比没有变化，即结果收敛，则转步骤 6；否则更新类簇中心坐标并转步骤 3。

$$\begin{cases} \bar{x}_j = \dfrac{1}{|b|} \sum_{v_i \in c_j} x_i \\ \bar{y}_j = \dfrac{1}{|b|} \sum_{v_i \in c_j} y_i \end{cases} \tag{5.19}$$

步骤 6：聚类完成，输出簇集 $s = (c_1, c_2, \cdots, c_m)$，算法终止。

3. 基于混沌初始化的萤火虫优化算法

采用 OT-K-means++ 对所有待救援点进行聚类形成多个待救援节点集。在此基础上，采用 GSOCI 对聚类形成的待救援节点集进行路线规划。

萤火虫优化算法[15-20]（Glowworm Swarm Optimization，GSO）通过萤火虫个体之间的相互吸引达到寻优的目的，萤火虫个体的荧光素浓度不同，荧光素浓度小的萤火虫会被荧光素浓度大的萤火虫吸引，从而逐渐向其移动。萤火虫个体的荧光素浓度分为绝对荧光亮度和相对荧光亮度，绝对荧光亮度是萤火虫在 $r = 0$ 处的荧光素浓度，其值由目标函数直接决定，记为 I_0；相对荧光亮度是萤火虫 x_p 在萤火虫 x_q 处的荧光素浓度，记为 $I_{x_p x_q}$。

$$I_{x_p x_q} = I_0 \cdot e^{-\beta \cdot r_{x_p x_q}^2} \tag{5.20}$$

式中，β 为光吸收系数，用来模拟荧光素浓度随着距离的增加和传播介质的吸收逐渐减小的特点；$r_{x_p x_q}$ 为萤火虫 x_p 和萤火虫 x_q 之间的距离。

1）混沌初始化

为了提高初始解的分布质量和种群的多样性、增强算法的全局搜索能力，引入具有均匀分布函数的切比雪夫映射[21-23]对萤火虫进行初始化操作，利用混沌变量产生分布较广、搜索能力较强的初始萤火虫群，映射方程如下：

$$\alpha_{i+1} = \cos(k \arccos \alpha_i), \quad \alpha_i \in [-1,1] \tag{5.21}$$

当 $k \geqslant 2$ 时，无论初始值的选择如何相近，迭代出来的序列都是互不相关的，也就是在此范围内是混沌和遍历的。采用混沌初始化策略对萤火虫群进行初始化的步骤如下。

步骤 1：对 D 维空间中的 k 个萤火虫个体 $x_i (i = 1, 2, \cdots, k)$，随机产生一个 D 维向量 $\boldsymbol{X} = (\alpha_1, \alpha_2, \cdots, \alpha_i, \cdots, \alpha_d)$，$\alpha_i \in [-1, 1]$，$i \in [1, d]$ 作为第一个萤火虫个体。

步骤 2：根据式（5.21）对向量 $\boldsymbol{X}$ 的每一维进行 $k-1$ 次迭代，产生出其余 $k-1$ 个萤火虫个体。

步骤3：根据式（5.22）将产生的 k 个混沌变量依次映射到问题解搜索空间：

$$x_{x_i}^d = l^d + (1 + y_{x_i}^d)(u^d - l^d)/2 \tag{5.22}$$

式中，u^d 和 l^d 分别为问题解搜索空间的第 d 维的上下限；$y_{x_i}^d$ 为萤火虫 x_i 的第 d 维；$x_{x_i}^d$ 为萤火虫 x_i 在问题解搜索空间中的第 d 维坐标值。

步骤4：对产生的 k 个萤火虫 $x_i(i=1,2,\cdots,k)$，按式（5.23）分别计算目标函数值并对结果进行排序，选出 k 个较优的粒子作为初始种群。

2）Complete 2-Opt（C2Opt）算子[24,25]

在求解 TSP 时，通常随机选择路径上一定数量的城市并用 2-Opt 进行局部优化，C2Opt 指对构成路径的所有城市进行 2-Opt 优化。为了提高算法的收敛速度，引入 C2Opt 算子进行局部优化操作。下面以图 5.14 为例，说明 C2Opt 算子的操作过程。

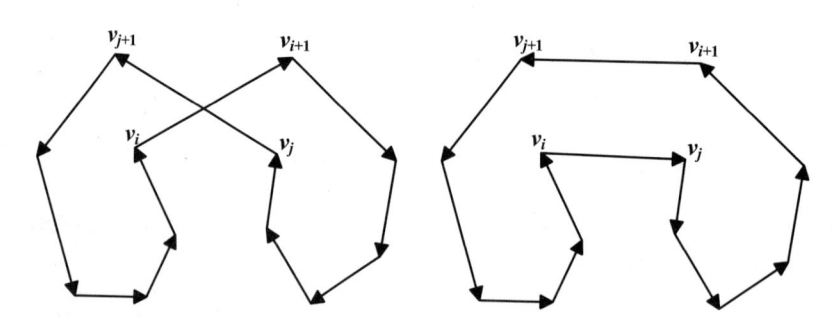

图 5.14　C2Opt 算子优化

设 $V = \{v_i \mid i=1,2,\cdots,b\}$ 表示待访问节点，$d(v_i, v_j)$ 表示任意两个节点 v_i 和 v_j 之间的距离，C2Opt 算子的步骤如下。

步骤1：选取一路径 $v = \{v_1, \cdots, v_i, v_{i+1}, \cdots, v_j, v_{j+1}, \cdots, v_b\}$。开始时，$i = j = 1$。

步骤2：选取一条边记为 No.1：(v_i, v_{i+1})，其中 $i < b$。

步骤3：选取一条边记为 No.2：(v_j, v_{j+1})，其中 $j < b$。

步骤4：若 $|j-(i+1)| \geq 2$ 且 $d(v_i, v_j) + d(v_{i+1}, v_{j+1}) < d(v_i, v_{i+1}) + d(v_j, v_{j+1})$，则用 2-Opt 算子删除边 (v_i, v_{i+1}) 和边 (v_j, v_{j+1})；分别连接边 (v_i, v_j) 和边 (v_{i+1}, v_{j+1})，且分别以相反方向的箭头指向顶点 v_{i+1} 和 v_j。

步骤5：以 v_j 作为 No.2 边遍历开始的节点，令 $j = j+1$，重复执行步骤3和步骤4，直到 $j = b$。

步骤6：以 v_i 作为 No.1 边遍历开始的节点，令 $i = i+1$，重复执行步骤2～步骤5，直到 $i = b$。

步骤7：重复执行步骤2～步骤6，直到所选取路径无交叉边为止。

3）路径节点编码规则

每个萤火虫可代表一组路径解，假设待救援节点的编号 $V = \{v_i \mid i=1,2,\cdots,b\}$，那么每个萤火虫 x_i 代表 b 个节点的任意排列，即 $\text{Path}(x_i) = \{p_{x_i,1}, p_{x_i,2}, \cdots, p_{x_i,l}, \cdots, p_{x_i,b}\}$，$p_{x_i,l}$ 代表 x_i 的解中途经的第 l 个城市。

4）绝对荧光亮度

假设 Path$(x_i) = \{p_{x_i,1}, p_{x_i,2}, \cdots, p_{x_i,l}, \cdots, p_{x_i,b}\}$ 为萤火虫 x_i 的一组解，那么萤火虫优化算法的目标函数可设置为这只萤火虫所经过的总路线长度：

$$f(x_i) = \sum_{\varepsilon=1}^{b-1} \rho(p_{x_i,\varepsilon}, p_{x_i,\varepsilon+1}) + \rho(p_{x_i,b}, p_{x_i,1}) \tag{5.23}$$

总路线长度越短，目标函数的值越小。绝对荧光亮度由目标函数决定，用于表示解的优劣程度，绝对荧光亮度可设置为

$$I_{x_i} = \frac{1}{f(x_i)^2} = \frac{1}{\left[\sum_{\varepsilon=1}^{b} \rho(p_{x_i,\varepsilon}, p_{x_i,\varepsilon+1})\right]^2} \tag{5.24}$$

5）萤火虫个体间距公式

相对荧光亮度的值与光吸收系数 β、绝对荧光亮度 I_{x_i}、萤火虫 x_p 和萤火虫 x_q 之间的距离 $r_{x_p x_q}$ 有关。假设萤火虫 x_p 的解为 Path$(x_p) = \{p_{x_p,1}, p_{x_p,2}, p_{x_p,3}, \cdots p_{x_p,b}\}$，萤火虫 x_q 的解为 Path$(x_q) = \{p_{x_q,1}, p_{x_q,2}, p_{x_q,3}, \cdots p_{x_q,b}\}$，则萤火虫个体间的距离 $r_{x_p x_q}$ 为

$$r_{x_p x_q} = \rho(p_{x_p,1}, p_{x_q,1}) + \rho(p_{x_p,2}, p_{x_q,2}) + \cdots + \rho(p_{x_p,b}, p_{x_q,b}) \tag{5.25}$$

6）位置更新公式

萤火虫 x_p 在其感知范围 $r_s^{x_p}$ 内，选择亮度比自己大的个体组成领域集 $E_{x_p}(t)$。因此，萤火虫 x_p 按照式（5.26）所得到的选择概率 $P_{x_p x_q}(t)$ 以轮盘赌的方式向萤火虫 x_q 移动。

$$P_{x_p x_q}(t) = \frac{I_{x_q}(t) - I_{x_p}(t)}{\sum_{\varepsilon \in E_{x_p}(t)} I_\varepsilon(t) - I_{x_p}(t)} \tag{5.26}$$

式中，t 表示迭代次数，$I_{x_p}(t)$、$I_{x_q}(t)$ 分别表示萤火虫 x_p、x_q 的亮度。

根据 TSP 解的特点，在满足移动条件时，把另一只萤火虫 x_q 的解直接赋值给当前的萤火虫 x_p，可以表示为

$$x_q(t+1) = x_p(t) \tag{5.27}$$

在进行位置更新操作后，要对萤火虫的动态决策范围 $r_d^{x_p}(t)$ 进行更新。

$$r_d^{x_p}(t+1) = \min\left\{r_s^{x_p}, \max\left[0, r_d^{x_p}(t) + \lambda\left(n_t - \left|E_{x_p}(t)\right|\right)\right]\right\} \tag{5.28}$$

式中，λ 为动态决策域更新率；$r_s^{x_p}$ 为萤火虫个体 x_p 的感知半径；n_t 为感知范围内包含的萤火虫数目的阈值；$E_{x_p}(t)$ 为 t 时刻萤火虫 x_p 的邻域集。

基于 GSOCI 求解 TSP，具体步骤如下。

步骤 1：初始化算法基本参数，设置萤火虫个体 x_i（$i=1,2,\cdots,k$）、待救援点数量 b、萤火虫个体的感知半径 $r_s^{x_i}$、光吸收系数 β、最大迭代次数 $t_{\max}$ 等参数。

步骤 2：采用切比雪夫映射生成由 k 个个体组成的萤火虫初始种群，按照式（5.23）分别计算各萤火虫个体的目标函数值 $f(x_i)$，再根据式（5.24）计算萤火虫个体 x_i 的绝对荧光亮度 I_{x_i}。

步骤3：根据式（5.25）计算群体中萤火虫个体 x_p（$p=1,2,\cdots k$）和 x_q（$q=1,2,\cdots k$）之间的距离 $r_{x_p x_q}$，再根据式（5.20）计算萤火虫个体的相对荧光亮度 $I_{x_p x_q}$。

步骤4：根据式（5.26）计算各萤火虫移向邻域集内的选择概率 $P_{x_p x_q}(t)$，其中 $E_{x_p}(t)$ 表示萤火虫 x_p 在 t 时刻邻居的集合。

步骤5：通过轮盘赌的方式进行位置选择，根据式（5.23）更新萤火虫的位置，再根据式（5.28）更新萤火虫的动态决策范围 $r_d^{x_p}(t)$，重新计算各萤火虫的相对荧光亮度 $I_{x_p x_q}$。

步骤6：计算路径长度，判断是否满足结束条件（达到最大迭代次数 t_{max}），若满足，则输出全局最优路径长度 f_{best} 和最优路径节点遍历顺序 $Path_{best}$，算法终止；否则，转步骤7。

步骤7：对得到的新路径，调用C2Opt算子进行局部调整优化，再转步骤3。

分阶段启发式救援规划机制流程如图5.15所示。

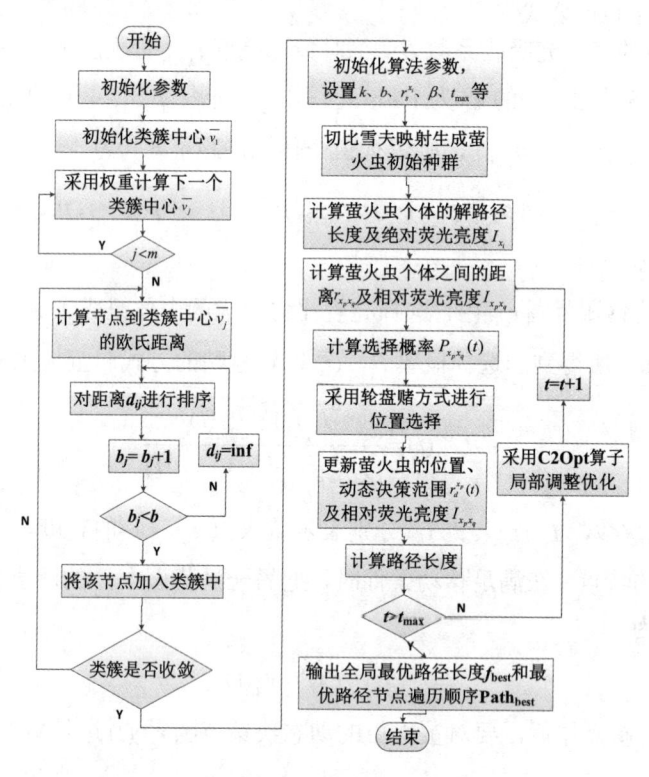

图5.15 分阶段启发式救援规划机制流程

5.4.3 实验验证与性能分析

1. 应用场景

以上述在南京市发生大型灾难事件为实验场景，该灾难发生位置的具体坐标为(118.774388,32.07471)，灾难影响范围为周边1.6km圆形区域。

该灾难影响区域周边2.5km范围内共有避难场所12处，避难场所信息如表5.4所示。

表 5.4　避难场所信息

ID 号	名　　称	经 纬 度	建筑面积/m²	应急救援车辆 ID
1657560983	南京国防园	(118.761159,32.057838)	13200	1、13、25、37、49
1657561005	玄武门街道	(118.793484,32.071386)	5000	2、14、26、38、50
1657561011	新街口街道	(118.795624,32.059467)	8000	3、15、27、39、51
1657561055	宝船遗址公园	(118.742962,32.067632)	50000	4、16、28、40、52
1657561059	月光广场	(118.75146,32.065886)	10000	5、17、29、41、53
1657561060	田家炳中学	(118.783814,32.090255)	15000	6、18、30、42、54
1657561062	铁路北街广场	(118.765426,32.09196)	10000	7、19、31、43、55
1657561063	绣球公园	(118.752392,32.095057)	59555	8、20、32、44、56
1657561064	静海寺广场	(118.751757,32.097245)	15000	9、21、33、45、57
1657561066	小桃园广场	(118.753183,32.092113)	20000	10、22、34、46、58
1657561073	金川花苑广场	(118.764747,32.094514)	2000	11、23、35、47、59
1657561075	华严岗广场	(118.755086,32.080763)	2000	12、24、36、48、60

假设测试的待救援人数分别为 40 人、80 人、120 人、160 人、200 人，且每个待救援人员的分布位置各不相同。待救援点位置数据采用随机生成的方法，在灾难影响区域内随机产生多个待救援人员的经纬度坐标。

2．性能指标与实验环境

分别从聚类阶段和救援路线规划阶段进行算法的对比实验，聚类阶段的性能指标包括算法时间开销、迭代次数、轮廓系数。

引入轮廓系数对聚类效果进行评价。聚类效果一般从簇内距离及簇间距离两个方面进行评价，轮廓系数较好地结合了凝聚度与分离度，若轮廓系数为负，则说明簇内距离大于簇间距离，聚类效果较差；若轮廓系数趋于 1，则说明簇内距离小，聚类效果较好。假设样本 i 属于 x 簇，则样本 i 的轮廓系数的计算公式为

$$S(i) = \frac{b(i) - a(i)}{\max\{a(i), b(i)\}} \tag{5.29}$$

式中，$a(i)$ 表示样本 i 到 x 簇中所有其他样本的平均值；$b(i)$ 表示样本 i 到所有非 x 簇样本的平均距离的最小值，所有点的轮廓系数的平均值就是该聚类结果的轮廓系数。

救援路线规划阶段的性能指标包括救援路线长度、救援时间、相对误差、解的均衡度、算法时间开销。

引入相对误差对解的稳定性进行评价，算法的稳定性越好，相对误差值越小。相对误差的计算公式为

$$\text{Err} = \frac{\text{Avg} - \text{Opt}}{\text{Opt}} \times 100\% \tag{5.30}$$

式中，Avg 表示 MTSP 求解的平均值；Opt 表示 MTSP 求解的最优值。

引入均衡度对解的均衡性进行评价。采用均方差值进行对比，能反映一个数据集的离散

程度。算法解的均衡性越好，均方差值越小。样本 i 的均衡度的计算公式为

$$\sigma = \sqrt{\frac{1}{n} \cdot \sum_{i=1}^{n}(x_i - \mu)^2} \tag{5.31}$$

式中，MTSP 由 n 个 TSP 组成，x_i 表示 MTSP 中第 i（$i \in [1,n]$）个 TSP 解的路线长度；μ 表示 n 个 TSP 解的平均值。

3．实验验证

分阶段启发式救援规划机制中，在聚类阶段先要将所有的待救援点进行聚类。为了验证 OT-K-means++的有效性，将其与 K-means++和 K-means 分别用于此场景下的聚类问题求解，对应急救援车辆的数量按照相应的比例进行调节，保证车辆的总容量与待救援点的个数相同。实验 1～实验 3 是对聚类阶段结果的分析。

（1）聚类时间开销对比。图 5.16 所示为不同待救援点规模下的聚类时间开销。从总体上可以看出，OT-K-means++的时间开销小于 K-means 和 K-means++。从总体上看，时间开销最大的是 K-means++，该算法的计算量较大，导致其时间开销略大于 K-means。OT-K-means++是基于 K-means++实现的，并通过引入障碍约束和任务均分进行改进，使聚类形成的点为球状簇，从而使其聚类时间开销保持最小。

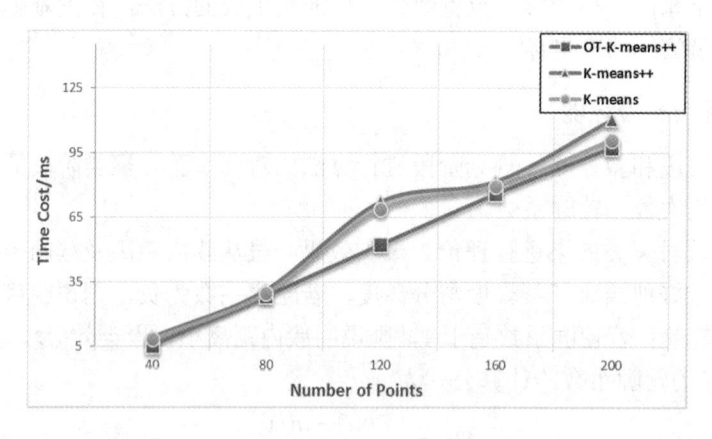

图 5.16　不同待救援点规模下的聚类时间开销

（2）聚类迭代次数对比。图 5.17 所示为不同待救援点规模下的聚类迭代次数。从总体上可以看出，算法的迭代次数从小到大的顺序依次是 OT-K-means++、K-means 和 K-means++。其原因在于，K-means++的计算量大于 K-means，导致其迭代过程更长，且随着数据规模的增加，其迭代次数也会相应增加。OT-K-means++是以障碍约束距离作为聚类标准的，算法的迭代比 K-means++更为简单，因此算法的迭代次数较少。

（3）轮廓系数对比。图 5.18 所示为不同待救援点规模下聚类算法解的轮廓系数。从总体上可以看出，OT-K-means++的解质量最高、K-means 的解质量最低。其原因在于，K-means++对噪声数据的处理具有较好的稳健性，导致其解的轮廓系数大于 K-means。OT-K-means++是对 K-means++进行的改进，该算法的聚类中心初始化策略使聚类中心之间的相互距离尽可能远，保持聚类中心的多样性，使其解的轮廓系数最大。

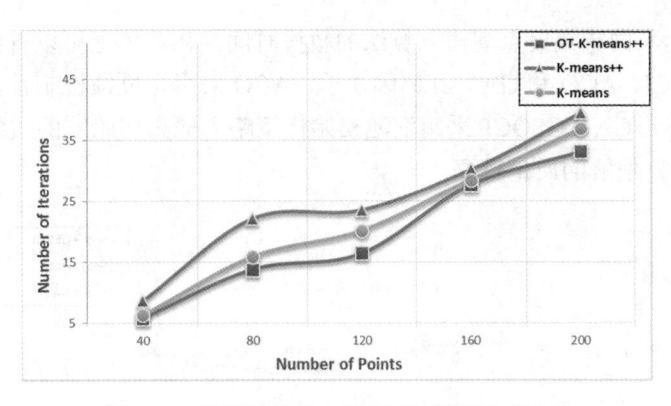

图 5.17　不同待救援点规模下的聚类迭代次数

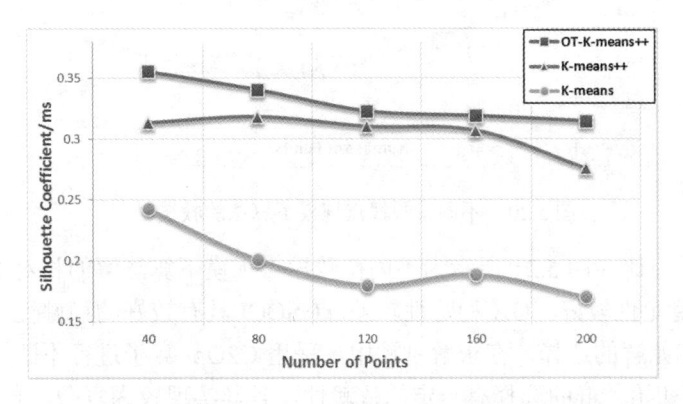

图 5.18　不同待救援点规模下聚类算法解的轮廓系数

在聚类阶段完成后,进入救援路线规划阶段。为了对 GSOCI 的有效性进行验证,将其与蚁群优化算法(Ant Colony Optimization,ACO)和遗传算法(Genetic Algorithm,GA)分别用于此场景下的救援路线规划问题求解。

(4)最优解精度对比。图 5.19 所示为不同待救援点规模下算法的救援路线长度。从总体上可以看出,GA 的救援路线长度大于 ACO 和 GSOCI,GA 的实现参数较多,且这些参数的选择严重影响解的质量,易产生早熟收敛的问题,该算法的难题在于采用何种方法,既要使优良个体得以保留,又要维持群体的多样性。

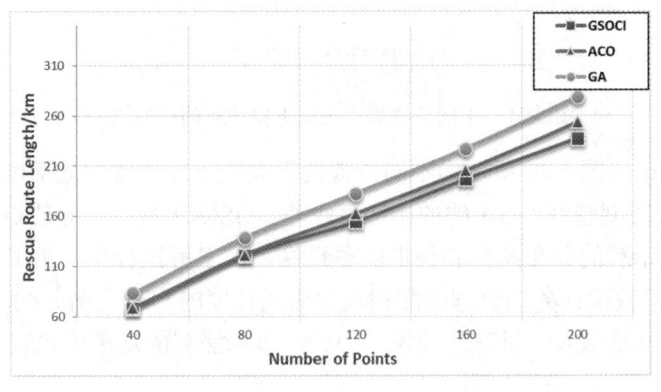

图 5.19　不同待救援点规模下算法的救援路线长度

图 5.20 所示为不同待救援点规模下算法的救援时间。从总体上可以看出，救援时间由短到长排序为：GSOCI、ACO 和 GA。其原因在于，ACO 采用正反馈机制且具有良好的收敛性能，其解的质量优于 GA；GSOCI 采用混沌初始化策略，提高初始解的质量，并采用 C2Opt 算子进行局部优化，使解的质量较高。

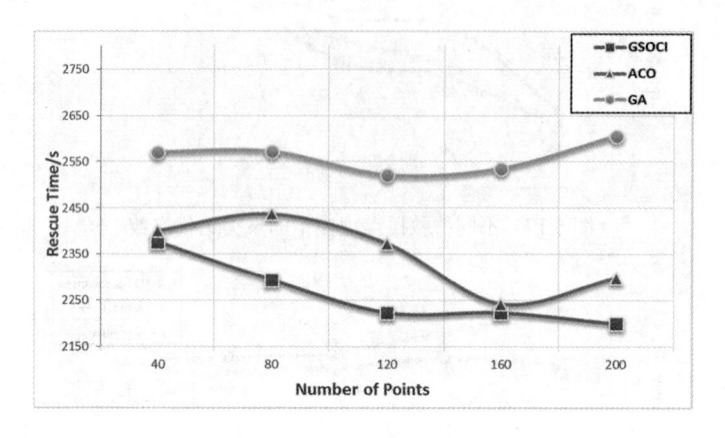

图 5.20　不同待救援点规模下算法的救援时间

（5）相对误差对比。图 5.21 所示为不同待救援点规模下算法解的相对误差。从总体上可以看出，GSOCI 稳定性较好，GA 稳定性较差。GSOCI 具有较好的稳健性，该算法的求解结果不完全依赖于初始解的选择，在求解过程中，采用 C2Opt 算子进行不断调整优化，使其稳定性较好。GA 对初始种群的选择有一定的依赖性，且其实现较为复杂，导致其稳定性较差。

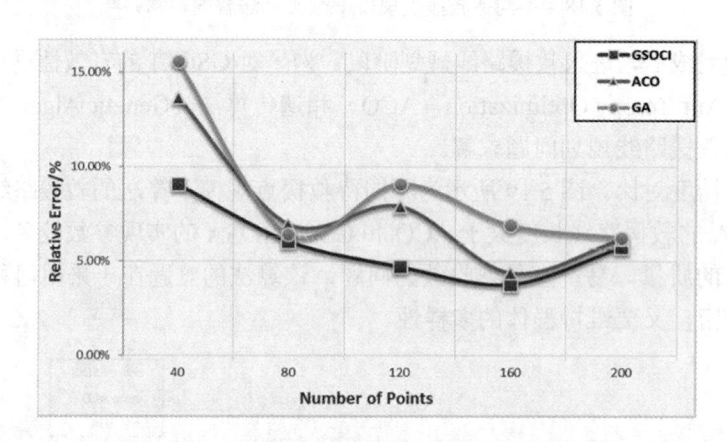

图 5.21　不同待救援点规模下算法解的相对误差

（6）均衡度对比。图 5.22 所示为不同待救援点规模下算法解的均衡度。从总体上可以看出，GSOCI 解的均衡度较好，GA 解的均衡度较差。GSOCI 具有较好的稳健性，并采用混沌初始化策略提高初始解的分布质量和种群的多样性，在求解过程中，解的质量较优，且解的均衡度较好，保证了救援任务的合理分配和救援路线长度的相对均衡分配。GA 的实现较为复杂，参数较多，很容易陷入"早熟"现象，因此，该算法解的均衡度也较差。

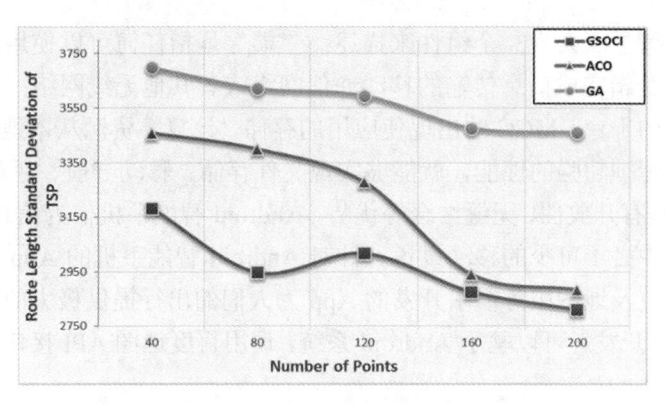

图 5.22　不同待救援点规模下算法解的均衡度

（7）路线规划算法的时间开销对比。图 5.23 所示为不同待救援点规模下路线规划算法的时间开销。从总体上可以看出，GSOCI 时间开销较小，ACO 时间开销较大。原因在于，GSOCI 通过采用切比雪夫映射的混沌初始化策略，提高初始解的分布质量和种群的多样性，增强算法的全局搜索能力，并引入 C2Opt 算子进行局部调整优化，提高算法的收敛速度，从而使其时间开销较小。GA 具有快速搜索能力，其搜索过程简单，其时间开销略大于 GSOCI。ACO 需要较长的搜索时间，且容易出现停滞现象，搜索到一定程度后，不能对解空间进行进一步搜索，因此其时间开销较大。

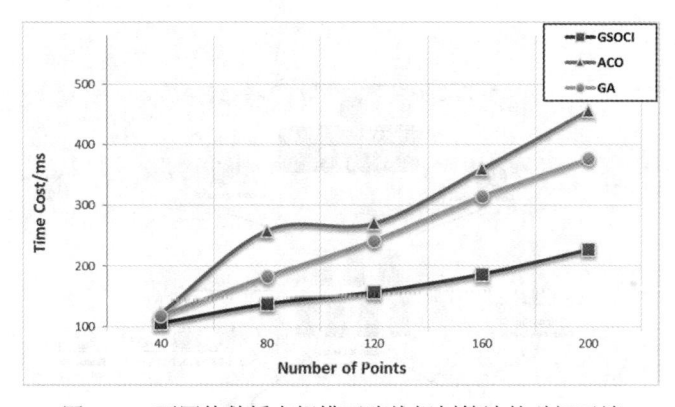

图 5.23　不同待救援点规模下路线规划算法的时间开销

5.5　应急疏散与救援系统

5.5.1　应急疏散与救援系统的分析

随着科技的飞速发展，云计算的概念已经深入人心，人们对信息获取的实时性、移动性需求与日俱增，加速了云计算和移动互联网的融合与发展，产生了一种新的应用模式，称为移动云计算（Mobile Cloud Computing，MCC）[26,27]。MCC 是云计算、移动计算和无线网络的结合，为移动用户、网络运营商及云计算提供商带来丰富的计算资源。MCC 的特点包括弱化终端硬件的限制、数据存储方便、按需提供服务、满足随时随地的便捷服务，MCC 的服务模型可以用"端""管""云"3个组件来描述:"端"是指任何可以使用"云"服务的移动终端设备;"管"是指完成信息传输的移动通信网络或者其他无线网络;"云"则是指包含了丰富资源和服务的平台。MCC 的出现使应用的存储、计算等资源从本地转到了云端。只需要通过终端设备,无须超强的性能,就能够实现文件存储、移动导航、手机地图等应用。

Android 系统具有开放性、无缝结合等优势,Android 智能手机作为信息时代的通信产品,已经成为人们生活中必不可少的移动设备。针对 Android 智能手机的 App 也进入快速发展的时期,针对手机定位及地图服务需求开发的 App 为人们的出行提供极大的便利性,具有较高的研究价值。因此,开发者可以基于 Android 系统,调用百度地图 API 接口进行移动终端 App 的开发。

Tomcat 是由 Apache Software Foundation(ASF)开发的一款免费开源的 Java Web 应用服务器,类似功能的还有 Jetty、Websphere、Weblogic、JBoss 等应用服务器,Tomcat 具有轻量级、占用资源小、扩展性和稳定性好的特点,市场占有率超过 50%,是最受欢迎的 Java Web 应用服务器之一。因此,开发者可以基于 Tomcat 进行云端服务器的实现。

5.5.2 应急疏散与救援系统的设计

1. 系统架构设计

基于 MCC 平台构建一种面向灾难应急的应急疏散与救援系统,该系统的架构图如图 5.24 所示。

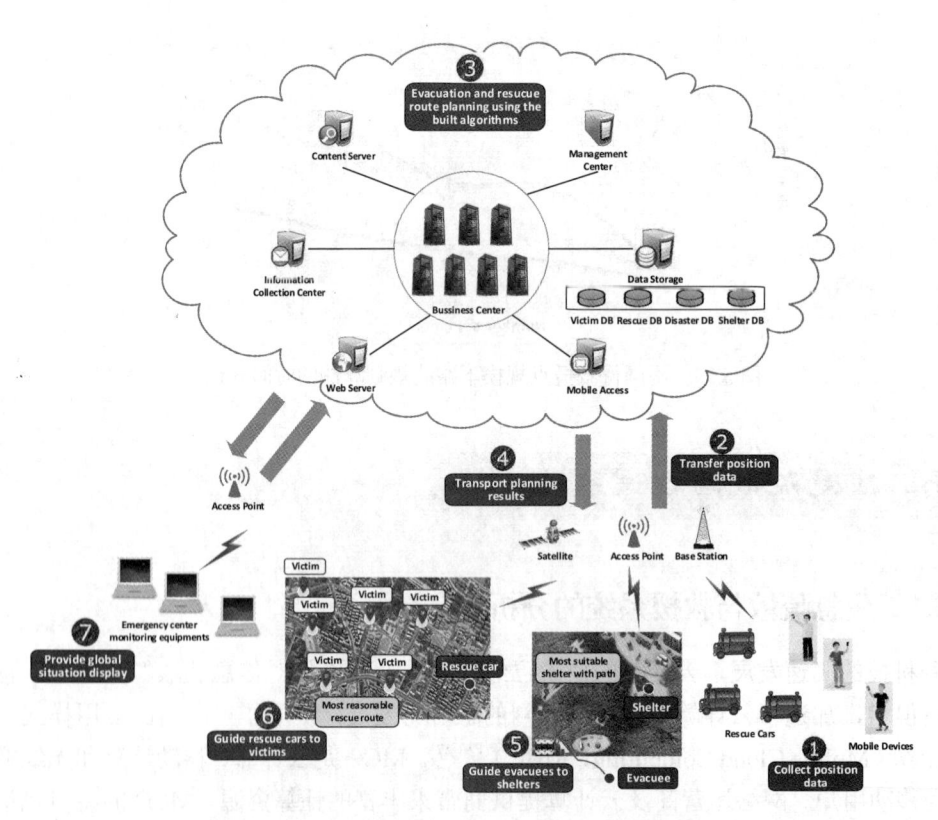

图 5.24　面向灾难应急的应急疏散与救援系统的架构图

面向灾难应急的应急疏散与救援系统可划分为 4 个子系统,主要包括数据采集子系统、网络传输子系统、云服务处理子系统和用户访问子系统。

数据采集子系统主要由移动终端设备组成,负责对位置信息(经纬度数据)进行采集,主要由疏散人员的移动终端和应急救援车辆的移动终端设备组成。

网络传输子系统的任务是把经纬度数据通过无线通信网络传输到云端,提供网络的物理支持和数据通信保证。

云服务处理子系统是系统的核心,通过接收来自数据采集子系统的数据,并提供数据存储、计算、搜索、调用等服务,为系统分类存储和管理疏散人员数据、待救援人员数据、应急救援车辆数据、避难场所数据、灾难数据等。云服务处理子系统的主要工作是利用云端强大的计算能力,根据 EPAAPF、EPAAPF-RA 对疏散人员的数据进行分析和运算,将应急疏散规划结果呈现给疏散人员,并根据 OT-K-means++ 和 GSOCI 对应急救援车辆的数据进行分析和运算,将救援路线规划结果呈现给应急救援车辆。

用户访问子系统是用户与云端服务的交互接口,云端通过 Web 服务器为应急中心管理人员提供基于浏览器的访问界面,同时为疏散人员和应急救援车辆的移动终端设备提供路线规划展示及其他云端服务,使用户能够方便地获取所需信息。

2. 系统功能模块

将 APK 应用文件安装到 Android 智能手机中,用户单击应用图标即可运行程序。程序功能包括静态地图展示、精准定位、地图模式切换、周边避难场所检索、避难场所信息查询、疏散路线规划展示、救援路线规划展示等。移动终端系统功能模块结构如图 5.25 所示。

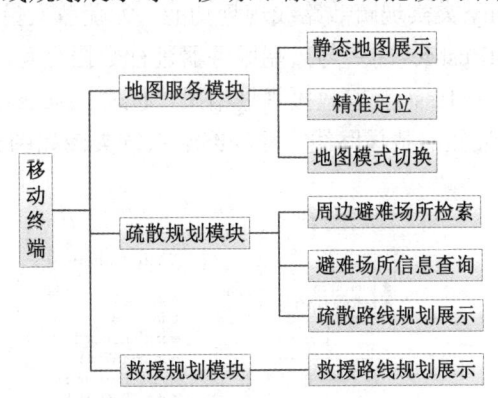

图 5.25　移动终端系统功能模块结构

在浏览器中输入访问地址,进入应急中心监控系统,进行管理员身份验证后,登录该系统。系统功能包括灾难信息管理、避难场所信息管理、疏散人员信息管理、救援车辆信息管理、疏散规划参数展示、救援规划参数展示、实时疏散地图展示、实时救援规划展示等。应急中心监控系统功能模块结构如图 5.26 所示。

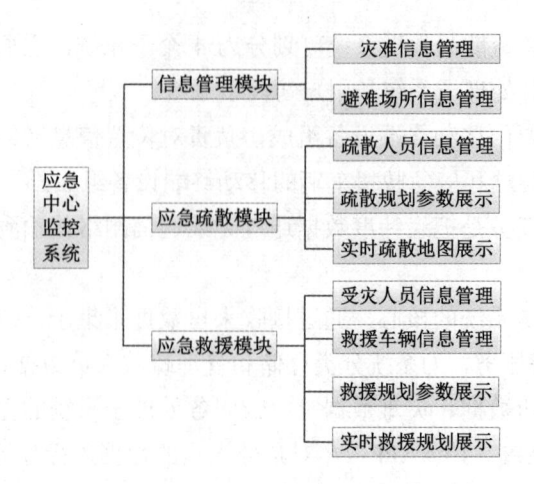

图 5.26　应急中心监控系统功能模块结构

3．系统类图

通过百度地图提供的 Android SDK 在 Android 智能手机上进行应用开发，构建实用性强、功能丰富的地图类手机应用。移动终端系统的构建包括获取 API Key、添加地图引擎、初始化地图引擎、引入布局、数据交互、避难场所检索、疏散规划、救援规划等操作。移动终端系统通过 MainActivity 类实现地图图层展示、定位服务，通过 AskInfoActivity 类实现避难场所信息查询功能，通过 initMarker()对覆盖物属性进行设置，通过 addOverlays()将避难场所位置利用覆盖物添加到地图上，通过 GetEvaMessage 与云端服务器进行数据交互，通过 sendEvaMess()发送疏散规划请求并通过 getEvaMess()获取疏散规划结果。移动终端系统获取到疏散规划结果之后，通过 EvacuateActivity 类实现疏散路线规划功能，为疏散人员展示推荐的疏散路线。同时，移动终端系统通过 GetResMessage 与云端服务器进行数据交互，通过 sendResMess()发送救援规划请求并通过 getResMess()获取救援规划结果，通过 RescueActivity 类实现救援路线规划功能，为救援车辆提供最佳的救援路线。移动终端系统类图如图 5.27 所示。

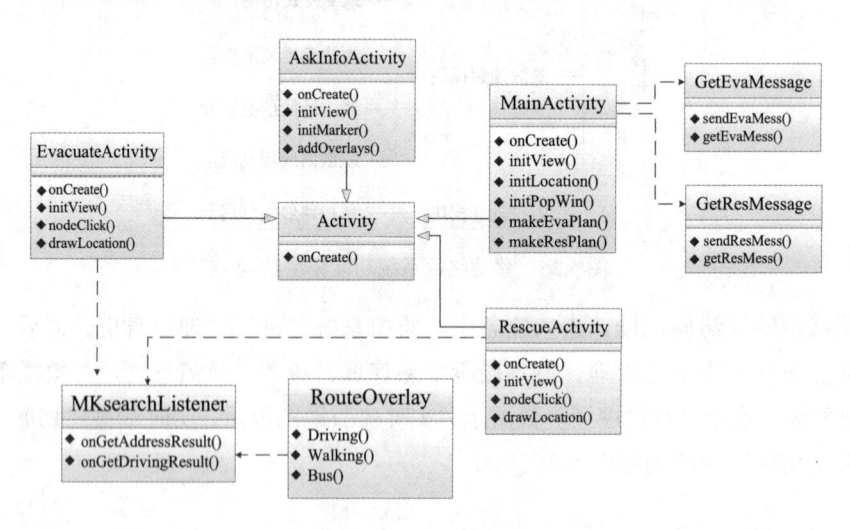

图 5.27　移动终端系统类图

采用 MySQL 技术，搭配 Apache 实现云端服务器的搭建，构建云端服务器系统。云端服务器系统通过 MySQL 对相关的数据进行存储，并通过 OperateDatabase 类和数据库进行连接，对数据库进行读取和存储操作，获取所需的数据。云端服务器系统通过 ControllerServlet 类为应急中心监控系统提供所需的数据，将数据传送到浏览器上进行页面展示。云端服务器系统通过 EvacuateServlet 类进行与疏散规划相关的操作，并和移动终端进行数据交互，在 EPAAPF() 中写入 EPAAPF 算法，为疏散人员进行疏散规划，在 EPAAPFRA() 中写入 EPAAPF-RA 算法，为疏散人员进行人性化疏散规划。云端服务器系统通过 RescueServlet 类进行与救援规划相关的操作，并和移动终端进行数据交互，在 OTKmeans() 和 GSOCI() 中分别写入 OT-K-means++ 和 GSOCI 算法，为救援车辆进行救援规划。云端服务器系统类图如图 5.28 所示。

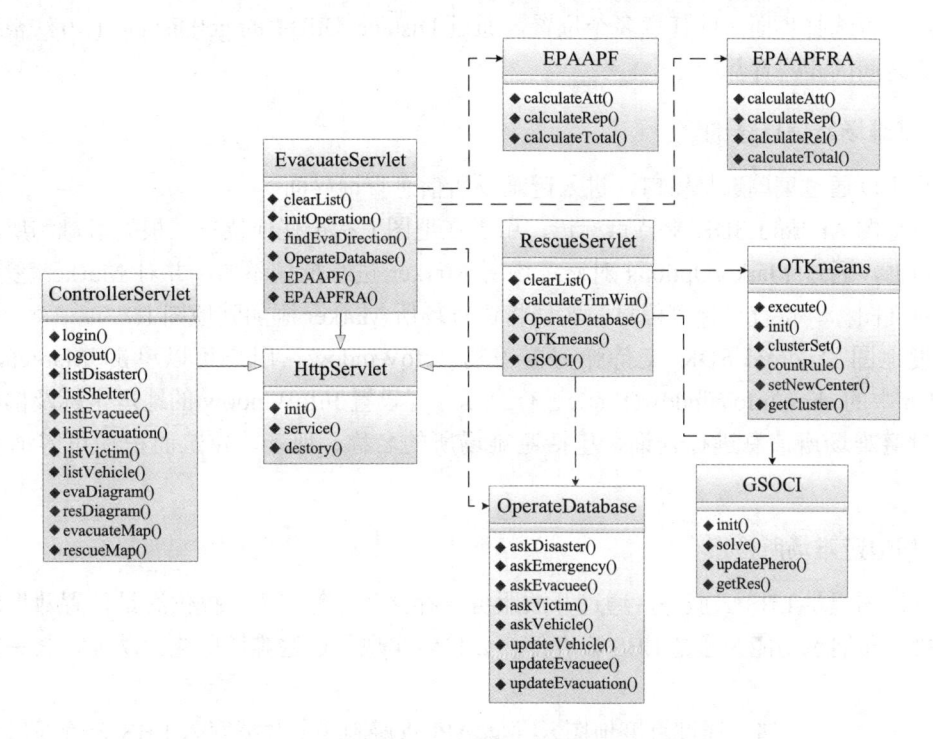

图 5.28 云端服务器系统类图

5.5.3 移动终端系统

1. 地图图层展示

百度地图 Android SDK 提供普通矢量地图和卫星图类型的地图资源，可以通过 BaiduMap 中的 setMapType() 方法来设置地图类型，且支持全国范围的绝大部分城市实时路况查询，可以通过 setTrafficEnabled() 方法进行设置。热力图是用不同颜色的区块叠加在地图上，用于描述人群分布和密度的地图，可以通过 setBaiduHeatMapEnabled() 方法进行设置。

2. 定位服务

百度地图 Android SDK 支持全球定位，能够进行精准定位。通过 MyLocationConfiguration 重载构造方法，对定位的相关属性进行设置，包括定位模式、方向开启、定位图标等。SDK

支持3种定位模式：普通态、跟随态、罗盘态，可以通过 LocationMode 进行设置。实现实时定位功能的关键步骤如下。

步骤1：通过 BaiduMap 中的 setMyLocationEnabled()方法开启定位图层。

步骤2：通过 MyLocationData 中的 Builder()方法构造定位数据。

步骤3：通过 BaiduMap 中的 setMyLocationData()和 MyLocationConfiguration()方法设置定位数据。

步骤4：当不需要定位图层时，通过 BaiduMap 中的 setMyLocationEnabled()方法关闭定位图层。

用户可以单击界面任意位置，通过 GeoCoder 进行反向地理编码，将地址坐标转换为标准地址。用户可选择界面上的任意多个位置，通过 DistanceUtil 中的 getDistance()方法根据经纬度进行点之间的距离计算。

3．避难场所信息查询

用户可以通过菜单选择窗口，进入避难场所信息查询界面。

百度地图 Android SDK 支持点标记，用于在地图上标记任何位置，根据避难场所的经纬度位置数据，通过 MarkerOptions 对避难场所 Marker 进行批量添加，并对 Marker 参数进行设置，包括图标、位置坐标等信息，实现将避难场所 Marker 添加到地图上。

百度地图 Android SDK 支持弹窗覆盖物 InfoWindow，用户可以单击 Marker，通过 BaiduMap 中的 showInfoWindow()方法进行显示，并设置 InfoWindow 的地理坐标及偏移量等参数，对避难场所信息进行查询，包括避难场所的名称、地址、建筑面积和可容纳人数等信息。

4．周边避难场所检索

百度地图提供 LBS 云服务，通过开放服务端存储和计算能力，提供海量位置数据的实时存储、检索和展示功能。通过 LBS 云存储，云检索实现周边避难场所检索功能，其关键步骤如下。

步骤1：数据存储。通过百度地图云存储 API 将避难场所数据存入 LBS 云管理后台。

步骤2：检索。通过 SDK 接口中的 LocalSearchInfo 检索存储的避难场所数据。

步骤3：展示。将检索到的避难场所位置数据以 Marker 标记到地图上，将对应的避难场所信息通过 BaiduMap 中的 showInfoWindow()方法进行显示。

5．应急疏散规划

百度地图 Android SDK 提供公交、驾车和步行3种类型的路线规划方案，可以根据起终点和路线规划数据，进行可视化展示。

移动终端系统通过 HTTP 协议与云端服务器进行数据交互，获取到云端服务器返回的灾难数据和应急疏散规划结果，并将灾难位置、影响范围画在地图上；将用户当前位置和应急疏散规划终点位置以 Marker 标记在地图上。

获取到应急疏散规划结果后，移动终端系统通过 PlanNode 进行起终点经纬度设置，RoutePlanSearch 发起应急疏散路线检索，并通过 OverlayManager 将获取到的路线展示在地图上，还可以实现应急疏散路线导航信息的查看，引导疏散人员迅速撤离。同时，通过 TextView 将疏散路线长度和疏散时间显示在界面上。

6. 应急救援规划

移动终端系统通过 HTTP 协议与云端服务器进行数据交互，获取到云端服务器返回的灾难数据和应急救援规划结果，并将灾难位置、影响范围画在地图上；将应急救援车辆当前位置和所有待救援点位置以 Marker 标记在地图上。

移动终端系统获取到应急救援规划结果后，通过 PlanNode 进行起终点经纬度设置，并采用 RoutePlanOption 中的 passBy() 方法对途经点（待救援点经纬度）进行顺序添加，RoutePlanSearch 发起应急救援路线检索，并通过 OverlayManager 将获取到的路线展示在地图上，还可以实现应急救援路线导航信息的查看，引导应急救援车辆迅速按照顺序到达待救援点展开救援。同时，通过 TextView 将应急救援路线长度和应急救援时间显示在界面上。

5.5.4 应急中心监控系统

1. 应急疏散模块

应急疏散模块主要包括灾难信息、避难场所信息、应急疏散规划算法参数信息、应急疏散规划结果信息、应急疏散规划示意图展示、实时应急疏散规划地图展示界面。

JSP 是一种动态网页技术标准，允许在页面中嵌套 Java 代码，提供动态数据。通过图形界面发出请求并获取响应，客户端可以与云端服务器进行数据交互，获取所需的数据并显示在浏览器中。如图 5.29 所示，分别对灾难信息、避难场所信息、应急疏散规划算法参数信息、应急疏散规划结果信息进行界面展示。

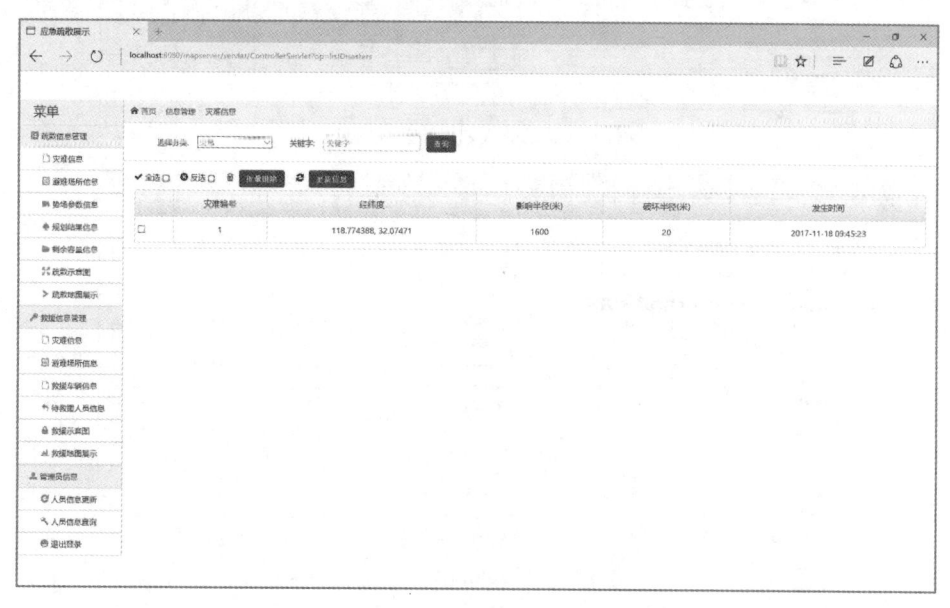

（a）灾难信息

图 5.29　应急疏散规划数据展示

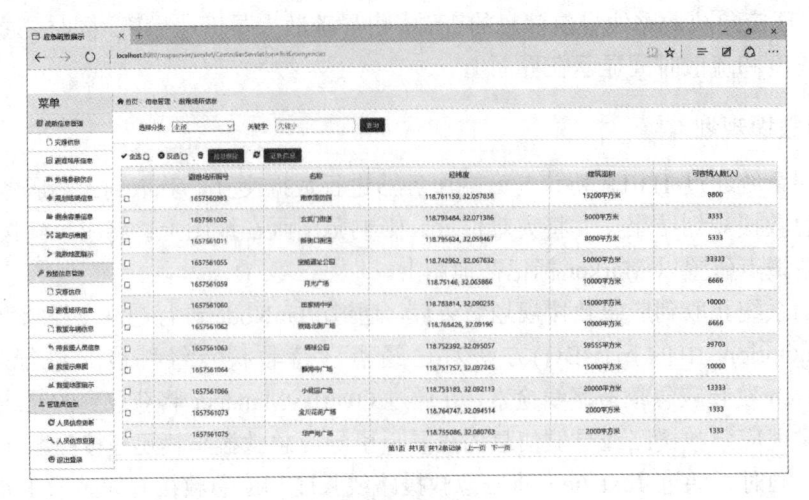

（b）避难场所信息

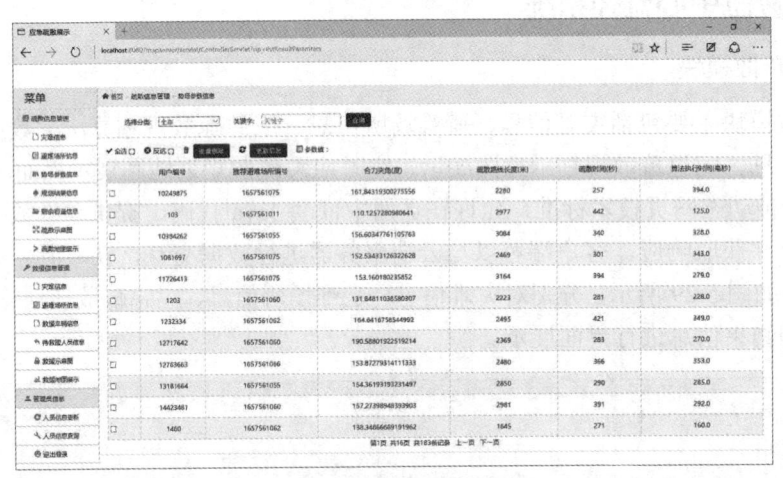

（c）应急疏散规划算法参数信息

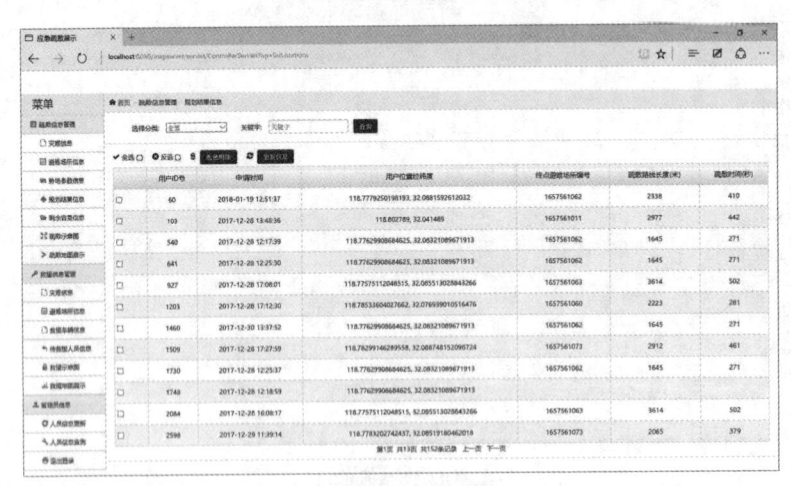

（d）应急疏散规划结果信息

图 5.29　应急疏散规划数据展示（续）

百度地图 JavaScript API 是一套由 JavaScript 语言编写的应用程序接口,可在网页中构建功能丰富、交互性强的地图应用,应用通过用户界面发出请求并获取所需数据,将疏散人员及避难场所位置通过 map.addOverlay 方法向地图添加 Marker,通过 InfoWindow 向地图添加信息窗口对疏散人员及避难场所信息进行展示,通过 Polyline 对地图上的应急疏散规划方向进行展示。

2. 应急救援模块

应急救援模块主要包括应急救援车辆信息、待救援人员信息、应急救援规划示意图展示、实时救援规划地图展示界面。

通过应急救援模块用户界面发出请求并获取响应,客户端可以与云端服务器进行数据交互,获取所需的数据并显示在浏览器中。如图 5.30 所示,分别对应急救援车辆信息和待救援人员信息进行界面展示。

通过用户界面发出请求并获取响应,客户端可以获取所需的数据,并将待救援人员及应急救援车辆位置通过 map.addOverlay 方法向地图添加标注覆盖物,通过 InfoWindow 向地图添加信息窗口对待救援人员及应急救援车辆信息进行展示,通过 Polyline 对地图上的应急救援规划的路线节点顺序进行展示。

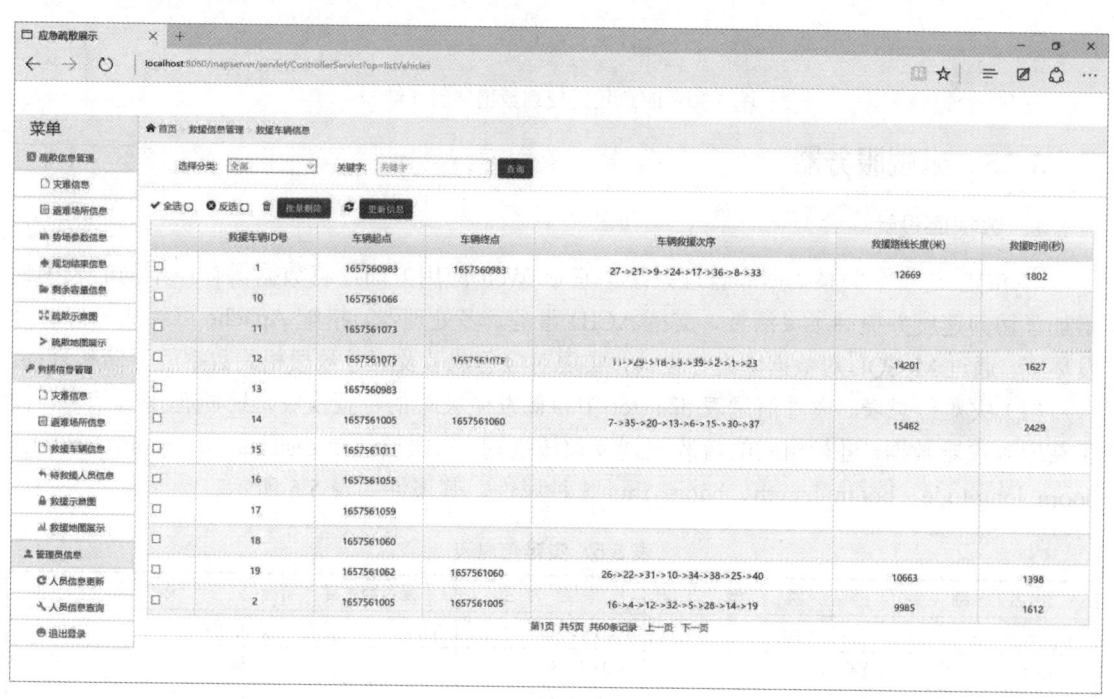

(a)应急救援车辆信息

图 5.30 应急救援规划数据展示

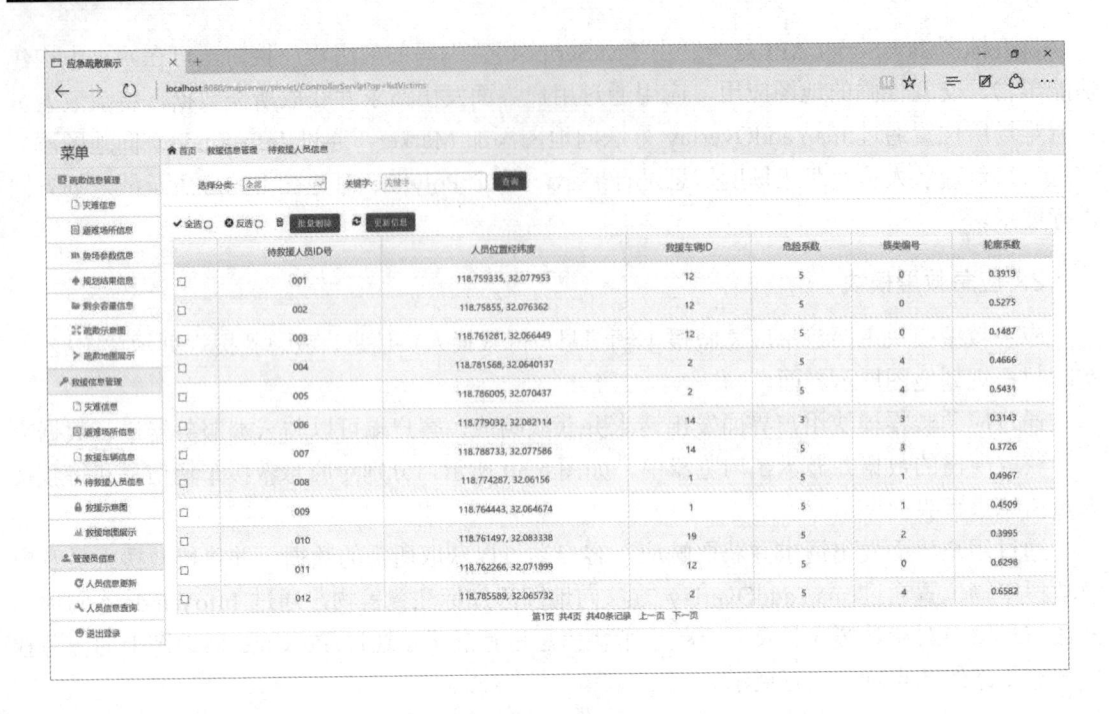

(b)待救援人员信息

图 5.30　应急救援规划数据展示（续）

5.5.5　云端服务器

1. 数据库设计

MySQL 是一个关系数据库管理系统。它在 Web 应用方面，将数据保存在不同的表中，增加了访问速度并提高了灵活性，支持 ACID 事务、多处理器，搭配 Apache 可组成良好的开发环境。通过 MySQL 对数据库进行设计，实现对应急疏散及应急救援相关数据的存储和查询。

（1）灾难信息表。灾难信息表 disaster 中存储发生灾难的位置及灾难影响范围等信息，便于获取到灾难数据，进行相应的疏散规划及救援规划。它主要包括 disaster_id、boom_latitude、boom_longitude、boom_length、boom_time 5 种属性，其属性如表 5.5 所示。

表 5.5　灾难信息表

名　称	类　型	是否为空	是否为主键	说　明
disaster_id	VARCHAR（5）	NOT NULL	YES	灾难 ID
boom_latitude	DOUBLE	NOT NULL		灾难点纬度
boom_longitude	DOUBLE	NOT NULL		灾难点经度
boom_length	DOUBLE	NOT NULL		灾难影响半径（m）
boom_time	DATE	NOT NULL		灾难发生时间

（2）避难场所信息表。避难场所信息表 shelter 中存储南京市避难场所信息，便于对避难场所数据进行检索和获取，实现点到点的应急疏散规划。它主要包括 shelter_id、shelter_title、shelter_address、shelter_latitude、shelter_longitude、shelter_area、shelter_capacity、realtime_capacity 8 种属性，其属性如表 5.6 所示。

表5.6 避难场所信息表

名 称	类 型	是否为空	是否为主键	说 明
shelter_id	VARCHAR（10）	NOT NULL	YES	避难场所ID
shelter_title	VARCHAR（30）	NOT NULL		避难场所名称
shelter_address	VARCHAR（50）	NOT NULL		避难场所地址
shelter_latitude	DOUBLE	NOT NULL		避难场所纬度
shelter_longitude	DOUBLE	NOT NULL		避难场所经度
shelter_area	DOUBLE	NOT NULL		建筑面积（m²）
shelter_capacity	DOUBLE	NOT NULL		容量（人）
realtime_capacity	DOUBLE	NULL		实时剩余容量（人）

（3）疏散人员信息表。疏散人员信息表 evacuee 中存储着疏散人员及应急疏散规划算法的相关参数，便于对算法相关参数进行检索，获取疏散规划算法的运算参数。它主要包括 user_id、user_latitude、user_longitude、compound_angle、algprithm_runtime 5 种属性，其属性如表 5.7 所示。

表5.7 疏散人员信息表

名 称	类 型	是否为空	是否为主键	说 明
user_id	VARCHAR（10）	NOT NULL	YES	疏散人员ID
user_latitude	DOUBLE	NOT NULL		疏散人员纬度
user_longitude	DOUBLE	NOT NULL		疏散人员经度
compound_angle	DOUBLE	NULL		复合力角度
algprithm_runtime	DOUBLE	NULL		算法运行时间（s）

（4）应急疏散规划结果信息表。应急疏散规划结果信息表 evacuation 中存储着应急疏散规划结果数据，便于对结果数据进行检索和获取。它主要包括 user_id、apply_time、shelter_id、evacuate_distance、evacuate_time 5 种属性，其属性如表 5.8 所示。

表5.8 应急疏散规划结果信息表

名 称	类 型	是否为空	是否为主键	说 明
user_id	VARCHAR（10）	NOT NULL	YES	疏散人员ID
apply_time	DATE	NOT NULL		疏散申请时间
shelter_id	DOUBLE	NULL		推荐避难场所ID
evacuate_distance	DOUBLE	NULL		疏散路线长度（m）
evacuate_time	DOUBLE	NULL		疏散时间（s）

（5）待救援人员信息表。待救援人员信息表 victim 中存储着待救援人员及聚类算法参数数据，便于对待救援人员和相关数据进行检索，获取聚类算法的运算参数。它主要包括 victim_id、apply_time、victim_latitude、victim_longitude、vehicle_id、risk_factor、cluster_id、silhouette_coefficient 8 种属性，其属性如表 5.9 所示。

表5.9 待救援人员信息表

名 称	类 型	是否为空	是否为主键	说 明
victim_id	VARCHAR（10）	NOT NULL	YES	待救援人员ID
apply_time	DOUBLE	NOT NULL		救援申请时间

续表

名称	类型	是否为空	是否为主键	说明
victim_latitude	DOUBLE	NOT NULL		待救援点纬度
victim_longitude	DOUBLE	NOT NULL		待救援点经度
vehicle_id	VARCHAR（10）	NULL		分配的应急救援车辆ID
risk_factor	DOUBLE	NULL		危险系数
cluster_id	VARCHAR（5）	NULL		类簇编号
silhouette_coefficient	DOUBLE	NULL		轮廓系数

（6）应急救援车辆信息表。应急救援车辆信息表vehicle中存储着应急救援车辆及应急救援规划数据，便于对相关数据进行检索和获取，实现应急救援规划目标。它主要包括vehicle_id、start_shelterid、end_shelterid、via_victimid、travel_distance、travel_time 6种属性，其属性如表5.10所示，由于各个避难场所都配备一定数量的应急救援车辆，因此应急救援车辆从起点避难场所出发，按序到达多个待救援点完成救援任务后，需要返回任意避难场所，start_shelterid和end_shelterid分别表示应急救援车辆的起点和终点避难场所ID。

表5.10 应急救援车辆信息表

名称	类型	是否为空	是否为主键	说明
vehicle_id	VARCHAR（10）	NOT NULL	YES	应急救援车辆ID
start_shelterid	VARCHAR（10）	NOT NULL		应急救援车辆起点避难场所ID
end_shelterid	VARCHAR（10）	NULL		应急救援车辆终点避难场所ID
via_victimid	VARCHAR（50）	NULL		途经的待救援点ID
travel_distance	DOUBLE	NULL		救援路线长度（m）
travel_time	DOUBLE	NULL		救援时间（s）

2．算法设计

（1）基于人工势能场的疏散规划算法。

```
EPAAPF
- alpha: double
- alphaList: List< double >
- beta: double
- ita: double
- Fatt: double[][]
- Frep: double[][]
- Fsum: double[][]
- userLocation: double[][]
+ EPAAPF (:double[][])
- calculateFatt (:List<double[][]>):List< double >
- calculateFrep (:double[][]):double
- calculateFsum ():double
- findDesShelter ():int
- getResult ():void
```

注：

EPAAPF (:double[][])：可根据疏散人员经纬度初始化本类。

calculateFatt (:List<double[][]>)：可根据多个避难场所经纬度计算引力势场及引力角度。

calculateFrep (:double[][])：可根据灾难点经纬度计算斥力势场及斥力角度。

calculateFsum()：可计算复合势场及复合力角度。

findDesShelter()：可确定疏散方向，找到终点避难场所。

getResult()：可获取疏散规划结果。

（2）引入关系引力势场。

```
EPAAPFRA
- alpha: double
- alphaList: List< double >
- beta: double
- ita: double
- segma: double
- Fatt: double[][]
- Frep: double[][]
- Frel: double[][]
- Fsum: double[][]
- userLocation: double[][]
+ EPAAPFRA (:double[][])
- calculateFatt (:List<double[][]>): List< double >
- calculateFrep (:double[][]):double
- determineFrel ():boolean
- calculateFrel (double[][]):double
- calculateFsum ():double
- findDesShelter ():int
- getResult ():void
```

注：

EPAAPFRA (:double[][])：可根据疏散人员经纬度初始化本类。

calculateFatt (:List<double[][]>)：可根据多个避难场所经纬度计算引力势场及引力角度。

calculateFrep (:double[][])：可根据灾难点经纬度计算斥力势场及斥力角度。

determineFrel()：可根据条件判断是否存在关系引力。

calculateFrel (double[][])：可计算关系引力势场及关系引力角度。

calculateFsum()：可计算复合势场及复合力角度。

findDesShelter()：可确定疏散方向，找到终点避难场所。

getResult()：可获取疏散规划结果。

（3）基于障碍约束和任务均分的 K-means++聚类算法。

```
OT-K-means++
- clusterNum: int
- iteration: int
- MAX_GEN: int
- dataSetLength: int
- dataSet: List<double[]>
- center: List<double[]>
- cluster: List<List<double[]>>
- jc: List<Double>
+ OTKmeans (:int,:int)
+ setDataSet (:dataset):void
- initCenters ():void
```

```
- initClusters():void
- clusterSet (:int):void
- countRule():void
- setNewCenter():void
+ getCluster (:cluster):void
```

注：

OTKmeans (:int,:int)：可根据类簇个数和最大迭代次数初始化本类。

setDataSet (:dataset)：可设置原始待救援节点集。

initCenters()：初始化中心节点链表。

initClusters()：初始化类簇集合。

clusterSet (:int)：可将当前节点放到最小距离中心相关的类簇中。

countRule()：可计算误差平方和。

setNewCenter()：设置新的类簇中心。

getCluster (:cluster)：可获取救援规划结果。

（4）基于混沌初始化的萤火虫优化算法。

```
GSOCI
- fireflyNum: int
- cityNum: int
- MAX_GEN: int
- pheromone: float[][]
- distance: double[][]
- bestLength: int
- bestRoute: int[]
- gama: float
- li: float
- fireflys: Firefly[]
- result: List<Integer>
+ GSOCI (:int,:int,:int,:float,:float)
+ initData (:List<double[]>):void
+ initFireflys (:distance,:li):void
- initPheromone (:float[][]):void
- initDistance(:double[][]):void
- solve():void
- updatePheromone (:float[][]):void
- Opt():void
+ getResult (:result):void
```

注：

GSOCI (:int,:int,:int,:float,:float)：可根据待救援节点数量、萤火虫种群数量、最大迭代次数、光吸收系数、初始荧光值初始化本类。

initData(:List<double[]>)：初始化原始待救援节点集。

initFireflys (:distance,:li)：初始化萤火虫群。

initPheromone (:float[][])：初始化荧光素矩阵。

initDistance(:double[][])：初始化待救援节点之间的距离矩阵。

solve()：可对萤火虫群执行寻找救援路径操作。

updatePheromone (:int)：可更新荧光素矩阵。
Opt()：可执行 C2Opt 局部优化操作。
getResult (:result)：可获取疏散规划结果。

5.6 本章小结

本章介绍了灾难应急的背景与需求分析及发展现状、应急疏散规划机制、应急救援规划机制。城市中的灾难应急处理的主要工作就是对灾难波及区域内的人员进行合理规划，将受灾区域内的人员迅速及时地转移到安全地点，其关键就是进行应急疏散和应急救援。因此，本章还特别介绍了一种应急疏散与救援系统，该系统在 MCC 平台的基础上，借助于百度地图 Android SDK 实现移动终端地图展示、定位、周边避难场所检索、应急疏散规划、应急救援规划等功能；该系统还包含应急中心监控系统；该系统应用面向灾难应急的人员疏散与救援规划机制，并应用于实际的环境中，验证算法和系统的实用价值。

本章参考文献

[1] 张雷．面向灾难应急的人员疏散与救援规划机制的研究[D]．南京：南京邮电大学，2019．
[2] 张洋．人民日报人民时评：筑好应急管理"防护网"[EB/OL]．[2019-07-24]．http://paper.people.com.cn/rmrb/html/2018-07/17/nw.D110000renmrb_20180717_3-05.htm．
[3] Wikipedia．Fukushima Daiichi nuclear disaster[EB/OL]．[2019-07-24]．https://en.wikipedia.org/wiki/Fukushima_Daiichi_nuclear_disaster．
[4] Wikipedia．Explosion rocks PX factory in Fujian[EB/OL]．[2019-07-24]．http://www.eeo.com.cn/ens/2013/0801/247635.shtml．
[5] 中华人民共和国应急管理部统计司．应急管理部发布 1—8 月全国安全生产形势分析[EB/OL]．[2019-07-24]．http://www.mem.gov.cn/xw/bndt/201809/t20180907_229675.shtml．
[6] 中华人民共和国应急管理部政策法规司．国务院安委会办公室 国家减灾委办公室 应急管理部关于加强应急基础信息管理的通知[EB/OL]．[2019-07-24]．http://www.mem.gov.cn/gk/tzgg/tz/201904/t20190430_257106.shtml．
[7] Papadimitriou C H, Steiglitz K．Combinatorial optimization: algorithms and complexity[J]．IEEE Transactions on Acoustics Speech and Signal Processing, 1982, 32(6):265-271．
[8] Garey M R, Johnson D S．Computers and intractability: A guide to the theory of NP-completeness[M]．New York: W. H. Freeman &Company, 1979．
[9] 中国应急管理．我国应急管理经过哪些发展阶段[EB/OL]．[2019-07-24]．https://new.fire114.cn/zxapp/detail?id=58770．
[10] Khatib O．Real-Time Obstacle Avoidance for Manipulators and Mobile Robots[J]．International Journal of Robotics Research, 1986, 5(1): 90-98．
[11] Bounini F, Gingras D, Pollart H, et al．Modified artificial potential field method for online path planning applications[C] //Proc of 2017 IEEE Intelligent Vehicles Symposium(IV), 2017．

[12] Dönmez E, Kocamaz A F, Dirik M. Visual based path planning with adaptive artificial potential field[C] //Proc of 2017 25th Signal Processing and Communications Applications Conference(SIU), 2017.

[13] Sun J, Tang J, Lao S. Collision avoidance for cooperative UAVs with optimized artificial potential field algorithm[J]. IEEE Access,2017, 5(1):18382-18390.

[14] Dönmez E, Kocamaz A F, Dirik M. Visual based path planning with adaptive artificial potential field[C] //Proc of 2017 25th Signal Processing and Communications Applications Conference(SIU), 2017.

[15] Krishnanand K N, Ghose D. Detection of multiple source locations using a glowworm metaphor with applications to collective robotics[C] //Proc of the IEEE Swarm Intelligence Symposium, 2005.

[16] Krishnanand K N, Ghose D. Theoretical foundations for rendezvous of glowworm-inspired agent swarms at multiple locations[J]. Robotics & Autonomous Systems, 2008, 56(7): 549-569.

[17] Krishnanand K N, Ghose D. A glowworm swarm optimization based multi-robot system for signal source localization[J]. Studies in Computational Intelligence, 2009, 177(177): 49-68.

[18] Krishnanand K N, Ghose D. Glowworm swarm optimisation: a new method for optimising multi-modal functions[J]. Inderscience Publishers, 2009, 1(1): 93-119.

[19] Wang H B, Tian K N, Ren X N, et al. Adaptive step mechanism in glowworm swarm optimization[C] //Proc of IEEE 16th International Conference on Cognitive Informatics & Cognitive Computing(ICCI&CC), 2017.

[20] Bassel A, Nordin M J. Mutation and memory mechanism for improving glowworm swarm optimization algorithm[C] //Proc of IEEE 7th Annual Computing and Communication Workshop and Conference(CCWC), 2017.

[21] Kohda T, Tsuneda A, T. Sakae. Chaotic binary sequences by Chebyshev maps and their correlation properties[C] //Proc of IEEE Second International Symposium on Spread Spectrum Techniques and Applications, 1992.

[22] Chatterjee S, Roy S, Das A K, et al. Secure biometric-based suthentication scheme using Chebyshev chaotic map for multi-server environment[J]. IEEE Transactions on Dependable and Secure Computing, 2018, 15(5): 824-839.

[23] Vasuyta K, Zakharchenko I. Modified discrete chaotic map based on Chebyshev polynomial[C] //Proc of the Third International Scientific-Practical Conference Problems of Infocommunications Science and Technology(PICS&T), 2016.

[24] Zhou Y, Luo Q, Chen H, et al. A discrete invasive weed optimization algorithm for solving traveling salesman problem[J]. Neurocomputing, 2015, 151(3): 1227-1236.

[25] Chen X, Zhou Y, Tang Z, et al. A hybrid algorithm combining glowworm swarm optimization and complete 2-opt algorithm for spherical travelling salesman problems[J]. Applied Soft Computing, 2017, 58(1): 104-114.

[26] Khan A U R, Othman M, Madani S A, et al. A survey of mobile cloud computing application models[J]. IEEE Communications Surveys and Tutorials, 2014, 16(1): 393-413.

[27] Saeid A, Sanaei Z, Ahmed E, et al. Cloud-Based augmentation for mobile devices: motivation, taxonomies, and open challenges[J]. IEEE Communications Surveys and Tutorials, 2013, 16(1): 337-368.

第 6 章 智慧停车

近年来，车辆的迅速增加使得停车行业的发展蒸蒸日上，但同时使车位供需出现了巨大的缺口。实际的停车场景复杂多变，加之城市规模和土地资源等客观条件的限制，使车位增长的空间非常有限，因此充分利用每一个车位势在必行。智慧停车[1]将无线通信技术、移动终端技术、GPS 定位技术、GIS 技术等综合应用于城市车位的采集、管理、查询、预订与导航服务，实现了车位资源的实时更新、查询、预订与导航服务一体化，使车位资源的利用率得到了最大化、停车场的利润得到了最大化和车主停车的服务得到了最优化。在大规模室内停车场中，在车位充足的前提下，如何选择车位，以及如何规划到车位的路线是问题关键。本章首先对智慧停车的问题、背景与需求进行分析，然后介绍目前智慧停车的发展现状，接着详细介绍室内定位机制、停车导航机制，最后介绍面向大规模室内停车场的停车导航系统[2]。

6.1 智慧停车的问题、背景与需求分析

6.1.1 智慧停车的问题分析

目前较为流行的停车场管理系统大多已经实现了车牌识别和费用管理的功能，但是如何帮助车主在进入停车场后快速找到空闲的车位一直是一个问题。目前应用较为广泛的导航系统是在停车场中架设红外线装置的空闲车位监测系统。该系统可以监测出空闲的车位，并且在路口位置给出空闲车位的提醒。然而在上下班高峰期和就餐高峰期，大型商场和工作单位的停车场会进入或驶出大批车辆，此时基于红外线监测的空闲车位导航系统就会有一定的局限性。因此，在大批车辆进入或者驶出停车场时需要一个全局的调度算法进行规划和调度，这样可以有效地节约用户在停车场内的等待时间。例如，在前一个车辆倒车入库时，后面的车辆不得不在原地等待，在关键的交叉路口更容易发生阻塞。总之，大型停车场面临以下问题。

（1）车主不能详细了解停车场内的拥堵情况。在进入停车场时，车主往往是凭借直觉和可见范围来决定向哪一个方向行驶的。但是往往会在一个转角的路口处就发生拥堵，这是车主无法预估的。

（2）进入停车场以后，车主首先需要前往目的地附近再寻找车位。然而在结构复杂的停车场场景中，车主往往需要在目的地周围寻找很久才能找到最近的车位。

（3）车辆停好以后，车主经过一段时间的工作或者娱乐活动后，再次进入停车场的位置往往不是离开停车场的位置，此时将面临寻找车辆的问题。

（4）车主寻找到车辆并准备离开停车场时，很难知道前往出口处的道路拥堵情况。在离开停车场驶向公路时又会因为公路的拥堵而浪费很多时间。公路的拥堵也和停车场的出口处车辆数量规划有关。

6.1.2 智慧停车的背景分析

近年来，伴随着我国经济水平的稳步发展，以及人民生活水平和自主消费能力的提升，汽车市场的逐步成熟。私家车给人们的生活带来了极大的便利，在日常生活工作和节日出行中都扮演着重要的角色。公安部在 2019 年年初发布的统计结果显示，2018 年全国新注册登记机动车 3172 万辆，机动车保有量达到 3.27 亿辆，其中汽车 2.4 亿辆，小型载客汽车首次突破 2 亿辆；机动车驾驶人 4.09 亿人，其中汽车驾驶人 3.69 亿人。从城市分布的情况来看，全国有 61 个城市的汽车保有量超过 100 万辆，有 27 个城市的汽车保有量超过 200 万辆，北京、成都、重庆、上海、苏州、郑州、深圳、西安 8 个城市的汽车保有量超过 300 万辆[3]。

目前，我国大城市的汽车与车位的比例约为 1∶0.8，中小城市约为 1∶0.5，与发达国家的 1∶1.3 相比，车位缺口巨大，并且汽车保有量仍在加速增加，车位需求缺口进一步加剧。据预测[4]，到 2027 年，全国车位需求将达 5 亿个左右。可以看出，巨大的车位缺口，将会刺激智慧停车行业的快速发展、高速成长。预计在未来几年内，智慧停车的市场规模将以 20% 左右的速度继续增长。随着大数据、云计算、人工智能、移动支付等技术的不断成熟，百亿级的智慧停车市场将呼之欲出。

目前，大多数的室内停车场都是采用驾驶员自驾入库的方式，对于大规模、结构复杂的室内停车场来说，如何方便车主的停车，还存在许多问题亟待解决。

6.1.3 智慧停车的需求分析

私家车在给人们生活带来便利的同时，也给城市带来一系列的问题，如交通堵塞、停车难等问题。这些问题给市民的日常生活和出行带来极大的不便，不论日常上班还是周末休闲娱乐时，停车问题成为困扰人们的重要问题之一。

目前，大多数单位和商场需要车主在到达以后才能知晓车位的剩余情况，这样闭塞的车位信息给车主带来的往往是到达目的地以后才知道没有车位，不得不重新在附近寻找停车场。当停车场有空闲车位时，进入停车场后又会因为大型停车场的不合理规划设计等原因而无法快速找到理想的车位。同时，在较大型的停车场内，大多数车主往往会在停车以后无法记住停车的位置，将会浪费很多时间在寻找车辆上。

武汉大学的研究员吕德文[5]表示，人们对汽车的需求逐渐提高，但受到城市规模的限制，车位的供给不可能无限制增长，"众所周知，车主出行的最大需求是停车。然而，由于信息不对称，车主无法准确了解目的地停车场的使用情况。有可能到达目的地后发现无法停车，不仅增加了道路资源负担，而且影响了车主的心情。一些相对隐蔽的停车场又很可能处于空置状态，这就造成了资源浪费。智慧停车可将资源整合在一起，通过将一个城市的车位信息录入系统，车主通过手机就可以快速查询目的地附近的车位使用情况，从而化解信息不对称的矛盾。"

此外，在上下班高峰期和就餐时间，在停车场内快速、高效地停车将有效地提升人们的生活效率，也会给商场和单位带来一定的经济效益。因此，如何在大型室内停车场中利用智慧停车来有效提升停车场内的停车效率，使车主轻松找到合适的车位并快速停车，在找车的时候能够快速找到自己的汽车，不至于开车出来办事时间都浪费在找车位及找车上，从而提升驾驶员的停车体验是本章的重点。

6.2 智慧停车的发展现状

停车行业的市场前景巨大，《智能停车业或成产业新风口》[4]提到，停车行业龙头股之一的江苏五洋停车产业集团股份有限公司（以下简称"五洋停车"）有关业绩研究报告引发投资者关注，该公司智慧停车业务推动了公司业绩高速增长，2018 年净利润为 1.31 亿元，实现了 67.89%的增长。目前智慧停车业务的收入已占据该公司收入的主要部分，在 2018 年的占比达到了 62%。五洋停车的未来发展战略是"智造+停车资源+互联网"。据停车行业相关机构的统计，全国近 200 个城市建立了城市级停车平台，并且越来越多的城市开始着手将这些停车平台升级为真正意义上打通路内路外停车资源的城市级停车平台。

2018 年 10 月，智慧停车企业捷顺科技与华为合作发布了《城市级智慧停车解决方案白皮书（2018 版）》[6]，详细分析了城市级智慧停车面临的问题、挑战，同时针对问题现状整合了华为先进的窄带物联网技术和捷顺科技的车辆识别技术、产品和云平台，打造了基于窄带物联网先进技术的停车管理体系，整合了城市级的停车资源和其他出行服务，满足了政府管控和市民出行的诉求。

政府政策也对智慧停车行业持续发力。停车难的问题引起了各级政府的高度重视，2015 年 8 月，国家发展和改革委员会、财政部等七部委下发《关于加强城市停车设施建设的指导意见》[7]，要求充分调动社会资本积极性，加快推进停车设施建设，有效缓解停车供给不足。2017 年 9 月，交通运输部发布《智慧交通让出行更便捷行动方案（2017—2020 年）》[8]，进一步规范城市停车新秩序、鼓励车位资源错时共享，以大力推动智慧交通出行信息服务体系建设。2018 年，全国有 25 个城市在政府工作报告中根据所辖城市的特点明确了城市停车问题的工作计划。此外，多个城市均根据自身特点积极探索智慧停车的发展。

随着利好政策的不断发布，智慧停车行业发展迅猛。2010 年，我国智慧停车行业的市场规模仅为 14.5 亿元，但在 2018 年市场规模已经突破了百亿元。随着 5G 时代的到来、物联网与人工智能技术的不断成熟等利好因素叠加，智慧停车未来的市场空间十分巨大。

6.3 室内定位机制

6.3.1 问题分析

随着物联网等技术的发展和普及，基于位置的服务在人们的生产生活中得到了广泛的应用。基于位置的服务是指使用电信号或者非电信号，结合相应的匹配算法获取移动设备的位置，在一些服务平台的支持下为用户提供个性化的增值服务。

对于面向大型室内停车场的智慧停车系统而言，精准的室内定位机制是其中的关键。近年来，基于地磁场的室内定位技术成为研究的热点。地磁场是指地球内部存在的天然磁性现象，是由几种不同的磁场共同构成的，具有全覆盖和信息丰富等特点。地磁场中不仅包含丰富的与位置相关的信息，其存在还不受空间的影响，不论高空、地平面还是海里，都存在地磁场，这使得地磁场具有成为定位信号源的天然优势。地磁场作为地球上的自然资源，具有无源、稳定、全覆盖和无辐射等优点，在航海、军事和寻找矿藏等领域有重要的应用。在室内场景中利用地磁场作为定位的信号源，具有部署设备成本低、无辐射等天然优势。从地球整体的角度来看，地磁场在相对较大的范围内是均匀分布的，在室内场景中，由于建筑中的钢筋混凝土对地磁场的影响，地磁场会在室内环境中形成一个稳定的、特殊的磁场分布。由于这种影响，恰恰可以作为室内定位的一个重要信号源。相比于常规的无线电信号源，这样的信号源具有稳定、无须电力维持等特性，不仅在能源消耗方面具有很大的优势，而且在一些特殊的情况（如停电）下能够提供稳定的信号。芬兰卢奥大学在2012年创办的IndoorAtlas公司率先在室内环境中结合地磁场实现了精准的定位，可以为开发者提供高精度、基于地磁的室内定位服务。

地磁场具有的天然、无源和全天候等特点，使它成为在室内定位的研究重点。在室内环境下，地磁场因为建筑、通电设备或者金属设备的影响，在室内形成了不规律的分布。然而和电信号类的信号源相比，地磁场的这种不规则分布反而可以用来构建稳定的地磁指纹地图，利用定位点的信号强度可以确定具体的位置。

地磁场的信息需要通过传感器获取，由于微型机电系统的技术和成本的控制，目前传感器（如智能手机内部的传感器）的精度都停留在较低的水平。由于磁力计的特殊性，读取到磁力值会因为传感器带来较大的个体性差异。在实验中，发现同一型号智能手机在同一位置读取的地磁数值有较大的差异。因此，在考虑地磁场特性的同时，需要考虑传感器误差给地磁数据带来的影响。例如，磁力传感器因为硬件的不同造成的读数误差问题，以及因为智能手机的自身电流及外部通电设备电流给磁力传感器造成的读数误差问题。

地磁场往往给人们一种不稳定的印象，然而根据中国地质调查局的地磁数据监测显示，地球表面的地磁场是相当稳定的。在一个月内，室内地磁场的特异分布是稳定不变的。然而随着地球的公转等因素，在一个较长的周期中，地磁场呈现了一定的变化，并且地磁场对于环境的依赖较为明显，尤其是室内环境中的通电设备会给周围地磁场带来较大的影响。因此这也是一个需要解决的问题。

如果要利用地磁场进行室内定位,那么首先需要对地磁场的固有属性进行深入的研究和分析,然后根据地磁场的特殊性,设计出一套可行的地磁指纹地图构建算法。该算法需要根据非电信号源的特殊性,将地磁场在室内环境下的不规律分布应用到地磁指纹地图中。

在完成地磁指纹地图的构建后,由于在较长时间内地磁场会发生轻微变化,这样的变化会对地磁指纹地图的匹配造成一定的影响;在室内环境布局有较大变化时,地磁场在室内环境下的分布会有较大的变化,因此还需要解决地磁指纹地图的更新问题。

6.3.2 地磁定位方案

1. 地磁信息原理

地磁场是三维空间场,在地磁场的研究中需要使用数学函数对地磁场的分布进行描绘。目前,常用球谐级数对地磁场的分布进行描绘[9],将地磁场分为偶极子等分量的和。地磁场 B 可以用位置 r 和时间 t 表示:

$$B(r,t) = B_m(r,t) + B_c(r,t) + B_d(r,t) \tag{6.1}$$

式中,B_m 是地磁场的主场;B_c 是地表的磁场;B_d 是高空中大气层和太阳粒子产生的磁场。目前主要使用 B_m 和 B_c 两个磁场进行定位导航。

在地球表面任意一个位置都有地磁场的存在,假设其中一个点为 O 点,从该点生成一个三维坐标系,该坐标系的三个轴相互垂直。垂直于水平面的轴记为 z 轴,x 轴和 y 轴构成了水平面,该水平面与地平面平行。此时,并不规定该坐标系的 x 轴和 y 轴的指向。在如图 6.1 所示的地磁场三维坐标系中,O 点的磁感线切线为空间向量 $\overrightarrow{OM}$,且起点是 O 点,终点是 M 点。

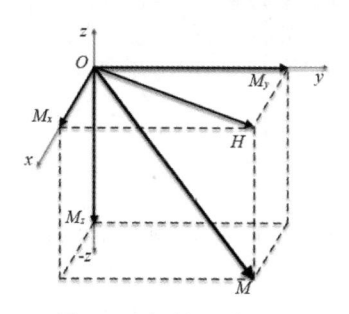

图 6.1 地磁场三维坐标系

地磁场是实际存在的,但是由于其看不见、摸不着,因此用磁感线的方式对地磁场进行描述。假设 O 点的磁感线切线为空间向量 $\overrightarrow{OM}$,那么该点的地磁场总强度为

$$\left|\overrightarrow{OM}\right| = \sqrt{M_x^2 + M_y^2 + M_z^2} \tag{6.2}$$

式中,$\overrightarrow{OM}$ 为地磁场总强度;M_x、M_y 和 M_z 分别为磁感线切线在 x 轴、y 轴和 z 轴上的分量。由于在空间直角坐标系中,向量间的夹角可以用各个坐标系分量的比例表示,因此将向量 $\overrightarrow{OM}$ 投影到水平面上,用 H 表示此时磁感线切线在水平面上投影。

$$H = \sqrt{M_x^2 + M_y^2} \tag{6.3}$$

式中,M_x 和 M_y 分别为磁感线切线在 x 轴和 y 轴上的分量。此时,设定水平分量与 y 轴的夹角为该点处磁感线切线的偏角（记作 D），该偏角可用下面的公式表示：

$$D = \arctan \frac{M_x}{M_y} \tag{6.4}$$

某点的地磁场总强度与水平面的夹角记为该点处磁感线切线的倾角（记作 I），那么倾角 I 可以用以下公式表示：

$$I = \arctan \frac{M_z}{H} \tag{6.5}$$

式中，M_z 为磁感线切线在 z 轴上的分量；H 为磁感线切线在水平面的合成量。这样就可以将地磁场用数值的形式将其包含的属性描绘出来。需要注意的是，这里规定的偏角 D 与倾角 I 所参考的坐标系为该坐标系自身，需与磁偏角、磁倾角区分开来。

此时，需要讨论一种特殊情况，当传感器坐标系的 y 轴与地理北重合，x 轴与地理东重合，那么此时该点的水平面投影方向 H 则为地磁北，而地理北则在坐标系 y 轴的方向，此时地磁北与地理北之间的夹角称为磁偏角，如图 6.2 所示。智能手机传感器获取的方向为该位置的地磁北方向，而地理北需要使用地磁北加上磁偏角进行相应的修正，然而磁偏角是根据地理位置决定的固定数值，所以传感器获取的方向为地磁北。

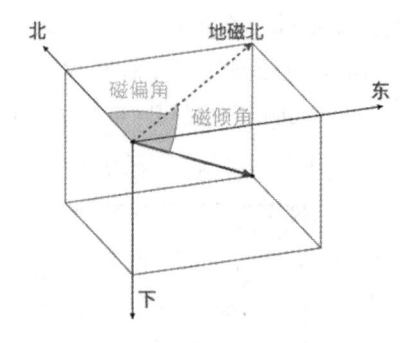

图 6.2　地磁北与地理北示意图

2．定位方案体系结构

地磁室内定位系统由两大模块构成：地磁指纹地图构建模块和融合定位模块。地磁指纹地图构建模块在采集地磁和惯导信息后，处理、生成地磁指纹地图并保存在数据库中。融合定位模块在定位时，通过数据库将地磁指纹地图加载到本地，先对地磁模块和惯导模块采集的数据进行处理，再将处理后的数据与地磁指纹地图的数据进行匹配后，可返回定位结果。地磁室内定位系统的体系结构如图 6.3 所示。

在地磁指纹地图构建阶段，地磁模块通过调用智能手机中的磁力计、加速度计和陀螺仪获取原始数据。地磁模块对地磁数据进行解算得到地磁特征信息。惯导模块对加速度计和陀螺仪的数据进行处理得到步数、步长和姿态角度信息。通过对步数、步长和姿态角度信息进行解算可以推算出用户的路径坐标。将坐标信息和地磁特征信息对应存储起来就可以得到地磁指纹地图。

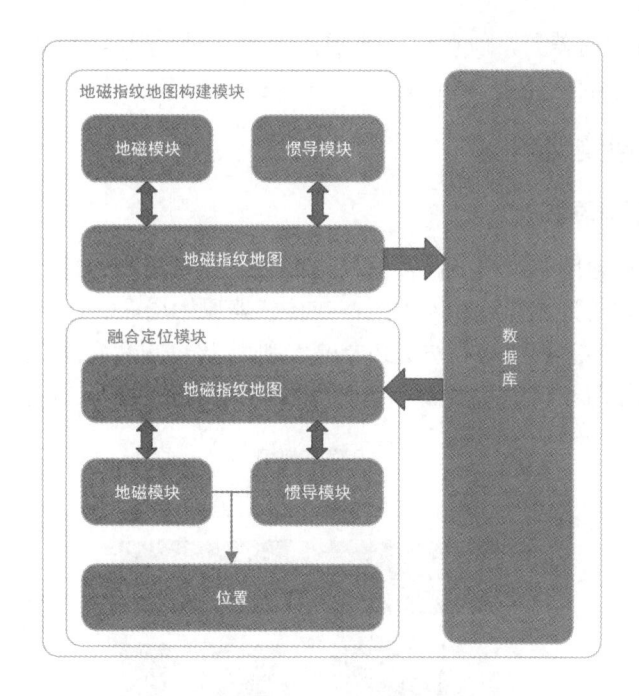

图 6.3 地磁室内定位系统的体系结构

在导航定位阶段，融合定位模块同样通过磁力计、加速度计和陀螺仪获取此时的地磁信息、加速度信息和陀螺仪信息，采用和地磁模块相同的方法计算出地磁特征信息，将得到的地磁特征信息与数据库中的地磁指纹地图进行比对。如果二者匹配，就可返回对应的平面坐标信息，将坐标位置显示在平面上即可实现室内定位。

3．传感器误差解决方案

由于室内范围小，因此在室内环境实现定位时，需要对信号源数据的精度有较高的要求。在实验中发现，由于传感器的技术和成本控制，以及智能手机自身器件的影响，会给数据的采集带来极大的误差。这样的影响主要分为两个方面：姿态角度的误差和磁力计采集数据的误差。

姿态角度的误差主要源于航向角 Yaw 的问题，智能手机具有陀螺仪、磁力计和加速度计等传感器，智能手机主要是通过这三个传感器来获取自身的姿态角度的。智能手机姿态角度中的翻滚角 Roll 和俯仰角 Pitch 可以通过陀螺仪和加速度计的互补滤波算法来获取，需要解决的问题是航向角 Yaw 的问题。如果想要得到一个关于地理北的航向角 Yaw，需要地磁北进行辅助。但在室内环境中，地磁北又是变化的，因此无法利用地磁北来获取一个稳定的绝对航向角 Yaw。根据前面介绍的构建地磁指纹地图的算法，此时只需要获取一个相对的、绝对稳定的航向角 Yaw。在实验中，借助扩展卡尔曼滤波的思路可获取稳定的智能手机姿态角度。

在磁力计采集地磁数据时，会因为传感器本身的因素造成采样数据波动和数值差异较大的问题。对于采样时的数据波动问题，可通过提高传感器的采样频率、采用均值滤波对采样数据进行平滑处理等方式来解决。由于磁力计采集数据的误差来自传感器本身，因此无法使用更好的方法来获取更加真实的数据。对于不同传感器采样数值差异较大的问题，虽然传感器的读数具有较大的差异，但在构建地磁指纹地图时，根据的是路径上的变化规律，不同传感器对相同路径的变化规律相同。

6.3.3 地磁指纹地图

1. 姿态角度解算算法

在构建地磁指纹地图的过程中，可使用 Android 系统集成的姿态角度获取方法，但是在实际的使用中有明显的误差和波动。因此，在传感器原始层面，针对智能手机姿态角度设计了一套可以获取稳定姿态角度的算法是必要的。利用 Android 系统的接口直接获取传感器的原始数据，可借助如图 6.4 所示的流程对智能手机的姿态角度进行计算。

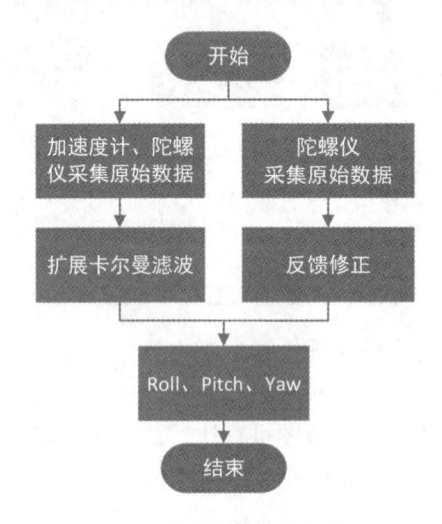

图 6.4 姿态角度的计算流程

步骤 1：利用 Android 平台提供的接口获取加速度计和陀螺仪采集的原始数据。

步骤 2：步骤 2 和步骤 3 是整个扩展卡尔曼滤波的主要过程。步骤 2 将加速度计所获取的原始数据送入扩展卡尔曼滤波矩阵中，计算出状态转移矩阵 R_k^- 和观测矩阵 H。在本次扩展卡尔曼滤波的应用中，将加速度计获取的水平面状态作为卡尔曼滤波中的状态变量 x_k，其中 k 为时间序列。将陀螺仪在 x 轴和 y 轴上所发生的变化作为观测变量 z_k。由于该模型为非线性模型，因此需要将状态变量和观测变量转换为非线性随机差分方程的形式：

$$x_k = f(x_{k-1}, u_{k-1}, w_{k-1}) \tag{6.6}$$

观测变量为

$$z_k = h(x_k, v_k) \tag{6.7}$$

式（6.6）中，u_{k-1} 和 w_{k-1} 分别为上一时刻的观测噪声和激励噪声；x_{k-1} 为 $k-1$ 时刻的状态变量，差分方程式中的非线性函数 f 将上一时刻 $k-1$ 的状态映射了当前时刻 k 的状态。式（6.7）中，v_k 为观测函数的测量噪声；非线性函数 h 反映了状态变量 x_k 和观测变量 z_k 之间的关系。在输入加速度参数的第一时刻，将 v_{k-1} 和 w_{k-1} 默认为 0，进一步计算 f 的第 i 个状态对 x 的第 j 个状态偏导的雅可比矩阵 $A_{[i,j]}$：

$$A_{[i,j]} = \frac{\partial f_{[i]}}{\partial x_{[j]}}(x_{k-1}, u_{k-1}, 0) \tag{6.8}$$

f 的第 i 个状态对激励噪声 w 的第 j 个状态偏导的雅可比矩阵 $W_{[i,j]}$ 为

$$W_{[i,j]} = \frac{\partial f_{[i]}}{\partial w_{[j]}}(x_{k-1}, u_{k-1}, 0) \tag{6.9}$$

h 的第 i 个状态对 x 的第 j 个状态偏导的雅可比矩阵 $H_{[i,j]}$ 为

$$H_{[i,j]} = \frac{\partial h_{[i]}}{\partial x_{[j]}}(x_k, 0) \tag{6.10}$$

h 的第 i 个状态对测量噪声 v 的第 j 个状态偏导的雅可比矩阵 $V_{[i,j]}$ 为

$$V_{[i,j]} = \frac{\partial h_{[i]}}{\partial v_{[j]}}(x_k, 0) \tag{6.11}$$

需要用状态变量计算出预测阶段的状态变量的误差协方差 P_k。协方差的公式为

$$P_k = A_k P_{k-1} A_k^{\mathrm{T}} + W_k Q_{k-1} W_k^{\mathrm{T}} \tag{6.12}$$

式中，Q_{k-1} 为 $k-1$ 时刻的过程激励噪声协方差矩阵；P_{k-1} 为 $k-1$ 时刻的协方差；A_k 为 k 时刻 f 对 x 偏导的雅可比矩阵；A_k^{T} 为 A_k 的转置矩阵，W_k 为 f 对激励噪声 w 偏导的雅可比矩阵；W_k^{T} 为 W_k 的转置矩阵。

到目前为止，扩展卡尔曼滤波的预测阶段已经完成，在这一步中利用加速度计的三轴原始数据计算出 k 时刻的状态变量的误差协方差 P_k。

步骤 3：将陀螺仪在 x 轴和 y 轴上的变化作为扩展卡尔曼滤波的观测变量，不过在这一步中对扩展卡尔曼滤波进行更新操作，使用在步骤 2 中计算的相关结果进行相关的计算。

首先，需要根据步骤 2 中的误差协方差 P_k 计算卡尔曼增益 K_k：

$$K_k = P_k^- H_k^{\mathrm{T}} \left(H_k P_k^- + V_k R_k^- V_k^{\mathrm{T}} \right)^{-1} \tag{6.13}$$

式中，R_k^- 是 k 时刻的观测噪声协方差矩阵；P_k^- 为状态更新后的状态方差；H_k 为 k 时刻 h 对 x 偏导的雅可比矩阵；H_k^{T} 为 H_k 的转置矩阵；V_k 为 k 时刻 h 对测量噪声 v 偏导的雅可比矩阵；V_k^{T} 为 V_k 的转置矩阵。

然后，需要根据观测变量 z_k 对状态变量 x_k 进行更新，并且更新误差协方差 P_k，将更新后的状态变量和误差协方差返回步骤 2 中的预测阶段。

$$\hat{x}_k = \hat{x}_k^- + K_k \left[z_k - h(\hat{x}_k^-, 0) \right] \tag{6.14}$$

$$P_k = (I - K_k H_k) P_k^- \tag{6.15}$$

式（6.14）中，$\hat{x}_k$ 为状态变量更新后的状态；$\hat{x}_k^-$ 为测量更新后的状态。式（6.15）中，I 为单位矩阵。

至此，扩展卡尔曼滤波就完成了一次预测和更新工作。在算法流程的步骤 3 中，可以通过扩展卡尔曼滤波不断地计算出最新状态的姿态角度。如图 6.5 所示，智能手机的加速度计和

陀螺仪可以在水平面上形成一个重合的平面,此处围绕 x 轴和 y 轴的俯仰角 Pitch 和翻滚角 Roll 在两个传感器上有共同的状态变量和观测变量,然而围绕 z 轴的航向角 Yaw 只有陀螺仪能够检测出它的变化。由于不能将磁力计的地磁北当作一个状态变量或者观测变量进行计算,所以需要对航向角 Yaw 进行计算。由于扩展卡尔曼滤波是对姿态角度的旋转矩阵进行计算的,因此也会得到一个不准确的航向角 Yaw。但是由于陀螺仪的累积误差问题,需要在步骤 4 中对其进行修正。

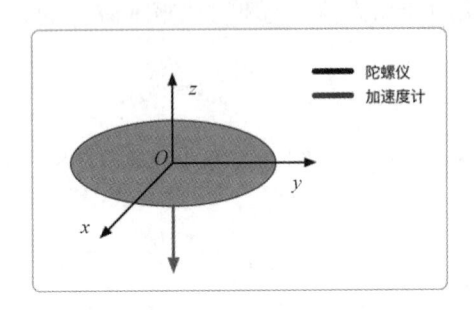

图 6.5 加速度计和陀螺仪解算姿态角度示意图

步骤 4:通过步骤 3,可以得到实时的姿态角度,但是由于航向角 Yaw 的特殊性,加上陀螺仪的零度漂移问题,在步骤 4 中需要设计一个反馈调节的系统。此时,设计一个计时器工具,统计一段时间内陀螺仪的漂移度数。然后将该度数和时间反馈给步骤 3 输出的航向角 Yaw。至此,可以用智能手机的加速度计和陀螺仪获取到手机的相对姿态角度。

2. 地磁指纹地图构建原理

通过前文的介绍可知,空间中每个位置都存在地磁场,而用磁感线就可以对该位置的地磁场进行详细的描述。磁力计就是利用这样的坐标系对空间坐标的信息进行解算的,因此从磁力计获取的地磁数据就是有三轴分量的数据。通过前文的计算公式,可以轻松地计算出相应的参数。

地磁场是空间中的固有属性,具有大小和方向。由于传感器坐标系的原因,在同一位置,传感器的姿态会造成该点传感器数值的变化。为了更好地解释这一问题,设定 $X'Y'Z'$ 坐标系为地理坐标系,xyz 坐标系为传感器坐标系,如图 6.6 所示。由于地磁场是空间中的固有属性,因此磁感线切线 $\overline{OT}$ 相较于 $X'Y'Z'$ 坐标系是固定不变的,通过智能手机中的磁力计只能获取到 xyz 坐标系的数值,然而该坐标系会因为智能手机的姿态而改变。因此,无法直接利用智能手机中的传感器获取的磁场信息。

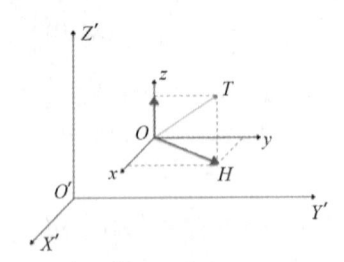

图 6.6 传感器坐标系与地理坐标系示意图

由于地磁场具有上述的特殊性，因此无法像电信号源那样将空间平面划分成网格状，保存每个网格的信号值构建地磁指纹地图。在实验中发现，地磁场的固有属性中，地磁场总强度是一个标量，同一段路径的地磁场总强度的变化是相似的。南京邮电大学计算机学院学科楼设计了 AB、BC、BD 和 BE 的不同路径，实验环境测试路径示意图如图 6.7 所示。

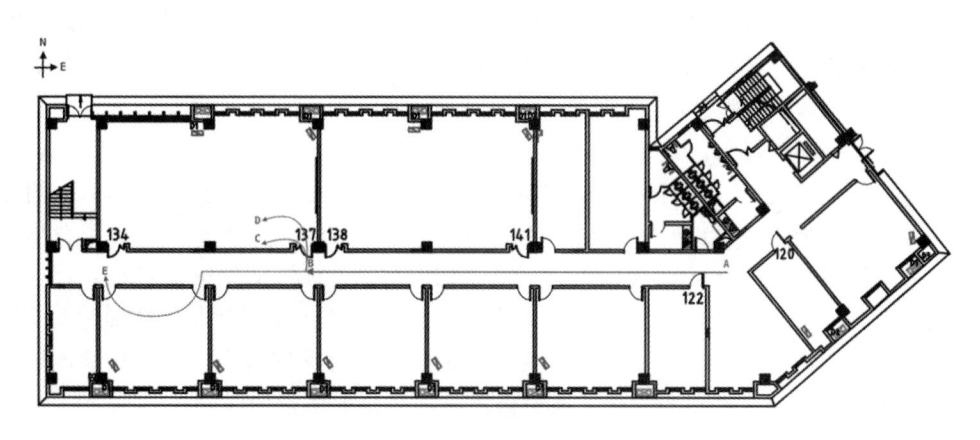

图 6.7　实验环境测试路径示意图

使用智能手机（Honor8）从 A 点出发，分别前往终点 C、D 和 E 后，分析采集的地磁场总强度信息会发现，地磁场总强度作为地磁场的一个重要参考信息，其在相同的路径 AB 上具有极其相似的变化规律，而在不同的路径上则显示出了完全不同的变化规律。如图 6.8 所示，该数据未经过任何滤波处理，为磁力计采集的原始数据。

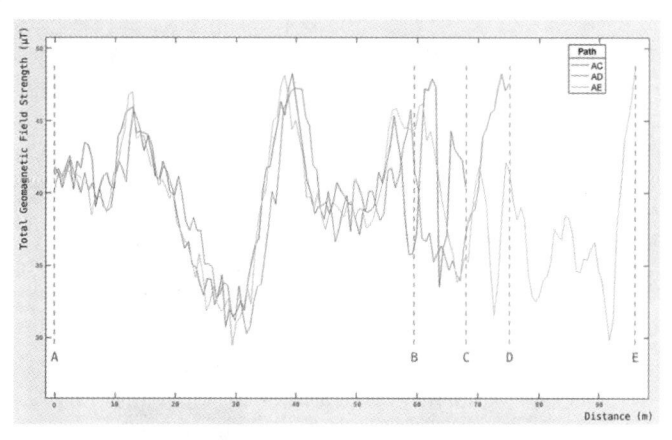

图 6.8　地磁场总强度在不同路径的对比图

因此，得出了基于地磁场的地磁指纹地图构建方案：利用空间中固有的磁场属性，将地磁场信息与路径信息结合起来构建一个根据路径匹配的地磁指纹地图。然而地磁场是空间向量，如果只使用地磁场总强度作为构建地磁指纹地图的依据，明显达不到理想的效果。从理论角度来说，空间向量是具有大小和方向的，而地磁场总强度已经包含了空间的大小了，后面还需要在磁感线切线的方向上做研究。

在前文中介绍了地磁场根据自身坐标系计算的偏角 D 和倾角 I。此时，由于角度信息的特殊性，不能简单地像地磁场总强度一样直接使用其数值，需要给角度信息找一个可以参考的标识。一般的做法是利用智能手机的姿态角度将手机坐标系（传感器坐标系）通过旋转矩阵投影到地理坐标系，但是这样的方法存在一个问题，地理北和地磁北之间的夹角是一个固定的角度，也就是说通过旋转矩阵所依赖的航向角 Yaw 是根据地磁北的方向决定的。然而在室内环境下，地磁北存在一定的差异性，无法用于准确地计算地理北。

地磁场每个坐标的切线是空间固有且稳定存在的，因此可以利用类似地磁场总强度的计算方法，将路径信息与地磁场的角度信息结合起来，通过路径的变化结合角度信息变化的方法来构建地磁指纹地图。假设位置 A、B、C 和 D 为 4 个不同的位置，箭头指向为对应位置的磁感线切线在水平面的投影，从上往下俯视，可看到如图 6.9 所示的效果。假设从 A 到 D 发生位置变化，在位置 A 时，确定手机坐标系的位置，也就是记录磁感线切线与 y 轴的夹角，并且保持该坐标系为此次采集地磁场信息的根坐标系。随着位置的移动，在 B 位置将新的磁感线切线采集下来并记录下它与 A 位置的夹角，记作 θ_1。继续移动到位置 C 后，记录此处的磁感线切线与 B 位置的夹角，记作 θ_2。用同样的方法，在位置 D 记录此处的磁感线切线与 C 位置的夹角，记作 θ_3。将这样的夹角信息与对应的位置信息存储起来，即可构建地磁指纹地图。在进行匹配时，利用相同的方法，就可以有效地解决参考系的问题。

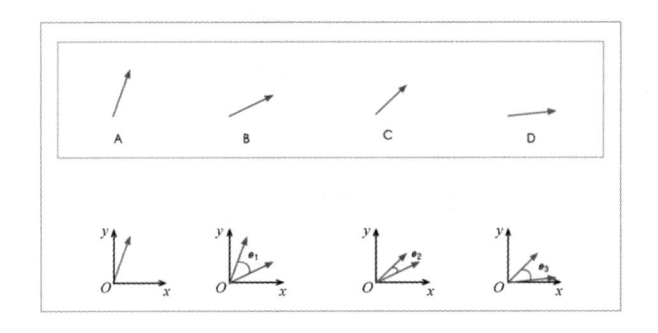

图 6.9 地磁指纹地图构建的原理

倾角 I 也使用一样的原理进行采集。至此，通过研究，将地磁场这样的空间向量的信息进行了分析和提取。地磁指纹地图的构建流程如图 6.10 所示。

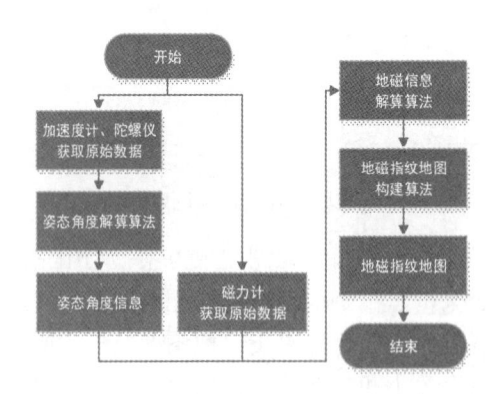

图 6.10 地磁指纹地图的构建流程

将地磁数据和位置信息进行采集并保存在数据库中，可构建地磁指纹地图，具体步骤如下。
步骤 1：利用加速度计、磁力计和陀螺仪分别实时采集加速度、磁力和角度数据。

步骤 2：将加速度和角度数据送入姿态角度解算算法进行解算，获取稳定、精确的姿态角度信息。

步骤 3：将步骤 2 中的姿态角度信息和步骤 1 中采集的原始地磁数据通过地磁信息解算算法进行解算，可计算出该位置的地磁场总强度、磁感线切线的偏角和磁感线切线的倾角等地磁特征信息。

步骤 4：将利用步骤 3 获取的地磁特征信息结合惯性导航获取的位置信息一同存储在数据库中，这样就完成了地磁指纹地图的构建工作。

3．地磁信息解算算法

下面将详细介绍实现地磁信息解算算法的具体细节。首先，设计的地磁指纹地图具有三个地磁特征信息：地磁场总强度、磁感线切线的偏角和磁感线切线的倾角。其中地磁场总强度直接使用式（6.2）就可以得到，那么两个角度信息需要结合获取的姿态角度进行解算。地磁信息解算算法的流程如图 6.11 所示，地磁信息解算算法输入的是三轴的原始地磁信息和姿态角度信息，输出的是地磁场的三个特征信息。

图 6.11 地磁信息解算算法的流程

下面介绍地磁信息解算算法的具体步骤。

步骤 1：输入磁力计采集的原始三轴磁力数据和经姿态角度解算算法解算后的姿态角度，此时姿态角度中航向角 Yaw 的角度是向姿态角度解算算法注册传感器时手机的 y 轴所指向的方向，也就是注册传感器时航向角 Yaw 的角度为 0°。输入的参数为第一个需要计算地磁特征的位置的具体信息。

步骤 2：由于三轴传感器所测量的数据和坐标轴的位置有关，因此在本步骤转换时，需要保持 xOz 平面的合成磁场分量的方向和大小不变。如图 6.12 所示，y 轴向上并垂直于平面，因此 y 轴在图中不可见，首先将 M_x 和 M_z 分量合成为在 xOz 平面的 T，然后根据翻滚角 Roll 的角度 θ 将 xOz 平面修正成水平姿态。

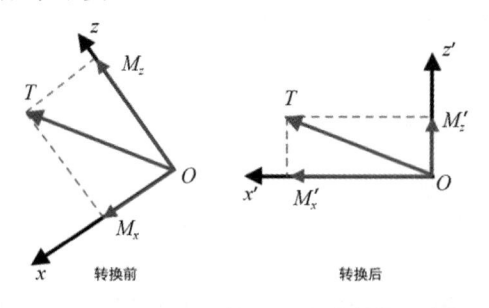

图 6.12　xOz 平面磁场分量角度转换示意图

使用式（6.16）对 M_x 和 M_z 进行修正：

$$M'_x = T \times \tan(\alpha - \theta)$$
$$M'_z = T \times \cot(\alpha - \theta)$$
(6.16)

式中，M'_x 和 M'_z 分别为 x 轴和 y 轴修正后的磁场分量，该平面的合成量 $T = \sqrt{M_x^2 + M_z^2}$，此时合成量 T 与 x 轴的夹角为 $\alpha = \arctan \dfrac{M_z}{M_x}$，$\theta$ 为 z 轴与合成量 T 的夹角，根据上述的方法可以对 xOz 平面进行修正，使该位置可以消除翻滚角 Roll 的影响。

步骤3：将步骤2中修正好的 M_x 和 M_z 分量更新到地磁场的输入量中，使用类似于步骤2中的方法对 yOz 平面进行修正，获得修正后的 M_y 和 M_z 分量。

步骤4：将步骤3中的 M_y 和 M_z 分量更新到地磁场的输入量中，使用类似于步骤2中的方法对 xOy 平面进行修正，获得最终的 M_x 和 M_y 分量。至此就完成了角度转换的工作，此时的 M_x、M_y 和 M_z 分量在初始化传感器时的坐标系中，利用前文介绍的方法计算该位置磁感线切线的偏角 D 和倾角 I。

步骤5：利用式（6.2）计算此时的磁感线切线的模长，作为此位置的地磁场总强度。

步骤6：输出步骤4和步骤5中得到的磁感线切线的偏角 D、倾角 I 和地磁场总强度 $\overrightarrow{OM}$。

至此磁场角度信息解算已经完成，输入了姿态角度信息和原始三轴磁力数据以后，通过一系列的解算获取了该位置的三个地磁特征信息。

6.3.4 地磁匹配定位

1. 地磁指纹地图维护方案

不论基于电信号源还是基于非电信号源的定位方式，都需要在使用前构建地磁指纹地图。构建地磁指纹地图需要大量的人力和物力，在地磁指纹地图的使用过程中也需要根据环境的变化进行相应的更新，因此在采集数据时设计了一套基于群智的地磁指纹地图构建模式。

在构建地磁指纹地图的初期，可以让用户自行构建相应的地磁指纹地图。在云端将同一建筑不同智能手机采集的数据进行整合，以消除数值上的差异。通过动态时间规整算法对数据进行整合，可以使多个用户为同一建筑构建同一个地磁指纹地图。

由于地磁场会随着环境而变化，因此在使用地磁指纹地图时需要根据环境的变化不断更新地磁指纹地图。由于用户在使用地磁指纹地图时会采集该位置的地磁信息，因此需要对该位置的地磁信息进行采集和处理，并将新数据更新到地磁指纹地图中，这样就可以有效解决地磁场随着环境变化的问题。

2. 地磁指纹地图更新及匹配算法

基于地磁指纹地图的定位流程为：首先构建地磁指纹地图，然后在定位阶段分析匹配算法。由于基于地磁场构建地磁指纹地图的特殊性，所以需要结合路径进行对应的序列匹配。在构建地磁指纹地图时，也会出现不同传感器对同一位置产生不同数据的问题（这是由于传感器误差造成的）。下面将介绍一种类似于动态时间规整的算法，用于解决构建地磁指纹地图时不同传感器对同一个位置产生不同数据的问题。

定位阶段可分为两个阶段。第一阶段利用地磁数据获取初始位置；第二阶段利用粒子滤波（Particle Filter）算法对定位的位置进行实时修正。在进行匹配时，需要使用动态时间规整（Dynamic Time Warping，DTW）算法来匹配地磁数据，这样就可以解决在采集数据时因为速度不同而产生的横轴密度不统一的问题。

在匹配的开始，首先需要获取用户的初始位置。由于本章介绍的地磁室内定位系统仅仅采用了地磁和惯性导航来实现室内定位，而惯性导航只能获取用户的相对位置变化，因此只能通过地磁场的匹配来获取用户的初始位置。在用户行走第一步时，利用与构建地磁指纹地图模块相同的地磁数据获取方法得到三个特征值，将这三个特征值与地磁指纹地图中的每个数据进行比对，在比对时通过设置阈值的方式将在该特征值阈值范围内的点生成一个匹配点集合。在用户行走第二步时，将数据与该集合中的每个点的下一个数据利用相同的方法进行匹配，进而筛选出与第二步匹配的坐标点。不断地循环上述步骤，最后得到的一个坐标点就是匹配并返回的坐标点。通过地磁匹配获取初始位置的流程如图 6.13 所示，具体步骤如下。

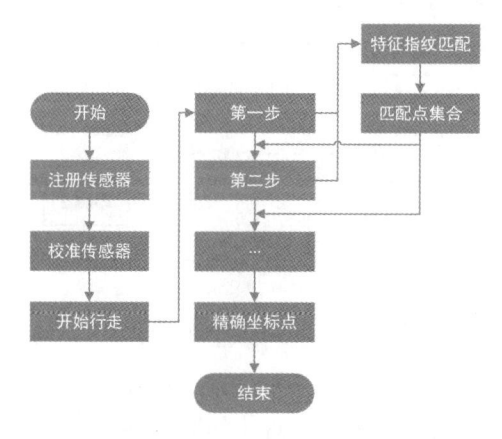

图 6.13　通过地磁匹配获取初始位置的流程

步骤 1：注册传感器（如加速度计、陀螺仪和磁力计），并且通过绕"8"字（手持智能手机在空中画"8"字）和将智能手机放在水平面上的方式进行传感器的校准。

步骤 2：用户开始行走第一步。

步骤 3：利用加速度计、磁力计和陀螺仪获取加速度、磁场和角度的原始数据，并且通过地磁匹配算法对地磁原始数据进行解算，获取匹配特征信息。

步骤 4：将三个特征信息与数据库中的地磁指纹数据库进行匹配，将所有在阈值范围内的坐标点存储到集合中。

步骤 5：用户开始行走第二步。

步骤 6：利用地磁匹配算法对地磁数据进行处理，并将处理得到的特征值与步骤 4 中得到的集合中的所有坐标点的下一个点进行匹配，将匹配结果更新到集合中。

步骤 7：重复步骤 5 和步骤 6，更新集合中的坐标点，直到集合中只有一个坐标点，此时将该坐标点返回，就可以得到用户的初始位置。

在获取到用户的初始位置后，定位工作就进入了第二阶段。第二阶段需要利用粒子滤波算法实现对用户位置持续更新和修正的过程。后续的持续更新工作可分为三阶段：预测阶段、更新阶段和重采样阶段。第二阶段的匹配方法如图 6.14 所示，将惯性导航中的步态和航向角所获取的坐标位置作为预测阶段的结果，将用户轨迹和地磁指纹地图的匹配结果作为更新阶段的结果，通过结合两个阶段的坐标位置，对下一步坐标进行修正和更新，之后不断地进行迭代和修正，可以实现利用惯性导航和地磁匹配的定位功能。具体步骤如下。

步骤 1：在获取了用户初始位置后，利用加速度计、陀螺仪和磁力计通过姿态角度解算算法及步态检测算法获取惯性导航的下一个坐标位置。

步骤 2：将路径上采集的地磁原始数据利用地磁匹配算法进行处理获取到三个地磁特征值，将该特征值与地磁指纹数据库进行匹配，获取从初始位置可疑集合的下一步匹配率大小，然后根据匹配程度从可疑集合中返回最匹配的坐标点。

步骤 3：通过对比预测阶段惯性导航的坐标点，以及地磁匹配时的各个可疑坐标点的概率，得出该位置的坐标。

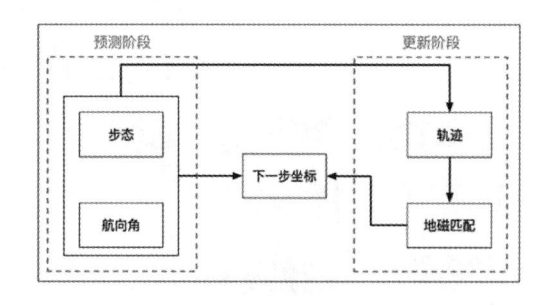

图 6.14 第二阶段的匹配方法

在地磁指纹地图构建过程中发现，不同的智能手机在同一位置对地磁场的读数有较大的差异。磁感线切线的偏角随路径改变的变化规律如图 6.15 所示，在相同的路径上使用两种型号的智能手机进行数据采集时发现，其特征信息都表现出了相似的变化特性，但是在数值上却具有一定的差异性。

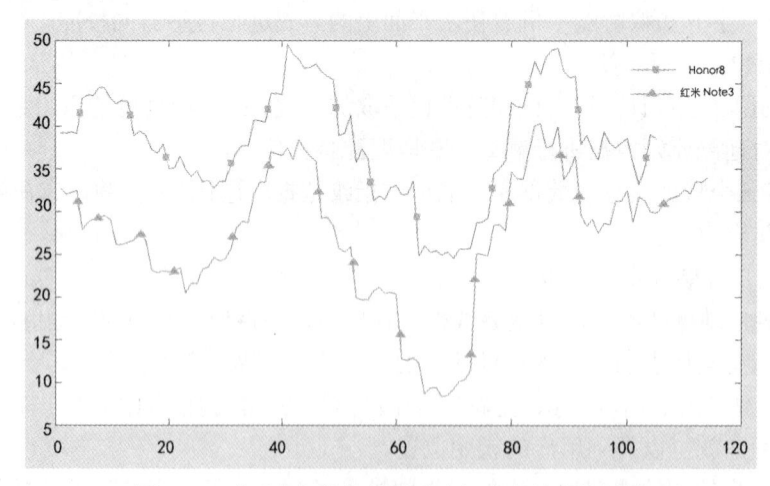

图 6.15 磁感线切线的偏角随路径改变的变化规律

对于这种情况，首先使用动态时间规整算法对其相似性和返回的坐标位置进行判断，若判定是同一条路径的地磁特征信息，则将新的地磁特征信息在数值上与现有的地磁指纹地图进行相同比例的压缩，结合新的地磁特征信息为现有的地磁指纹地图进行平滑处理，同时调整对应位置的匹配阈值，这样就可以有效地解决不同传感器给地磁指纹地图带来的差异性问题。

6.3.5 实验验证与性能分析

1. 性能指标

在评价一个定位算法的定位精度时，定位坐标和实际位置坐标的欧氏距离往往是最常用的一种评判标准：

$$d_{\text{error}} = \sqrt{(x_1 - x_r)^2 + (y_1 - y_r)^2} \tag{6.17}$$

式中，d_{error} 是实际位置与定位坐标之间的距离；x_1 和 y_1 是定位时得到的位置坐标；x_r 和 y_r 是定位测试时的实际坐标。

基于地磁场的定位算法大多只对地磁场总强度进行匹配，由于本节另外使用了两个角度的信息，因此在本节的实验中，不与单一使用地磁场总强度的方法进行对比。由于地磁指纹地图的匹配效果与指纹数据库相关，因此本节对不同指纹数据量的匹配效果和误差进行了分析。

2. 实验流程

实验场景如图 6.16 所示，利用 Android 平台将楼层的平面图显示在屏幕上。此时平面图的每个像素点都具有一个 (x, y) 坐标，在平面图上增加一系列采样点，需要从其中一个点开始，经过这些采样点。

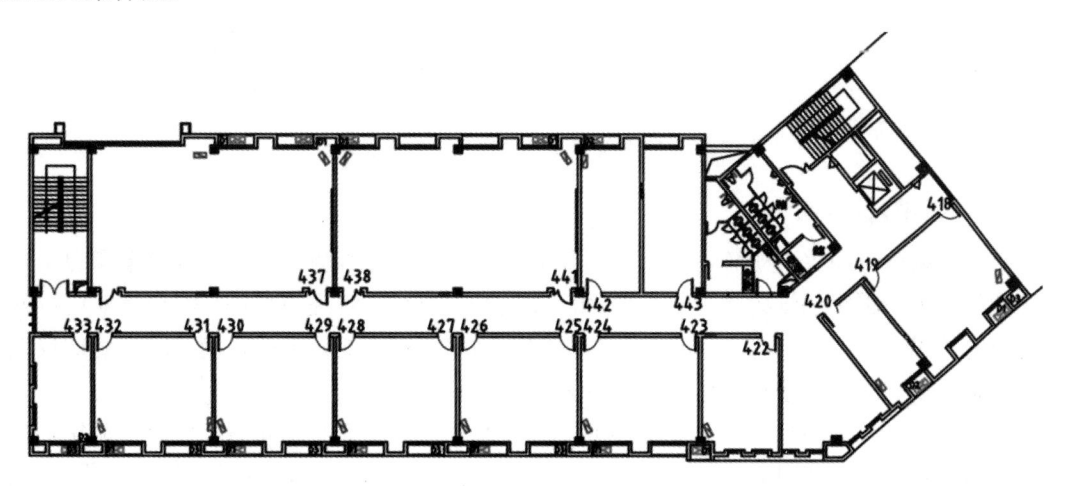

图 6.16 实验场景

通过惯性导航模块，在定位阶段，可以根据实际行走的步数、步长和姿态角度来生成路径，并反馈到对应的 (x, y) 坐标。实验采集地磁数据路线如图 6.17 所示。

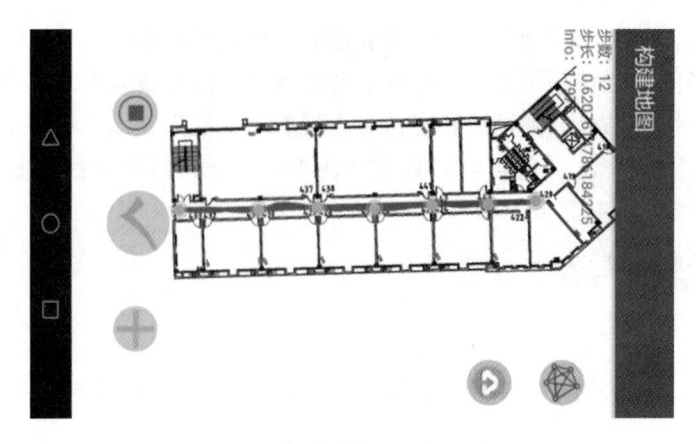

图 6.17　实验采集地磁数据路线

利用 6.3.3 节中介绍的地磁信息解算算法，可以获取到路径上的地磁特征信息，同时和上述的坐标信息进行一一对应，就可以生成地磁指纹地图。在定位阶段，在采集地磁指纹的楼层选用如图 6.17 所示的路径进行测试。按照定位时的行走步数对误差进行统计，采集到的地磁指纹地图数据如图 6.18 所示。

id	dec	dip	totalmag	x	y
1	-8.71600046884195	51.3086663337447	47.6554776576759	988.992309570313	473.139831542969
2	3.11688140285318	-1.08035533393915	1.90426951721453	995.195495605469	473.248962402344
3	-5.35428288211026	1.18593496033906	1.34906038344584	1001.58673095703	473.361389160156
4	9.57004826970184	1.57156133665003	-1.29788706075644	1007.72937011719	474.339385986328
5	-5.27432394785314	-1.77513467164833	0.934935317106515	1013.87200927734	475.317413330078
6	-10.3456638094733	0.529465297982189	-0.79634748443687	1020.20074462891	476.325042724609
7	-5.93374919235183	2.40028442463069	-1.93070245012758	1026.39819335937	476.00341796875
8	1.37248009078864	-1.42376060224979	-0.789703016966186	1032.59558105469	475.681793212891
9	3.54472818698589	0.974654698475334	-2.58006754490998	1038.98071289063	475.350402832031
10	3.43358207927935	2.45615171249919	-3.67818768861607	1045.15930175781	475.981048583984
11	0.698123620562866	-1.40954309575559	-0.521226187854722	1051.33776855469	476.611694335938
12	-3.67204858337416	1.80564777953241	0.546725677953532	1057.70361328125	477.261444091797
13	-2.26287952714347	2.78724609689133	-1.67450379235196	1063.90270996094	476.984649658203
14	11.3815732292063	-4.15860143655124	-0.206569484013854	1070.10180664063	476.707824707031
15	1.89670577646413	0.667188453330482	-0.46394007277623	1076.48876953125	476.422637939453
16	10.290786982608	0.197851674597089	-0.913947267627137	1082.68334960937	476.806427001953
17	10.8651198285417	-0.368855161467597	2.74280499803219	1088.8779296875	477.190216064453
18	-8.13705703746016	-2.47702303263676	1.44411820299131	1095.26025390625	477.585632324219

图 6.18　采集到的地磁指纹地图数据

3. 实验验证与分析

下面从两个方面来对实验进行验证与分析。根据 6.3.3 节描述的地磁信息解算算法，首先对相同路径上所采集的地磁信息进行解算，并且对三个地磁特征信息进行相似度对比；然后对定位的效果进行实验。由于定位算法是根据地磁信息实现的，因此在测试时将对比仅使用地磁场总强度和地磁信息解算出的特征值的定位效果。

（1）地磁特征值对比实验。在上述的实验环境中，实验人员持有智能手机，从实验环境中走廊的一头匀速走向另外一头，使用智能手机同时对该路径上的地磁信息进行采集和处理。采集完成后，将智能手机中数据库存储的数据读取出来。

在地磁场的多个特征信息中，地磁场总强度是应用最广泛的。不同型号的智能手机在相同的路径上移动时，所采集的地磁场总强度数值虽存在一定误差，但是其变化的规律相似。因此，类似于地磁场总强度的特征信息匹配方法，地磁偏角和地磁倾角特征信息也具有较高的相似性。不同型号的智能手机会在数值上产生一定的差异，但是利用本章介绍的构建地磁指纹地图解决方案可以解决该问题，因此基于地磁场的三个特征信息是有效的。

（2）定位误差对比实验。由于地磁定位的特殊性，本章提出的定位方法由两个阶段组成：初始位置匹配阶段和定位精度度量阶段。因此，下面将从两个阶段的性能出发进行测试实验。类似于 Wi-Fi 等无线信号的初始位置信号计算时间，地磁场需要用户在路径上行走以获取地磁信息从而匹配出初始位置，该部分实验依然与目前使用的地磁定位方法进行纵向对比，验证地磁特征信息的适用性。第二阶段为定位精度度量阶段，在本阶段主要使用常规的定位误差模型进行定位精度的度量，根据不同的地磁指纹地图数据容量对定位误差进行测试。

下面基于地磁信息进行实验验证与分析。首先，选用地磁指纹地图构建场景中的一段作为定位测试的标准路径。实验人员在测试时行走在走廊中线，从 A 点出发，在保持手机姿态稳定的前提下进行测试，B 点位置为定位第一阶段的结果，即初始匹配的坐标位置，后续会根据该位置继续更新第二阶段匹配结果。

第一阶段是初始位置匹配阶段。地磁指纹地图数据容量会给匹配的效率带来影响，在实验测试中，根据不同容量的地磁指纹地图数据对初始位置匹配的步数进行对比实验，实验的结果如图 6.19 所示。

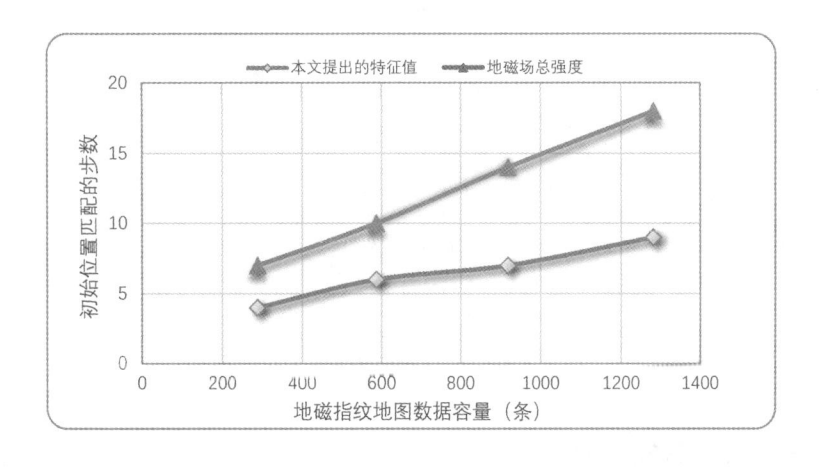

图 6.19 不同地磁特征信息第一阶段匹配性能对比图

如图 6.19 所示，横轴为地磁指纹地图数据容量，纵轴为初始位置匹配的步数。例如，在对数据容量为 288 条的地磁指纹地图的初始位置进行匹配时，利用特征值匹配初始位置需要使用 4 步即可，而利用地磁场总强度则需要使用 7 步。由此可以发现，第一阶段中地磁指纹地图数据容量对匹配的效率有一定的影响，通过使用地磁信息解算算法得到的地磁特征值可以有效地提升地磁匹配的效率。

第二阶段是定位精度度量阶段。地磁指纹地图数据容量对定位的第一阶段具有重要的影响，但经过实验发现，在定位的第二阶段中地磁指纹地图数据容量大小对误差的影响较小。在此对数据容量为 1282 条的地磁指纹地图的定位误差进行实验分析，使用真实位置与定位位置的欧氏距离作为误差的标准，根据定位误差绘制相应的 CDF 图。

图 6.20 展示了利用地磁场总强度和本文的地磁特征值与真实路径匹配结果。根据上述实

验中的误差，绘制出 CDF 图，如图 6.21 所示。

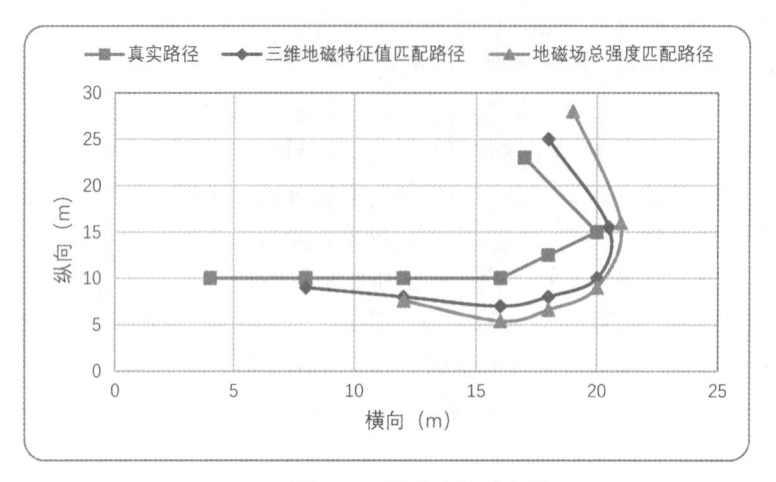

图 6.20　测试路径示意图

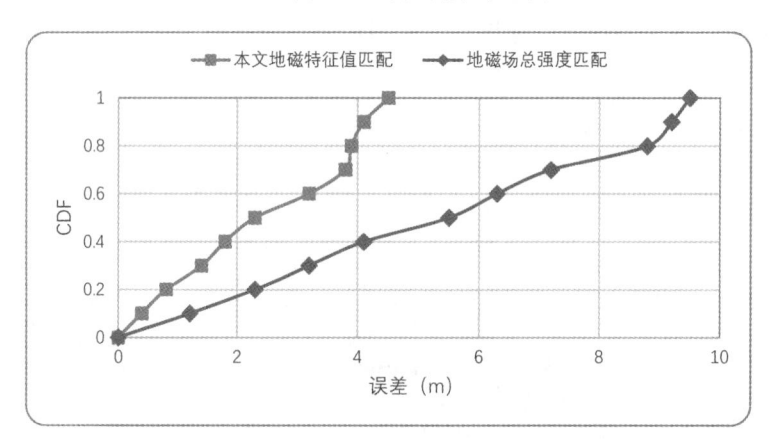

图 6.21　不同地磁特征信息误差图

6.4　停车导航机制

6.4.1　最优车位选择模型

在停车场导航系统中，车位的情况是否满足车主的需求是判断导航系统在本次导航中成功与否的关键因素。一个好的车位是由车位到目的地的距离、停车场入口到车位所耗费的时间、车位的停车难度、车位的自身优劣程度[10-11]等因素决定的。

车位到目的地的距离：直接用距离来描述该影响因素，在停车场内，用户可以按照直线到达目的地的楼梯或者电梯，因此车位到目的地的距离是一个车位好坏的关键因素。

停车场入口到车位所耗费的时间：用时间来衡量这一影响因素。在室内停车场中，在内部拥堵的情况下，无法使用路程来衡量这一因素。车主会根据目的地的位置选择最近的停车场入口，但该次车位导航的优劣还是要看从停车场入口处到车位的时间。

车位的停车难度：车位的类型和旁边是否有车辆都会给停车带来难度。目前常见的车位有倒车入库型车位、侧方停车型车位及斜线型车位，如图 6.22 所示。一些极个别的位置也会影响停车的难度，不过本章不做考虑。

图 6.22　车位类型示意图

车位的自身优劣程度：在车主停车时，会从主观因素上选择该车位的优劣程度。一般车主愿意将车停在一些交通不频繁的位置以避免一些意外的剐蹭。又如该车位是否会有积水等不定因素等，都将决定该车位的优劣程度。

在构建模型时，以车位到目的地的距离和停车场入口到车位所耗费的时间作为建模时的关键因素。将停车场场景抽象成网格状进行建模，根据规划，每个网格可以包含 3 个或者 6 个车位，然后以目的地位置为中心，在中心的一周搜索空闲车位。当没有空闲车位时，将搜索半径扩大一个单位的网格。假设 P_i 为空闲车位，那么该空闲车位到目的地的距离为 D_i，停车场入口到该空闲车位的时间为 T_i，其中 i 为空闲车位的序号。空闲车位选择的权重指标为

$$W(P_i) = \alpha D_i + \beta T_i \\ \alpha + \beta = 1$$

（6.18）

式中，α 为停车后行走距离的影响因子；β 为停车场入口到目标车位的影响因子。

在最优车位的选择模型中，α 和 β 体现了用户在停车后愿意选择行走更多路程还是找一个更靠近目的地的车位。

6.4.2　最优路径调度机制

1．停车场整体调度模型

在大量车辆同时进入停车场时，最优车位选择模型中的 β 影响因子就不太受用户的主观因素决定了，此时停车场内的拥堵情况将给停车场入口到空闲车位的时间 T_i 带来较大的影响。在停车场场景中，停车场路径上出现拥堵的情况分为两种：一种情况是前方车辆正在停车入库，后方车辆不得不停车等待，在前方车辆停好后再继续前进；另一种情况是在路口其他车辆需要通行时，不得不停车等待其他车辆通过以后再继续通行。若遇到抢道等特殊情况，则需要等待更多的时间。因此，在这样一个应用背景下，将停车场场景进行网格化划分，一个车位长度为一个单位长度。路径上的每个网格都具有 W_{Lj} 和 W_{Rj} 权重，若车辆在当前位置继续向前行驶，则此时 W_{Rj} 为 1，而反向也有车辆行驶时，此时的 W_{Lj} 也为 1。当车辆到达目标车位时，需要停车入库，那么该位置的 W_{Rj} 需要增加相应的权重。该位置的权重需要根据车辆的行驶方向进行判断，因此统一将该位置的权重设置为 W_j。路径上的权重和所需要的时间关系为

$$T_i = \sum_{j=1}^{n} R_j \times W_j \qquad (6.19)$$

式中，R_j 为路径的位置，模型中设定汽车每行驶一个单位车位使用一个单位时间，因此车主最终行驶的 P_i 车位所用的时间为 T_i。在整体调度时，需要从路径权重的角度去优化路径选择算法，可以选择拥堵程度较低的路径来避免拥堵情况。

利用上述的停车场整体调度模型可以对停车场内的拥堵情况进行整体调度和监测，能够解决用户在选择路线时的盲目性问题。同时可以为停车场提供实时的拥堵情况，对进入停车场的车辆进行管理和把控。

2. 调度模型实现原理

下面针对停车场的路径规划特点，介绍一种整体最优路径规划的机制，用于解决停车场或类似环境有大量用户进入或离开时造成的拥堵情况。主要利用 Floyd 算法的思路从全局角度对系统进行规划和调度，使全局在时间和吞吐量上达到最优的效果。在 Floyd 算法的基础上添加一系列的评价指标，使系统达到整体最优。本方法主要分为前期的模型建立和规划时更新两个阶段。

模型建立阶段需要根据实际环境构建相应的节点和路径权重模型，该阶段主要需要将停车场场景抽象成一个网格的形式，将路径上的交叉节点存储在一个有向图 $G(V,E,W)$ 中，其中交点集合 $V=\{v_1,v_2,\cdots,v_n\}$，路径集合 $E=\{<v_i,v_j>|v_i \neq v_j, v_i,v_j \in V\}$，路径上对应的权重 $W=\{w_{ij}\,|\,w_{ij}>0\}$。

如图 6.23 所示，使用实际的停车场平面作为研究原型，根据该平面图可以将路径的交叉节点抽象成有向图模型。由于篇幅有限，这里不详细列举生成有向图的具体实例，只介绍将停车场场景抽象为有向图模型的方法。根据图 6.23 中的交叉路径，将图中的 47 个交叉节点生成有向图 $G(V,E,W)$，并且根据边的长度给予初始权重。根据最优车位选择模型和有向图生成距离评价矩阵 W_d、时间评价矩阵 W_t。

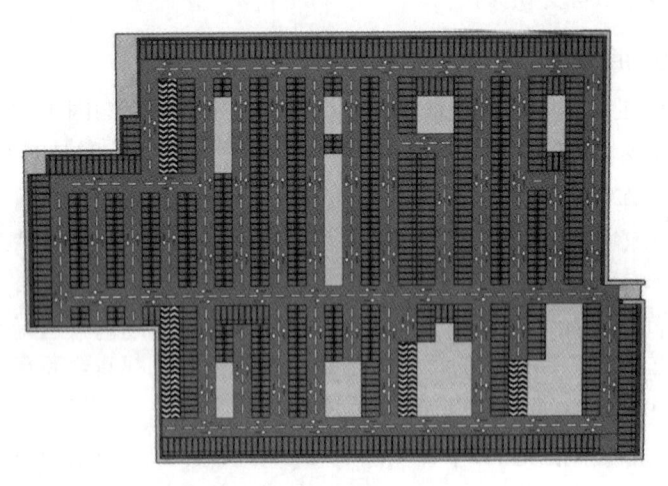

图 6.23 实验场景平面图

$$W_d = \begin{Bmatrix} d_{11} \cdots d_{1n} \\ \vdots \quad \vdots \\ d_{n1} \cdots d_{nn} \end{Bmatrix}, \quad W_t = \begin{Bmatrix} t_{11} \cdots t_{1n} \\ \vdots \quad \vdots \\ t_{n1} \cdots t_{nn} \end{Bmatrix} \quad (6.20)$$

式中，d 为每个车位到目的地的距离；t 为停车场入口到车位所消耗的时间。

假设 v_i 和 v_j 是上述模型中有向图 $G(V,E,W)$ 中的任意两个节点，设 d_{ij}^0 为 v_i 点到 v_j 点不经过任何中间点的最短长度，设 t_{ij}^0 为 v_i 点到 v_j 点不经过任何中间点的最短时间。

$$d_{ij}^0 = \begin{cases} w_d(v_i, v_j) \in W_d \\ \infty (v_i, v_j) \notin W_d \end{cases} \quad (6.21)$$

$$t_{ij}^0 = \begin{cases} w_t(v_i, v_j) \in W_t \\ \infty (v_i, v_j) \notin W_t \end{cases} \quad (6.22)$$

d_{ij}^1 和 t_{ij}^1 分别为有向图 $G(V,E,W)$ 中考虑了 v_i、v_j 和 v_1 这 3 个节点的最短长度和最短时间。那么 v_i 点到 v_j 点就会存在两种情况：一种情况是不经过 v_1 点，$d_{ij}^0 = d_{ij}^1$；另外一种情况是经过了 v_1 点，$d_{ij}^1 = d_{i1}^0 + d_{1j}^0$，于是 $d_{ij}^1 = \min\{d_{ij}^0, d_{i1}^0 + d_{1j}^0\}$，同理 $t_{ij}^1 = \min\{t_{ij}^0, t_{i1}^0 + t_{1j}^0\}$。令 $d_{ij}^{(k-1)}$ 为有向图 $G(V,E,W)$ 中需要考虑 $v_i, v_j, v_1, v_2, \cdots, v_{k-1}$ 点的情况，那么 $d_{ij}^k = \min\{d_{ij}^k, d_{ik}^{(k-1)} + d_{kj}^{(k-1)}\}$，$t_{ij}^k = \min\{t_{ij}^k, t_{ik}^{(k-1)} + t_{kj}^{(k-1)}\}$。根据这样的迭代关系就可以更新 W_d 和 W_t，车辆每行驶到一个路口时，都会进行这样的迭代操作。每一次更新的结果都将维护到同一个评价矩阵中。

在路径搜索阶段，主要采用 Floyd 算法进行全局搜索。在搜索路径时，根据最优车位选择模型对路径权重的距离评价矩阵 W_d 和时间评价矩阵 W_t 进行更新。在保证车主停车意愿的前提下保证停车场的全局最优搜索和规划。导航机制算法流程如图 6.24 所示，具体步骤如下。

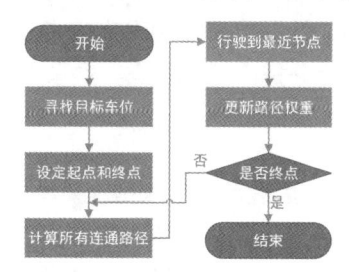

图 6.24 导航机制算法流程

步骤 1：根据用户的偏好使用最优车位选择模型选定目标车位。此处的目标车位应结合当前停车场的评价矩阵进行判断和选择，找出最符合用户偏好且距离和时间开销最优的位置。设置汽车的当前位置和目标车位位置。

步骤 2：利用 Floyd 算法，结合目标当前位置、评价矩阵和终点进行全局判断，搜索出最优的下一个路口节点，并且将当前位置的权重更新到评价矩阵中。

步骤 3：在用户向目标位置前进时，每前进一步都将当前路径的权重信息更新到评价矩阵中，并且向设定的目标路口节点前进。

步骤 4：到达目标以后，判断该目标是否为终点。若是，则结束导航；若不是，则返回步骤 2 继续结合评价矩阵进行最优路径选择。

6.4.3 实验验证与性能分析

1. 性能指标

在大型停车场中,如何快速地将所有车辆导航规划到指定的车位上,是一个整体调度问题。在性能指标上,本次比较的是在不同车辆进入停车场的前提下,总体的调度时间 T_{Total},以及所有车辆的累计等待时间 T_{Wait},该时间是反映停车场拥堵情况的重要指标。

$$T_{\text{Wait}} = \sum_{i=1}^{n} T_i \quad (6.23)$$

2. 实验环境及步骤

本实验使用的测试环境是具有 1060 个车位的实际停车场模拟的模型,该停车场设计了 4 个车辆出入口、11 个电梯出入口。停车场的平面图如图 6.25 所示,为了更好地模拟停车场用车高峰期,假设该停车场的 4 个入口同时进入车辆。

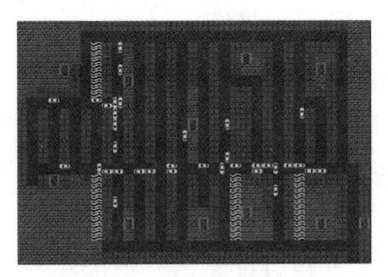

图 6.25 停车场的平面图

实验模拟了 265 辆、530 辆、795 辆和 1060 辆车同时进入停车场,车辆随机从 4 个入口进入并随机地前往不同的目的地。针对停车场用车高峰期进行研究,因此使用国内应用较为普遍的空闲车位引导方案进行对比分析。

3. 实验结果

通过对不同数量的车辆进入停车场进行模拟,使用停车场最大容量的 25%、50%、75% 和 100% 的车辆数量进行测试,分析停车场在高利用率的情况下的停车总时间和平均车辆停车用时。停车总时间对比图如图 6.26 所示,车辆总计等待时间对比图如图 6.27 所示。

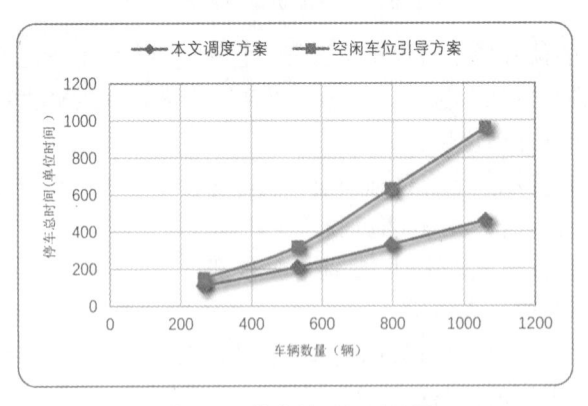

图 6.26 停车总时间对比图

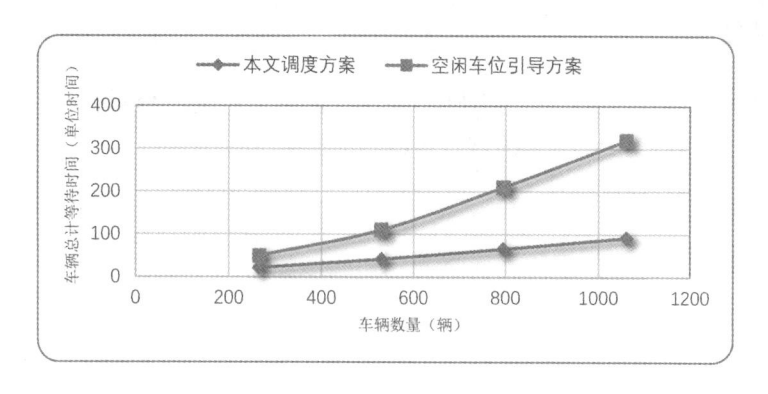

图 6.27 车辆总计等待时间对比图

假定车辆行驶一个车位的距离为一个单位时间。当不同车辆进入停车场时，该导航机制能够有效地为车辆提供导航避免拥堵情况。例如，在驶入车辆为停车场最大容量时，该导航机制能够比常规的空闲车位导航机制提高一倍的效率。从单个车辆的等待时间角度来对比分析，该导航机制可以使所有车辆的等待时间节约到常规的空闲车位导航机制的三分之一。

6.5 停车导航系统

6.5.1 移动计算开发平台

移动计算在云计算平台上通过网络和智能手机为用户提供实时、便利和准确的信息。移动计算的特点是可以减小数据采集和计算在智能手机端的开销，从而提供优质的信息服务功能。移动计算系统包含移动终端和云计算端。移动终端主要是指用户使用的智能手机；云计算端则是指汇总信息的服务器，它可以在多个移动终端采集信息后提供计算服务。在数据计算方面，智能手机最大的问题就是计算开销和信息存储。移动计算可以解决这个问题，通过云的形式将信息集中处理、存储后反馈给智能手机，这样智能手机只需要提供信息和接收信息就可以。通过这样的形式可以为用户提供各种各样的服务[12-13]。

Android 系统从发行至今已经有十几年的历史了，由于它具有开放性和方便开发等特点，已经在全球范围内占据了广泛的移动终端市场。目前，人们的日常生活中已经离不开移动设备的支持，Android 系统不仅可以提供基础的通话功能，还可以让移动设备结合服务器实现更多便利的功能。利用 Android 系统开发一款可以与服务器交互的停车场导航规划工具，不仅可以利用智能手机提供的传感器获取物理的数据，而且可以结合云端实现共享和共同协作的功能。

Spring Boot 是 Spring 系列的 Web 框架，这套框架诞生的目的是解决 Web 服务在开发中的烦琐配置问题，使 Web 开发能够一键部署。这套框架最大的优势就是可以在项目中配置了 Web 服务器，并且使用 Maven 等工具对开发过程进行管理，可以有效地提高开发效率。Spring Boot 框架中已经集成了 Apache 的 Tomcat 服务。Tomcat 服务是一个开源免费的 Web 服务平台，该平台广泛地应用于中小型 Web 开发的项目部署中。

6.5.2 系统设计

本节将基于移动计算平台、使用 RESTful API 的规范构建一套面向管理平台和用户的停车场规划管理系统,统一采用 API 的规范对所有的服务进行抽象化。

1. 系统架构设计

停车场规划管理系统的架构如图 6.28 所示。

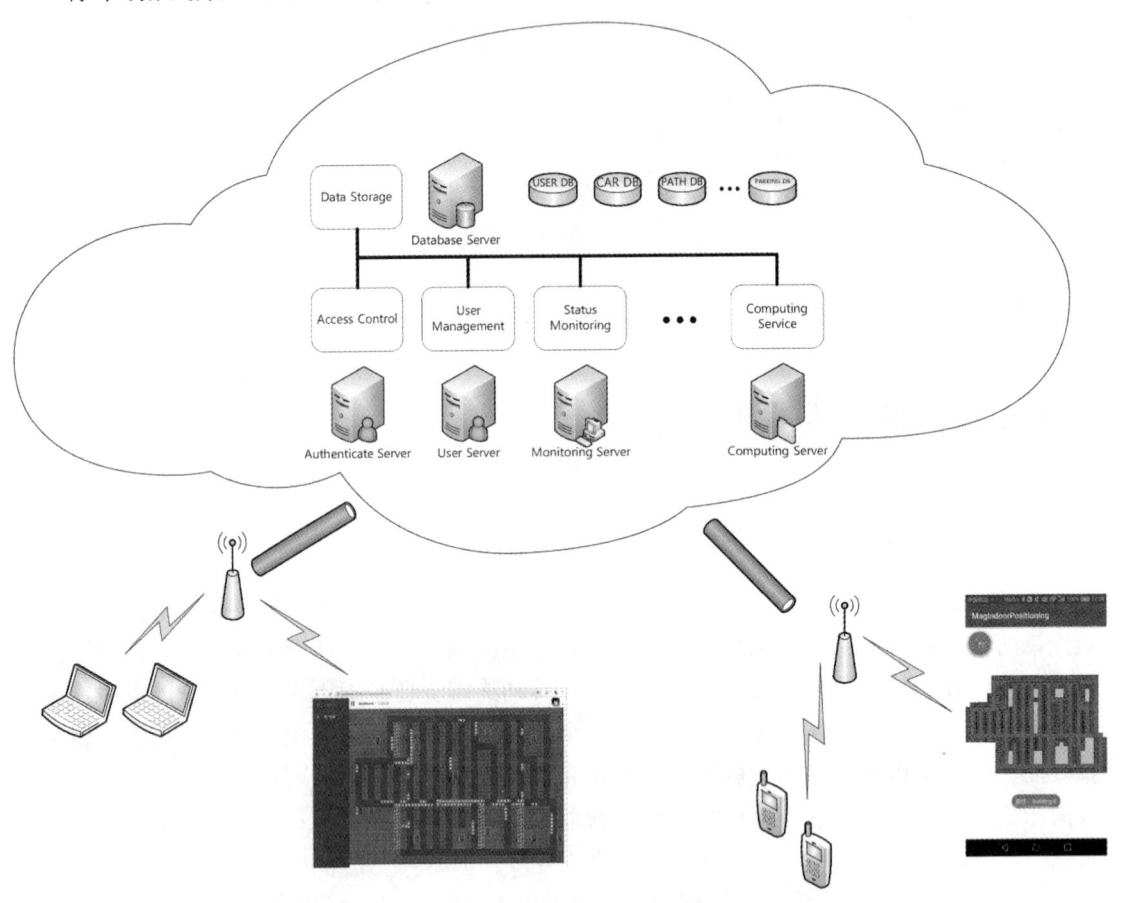

图 6.28 停车场规划管理系统的架构

停车场规划管理系统可分为 5 个子系统,主要包括管理平台认证系统、移动终端认证系统、数据库维护系统、状态显示系统和路径规划计算系统。

管理平台认证系统主要负责管理平台的认证工作,从系统安全性的角度考虑,本系统使用 Apache Shiro 安全框架对管理平台的前端进行权限管理,从安全层面对前端页面进行按钮级别的权限识别,可有效地提高系统的安全性。

移动终端认证系统主要负责移动用户的注册和登录认证功能,根据用户的角色提供不同的服务。

数据库维护系统主要负责对计算时产生的数据表进行维护,在做到服务与数据分离的同时,本系统可以对数据库数据进行备份,有效避免因数据库服务器问题而造成的损失。

状态显示系统主要负责将当前停车场的室内实时位置反馈给管理界面。停车场管理员可以根据车辆的实时位置对停车场内的状态进行整体把控，根据拥堵情况给予一定的协调。

路径规划计算系统主要负责对停车场内的路径状态和车位状态进行计算和规划，通过车辆发送回 API 请求，该系统可以根据当前的停车场状态提供最优的路径规划，指导车辆根据实时的反馈前进。

2．功能模块

如图 6.29 所示，移动终端主要包括注册认证模块、地磁指纹地图采集模块、车位导航模块。

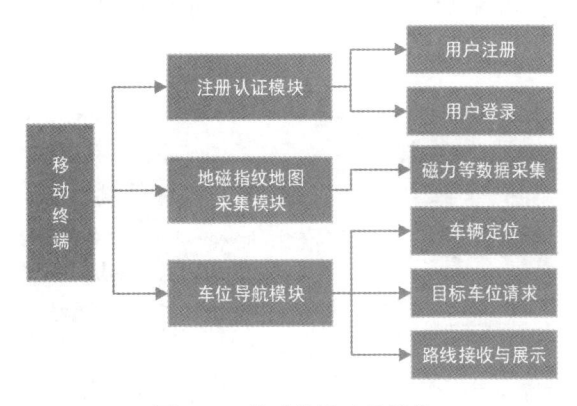

图 6.29　移动终端功能模块

为了获得更好的普适性，控制平台使用 B/S 的形式提供服务，在服务器提供 API 接口，通过不同的接口提供不同的功能。在浏览器中访问控制平台提供的网址即可进入控制平台的登录认证界面。顺利通过认证就可以进入停车场规划管理系统，控制平台主要包括认证模块、用户管理模块、状态监测模块和计算规划模块。控制平台功能模块如图 6.30 所示。

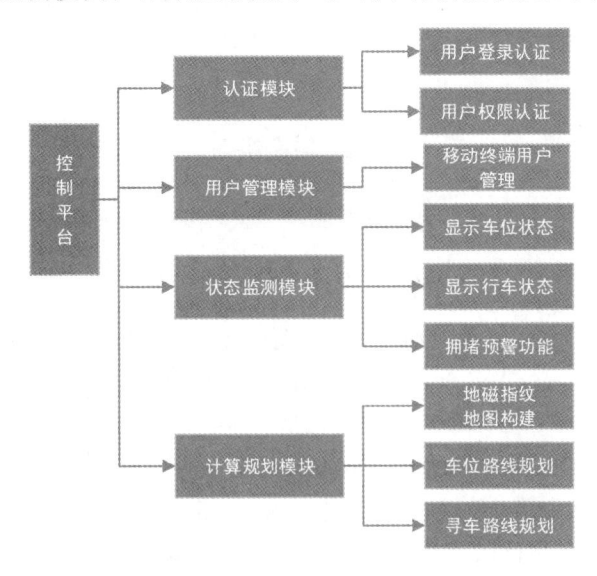

图 6.30　控制平台功能模块

3. 系统类图

根据前文介绍的模块，将各个功能模块用 Java 语言在 Android 平台和 Spring Boot 平台上实现。图 6.31 所示为服务器端的功能类图，其中 PermissionService 接口的实现类是 PermissionServiceImpl，其实现的功能是根据前端和移动终端传回的用户 ID 来判断该用户的身份。使用 UserRealm 类中的方法进行判断。LoginServiceImpl 是 LoginService 接口的实现类，其主要为 LoginController 为请求提供接口服务。UserServiceImpl 是 UserService 接口的实现类，其实现的功能是对用户的增、删、改和查。ConsolePanelServiceImpl 是 ConsolePanelService 接口的实现类，其实现的功能是停车场监控平台中的数据维护服务，利用 ConsolePanelController 为前端提供访问的接口。服务器端使用 PermissionDao、LoginDao 和 UserDao 来与数据库进行交互工作。

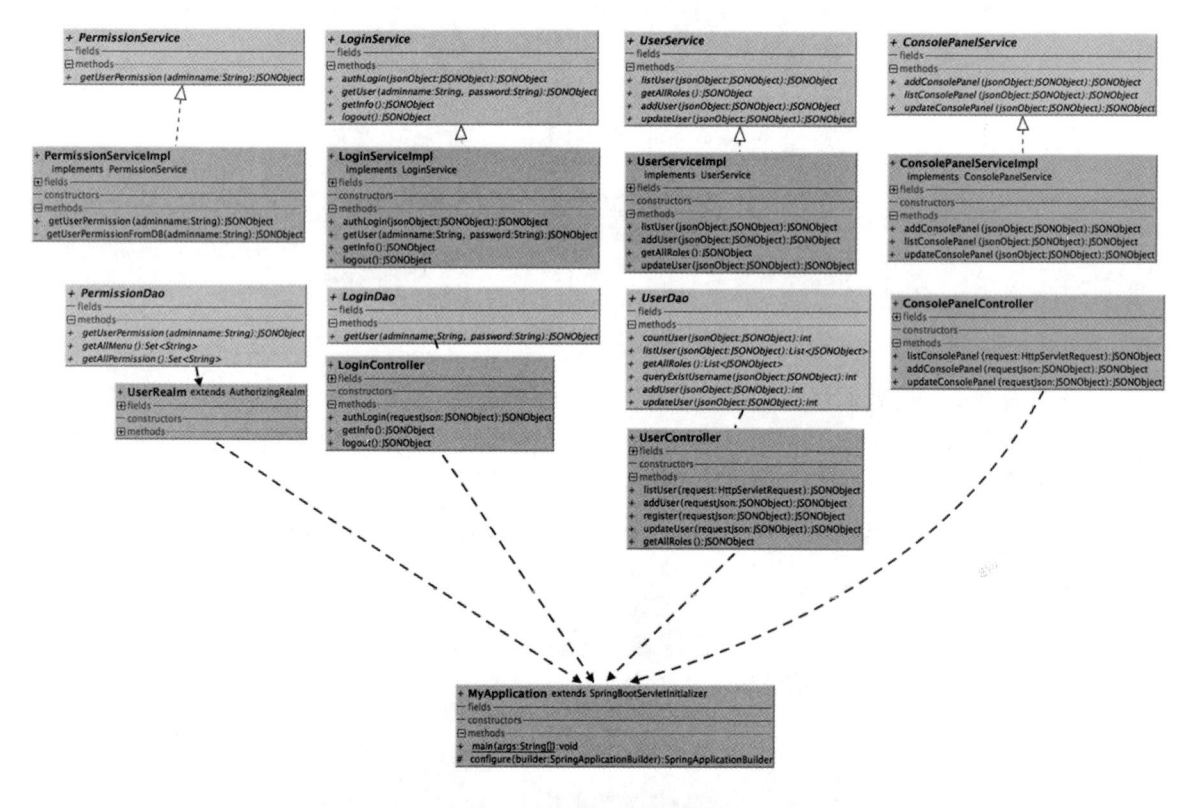

图 6.31　服务器端的功能类图

Android 端提供了登录、注册、地磁指纹地图构建、定位和停车场导航功能。如图 6.32 所示，LoginActivity 和 SignupActivity 是 Android 端的登录和注册实现类。在完成了登录以后，系统会进入 MainActivity 中显示所有的菜单。MappingActivity 主要实现的是地磁指纹地图的采集工作，其实现了 OneStepListener、OnMagDataChangeListener 和 ScreenListener 等接口。PositioningActivity 主要实现移动终端的定位功能，NavActivity 主要实现停车场的定位和导航功能。

由于 Android 端的实现比较复杂，因此下面对 MappingActivity 类中的实现进行详细的介绍。如图 6.33 所示，MappingActivity 首先利用 MapView 类中的方法将平面图显示在手机屏幕上，然后注册传感器，将传感器采集的数据交给 ProcessMagnetic 和 OrientationEKF 两个类进行处理，并且将处理后的数据保存到数据库中。

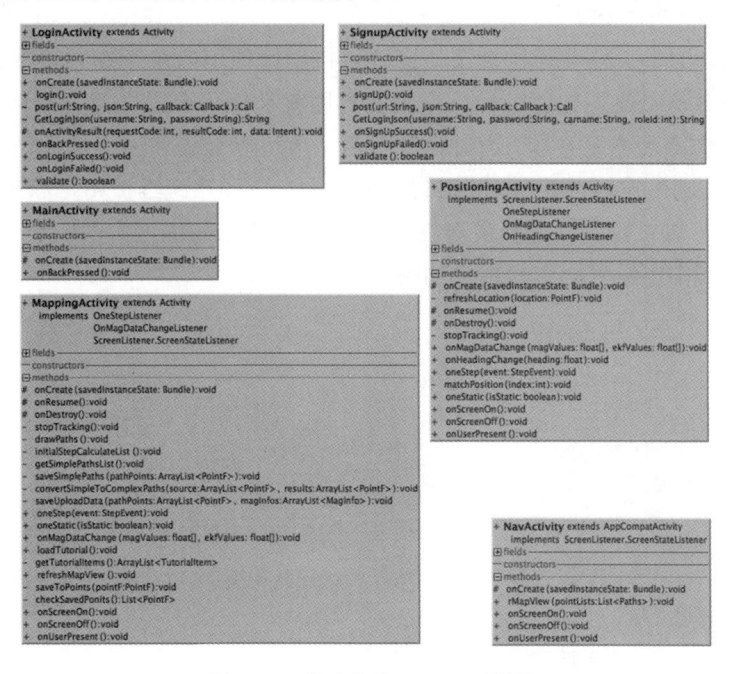

图 6.32 移动终端 Activity 类图

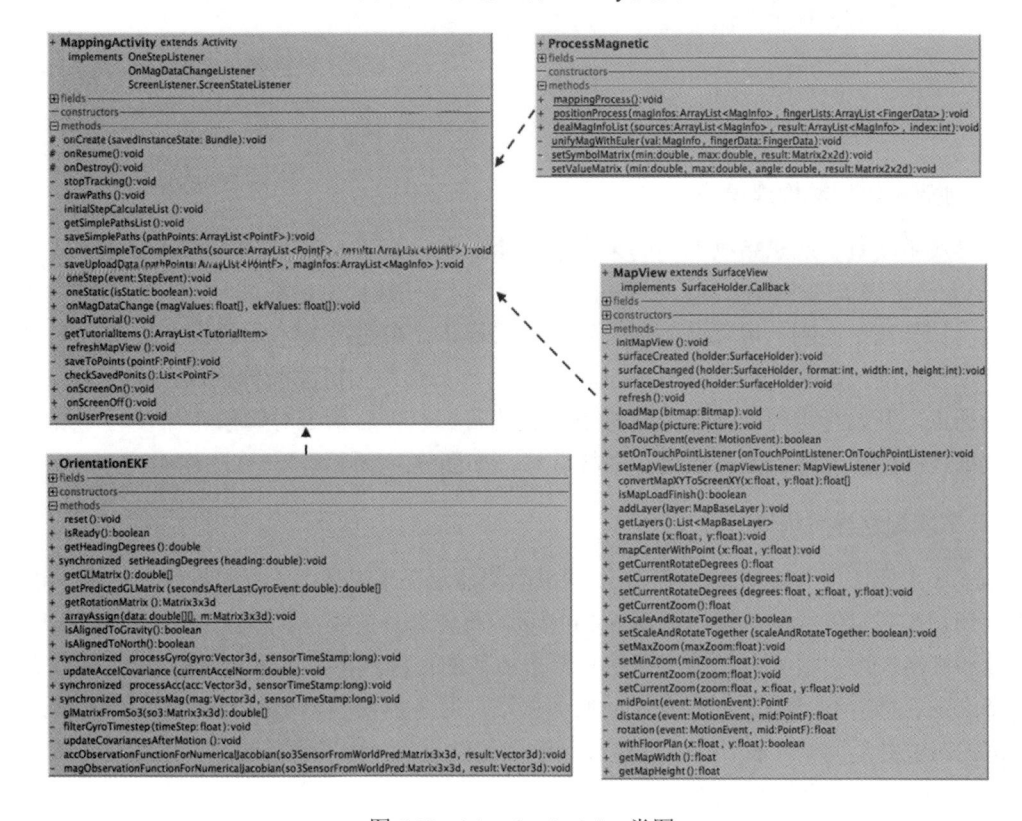

图 6.33 MappingActivity 类图

6.5.3 移动终端系统

1．车辆注册认证模块

用户使用软件时首先需要通过登录认证才可以继续使用停车场规划管理系统。如图 6.34 所示，用户使用本移动终端软件时最先见到的界面就是登录界面，用户需要使用电话号码和预先设置的密码连接系统服务器，通过认证以后，才可以继续使用停车场规划管理系统。

若没有账号，则用户可以在 Android 端注册账号，方便系统维护用户和车辆的信息。如图 6.35 所示，用户可以设置属性为会员与临时车，本系统要求用户填写车牌号、电话号码和密码等必要属性。其中电话号码作为用户的唯一辨别依据。

图 6.34　移动终端登录

图 6.35　移动终端注册

2．地磁指纹地图构建模块

本模块主要负责地磁指纹地图的采集和构建工作。如图 6.36 所示，在 Android 平台上使用 MapView 将建筑的平面图显示在手机屏幕上，实现任意比例的缩放和旋转等功能。首先，用户使用加号在平面图上可以达到的位置添加采样点，单击下方中间的校准按钮对陀螺仪和磁力计进行校准，如图 6.37 和图 6.38 所示。然后单击录制按钮注册传感器，同时选中初始位置的采样点，开始行走前往下一个目标点，到达目标点以后单击对钩按钮保存两个采样点采样的数据。以此经过每个采样点进行采样即可，如图 6.39 所示。

3．车辆规划导航模块

本模块主要使用 MapView 将停车场的平面图显示在手机屏幕上，根据用户的需求进行路径的规划和实时定位导航功能。如图 6.40 所示，将停车场的平面图导入手机中，可实现任意的缩放和旋转。用户根据自己的需求选择希望前往的目标地，如图 6.41 所示。此时，手机将用户请求的目标地和当前的位置发送回服务器端，服务器根据当前路径的拥堵情况设计出一条合理的路线并返回给手机，当手机接收到返回的结果后，将该路径显示在手机上，如图 6.42 所示。

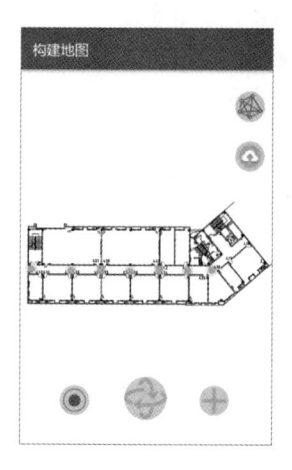

图 6.36　地磁信息采集采样点设置

图 6.37　陀螺仪校准

图 6.38　磁力计校准

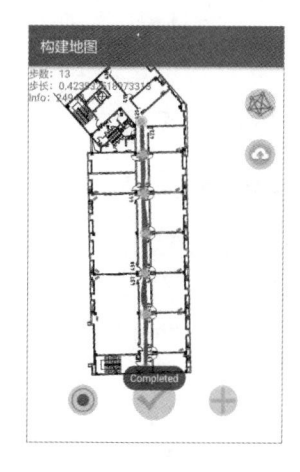

图 6.39　地磁指纹地图采样

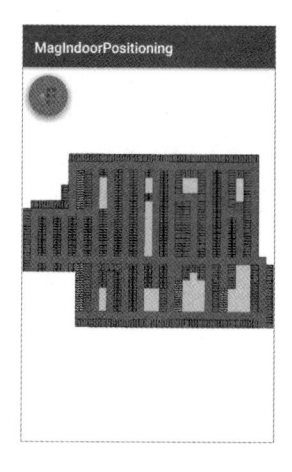

图 6.40　停车场平面图显示

图 6.41　目的地显示

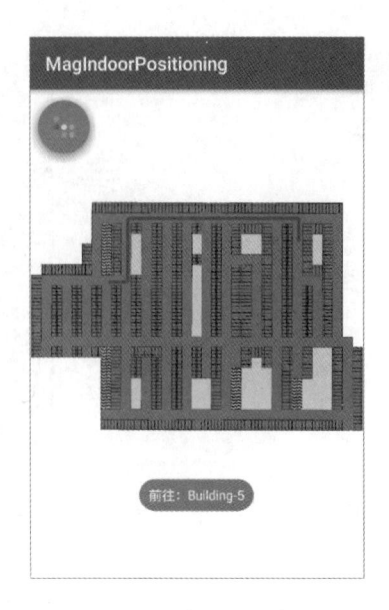

图 6.42　路径显示结果

6.5.4　监控端系统

1. 控制平台登录模块

本模块只提供登录功能，不提供注册功能。客户在使用系统初期，可以使用默认的账号和密码登录系统后，对系统管理员进行管理。考虑到该模块是控制平台的安全入口，所以在设计系统时采用了 Spring Boot 和 Shiro 框架对系统管理员权限进行了验证和管理控制。前端使用 Vue 框架向服务器发送请求，服务器根据数据库中的系统管理员权限表进行界面的认证和显示。控制平台的登录界面如图 6.43 所示。如图 6.44 所示，通过登录认证以后，进入停车场管理监控系统的主界面，在界面的左边，系统提供了交通状态和用户管理界面。

图 6.43　控制平台的登录界面　　　　图 6.44　控制平台的主界面

2. 用户管理模块

本模块提供用户注册信息的管理功能，如图 6.45 所示，依次显示用户车辆的牌照、用户名、角色、创建时间及最近修改时间等信息，最后是管理功能按钮。系统允许在控制平台添加新的车辆用户信息，如图 6.46 所示。

图 6.45 控制平台用户管理界面

图 6.46 新建用户界面

3. 交通状态监控模块

本模块提供车位空闲状态监控功能和行车状态监控功能。系统管理员可以实时监控车辆的行车状态和空闲车位的情况。在发生拥堵情况时，可以安排工作人员进行现场调度，避免人为造成的拥堵。停车场状态实时监控界面如图 6.47 所示。

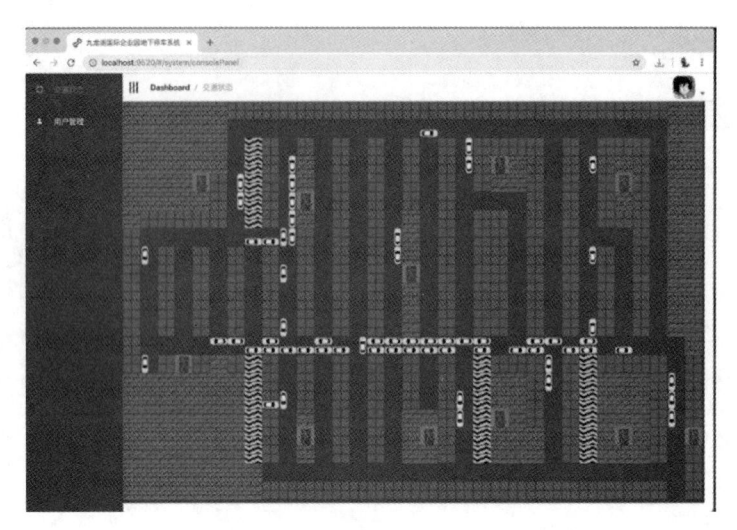

图 6.47　停车场状态实时监控界面

6.6　本章小结

本章首先介绍了停车行业智慧化发展历程，分析了停车产业的巨大前景；然后详细叙述了面向复杂室内场景的大型停车场如何定位与导航，如何选择最优车位和规划最佳路径；最后介绍了室内停车导航系统的设计与实现过程，以及移动终端和监控端系统的功能和界面。

本章参考文献

[1] 百度百科．智慧停车[EB/OL]．[2019-07-24]．https://baike.baidu.com/item/智慧停车/22130967．

[2] 林利成．面向复杂室内场景的定位与导航机制研究与应用[D]．南京：南京邮电大学，2019．

[3] 蒋菱枫．2018 年全国小汽车保有量首次突破 2 亿辆[EB/OL]．[2019-07-24]．http://www.mps.gov.cn/n2254098/n4904352/c6354939/content.html．

[4] 何翠云．智能停车业或成产业新风口[EB/OL]．[2019-07-24]．http://epaper.cbt.com.cn/epaper/uniflows/html/2019/05/24/03/03_46.htm．

[5] 栾雨石．智慧停车，让你不用抢车位[EB/OL]．[2019-07-24]．http://paper.people.com.cn/rmrbhwb/html/2019/07/08/content_1934672.htm．

[6] 捷顺科技．华为联合捷顺发布《城市级智慧停车解决方案白皮书（2018 版）》[EB/OL]．[2019-07-24]．http://www.jieshun.cn/abouts/5622.html．

[7] 中华人民共和国国家发展和改革委员会．关于加强城市停车设施建设的指导意见[EB/OL]．[2019-07-24]．http://www.ndrc.gov.cn/zcfb/zcfbtz/201508/t20150811_744943.html．

[8] 中华人民共和国交通运输部办公厅．智慧交通让出行更便捷行动方案（2017—2020 年）[EB/OL]．[2019-07-24]．http://www.chinahighway.com/news/2017/1136531.php．

[9] 李细顺,高登平,刘立申,等. 基于 CM4 模型的中国大陆地区地磁场时空分布特征分析[J]. 震灾防御技术,2018,13（1）：98-113.

[10] 张宝富,焦冬冬,王毅. 基于高清视频在停车场管理智能引导系统中的应用[J]. 电脑知识与技术,2016,12（5）：162-163.

[11] 罗莹,吕俊峰,杨庆. 停车场车位引导系统的应用研究[J]. 科技创新与应用,2018（8）：30-31.

[12] Zhou B, Buyya R. Augmentation techniques for mobile cloud computing: A taxonomy, survey, and future directions[J]. ACM Computing Surveys（CSUR）,2018,51(1):13.

[13] Guo S, Liu J, Yang Y, et al. Energy-Efficient Dynamic Computation Offloading and Cooperative Task Scheduling in Mobile Cloud Computing[J]. IEEE Transactions on Mobile Computing, 2018,18(2):1.

第7章 智慧饮食

2017年11月8日，中国疾病预防控制中心营养与健康所、中华预防医学会健康传播分会等7家专业机构在北京共同发布了《"智慧选择食物，乐享健康生活"联合提示》[1]，倡导公众科学管理油、盐、糖的摄入，并建议如何健康"挑食"，乐享健康生活。合理健康的饮食搭配越来越受到国家的重视，事实上智慧饮食的思想也早已深入人心。

7.1 智慧饮食的背景与需求分析

7.1.1 智慧饮食的背景分析

随着人们生活水平的不断提高，膳食结构及生活方式等发生了改变，偏向了高糖高脂化趋势，导致了亚健康人群规模逐渐扩大，也容易产生了一系列的疾病。

对成人而言，不健康饮食可能会带来血脂异常、脑血管病变、增加心脏负荷、导致脂肪肝、糖尿病患病风险等，长时期的不健康饮食将会对人的健康产生威胁。而现阶段对于儿童而言，偏食等可能会导致循环、呼吸、消化、内分泌、免疫等系统受到损害，损害儿童生理健康乃至心理健康和思维活跃度等。

由此可见，不健康饮食导致的负面效应较为明显，未来各年龄段人群应注重合理的膳食并培养健康的生活方式，以预防由于不健康饮食产生的一系列威胁健康的问题。这迫切要求一个健康合理且满足人们口味的智慧饮食搭配系统为人们提供参考，让人们无须为健康的饮食搭配而烦恼。

7.1.2 智慧饮食的需求分析

针对不同的年龄段，相关机构[2-4]进行了调研，给出了中小学生、成年人、老年人饮食搭配的建议。

（1）对于中小学生早餐、午餐、晚餐，国家卫生健康委员会给出如下建议[3]。

每天吃新鲜蔬菜水果，深色蔬菜至少占一半。三餐定时定量，每日三餐，两餐应间隔4～

5h。保证吃好早餐，合理选择零食。健康餐盘3∶2∶1，也就是把餐盘分成6份，主食、蔬菜、肉食的比例为3∶2∶1。每日饮水量为1200~1500ml。学生营养早餐、午餐、晚餐设计的基本要求如下。

① 学生营养早餐设计的基本要求。按照我国学生每日膳食营养素供给量的基本要求，一般早餐食谱中的各种营养素含量应占全天供给量的30%左右。按照"五谷搭配、粗细搭配、荤素搭配、多样搭配"的基本原则，尽可能使营养早餐达到合理营养和平衡膳食的要求。营养早餐应由粥面类、面点类、冷菜类三大类组成，在餐后加一份瓜果补充维生素。

② 学生营养午餐设计的基本要求。学生营养午餐营养素的设计量应占全天供给量的35%~40%。学生营养午餐的食物应包括瓜果蔬菜类、大豆及其制品类、鱼肉禽蛋类三大类食物，所占比重分别为65%、10%、25%左右较为适宜。重视菜谱色、香、味、形、质的合理搭配。

③ 学生营养晚餐设计的基本要求。学生营养晚餐营养素的设计量应占全天供给量的35%~40%，各种营养素的设计量应以补充有益于促进生长发育的营养素多一些。学生营养晚餐的食物应包括瓜果蔬菜类、大豆及其制品类、鱼禽蛋奶类三大类食物，所占比重分别为60%、10%、30%左右较为适宜。学生营养晚餐的种类应在6~10种甚至更多（不包括汤菜料、葱姜蒜调味料）。要重视菜谱色、香、味、形、质的合理搭配。

（2）对于成年人的膳食搭配，国家卫生健康委员会给出如下建议[3]。

① 食物多样，谷类为主。平衡膳食模式是最大限度保障人体营养需要和健康的基础，食物多样是平衡膳食模式的基本原则。每天的膳食应包括谷薯类、蔬菜水果类、畜禽鱼蛋奶类、大豆坚果类等食物。建议平均每天摄入12种以上食物，每周25种以上。谷类为主是平衡膳食模式的重要特征，每天摄入谷薯类食物250~400g，其中全谷物和杂豆类50~150g，薯类50~100g；膳食中碳水化合物提供的能量应占总能量的50%以上。

② 多吃蔬菜、水果、奶类、大豆。蔬菜、水果、奶类和大豆及其制品是平衡膳食的重要组成部分，坚果是膳食的有益补充。蔬菜和水果是维生素、矿物质、膳食纤维和植物化学物的重要来源，奶类和大豆类富含钙、优质蛋白质和B族维生素，对降低慢性病的发病风险具有重要作用。提倡餐餐有蔬菜，推荐每天摄入300~500g蔬菜，深色蔬菜应占1/2。天天吃水果，推荐每天摄入200~350g新鲜水果，果汁不能代替鲜果。吃各种奶制品，摄入量相当于每天液态奶300g。经常吃豆制品，相当于每天摄入大豆25g以上，适量吃坚果。

③ 适量吃鱼、禽、蛋和瘦肉。鱼、禽、蛋和瘦肉可提供人体所需要的优质蛋白质、A族维生素、B族维生素等，有些也含有较高的脂肪和胆固醇。动物性食物优选鱼和禽类，鱼和禽类的脂肪含量相对较低，鱼类含有较多的不饱和脂肪酸；蛋类的各种营养成分齐全；吃畜肉应选择瘦肉，瘦肉脂肪含量较低。过多食用烟熏和腌制肉类可增加肿瘤的发生风险，应当少吃。推荐每周吃鱼280~525g，畜禽肉280~525g，蛋类280~350g，平均每天摄入鱼、禽、蛋和瘦肉总量120~200g。

④ 少盐少油，控糖限酒。我国多数居民目前食盐、烹调油和脂肪的摄入量过多，这是高血压、肥胖和心脑血管疾病等慢性病发病率居高不下的重要因素，因此应当培养清淡饮食习惯，成人每天摄入的食盐不超过6g、烹调油25~30g。过多摄入添加糖可增加龋齿和超重发

生的风险，推荐每天摄入的糖不超过 50g，最好控制在 25g 以下。水在生命活动中发挥着重要作用，应当足量饮水。建议成年人每天 7~8 杯（1500~1700ml），提倡饮用白开水和茶水，不喝或少喝含糖饮料。如果饮酒，一天饮酒的酒精量男性不超过 25g，女性不超过 15g。

（3）国家食品药品监督管理总局对老年人的健康饮食给出如下建议[4]。

随着年龄的增长，老年人会出现食欲减退、进食量减少、肠胃消化吸收能力减弱，易引起营养不良或贫血。因此，老年人的日常饮食还需要在以下 3 个方面多加注意。

① 饮食多样保健康。老年人一日三餐的时间应该相对规律，两餐之间可以吃点水果或酸奶作为加餐。老年人的日常饮食应从谷类、薯类食物为主，推荐每天摄入谷薯类食物 250~400g；鱼、禽、蛋和瘦肉总量 120~200g；蔬菜 300~500g，其中深色蔬菜占一半；水果 200~350g；牛奶或奶制品 300g。建议老年人保证每天至少摄入 12 种以上的食物，每周摄入 25 种以上食物。

② 合理饮食需适量。老年人饮食口味宜清淡、少油、限盐，平均每日烹调油食用量控制在 25~30g，建议使用多种植物油。少食用腌制食品，每日食盐的摄入量不超过 6g。正确的饮水方式是健康的保证。推荐老年人每日饮水量为 1.5~1.7L，应以温热的白开水为主，主动、少量、多次饮水。

③ 吃动平衡会保健。老年人的户外活动很有必要，晒太阳有利于体内维生素 D 的合成，延缓骨质疏松和肌肉衰减，可以选择一些难度小、安全性高的运动，动作要简单、舒缓，防止运动损伤。每天户外锻炼 1~2 次，每次 1h 左右，轻微出汗即可。

在实际情况下，针对不同的年龄、体重、用餐时间及健康等状况需要制订不同的饮食计划，给出不同的搭配方案。面对如此复杂的情况，智能信息技术将为解决健康饮食、合理搭配等相关问题提供支持。

7.2 智慧饮食的发展现状

我国的"智慧饮食"的理念其实在古代就已产生，但主要以经验、习惯等方式存在于民间，并没有形成明确的概念。北魏贾思勰的《齐民要术》详细记载了农业生产、食品属性及食品制作等内容，为古代"智慧饮食"的发展奠定了基础，为后世的饮食观念起到了非常好的引领作用；《黄帝内经》提出"五谷为养，五果为助，五畜为益，五菜为充"的膳食搭配文化。此外，还有粥文化、豆腐文化、素食文化、茶文化、酒文化等，这些都是古人留下来值得世代传承的宝贵遗产[5]。但这些文化中提到的搭配大都没有一个精准的量化，人们对饮食的搭配也大多是经验主义。

中华人民共和国成立后，特别是改革开放以来，我国卫生健康事业得到了长足的发展，居民的主要健康指标总体优于中高收入国家平均水平。随着工业化、城镇化、人口老龄化进程的加快，我国居民的生产生活方式和疾病谱不断发生变化。心脑血管疾病、癌症、慢性呼吸系统疾病、糖尿病等慢性非传染性疾病导致的死亡人数占总死亡人数的 88%，导致的疾病负担占疾病总负担的 70% 以上。居民健康知识知晓率偏低，不合理膳食等不健康生活方式比较普遍，由此引起的疾病问题日益突出[6]。

2019 年 7 月 15 日，党中央、国务院发布了《"健康中国 2030"规划纲要》（以下简称"纲要"）[5]。"智慧饮食"这一理念很好地迎合了纲要第七篇"健全支撑与保障"提到的"推动健康科技创新"与"建设健康信息化服务体系"。早在这些政策提出之前，已有许多与饮食搭配相关的 App 供我们使用，如健康食谱、薄荷健康、lifesumd 等。

随着饮食搭配标准的制定与互联网、人工智能的迅速发展，饮食的搭配变得标准化、信息化、智能化，"智慧饮食"的概念也随之产生。对于智慧饮食，我们给出如下定义：利用各种信息技术或创新概念，提供一套合理、健康及满足个人需求的饮食方案，以改善饮食质量，提高健康水平。

越来越多的人意识到健康饮食的重要性，开始使用"智慧饮食"来实现健康、合理的饮食搭配。同样在商家中，"智慧饮食"这一理念也是值得推广的，根据用户的需求及商家现有的菜品来制定一个健康合理的菜品搭配，不仅可以提高商家的收入，也能提高用户的健康水平。

相信"智慧饮食"这一理念会加快"健康中国 2030"[6]的步伐，使得全民健康素养水平稳步提高，健康生活方式加快推广，心脑血管疾病、癌症、慢性呼吸系统疾病、糖尿病等重大慢性病的发病率上升趋势得到遏制，重点人群健康状况显著改善；使得因重大慢性病导致的过早死亡率降低，人均健康预期寿命得到较大提高，居民主要健康指标水平进入高收入国家行列，健康公平基本实现。

7.3 食品智慧搭配

7.3.1 粒子群优化算法

食品搭配是智慧饮食的一个重要环节，对于食品搭配常用的算法，食品搭配问题可以看作一个无序组合优化的问题来求解，常常使用启发式算法或非启发式算法来解决。而在启发式算法中，粒子群优化算法（Particle Swarm Optimization，PSO）常常被用来求解最优的组合。本章将围绕 PSO 算法及其改进算法展开描述。

1. PSO 算法的基本原理

在 PSO 算法的主要思想基于以下场景：一群鸟随机地分布在一个区域中，在这个区域中有一块食物，如图 7.1 所示，树上的圆点为食物，所有的鸟都不知道食物在哪里，但它们知道自己距离食物有多远，所以鸟群会向距离食物最近的鸟靠近；假设食物位置为最优点，即图 7.2 中的目标（goal），每只鸟视为一个粒子，把小鸟与食物的距离作为适应度函数值，那么鸟群觅食的过程就可以看作函数寻优过程。如图 7.2 所示，粒子 X_i 距离 goal 最近，所以设粒子 X_i 为当前全局最优粒子，其与 goal 的距离为全局最优值 $N\text{best}_i$[7,8]。

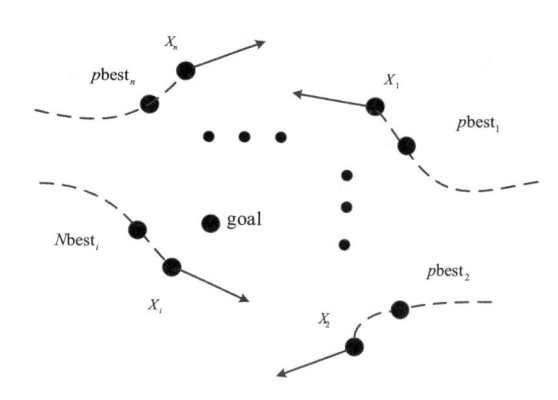

图 7.1 鸟群觅食图　　　　　图 7.2 模拟鸟群觅食图

PSO 算法中，求解优化问题是：粒子在搜索空间中的一个位置，每个粒子存储自己的历史最优位置 P_i；将所有粒子的位置进行比较，选出全局最优位置 G。通过改变粒子的速度和运动方向，向历史最优位置和全局最优位置学习，不断更新粒子的位置，直到满足需求为止。粒子的速度和位置更新公式如下：

$$V_i(t+1) = w \cdot V_i(t) + c_1 \cdot r_1 \cdot (X_i^p - X_i) + c_2 \cdot r_2 \cdot (X^g - X_i) \tag{7.1}$$

$$X_i(t+1) = X_i + V_i(t+1) \tag{7.2}$$

式（7.1）中，c_1 和 c_2 表示学习参数，分别用于调节粒子向历史最优位置和全局最优位置靠近；r_1 和 r_2 是 0～1 的随机数；X_i 和 V_i 均为 k 维矢量，其中第 i 个粒子在 k 维解空间的位置和速度分别表示为 $X_i = (x_{i,0}, x_{i,1}, \cdots, x_{i,k-1})$ 和 $V_i = (v_{i,0}, v_{i,1}, \cdots, v_{i,k-1})$。

PSO 算法是一种以群为基础的随机搜索算法[9]，通过群体智慧空间搜索出最优的位置。PSO 算法因其参数少，具有收敛速度快、建模简单，且易于实现等优点[10]，在很多领域得到了实际应用，如电力系统、车间作业调度、无线传感器网络、路径规划、机器人等[11-15]。

然而，传统的 PSO 算法在性能上仍有提升的空间，研究人员对此展开了一系列的研究工作。传统的 PSO 算法在求解多峰值的优化问题时，由于收敛速度快，在计算过程中容易陷入局部最优，导致群体早熟；采用随机搜索策略，在初始化阶段，随机产生一群粒子作为随机解，通过迭代找到最优解，在迭代过程中更新粒子位置和速度也具有随机性，导致大量的无效计算工作，效率不高。

2．传统的 PSO 算法的流程

传统的 PSO 算法的流程[16]如下。

（1）随机初始化每个粒子的位置和速度，并计算每个粒子的适应度函数值。

（2）对于每个粒子，每次计算其适应函数值，并将计算得到的适应度函数值同该粒子的历史最优适应度函数值比较，若更好，则更新该粒子的历史最优适应度函数值。

（3）对于每个粒子，将该粒子的历史最优适应度函数值同粒子群全局最优适应度函数值比较，若更好，则将更新粒子群全局最优适应度函数值。

（4）根据式（7.1）与式（7.2）更新粒子的位置和速度。

（5）判断是否达到终止条件，若达到终止条件，则停止搜索；否则跳转到第（2）步，继续计算。

迭代终止条件通常是达到指定的最优适应度函数值或者达到最大迭代次数,传统的 PSO 算法的流程如图 7.3 所示。

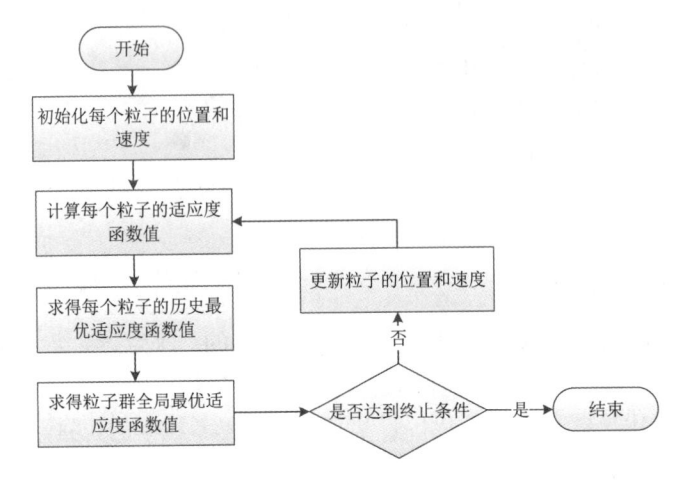

图 7.3　传统的 PSO 算法的流程

3. 改进的 PSO 算法

改进的 PSO 算法有很多,由于本章的重点偏向组合优化问题,所以具体介绍 PSO 算法在组合优化领域的相关研究。

下面主要讲的是本章的第一个研究点——无序的组合优化。

温涛等人[17]提出了一种基于子粒子圆周轨道和零惯性权重的算法,使用具有非线性动态学习因子的三角函数、种群早熟收敛预测模型及控制粒子群的行为的处理方法,在粒子的全局收敛能力和局部开拓能力之间达到良好的动态平衡,但该算法是根据 Web 服务组合的特点来设计的,主要用来解决 Web 组合优化问题,通用性不强。

郭文忠等人[18]构造了一种带 FM 策略的混合粒子群优化算法,该算法基于遗传操作的离散粒子群优化算法(Discrete Particle Swarm Optimization,DPSO),采用粒子位置更新机理对组合优化问题的粒子位置进行更新,通过引入两点交叉算子和随机两点交换变异算子以保证解的可行性,将具有较强局部搜索能力的 FM 策略融入粒子位置更新之后,提高了算法的局部搜索能力;加入了用于提高种群多样性的粒子多样性变异策略,避免了算法易陷入局部最优。

高海兵等人[19]提出了广义粒子群优化模型(Genetic Particle Swarm Optimization,GPSO),适用于解决离散及组合优化的问题;GPSO 模型使用遗传操作作为更新算子,基于 GPSO 模型的算法,提高了解的质量和收敛稳定性,同时显著降低了计算开销,但算法使用遗传操作作为更新算子具有随机性,不能保证最终的解具有多样性,且与文献[17]相似,该算法也是基于具体场景提出的,不具有一般性,该算法不是基于多目标的优化算法,不能有效地解决离散的多目标优化问题。

Ibrahim 等人[20]提出了一种新颖的多态粒子群优化算法(Multi-State Particle Swarm Optimization,MSPSO)来解决组合优化问题,该算法和传统的二进制粒子群优化算法(Binary

Particle Swarm Optimization，BinPSO）不同，每个粒子的每一维数下一个状态可以是一个、两个或多个状态；在解决 TSP（Traveling Salesman Problem）组合优化问题中，MSPSO 算法优于 BinPSO 算法；但 MSPSO 算法引入了多态的概念，需要的存储空间呈指数级增长，所以对于求解粒子维数大的组合优化问题效率不高。

高鹰等人[21]将混沌搜索方法引入 PSO 算法，首先利用混沌运动的遍历性、随机性和规律性等特性对当前粒子群体中的最优粒子进行混沌寻优，然后将混沌搜索的结果随机替换粒子群体中的某个粒子，通过这种处理，可以使粒子遍历更广的范围，并且加快了粒子群体的进化速度，因此解决了 PSO 算法容易陷入局部极值点的问题，从而提高了算法的收敛速度和精度。

王铁君等人[22]和杨庆等人[23]分别提出了各自的混沌粒子群算法并运用在物流配送路径优化和带时间窗的车辆路径优化中，但都只是简单引入了混沌搜索方法中的混沌初始化和混沌扰乱，来改善个体质量和避免陷入局部极值点，但并没有对混沌初始化及混沌扰乱做进一步的改善，不能保证最终解的多样性，且搜索效率不高。

近年来，国内外很多学者对基于服务质量（Quality of Service, QoS）的 Web 服务动态组合问题进行了大量研究，本章的另一个研究点是基于 Web 服务组合优化问题，所以下面简单介绍 PSO 算法在该领域的相关调研。随着互联网技术的持续发展，产生了一种新兴的 Web 应用模式，即 Web 服务，Web 服务在近几年得到了快速发展与应用。由于用户对服务功能与 QoS 的要求越来越高，业务需求越来越复杂，单个 Web 服务已无法满足用户的需求，因此 Web 服务组合技术应运而生。Web 服务组合是通过重用已有分布于互联网中的各类服务，按照一定的业务流程，实现服务间无缝集成，形成满足用户复杂应用需求的增值服务。然而，面对网络上大量功能相同但 QoS 不同的 Web 服务，如何高效地从大规模的候选服务集中选择满足用户需求的服务，已成为新的应用需求和研究热点[24]。

温涛等人[17]提出了一种基于子粒子圆周轨道和零惯性权重的粒子群优化算法（MoDified Particle Swarm Optimization，MDPSO），并将其应用到 Web 服务组合优化问题中，使用具有非线性动态学习因子的三角函数、种群早熟收敛预测模型及控制粒子群的行为的处理方法，在粒子的全局收敛能力和局部开拓能力之间达到良好的动态平衡。虽然该算法是根据 Web 服务组合的特点来设计的，但没有考虑服务与服务之间的逻辑关系，所以不适用于具有逻辑关系的组合优化场景中。

张艳平等人[25]提出了一种动态的离散粒子群优化算法（Dynamic and Discrete Particle Swarm Optimization，DDPSO），以解决动态 Web 服务组合优化问题。首先引入 Skyline 技术，通过剔除冗余候选服务，从而降低服务选择时空复杂度；然后针对 PSO 算法易陷入早熟收敛状态，使用 Trimming Operators，假设将整个粒子群划分为 z 个族，每一个族保留一个粒子，剔除其他冗余粒子，经过处理后只剩下 z 个属于不同族的粒子。该算法主要是通过剔除冗余候选服务和冗余粒子实现的，不适用于候选服务数量很大的场景，且该算法在粒子初始化和更新过程中均采用随机策略，效率不高。

Silva 等人[26]提出了一种面向有向图的改进粒子群优化算法（Graph-Based Particle Swarm Optimization，GB-PSO）来求解基于 QoS 的服务组合优化问题，其主要思想是首先通过遍历所有服务节点，找出所有符合输入和输出集合要求的服务链，然后将所有的服务链生成有向图，最后从有向图中找出最优的服务链。该算法在找可行服务链中可能会包含无效的服务，且当服务节点数据量很大时，该算法的效率不高。

Huang 等人[27]提出了一种基于 QoS 的改进粒子群优化算法（Improved Dynamic Particle Swarm Optimization，IDPSO）来求解服务组合优化问题。该算法可动态地改变步长因子，当粒子远离当前最佳目标粒子时，可选择更长的步长；当粒子靠近当前最佳目标粒子时，可选择更短的步长。使用动态步长搜索策略可以加快粒子向当前最佳目标粒子收敛速度，但在当前最佳目标粒子不是全局最优粒子的情况下，粒子群容易陷入局部最优。

刘长彬[28]提出了一种基于粒子群和人工鱼群混合算法，可实现自动排课。

刘畅[29]提出了一种混合启发式算法，通过 PSO 算法和模式搜索算法相结合，并将算法应用于解决单线公交车辆调度的混合算法。由于模式搜索算法有着较强的精细搜索能力，弥补了 PSO 算法早熟的缺点，所以该算法在公交车辆调度问题上具有一定的应用价值，但该算法求解的效率不高，且不具有动态性，只适用于求解静态组合优化问题。

4．现有算法所存在的问题

用于求解无序组合优化问题的改进的 PSO 算法，普遍存在如下 4 个问题。

（1）这些算法大多数是针对某一具体场景提出的，用于求解组合优化问题，换一个应用场景可能就不适用，所以不具有一般性。

（2）由于这些算法在搜索最优解的过程中具有随机性，所以容易陷入局部最优，且不能保证最终方案的多样性。

（3）如果组合优化算法不是基于多目标的或不提供个性化接口，将不能有效地解决离散、多目标或者个性化的组合优化问题。

（4）由于改进的 PSO 算法随着粒子的维数变大，其计算量是成指数级增长的，所以在求解粒子维数大的组合优化问题时效率不高。

下面介绍的 CS-PSO 算法引入了混沌搜索方法中的混沌初始化和混沌扰乱。在混沌初始化阶段，利用组合优化问题的先验知识对初始化粒子进行优化，主要针对组合优化问题的特点，将相似的项目放在同一个类中，使组合数减少，从而使完全枚举所有组合的方案成为可能，使得算法整体搜索效率提高；在混沌扰乱阶段，使用一套全新的扰乱规则，对粒子的速度和位置进行充分扰乱，使得算法具有良好的全局搜索能力和适应性，可有效解决粒子的早熟问题，并且在扰乱时，通过控制每类项目中被选中的个数，保证最终组合方案的多样性。在算法的适应度函数中，引入个性化约束和一般约束的概念，使算法具有个性化接口，可用来求解具有个性化的组合优化问题。

7.3.2　CS-PSO 算法

在粒子初始化前，首先介绍混沌初始化中所需的参数说明。

（1）针对组合优化的特点，对项目进行分类，通过分类来减少组合的数量，使完全枚举所有组合的方案成为可能。假设将所有的项目分为 m 类，分别为 B_i（$i=0,1,2,\cdots,m-1$）。

（2）假设每类项目的数量为 N_i（$i=0,1,2,\cdots,m-1$），所以 $B_i=(x_{i,0},x_{i,1},\cdots,x_{i,N_i-1})$。

（3）根据（1）和（2）中的假设得出粒子的位置 $X_i = (B_0, B_1, \cdots, B_{m-1})$，粒子的维数为 $\sum_{i=0}^{m-1} N_i$。

混沌搜索指由确定方程得到具有伪随机性、遍历性和规律性等特点的随机运动状态点。

给一个混沌变量提供初始值，通过混沌迭代就可以产生具有遍历性和伪随机性的一组随机序列，一般使用 Logic 映射方程来产生伪随机序列，Logic 映射方程如式（7.3）所示：

$$Z: \alpha_{n+1} = \mu \alpha_n (1 - \alpha_n) \tag{7.3}$$

式中，Z 是混沌变量；μ 是控制参数（当 $\mu=4$ 时，Z 处于完全混沌状态）；α_n 是混沌变量的一次取值，当给混沌变量赋初始值时，需要满足 $\alpha_0 \neq 0, 0.25, 0.5, 0, 75, 1$。一个初始值通过 Logic 迭代，可以产生一个序列 $Z: \alpha_0, \alpha_1, \cdots, \alpha_m, \cdots$。这个序列在混沌范围内具有遍历性，每次迭代会产生不同的值，混沌空间通常为[0,1]。通过不断迭代，可实现对混沌空间的遍历搜索。

以混沌搜索方法中的 Logic 映射方程取不同的初始值，作为粒子的初始化位置。根据假设可知，项目共分为 m 类，每类项目的数量为 N_i，基于 Logic 映射方程在混沌空间[0,1]中随机产生 m 个初始值，每个初始值对应某类项目中的某一项目，通过这 m 个初始值映射可以得到第一个粒子的位置，粒子位置初始化后，每类项目中初始化均选中一个项目。

1. 混沌初始化

混沌初始化，即 Logic 映射方程中的混沌变量随机取一次值作为初始值。

以第一类 B_0 为例，混沌初始化的具体操作步骤如下。

（1）B_0 中有 N_0 个项目，将混沌空间[0,1]分成 N_0 个子空间，并依次命名为 0 空间、1 空间、$\cdots$、$N_0 - 1$ 空间。

（2）使用随机函数产生一个 0~1 的数，混沌变量第一个初始值为 $k_{0,0}$（第一个粒子在第一类项目的混沌初始值）。

（3）判断 $k_{0,0}$ 属于混沌空间的哪个子空间；假设属于第 μ 个子空间，则令 $x_{0,u}=1$，该类中其他项目都初始化为 0，即 B_0 类中下标为 μ 的项目被选中。

第一个粒子的第一类项目初始化结束，其他类项目初始化按照同样的方法进行。所得到的 m 个混沌初始值分别为 $k_{0,0}, k_{0,1}, \cdots, k_{0,m-1}$。每个混沌初始值经过上面的操作后，即可得到第一个粒子的初始化位置。假设有 n 个粒子，则通过 n 次混沌初始化可以得到一个 $n \times m$ 的混沌变量矩阵，如式（7.4）所示：

$$K = \begin{pmatrix} k_{0,0}, k_{0,1}, & \cdots & , k_{0,m-1} \\ \vdots & & \vdots \\ k_{n-1,0}, k_{n-1,1}, & \cdots & , k_{n-1,m-1} \end{pmatrix} \tag{7.4}$$

根据矩阵 K 和具体的操作步骤，可以得到 n 个粒子的初始化位置。速度 V_i 的初始化和历史最优位置 P_i 的初始化均等于 X_i，如式（7.5）所示：

$$X_i = V_i = P_i, \ i = 0, 1, \cdots, n-1 \tag{7.5}$$

2. 适应度函数

适应度函数以计算出的适应度函数值作为量化指标，来评价个体的优劣程度。

适应度函数用来衡量一个组合方案的好坏，适应度函数的优劣会直接影响组合优化的结果。一般情况下，在满足约束的情况下，粒子的适应度函数可用来判断该粒子对应组合方案的总价值。现实生活中的组合优化问题通常都是多约束问题，且因人而异。例如，考虑用户的喜好程度、各个部件搭配是否合理或者用户是否满意等个性化约束。利用用户约束的个性化需求对符合匹配的项目进行筛选，从而可以缩小算法在执行过程中的搜索空间。因此，在组合优化中考虑多约束问题是很有必要的，特别是个性化约束。

本章将约束分为一般约束和个性化约束。其中，一般约束用来作为适应度函数的约束，个性化约束用来设计适应度函数。本章首先将个性化约束的满足程度转化为得分模型，然后计算各个个性化约束的对应得分的平均分，以此作为该粒子的适应度函数值，分数越高表示该粒子个性化约束的满足程度越高，该粒子越优秀。

假设某个组合优化问题有约束 A、B 和 C，其中 A 和 B 是个性化约束，而 C 是一般约束，则适应度函数值为

$$F = \frac{S(A)+S(B)}{2} \quad (\text{在满足约束 } C \text{ 的情况下}) \tag{7.6}$$

式中，$S(A)$ 是个性化约束 A 的得分，同理 $S(B)$ 是个性化约束 B 的得分。当算法应用于不同的场景时，各种约束不同，所以适应度函数也不同。

3. 混沌扰乱

混沌扰乱，即在粒子更新过程中，充分扰乱粒子运动的速度和位置，尽可能遍历搜索空间。通过混沌初始化得到 n 个粒子的位置，依次计算适应度函数值，每个粒子的适应度函数值均被初始化为 0（在本章算法中，适应度函数值越大表示该粒子位置越佳），计算并更新粒子的最优适应度函数值 f_i（$i=0,1,\cdots,n-1$），以及对应的历史最优位置 P_i（$i=0,1,\cdots,n-1$），并得到全局最优适应度函数值 F 和全局最优粒子，令最优粒子位置为 G。假设速度更新公式中的 $X_i^p - X_i = V_i^p$ 和 $X^g - X_i = V_i^g$，根据得到的 P_i 和 G，可得到速度更新公式：

$$V_i(t+1) = w \cdot V_i(t) + c_1 \cdot r_1 \cdot V_i^p + c_2 \cdot r_2 \cdot V_i^g \tag{7.7}$$

$$v_{i,j}^p = \begin{cases} \text{random}(1), \text{if}(x_{i,j}^p == x_{i,j}) \\ 0, \text{if}(x_{i,j}^p \neq x_{i,j}) \end{cases} \tag{7.8}$$

$$v_{i,j}^g = \begin{cases} \text{random}(1), \text{if}(x_j^g == x_{i,j}) \\ 0, \text{if}(x_j^g \neq x_{i,j}) \end{cases} \tag{7.9}$$

如式（7.8）和式（7.9）所示，其中，random(1)表示产生一个 0 或 1 的随机数。如果当前粒子的第 j 维的值等于该粒子历史最优位置的第 j 维值，则 $v_{i,j}^p$ 的值是 0 或 1 的随机数，否则为 0。根据前面介绍的混沌初始化可知，粒子位置向量中各变量绝大部分的值为 0，所以 $x_{i,j}^p$ 和 $x_{i,j}$ 的值绝大部分会相同，为了速度的随机性，所以这里使用随机数。$v_{i,j}^g$ 同理可得。

粒子速度更新规则如下：

$$v_{i,j}(t+1) = \begin{cases} v_{i,j}(t), & \text{if}\left(v_{i,j}(t) == v_{i,j}^p == v_{i,j}^g\right) \\ -1, & \text{其他} \end{cases} \tag{7.10}$$

式（7.10）表示当且仅当 $v_{i,j}(t)==v_{i,j}{}^p==v_{i,j}{}^g$ 时，当前粒子的速度和该粒子的历史最优速度及全局最优粒子的速度相同，因此可保持不变；否则，令当前粒子的第 j 维变量为-1。

粒子位置更新规则如下：

$$x_{i,j}(t+1)=\begin{cases}x_{i,j}, & \text{if}\left(v_{i,j}==1\right)\\ C(x_{i,j}), & \text{if}\left(v_{i,j}(t+1)==0\right)\\ x_{i,j}{}^p, & \text{if}\left(v_{i,j}(t+1)==-1\,\&\&\,v_{i,j}(t)\neq v_{i,j}{}^g==v_{i,j}{}^p\right)\\ x_{i,j}{}^g, & \text{if}\left(v_{i,j}(t+1)==-1\,\&\&\,v_{i,j}(t)==v_{i,j}{}^g\neq v_{i,j}{}^p\right)\\ x_{i,j}{}^p, & \text{if}\left(v_{i,j}(t+1)==-1\,\&\&\,v_{i,j}(t)==v_{i,j}{}^p\neq v_{i,j}{}^g\right)\\ C(x_{i,j}), & \text{if}\left(v_{i,j}(t+1)==-1\,\&\&\,v_{i,j}(t)\neq v_{i,j}{}^p\neq v_{i,j}{}^g\right)\end{cases} \quad (7.11)$$

式中，$C(x_{i,j})$ 是一个函数，用于将混沌搜索算法的混沌扰动运用到位置更新规则中。混沌扰动，即通过前文中生成的混沌初始值，经过一次 Logic 方程映射，得到新的 $k_{i,j}$ 值，k 的下标 i 表示第 i 个粒子，j 表示第 j 类项目对应的混沌初始值。变量 $x_{i,j}$ 中的 i 同样表示第 i 个粒子，而 j 表示粒子位置变量的第 j 维对应的值。首先，根据粒子变量的 j 可以计算出 $x_{i,j}$ 属于哪一类项目，通过下面的规则判断：若 $i\sum\limits_{i=0}^{h}N_i \leqslant j<\sum\limits_{i=0}^{h+1}N_i$，则表示 $x_{i,j}$ 是第 h 类项目中对应的变量。所以混沌扰乱步骤主要是对 $k_{i,h}$ 进行一次 Logic 方程映射，得到新的值 $k_{i,h}^{(1)}$，对应的项目为 $B_h=\{x_{h,0},x_{h,1},\cdots,x_{h,N_h-1}\}$。然后，通过项目映射规则得到该值属于哪一个空间，假设属于第 p 空间，则对 B_h 中的第 p 维变量 $x_{h,p}$ 进行扰乱。在扰乱之前需要分别令 $x_{h,p}=0$ 和 1，判断是对应 $x_{h,p}$ 的值为 0 时适应度函数值更优，还是 $x_{h,p}$ 的值为 1 时适应度函数值更优，取适应度函数值更优的对应的 $x_{h,p}$ 的值。最后，若 $x_{h,p}$ 的值为 0，则该类项目中其他值不需要做任何改变；若 $x_{h,p}$ 的值为 1，则令该类项目 $B_h=\{x_{h,0},x_{h,1},\cdots,x_{h,N_h-1}\}$ 中除了 $x_{h,p}$ 的值为 1，其他全为 0。若每个类需要多个项目，则控制每个类中有多个 1 即可。

7.3.3 早餐推荐

健康饮食推荐方案重点考虑的是营养均衡，涉及多种食物的有机搭配，是典型的组合优化问题，需要考虑人们每日所需七大营养素（水、蛋白质、碳水化合物、脂类、膳食纤维、维生素、矿物质），还有许多微量营养素（铁、碘、锌、硒、铜、锰、铬、钴等），以及食物类别（五谷类、蔬菜类、水果类、肉类、蛋类、水产品类、奶类、油脂类、饮料类、菌藻类等）。鉴于一日三餐饮食的差异性，为了使推荐方案更切合实际，下面以早餐为例进行介绍。

早餐推荐方案涉及的各因素表示如下。

（1）假设食物种类分为 m 种，并令每一种类分别为 B_i（$i=0,1,2,\cdots,m-1$）。

（2）假设各类食物的数量为 N_i（$i=0,1,2,\cdots,m-1$），所以 $B_i=(x_{i,0},x_{i,1},\cdots,x_{i,N_i-1})$。

（3）根据前两点假设可得到早餐粒子 $X_i=(B_0,B_1,\cdots,B_{m-1})$，且变量的维数为 $\sum\limits_{i=0}^{m-1}N_i$。

根据早餐的先验知识可知，常见的早餐食物类型包括五谷类、蔬菜类、水果类、肉类、蛋类、奶类和饮料类等，且每顿早餐吃三类或三类以上的食物为佳。为了保证食物的多样性，可在符合用户个性化偏好的每类食物种类中推荐一个食物。

下面具体阐述 CS-PSO 算法在饮食方案中的应用。综合考虑食物的卡路里、营养素、价格，以及用户的偏好，以此作为 CS-PSO 算法的输入数据，算法的输出为最佳饮食方案向量，该向量是由 0 和 1 组成的，其中 1 表示选中对应的食物，0 表示不选。用户喜欢食物的类别为一般约束，即作为适应度函数的约束；食物卡路里、营养素、价格作为个性化约束，并转化为得分模型，即给每项约束总分 100 分，根据推荐食物的具体情况与标准情况对比，通过线性映射转化为一个得分，相加取平均值作为适应度函数值，则适应度函数值为

$$f = (S_c + S_n + S_p)/3 \tag{7.12}$$

$$S_c \text{ 或 } S_n = \begin{cases} R/S \times 100, & R < S \\ [1-(R-S)/S] \times 100, & R \geqslant S \end{cases} \tag{7.13}$$

$$S_p = \begin{cases} 100, & R < S \\ [1-(R-S)/S] \times 100, & R \geqslant S \end{cases} \tag{7.14}$$

式（7.12）～式（7.14）中，S_c、S_n 和 S_p 分别为食物卡路里得分、营养素得分、价格得分；R 是推荐早餐中各个约束的量；S 是各个约束对应的标准参照量。

图 7.4 所示为早餐各个目标约束得分模型。

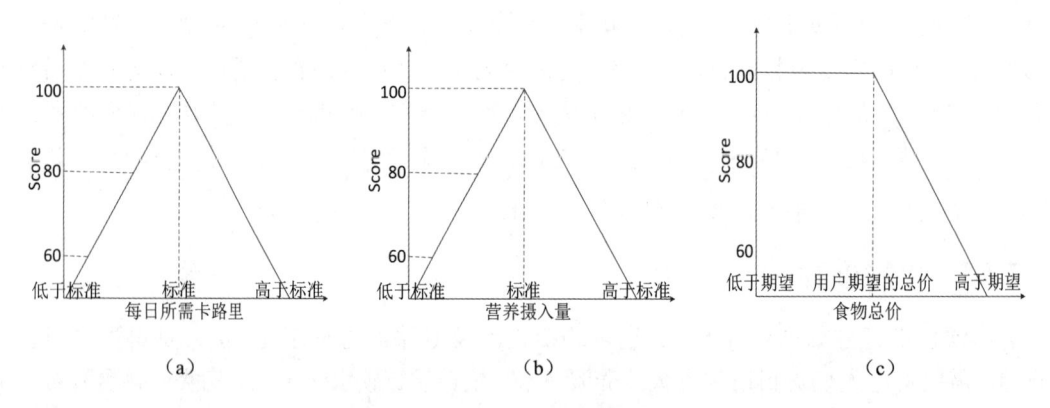

图 7.4 早餐各个目标约束得分模型

在卡路里得分模型中，若推荐的食物的卡路里正好等于该用户的卡路里摄入标准参照量，则为 100 分；若大于或小于标准参照量，则得分少于 100 分，与标准参照量的差越大，得分越少。从图 7.4 中可以看出，卡路里得分和营养素得分的图都是分段函数，且都以标准为分界线分为两段线性函数，所以两个约束对应的映射规则相似。同理可得价格得分，如图 7.4（c）所示，当价格低于期望的总价时，价格得分为 100 分，但当价格高于期望的总价时，得分线性下降。所以 S_c、S_n 和 S_p 如式（7.13）和式（7.14）所示。基于 CS-PSO 算法的饮食方案推荐流程图如图 7.5 所示。

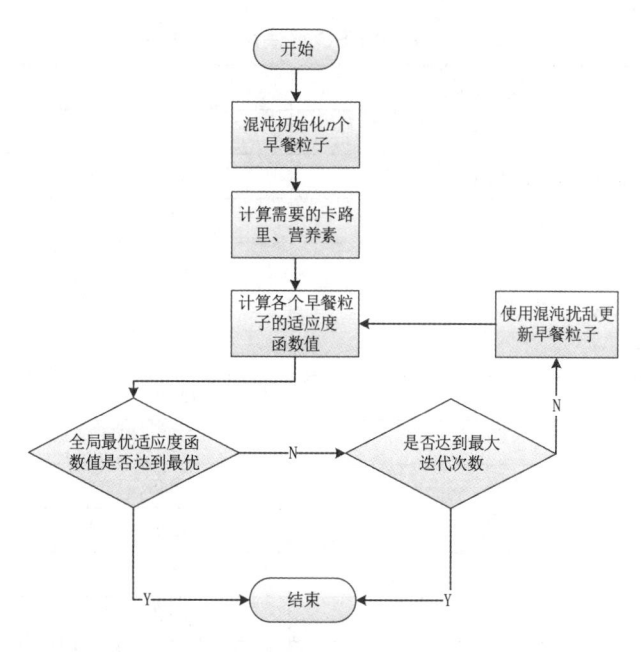

图 7.5 基于 CS-PSO 算法的饮食方案推荐流程图

下面给出其实现的具体步骤。

步骤 1：混沌初始化 n 个早餐粒子。根据早餐的先验知识，以及用户喜欢的食物种类，在用户喜欢的食物种类中初始化一个食物，即早餐粒子位置变量；早餐粒子的速度变量和早餐粒子的历史最优位置变量在初始化阶段均等于早餐粒子的位置变量。

步骤 2：计算需要的卡路里、营养素。将用户所需的卡路里和营养素的个性化条件作为推荐早餐的标准参数。

步骤 3：计算各个早餐粒子的适应度函数值。根据分析推荐早餐的卡路里、营养素和价格，计算各个约束的得分，取平均值后即可得到该早餐粒子的适应度函数值，适应度函数值越大，说明早餐粒子越优秀，所以可以得到全局最优粒子位置变量和对应的适应度函数值。

步骤 4：判断全局最优粒子的适应度函数值是否达到最优。当推荐的早餐满足 3 个约束得分均为 100 分时，即达到最优情况。若达到最优，则结束；否则，执行步骤 5。

步骤 5：使用混沌扰乱更新早餐粒子。利用混沌搜索方法的遍历性，以及学习全局最优早餐位置和历史最优早餐位置更新每个粒子；更新完成后，回到步骤 3 继续执行。

7.3.4 实验验证与性能分析

1. 食物多样性

对推荐的早餐食物种类比较分析，考虑到 HLR-PSO 算法的约束是卡路里平衡，为了更好地比较，所以 CS-PSO 算法也只考虑卡路里平衡这个约束。两种算法不同的地方是，CS-PSO 算法中加入了早餐食物组合的先验知识，而 HLR-PSO 算法仅仅根据卡路里平衡来推荐食物。假设早餐所需卡路里为 540kcal，下面分别使用 HLR-PSO 算法和 CS-PSO 算法推荐 3 种早餐组合，如表 7.1 和表 7.2 所示。

表 7.1　HLR-PSO 算法推荐的早餐

食物组合	食物名称	食物的量	卡路里（kcal）
第 1 种早餐组合	1 块西瓜	250.0g	35
	1 盒蒙牛木糖醇酸牛奶	100.0g	63
	1 瓶光明纯鲜牛奶	460ml	258
	1 杯光明红枣酸奶（盒装）	200.0g	184
第 2 种早餐组合	1 个红薯	300.0g	267
	1 根黄瓜	130.0g	18
	1 个橘子	182.0g	61
	1 个小橘子	139.0g	44
	1 碗草莓	500.0g	150
第 3 种早餐组合	1 碗猪肉韭菜馅饺子	100g	250
	1 块西瓜	250.0g	35
	1 个橙子	200.0g	70
	1 串葡萄	500.0g	185

表 7.2　CS-PSO 算法推荐的早餐

食物组合	食物名称	食物的量	卡路里（kcal）
第 1 种早餐组合	1 碗面条	100g	284
	1 个桃子	200.0g	83
	1 袋牛奶（三元牌）	250.0ml	173
第 2 种早餐组合	1 碗猪肉芹菜馅饺子	100g	253
	1 碗樱桃	500.0g	200
	1 杯光明健能草莓果粒酸牛奶	100.0ml	87
第 3 种早餐组合	1 个烧饼	80g	234
	1 串葡萄	500.0g	185
	1 袋伊利早餐奶	200.0ml	173

从表 7.1 和表 7.2 中可以明显看出，CS-PSO 算法推荐的食物更加合理。在 HLR-PSO 算法推荐的 3 种早餐组合中，第 1 种早餐组合推荐了 4 个早餐食物，但其中 3 个是牛奶，这是不合理的；还有第 2 种和第 3 种早餐组合，推荐的食物偏向水果，这也不符合健康饮食的要求。在 CS-PSO 算法推荐的 3 种早餐组合中，第 1 种早餐组合推荐的早餐食物分别属于谷薯类、水果类和奶类；第 2 种早餐组合推荐的早餐食物分别属于肉类、水果类和奶类；第 3 种早餐组合推荐的早餐食物分别属于谷薯类、水果类和奶类。通过对两种算法推荐的早餐组合中的食物种类进行分析，可以看出，HLR-PSO 算法推荐的早餐食物不具有多样性；CS-PSO 算法加入了早餐的先验知识（早餐组合的食物种类为 3 类或 3 类以上），有利于推荐更好的、具有多样性的早餐组合。

2. 迭代次数

与食物的多样性类似，上述两种算法基于相同的约束，即卡路里平衡；这两种算法中设置的最大迭代次数均为 1000 次。两种算法不同的地方是，CS-PSO 算法使用了混沌初始化，而 HLR-PSO 算法使用了传统的随机初始化。下面分别运行 HLR-PSO 算法和 CS-PSO 算法 20 次，记录每次找到全局最优值时算法的迭代次数。HLR-PSO 算法和 CS-PSO 算法搜索到全局最优值时的迭代次数分别如表 7.3 和表 7.4 所示。

表 7.3　HLR-PSO 算法搜索到全局最优值时的迭代次数

HLR-PSO 算法	迭代次数	迭代次数	迭代次数	迭代次数	迭代次数	平均迭代次数
第 1～5 次	34	17	12	13	26	15.1
第 6～10 次	16	12	23	9	10	
第 11～15 次	22	12	10	16	10	
第 16～20 次	11	10	18	9	12	

表 7.4　CS-PSO 算法搜索到全局最优值时的迭代次数

CS-PSO 算法	迭代次数	迭代次数	迭代次数	迭代次数	迭代次数	平均迭代次数
第 1～5 次	3	4	6	4	4	4.1
第 6～10 次	4	5	6	2	4	
第 11～15 次	3	2	4	5	4	
第 16～20 次	4	4	4	5	5	

从图 7.6、表 7.3 和表 7.4 中可以明显地看出，CS-PSO 算法的迭代次数比 HLR-PSO 算法的迭代次数少得多。在算法中加入混沌初始化来初始化早餐粒子，不仅可以减少迭代次数，还可以提高算法的搜索效率。

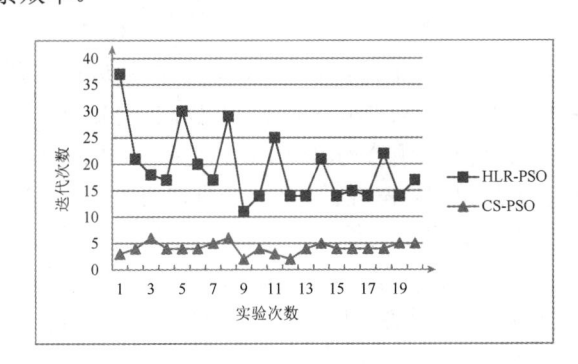

图 7.6　HLR-PSO 与 CS-PSO 算法的迭代次数的比较

3. 算法遍历性

同理，两种算法同样还是基于卡路里平衡这个约束。为了更好地比较，在 HLR-PSO 算法中加入了早餐的先验知识，即每次推荐食物组合中有 3 类食物。两种算法不同的地方是，HLR-PSO 算法更新早餐粒子规则是随机的，而 CS-PSO 算法采用了混沌扰乱规则来更新早餐粒子。选择主食类、水果类和奶类 3 种早餐类别。其中主食类对应食物数组的下标为 0～32，共 33 种食物；水果类对应食物数组的下标为 0～30，共 31 种食物；奶类对应食物数组的下标为 0～30，共 31 种食物。分别运行这两种算法，记录每次推荐的食物组合中对应这 3 类食物的下标。HLR-PSO 算法和 CS-PSO 算法推荐食物对应的下标分别如表 7.5 和表 7.6 所示。

表 7.5　HLR-PSO 算法推荐食物对应的下标

天数	1	2	3	4	5	6	7	8	9	10
主食类	31	30	31	30	30	30	30	30	21	15
水果类	20	30	20	30	30	30	30	30	28	28
奶类	30	25	30	25	25	25	25	25	30	29
天数	11	12	13	14	15	16	17	18	19	20
主食类	32	31	30	32	31	22	22	30	31	32
水果类	28	20	30	28	20	28	28	30	20	28
奶类	29	30	25	29	30	30	30	25	30	29

表 7.6　CS-PSO 算法推荐食物对应的下标

天数	1	2	3	4	5	6	7	8	9	10
主食类	4	2	23	1	2	7	4	14	14	30
水果类	26	29	15	29	29	4	26	19	21	30
奶类	6	9	25	29	9	27	10	24	26	25
天数	11	12	13	14	15	16	17	18	19	20
主食类	16	25	31	5	32	24	7	4	2	24
水果类	7	28	20	1	28	12	4	26	7	12
奶类	27	19	30	16	29	30	27	6	30	30

从图 7.7 中可以明显看出，实心小圆更多，且相对分散。结合图 7.7、表 7.5 和表 7.6 分析可知，图 7.7 中的空心圆代表 HLR-PSO 算法的运行结果，共有 6 种组合，分别为：15、28、29 组合（出现 1 次）；21、28、30 组合（出现 1 次）；22、28、30 组合（出现 2 次）；30、30、25 组合（出现 8 次）；31、20、30 组合（出现 5 次）；32、28、29 组合（出现 3 次），主要集中在后 3 种组合中。图 7.7 中的实心小圆代表 CS-PSO 算法的运行结果，共有 16 种组合，分别为：2、29、9 组合（出现 2 次）；4、26、6 组合（出现 2 次）；7、4、27 组合（出现 2 次）；24、12、30 组合（出现 2 次）；其他的组合均出现 1 次，且在 HLR-PSO 算法中高频率出现的 3 种组合，在 CS-PSO 算法推荐的结果中各出现了 1 次，分别在第 10 次、第 13 次和第 15 次中出现，如图 7.7 中空心圆和实心小圆相交的 3 个所示。图 7.8 所示为三维图在二维上的映射图，可以明显看出，HLR-PSO 算法的运行结果的位置相对集中，而 CS-PSO 算法的运行结果的位置相对分散。综上所述，算法中使用混沌扰乱规则推荐的早餐遍历性更好，这意味着饮食多样化、营养更全面。

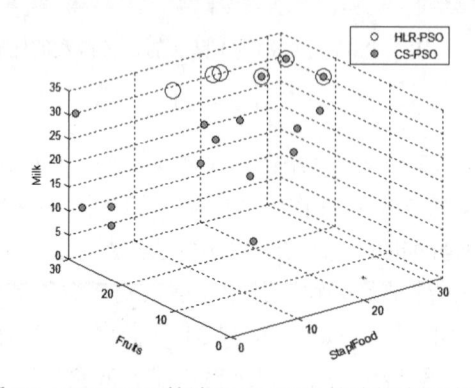

图 7.7　HLR-PSO 算法和 CS-PSO 算法的遍历结果三维图

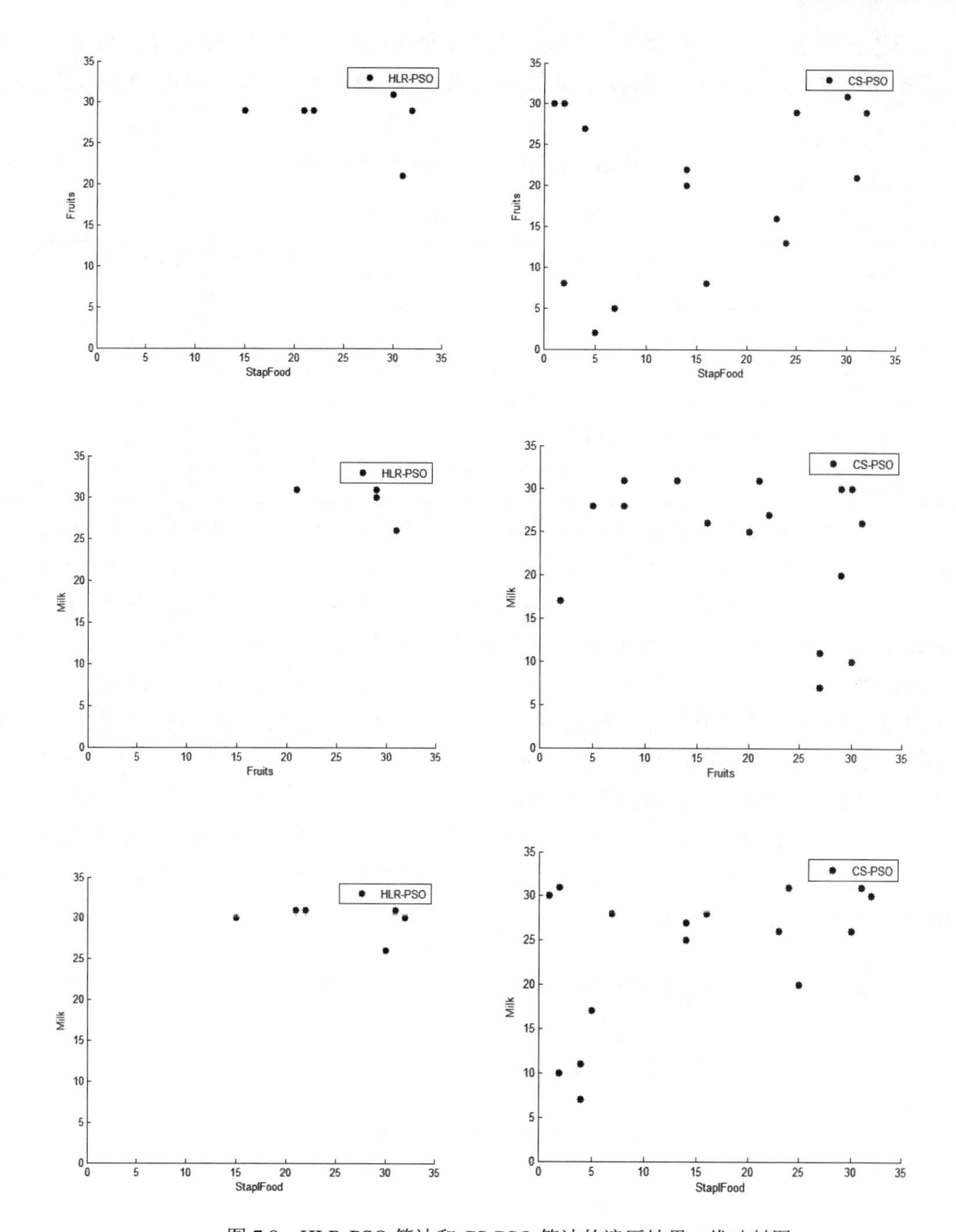

图 7.8　HLR-PSO 算法和 CS-PSO 算法的遍历结果二维映射图

7.4　早餐推荐系统

早餐推荐系统分为 3 部分：第 1 部分是欢迎界面；第 2 部分用于用户填写个人信息，并且根据个人信息计算得到自己的体质指数（Body Mass Index，BMI）、营养素摄入标准和卡路里摄入标准；第 3 部分用于根据个人 BMI、卡路里摄入标准和营养素摄入标准，以及用户可接受的价格范围等推荐个性化早餐。其中 BMI 公式和亚洲 BMI 标准分别如式（7.15）和表 7.7 所示。

$$BMI=Weight(kg) \div height^2(m) \qquad (7.15)$$

表 7.7　亚洲 BMI 标准

	亚 洲 标 准	相关疾病发病危险性
偏瘦	<18.5	低（但其他疾病危险性增加）
正常	18.5～22.9	平均水平
超重	≥23	高于平均水平
偏胖	23～24.9	增加
肥胖	25～29.9	中度增加
重度肥胖	≥30	严重增加
极重度肥胖	≥40	非常严重增加

早餐推荐系统的类图如图 7.9 所示，总共有 9 个类，其中作为欢迎界面的是 Welcome 类。Welcome 类是一个闪屏的欢迎界面，3s 后跳转到主界面 MainActivity。主界面继承自 Activity 类，MainActivity 主要给用户输入个人基本信息，这些信息通过协助 StandardInfo 类，经过 DBManager 类从数据库中查询得到个性化的健康标准信息，最后把这些信息传递给 RecommActivity 类作为早餐推荐的参考信息。RecommActivity 类也继承自 Activity 类，接收来自 MainActivity 的个性化数据，加上早餐推荐的 CS-PSO 算法的协助，最终将推荐的早餐显示在界面中。其中 CS-PSO 算法由两个类组成，即 BF_PSO 类和 Agent 类，其中 BF_PSO 类主要用于迭代早餐粒子的更新操作，而 Agent 类用于早餐粒子的初始化工作，一个 Agent 对象用来表示一个早餐粒子。这两个类是关联的关系，一个 BF_PSO 类对象关联多个 Agent 对象。BF-PSO 类通过关联的多个 Agent 对象，以及协助类 FoodInfo，再加上 FoodInfo 的协助类 DBManager，最终完成早餐推荐。

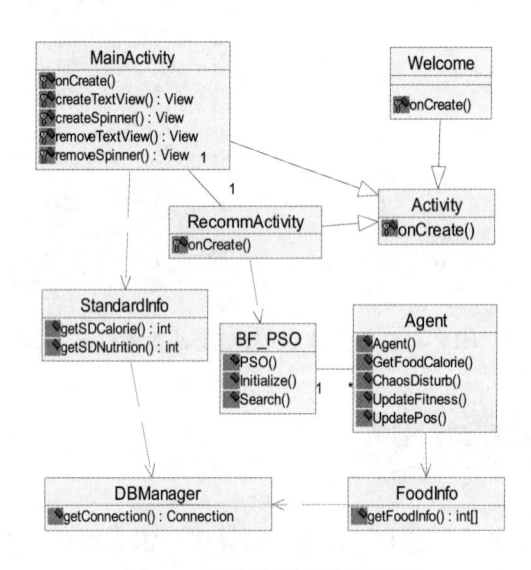

图 7.9　早餐推荐系统的类图

系统界面如图 7.10 所示，图 7.10（a）所示为系统的主界面，用于用户填写个人相关信息，相关信息有个人的年龄、性别、日常活动水平、体重、身高，以及个性化约束（用户期望总价格）和一般约束（用户喜欢的种类）。若性别选择女，则需要选择是否是孕妇；若性别选择男，则没有这个选项。填写好个人相关信息及根据个人情况填写或选择个性化约束和一般约束，单击"Recommendation"按钮，会生成如图 7.10（b）和图 7.10（c）所示的界面。其中图 7.10（b）所示为个人信息界面，根据个人信息给出用户健康体质得分，以及根据对应体质给出相应的建议。图 7.10（c）所示为用户的每日所需营养素及相应健康饮食推荐方案。

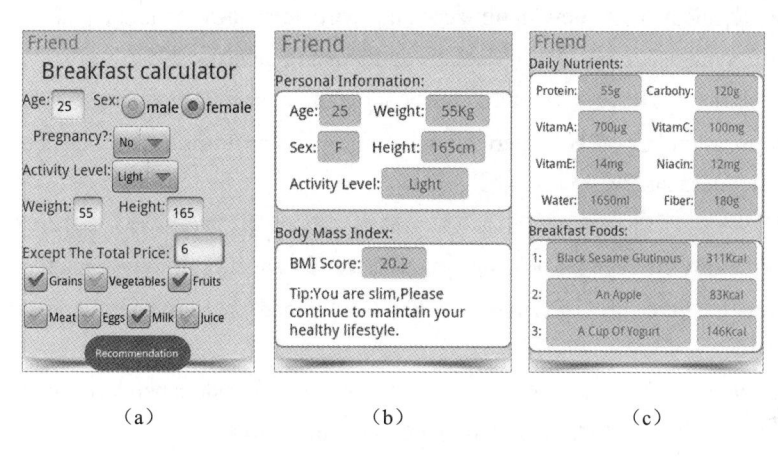

（a） （b） （c）

图 7.10 系统界面

7.5 本章小结

本章首先描述了"智慧饮食"这一概念的产生背景，分析了其起源与发展现状，并对其未来进行了展望。然后介绍了 CS-PSO 算法，在 PSO 算法中加入了混沌初始化和混沌扰乱，构成基于混沌搜索的粒子群优化算法来解决组合优化问题。本章将 CS-PSO 算法应用到早餐推荐系统中，并在 3 个方面与 HLR-PSO 算法做了实验对比，实验表明在 CS-PSO 算法中加入早餐的先验知识、混沌初始化和混沌扰乱规则，有利于提高 PSO 算法在解决早餐组合优化问题时的性能，通过智能化的方法使得饮食搭配变得更加合理。

本章参考文献

[1] 分析测试百科网. 2018—2023 年中国疾病防控行业市场前瞻与发展战略规划分析报告[EB/OL]. [2019-07-25]. https://www.antpedia.com/news/12/n-2161312.html.
[2] 戎汉中. 面向组合优化问题的粒子群算法的研究[D]. 南京：南京邮电大学，2017.
[3] 中国政府网. 合理膳食健康教育核心信息及释义 [EB/OL]. [2019-07-25]. http://www.nhc.gov.cn/xcs/cbcl/201706/55e1726efd214a14821bbb542605eb13.shtml.

[4] 国家食品药品监督管理总局. 老年人健康饮食消费提示[EB/OL]. [2019-07-25]. http://samr.cfda.gov.cn/WS01/CL1975/220609.html.

[5] 赵节昌. 基于中国饮食文化的"食育"发展思考[J]. 农产品加工，2018，7（4）：82-84.

[6] 国务院. 国务院关于实施健康中国行动的意见[EB/OL]. [2019-07-25]. http://www.gov.cn/zhengce/content/2019-07-15/content_5409492.htm.

[7] Kennedy J, Eberhart R. Particle swarm optimization [C] // Proc of the 1995 IEEE International Conference on Neural Networks. Perth, Austraial, 1995.

[8] Eberhart R, Kennedy J. A new optimizer using particle swarm theory [C] //Proc of the 1995 6th International Symposium on Micro Machine and Hunan Science, 1995.

[9] Chang Y C, Hsieh C H, Xu Y G, et al. Introducing the concept of velocity into bare bones particle swarm optimization [C] //2014 International Conference on Information Science, Electronics and Electrical Engineering, 2014.

[10] 胥小波，郑康锋，李丹，等. 新的混沌粒子群优化算法[J]. 通信学报，2012，33（1）：24-30.

[11] Lei K Y. A highly efficient particle swarm optimizer for super high-dimensional complex functions optimization [C] //the 5th IEEE International Conference on Software Engineering and Service Science, 2014.

[12] Kumari N, Jha A N. Frequency control of multi-area power system network using PSO based LQR [C] //the 6th IEEE Power India International Conference, 2014.

[13] Yao J J, Li J, Wang L M, et al. Wireless sensor network localization based on improved particle swarm optimization [C] //the International Conference on Computing, Measurement, Control and Sensor Network, 2012.

[14] Liao Y F, Yau D H, Chen C L. Evolutionary algorithm to traveling salesman problems [J]. Computers & Mathematics with Application, 2012, 64(5):788-797.

[15] Lee K B, Kim J H. Multiobjective particle swarm optimization with preference-based sort and its application to path following footstep optimization for humanoid robots [J]. IEEE Transactions on Evolutionary Computation, 2013, 17(6):755-766.

[16] 王涛. 基于捕食搜索策略的自适应混沌粒子群算法的研究及应用[D]. 广州：暨南大学，2013.

[17] 温涛，盛国军，郭权，等. 基于改进粒子群算法的Web服务组合[J]. 计算机学报，2013，36（5）：1031-1046.

[18] 郭文忠，陈国龙，陈振. 离散粒子群优化算法研究综述[J]. 福州大学学报，2011，39（5）：143-147.

[19] 高海兵，周驰，高亮. 广义粒子群优化模型[J]. 计算机学报，2005，28（12）：1980-1987.

[20] Ibrahim I, Yusof Z M, Nawawi S W, et al. A Novel multi-state particle swarm optimization for discrete combinatorial optimization problems [C] //the 4th International Conference on Computational Intelligence, Modelling and Simulation, 2012.

[21] 高鹰，谢胜利. 混沌粒子群优化算法[J]. 计算机科学，2004，31（8）：13-15.

[22] 王铁君，邬月春. 基于混沌粒子群算法的物流配送路径优化[J]. 计算机工程与应用，2011，47（29）：218-221.

[23] 杨庆，陈强，李珍珍. 带时间窗车辆路径问题的混沌粒子群优化算法[J]. 计算机技术与发展，2015，25（8）：119-122.

[24] 荆紫慧. 基于改进离散粒子群算法的 Web 服务组合研究[D]. 合肥：安徽大学，2016.

[25] 张艳平，荆紫慧，张以文，等. 基于离散粒子群算法的动态 Web 服务组合[J]. 计算机科学，2015，42（6）：71-75.

[26] Silva A S, Ma H, Zhang M J．A graph-based particle swarm optimization approach to QoS-aware web service composition and selection [C] //the IEEE Congress on Evolutionary Computation, 2014．

[27]　Huang L C, Zhang X C, Huang X C, et al．A QoS optimization for Intelligent and Dynamic Web Service Composition Based on Improved PSO Algorithm [C] //the Second International Conference on Networking and Distributed Computing, 2011．

[28] 刘长彬. 基于粒子群和人工鱼群混合优化排课系统研究[D]. 成都：成都理工大学，2015.

[29] 刘畅. 基于混合启发式算法的单线公交车辆调度问题研究[D]. 北京：北京交通大学，2016.

第 8 章 智慧娱乐

娱乐可被看成一种通过表现喜怒哀乐或自己和他人的技巧而使与受者喜悦、放松，并带有一定启发性的活动。显然，这种定义是广泛的，它包含了悲喜剧、各种比赛和游戏、音乐舞蹈表演和欣赏等。随着娱乐资源的迅速增长，我们需要智慧的规划、推荐来获取"精准"娱乐信息。个性化推荐系统是互联网和电子商务发展的产物，是建立在海量数据挖掘基础上的一种高级商务智能平台，向顾客提供个性化的信息服务和决策支持。本章首先介绍智慧娱乐的产生背景及现代社会对智慧娱乐的需求，接着描述智慧娱乐的发展现状，然后着重介绍面向智慧娱乐的推荐算法[1]，并且在此基础上进行了改进，最后介绍个性化电影推荐系统。

8.1 智慧娱乐的背景与需求分析

8.1.1 智慧娱乐的背景分析

随着我国网络基础设施的逐步完善和网络强国建设步伐加快，娱乐业逐渐成为数字经济发展的重要支柱，包括游戏、影视、文学、动漫、音乐等"互联网+文化娱乐"业态广泛互联并深度融合。

《2018 年中国泛娱乐产业白皮书》指出，2017 年我国泛娱乐核心产业产值约为 5484 亿元，同比增长 32%，预计占数字经济的比重将会超过 1/5，成为我国数字经济的重要支柱和新经济发展的重要引擎。进入 2018 年，泛娱乐产业细分领域呈现玩法多元化趋势，如短视频、线上娃娃机等新型娱乐方式不断涌现，受到移动网络用户高涨的碎片化娱乐需求的影响，行业将迎来前所未有的高速发展期[2]。

图 8.1[3]所示为国家统计局 2013—2017 年娱乐业新增固定资产的统计图。

随着信息技术的发展，我国的娱乐方式日益丰富，网络游戏、网络影视、网络直播与短视频、网络动漫、网络文学等产业迅速发展。在娱乐方式多样化的同时，如何根据每个人的需求推荐个性化的娱乐方式，实现精准高效的娱乐，不仅为每个人带来便捷的愉悦，同时可以为企业创造更多的价值，进而推进国家娱乐业的发展。

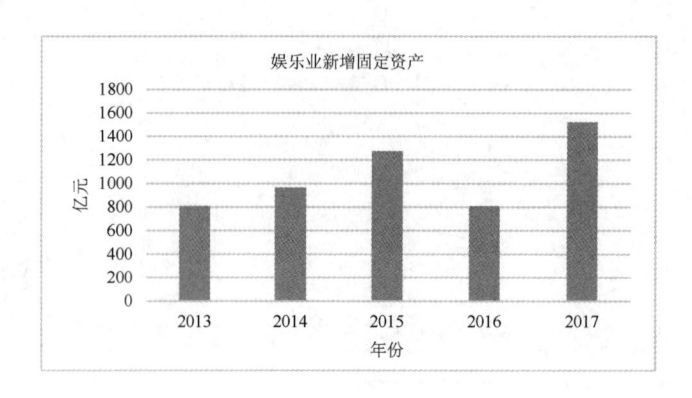

图 8.1 国家统计局 2013—2017 年娱乐业新增固定资产的统计图

8.1.2 智慧娱乐的需求分析

信息化、智能化的技术使用户的娱乐体验有了很大的提升。此外，对于企业而言，使用"智慧娱乐"来分析用户群体以提供优质的服务、精准的广告投放也是十分必要的。对于娱乐业来说，使用大数据、云计算、人工智能等方法来分析产业，有利于优化产业结构、提高国家的 GDP。

1. 娱乐业

娱乐业是指为娱乐活动提供场所和服务的行业，包括歌厅、舞厅、音乐茶座、台球厅、保龄球场、网吧、游艺场等娱乐场所，以及娱乐场所为顾客进行娱乐活动提供服务的业务。娱乐场所为顾客提供的饮食服务及其他各种服务也按照娱乐业征税。

面对日益多样化的娱乐业，国家可以对产业的行情进行大数据分析，得出具有发展潜力的产业进行重点扶持。

2. 娱乐企业

2017 年，泛娱乐生态繁荣发展，生态化运营特征显著，涌现了以腾讯、阿里巴巴、百度、网易、三七互娱等为代表的泛娱乐产业生态化运营龙头企业。作为泛娱乐战略理念的首倡者，腾讯基于互联网+多领域共生+明星 IP 的粉丝经济，构建了一个打通游戏、文学、动漫、影视、电竞等多种文创业务领域互相连接、共融共生的新生态。阿里巴巴泛娱乐战略以流量分发为基础，以并购力度和深度为依托，加入了 UC、优酷和土豆的强势流量，补齐了影业、文学、数娱，以及游戏变现渠道，形成了 "3+X" 的大文娱架构业务矩阵。阿里文娱基于阿里巴巴在科学技术、数字技术、数据技术的积累，致力于构建文化娱乐产业的新基础设施。百度依靠游戏、视频和文学 3 个重点业务进行了泛娱乐布局，侧重于影视布局的整合，形成了以百度视频为核心的 PGC 内容生态、以爱奇艺为核心的在线影视娱乐内容生态、以糯米电影为核心的线下电影+演出生态和以百度贴吧为核心的基于粉丝的泛娱乐生态。作为游戏行业的龙头企业，三七互娱积极推进网络游戏产业生态化发展，实现了由"重渠道"向生态化发展下"重产品"的思路转变，推动了大小生态共同繁荣发展。三七互娱在多元化发展战略下更加注重产品的"品效产"结合，通过满足游戏玩家多元化的需求反向推动研发，并重新定义了产品。同时，三七互娱围绕 IP 核心发力"无界"的泛娱乐联动，积极布局影视、音乐、动漫、VR 及直播等在内的泛娱乐产业，打造新的 IP 生态圈，推进泛娱乐产业生态化运营[2]。

虽然如今的娱乐资源十分丰富，但并非所有人都可以接受所有的娱乐方式。企业需要根据自己的主打产品找到对应的用户群体，来进行精准的广告投放，以达到效益最大化、创造更多的价值，同时根据不同的用户群体，提供个性化的服务，以提升服务质量。

3. 个人

随着 4G 甚至是 5G 等无线网络技术的飞速发展，面向泛在环境下的个性化信息推荐服务将成为新的研究热点。智能移动设备的日新月异使"3W"（Whoever、Whenever、Wherever）梦想成为现实。智能移动设备成为人们获取信息的主要平台之一（如使用手机或平板电脑搜索信息、浏览新闻、阅读书籍、听音乐、看视频、玩游戏、社交等）。人们面对海量的娱乐资源，需要一个高效、准确的推荐系统对自己感兴趣的部分内容进行获取。

8.2 智慧娱乐的发展现状

互联网的飞速发展和不断增长的娱乐资源使信息成指数激增，娱乐服务领域面临"娱乐资源丰富，但获取个性化娱乐资源困难"的问题，给人们带来很大的信息负担。一方面，网络上出现因大量娱乐资源的信息而导致的"信息过载"（Information Overload）现象；另一方面，用户无法获取自己需要的信息资源。对于信息过载的问题，网络信息的获取以现代技术为手段提供必要的信息资源给用户。通常情况下，信息获取的服务模式包括信息拉取和推送两种类型。

自十八大以来，中国特色社会主义文化不断发展，文化事业和文化产业蓬勃发展。我国的泛娱乐产业以文化为核、娱乐为表，通过精品 IP 衍生和技术创新驱动，不断为人民群众提供创新性的文化产品，满足人民日益增长的美好生活需要。2017 年，我国网络文学、网络影视、网络动漫、网络音乐、网络游戏等传统泛娱乐业态迎来精细化发展；网络直播、短视频等新业态方兴未艾，"玩法"更加多样化。泛娱乐内部各业态之间深度融通、泛娱乐产业与实体经济加速融合。精品 IP 层出不穷，优质游戏、剧集等文化产品积极"出海"，在国际文创市场上成为传播中华优秀传统文化的重要载体。泛娱乐产业日益成为我国网络强国和文化强国建设的新支柱、数字经济发展的新动能、信息消费增长的新源泉、社会正能量传播的新渠道和实体经济振兴的新推手。

随着娱乐资源的剧增，以及互联网、人工智能的迅速发展，国家、企业及个人都离不开信息化、智能化的技术。对于智慧娱乐，我们给出如下定义：利用各种信息技术或创新概念来优化娱乐业的资源结构、提升娱乐业服务质量，以及改善市民的娱乐体验。

十九大报告[4]指出中国特色社会主义进入了新时代，泛娱乐产业也必须站在新时代的新高度，紧密结合网络强国和文化强国战略，不断提升自身发展质量和效益，培育产业发展新业态、新模式，满足人民日益增长的美好生活需求。在数字经济不断更新迭代的推动下，以创意性和新技术为特征的泛娱乐产业也表现出新的发展趋势。智慧娱乐也必将为未来娱乐业的发展起到不可取代的推进作用。

8.3 基于社交网络的智慧推荐

8.3.1 基本思想

随着信息化的发展,社交网络成为一个新的娱乐点。社交网络[5]是一种以各种形式提供交流、交互服务的互联网应用。它以一定社会关系或共同兴趣为纽带在线聚合用户。社交网络逐步成为人们获取信息、展示自我的网络平台。现有的主要社交平台包括 Facebook、Twitter、新浪微博、豆瓣等。在社交网络创造利润的同时,也产生了很多的虚假信息与虚假用户,这使人们之间的信任程度越来越低,沟通变得更加困难。社交网络采用真实信息注册,使人们能更放心、更轻松地与其他人进行交流,同时带来全新的用户体验。通过社交网络,人们会主动公布自己的特点和偏好,积极提供并注释各种资源(如图片、视频)或分享他们的知识。虽然协同过滤推荐算法被广泛应用,但其在推荐过程中存在的冷启动和数据稀疏问题,以及相似度计算的限制,严重影响着推荐的精准度。从系统实现的角度来考虑,如果信息量过大,协同过滤的推荐速度又会变得缓慢,不能进行实时推荐。基于社交网络的推荐系统希望通过信任网络的信息提高推荐结果的准确度,不仅根据比较历史评分选择同伴,而且考虑明确信任的近邻。这种基于社交网络的推荐还可以解决冷启动问题及提高用户覆盖度,如果根据共同评分物品无法得到足够多的近邻,可信朋友可以作为预测的起点。

下面将介绍一种基于协同过滤推荐算法和社区发现算法,以及用户间的信任关系相结合改进的社交网络的推荐算法。首先,计算用户之间的信任度和相似度,使用加权值来构建用户关系矩阵;然后,使用社区发现算法对用户进行聚类,形成邻居集;最后,预测评分并生成推荐列表。基于社交网络的推荐流程如图 8.2 所示。

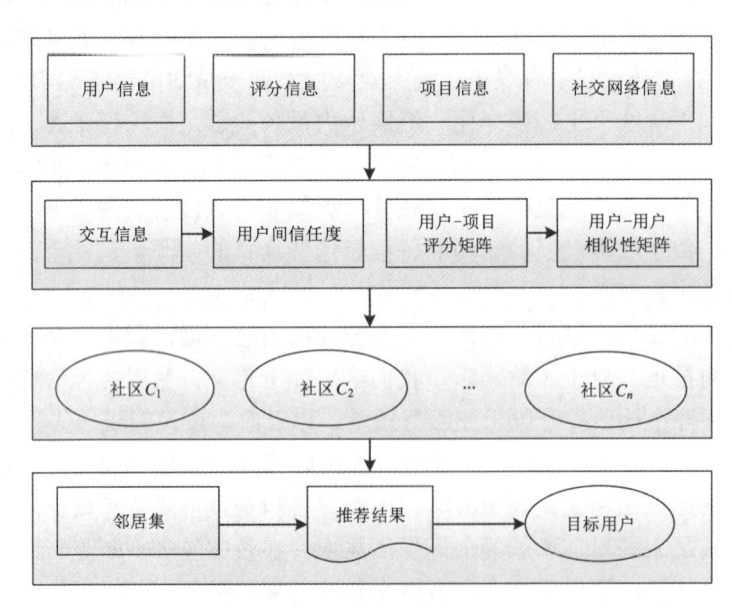

图 8.2 基于社交网络的推荐流程

8.3.2　信任度量与计算

1. 信任度量

（1）信任的性质。根据信任在日常生活中的表现，信任有如下几个基本特性。

① 主观性。信任是一个用户对另一个用户的某种能力的主观意识的判断，而且不同的用户，其判断标准也不一样，根据所采用的不同判断标准得到的信任度是不一样的。

② 不对称性。信任受到多种因素的影响，更因为其主观性导致用户间的信任是不对称的。例如，用户 A 信任用户 B，但并不意味着用户 B 也信任用户 A，用户 A 和用户 B 的信任度一般是不对称的。

③ 弱传递性。用户与用户信任的传递性较弱。例如，用户 A 信任用户 B，并且用户 B 信任用户 C，在一定的约束下，我们可以得出用户 A 信任用户 C 的结论。在同一个社交圈子里，信任具有移动的传递性，这种传递并不是等值传递，存在一定衰减，信任传递链越长，衰减越大。

④ 动态性。信任关系是随着环境、时间而动态变化的。影响用户间信任关系的原因既有与用户自身相关的能力、性格、心理、意向、知识等内部因素，也有行为、策略、协议、环境等外部因素。

⑤ 可度量性。信任反映的是一个用户对另一个用户的相信程度，因此信任是可以度量的。信任的度量是否准确通常决定信任系统是否有效。

（2）信任的分类。根据不同的分类标准，信任的分类如下[6]。

① 根据信任关系的获取方式，信任可分为直接信任和间接信任。直接信任的表现方式一般有显式和隐式两种。显式的直接信任指通过用户交易后一个用户对另一个用户直接的信任评分，类似于对某个项目的评分。这也是目前许多电子商务网站正在做或将要做的事情，网站不仅提供用户对项目的评分机制，用于表示对项目的喜爱程度，还提供用户对其他用户的可信任程度的鉴定或评分机制。通常，由于网站对信任定义和网站设计的不同，所设计的直接信任评分（或标识）也不尽相同，如 Epinion.com 使用 0 和 1 两个离散的数值来代表不信任和信任两种状态，并通过信任好友在信任列表中的前后位置来表示对其的信任程度。而 FilmTrust 网站则使用 0～9 的信任评分范围来表示，其中 0 代表不信任关系，1～9 代表信任程度逐渐增加。隐式的直接信任指信任度不能直接获得，需要对用户的一些行为信息（如购买行为、评分行为和推荐行为等）进行处理和计算来提取用户间的直接信任度。

间接信任指用户之间没有直接联系和信任关系，它并不像直接信任那么明显地表示用户之间的信任程度，而是通过用户间的直接信任进行传递得到的。

② 根据信任作用的范围，信任可分为全局信任和局部信任。全局信任度是一个用户在整体范围内的信任程度，是用户之间的局部信任一起作用的结果。计算全局信任度的方法一般是对每个用户的信任值做平均，计算整体的用户"信誉"，在线拍卖平台经常用到这种方法。谷歌经典的网页排名算法 PageRank 也可以被视为应用全局信任度量方法的一个例子，不过它已经不仅仅是对指向一个页面的链接数做简单的平均。

局部信任度表示的是两个用户之间的信任关系,即某个用户对另一个用户的信任评分,通常根据用户在某一范围内或某种条件下的信任程度来计算。与全局信任度相比,局部信任度较能说明信任特点的个性化,对用户间信任的度量也更准确。

2. 信任度计算

信任度是一个用户对另一个用户的信任程度的量化。将信任引入个性化推荐系统中,首先要解决的就是信任关系的量化问题,使之成为可计算或进行相关操作的数据。结合信任的多个性质及实际社交网络的相关特点,从以下方面考虑信任度的计算问题。

(1) 直接信任度计算。

① 交互信任度。交互信任度是指在社交网络关系中,用户之间的交互程度。用户之间的交互图如图 8.3 所示。

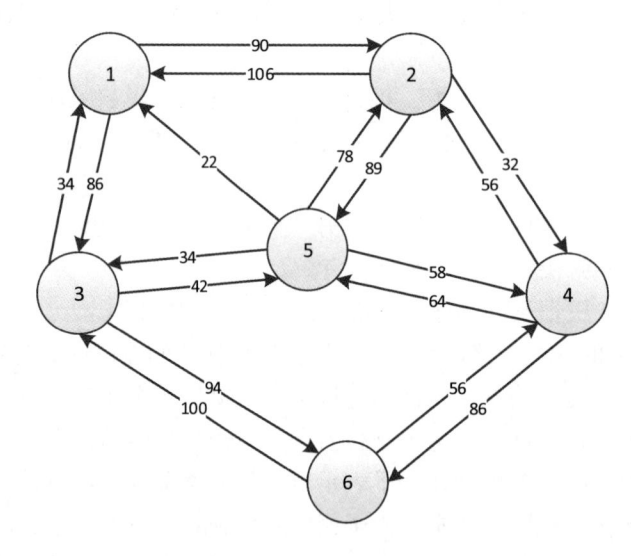

图 8.3 用户之间的交互图

图 8.3 中的各节点代表社交网络中的用户,节点间的边用有向箭头代表交互发送方指向接收方,边的权重值代表各种交互类型的信息总和。通过用户之间的交互图,可以定义用户间的交互信任度为

$$\mathrm{comm}(i,j) = \frac{w_{i,j}}{\sum w_{i(\mathrm{out})}} \tag{8.1}$$

式中,$w_{i,j}$ 代表用户 i 向用户 j 发送的消息数量;$\sum w_{i(\mathrm{out})}$ 代表用户 i 向周围用户发送的消息总数。例如,用户 2 对用户 1 的交互信任度为 $\mathrm{comm}(2,1) = \dfrac{106}{106+89+32} \approx 0.467$。

② 推荐信任度。用户总是更加信任那些曾经购买或使用过该商品的用户,如果其自身的专业、兴趣等背景信息与该商品有一定的关系,其自身的这些背景使其具备对该商品的一定的评价能力,该能力也可成为其对该商品推荐可信赖程度的参考因素。同时,用户之间的共同好友数目也能体现两者之间的关系。

$$\mathrm{fri}(i,j) = \frac{n_i \cap n_j}{n_i} \tag{8.2}$$

$$\mathrm{fre} = \frac{k_i}{\sum k_i} \tag{8.3}$$

式（8.2）中，n_i 和 n_j 分别代表用户 i 和 j 的好友数；$n_i \cap n_j$ 代表用户 i 和 j 的共同好友数。式（8.3）中，k_i 代表推荐用户对 i 类商品的评价次数；$\sum k_i$ 代表用户对所有商品种类的评价次数。

将上述两点信任度结合即可得到综合信任度 $\mathrm{trust}(i,j)$：

$$\mathrm{trust}(i,j) = \frac{1}{2}\big[\mathrm{fri}(i,j) + \mathrm{fre}\big] \times \mathrm{comm}(i,j) \tag{8.4}$$

（2）间接信任度计算。在信任度的传递计算中应遵循直接信任优先于间接信任的原则，用 $L(A,B)$ 表示节点 A 和节点 B 之间存在的信任路径。若信任网络中节点 A 和节点 B 之间存在唯一的信任路径 $L(A, X_1, X_2, \cdots, X_n, B)$，则节点 A 和节点 B 之间的间接信任度为信任路径 L 上的所有直接信任度的乘积，表达式为

$$\mathrm{trust}_{L(A,B)} = \mathrm{trust}(A, X_1) \times \mathrm{trust}(X_1, X_2) \times \cdots \times \mathrm{trust}(X_n, B) \tag{8.5}$$

若信任网络中节点 A 和节点 B 之间存在多个信任路径 $L(L_1, L_2, \cdots, L_n)(n \geq 2)$，则选取信任路径 L 中的最短路径，假设存在 k 条最短路径，计算公式如下：

$$\mathrm{trust}_{L(A,B)} = \frac{\sum_{i=1}^{k} \mathrm{trust}_{L_i}}{k}, \quad L_i \in \{\min(L_1, L_2, \cdots, L_n)\} \tag{8.6}$$

按照信任路径 L 先短后长的顺序继续计算，若某路径 L_j 的计算结果 $\mathrm{trust}_{L_j} > \mathrm{trust}_{L(A,B)}$，则将路径 L_j 算作最短路径之一，并重新用式（8.6）计算 $\mathrm{trust}_{L(A,B)}$，在所有路径（如果链路过长可忽略计算）都计算结束后得到最终的间接信任结果。

如图 8.4（a）所示，节点 A 到节点 B 只存在一个信任路径，则节点 A 对节点 B 的信任度为 $\mathrm{trust}_{L(A,B)} = 0.8 \times 0.7 \times 0.7 = 0.392$。如图 8.4（b）所示，节点 A 到节点 B 存在多个信任路径，首先应该用式（8.6）计算最短路径 $L(A, X_3, B)$ 和 $L(A, X_4, B)$ 的 $\mathrm{trust}_{L(A,B)}$ 值，$\mathrm{trust}_{L(A,B)} = \dfrac{0.8 \times 0.6 + 0.6 \times 0.8}{2} = 0.48$，但另一条路径 $L(A, X_1, X_2, B)$ 的间接信任度 $\mathrm{trust}_{L(A, X_1, X_2, B)} = 0.8 \times 0.8 \times 0.9 = 0.576 > \mathrm{trust}_{L(A,B)}$，所以路径 $L(A, X_1, X_2, B)$ 也应加入最短路径集合中，得到最终的间接信任度 $\mathrm{trust}_{L(A,B)} = \dfrac{0.48 + 0.48 + 0.576}{3} = 0.512$。这种计算方法有效地避免了最短路径的信任度过低而导致的误判断。

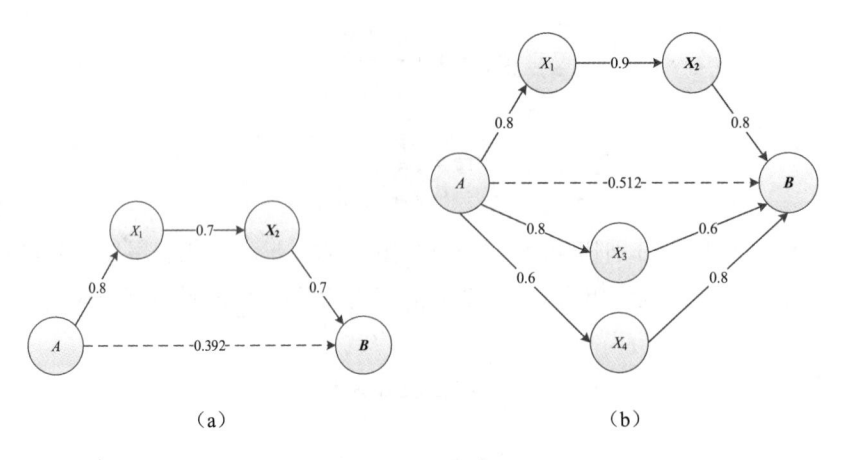

图 8.4　单路径与多路径的间接信任度计算

8.3.3　基于社交网络的推荐

基于协同过滤推荐算法和大规模社会网络分析的思想，本节将介绍一种基于传统的协同过滤推荐算法改进的社交网络的推荐算法。该算法首先根据用户之间的信任度和相似度构建用户关系矩阵，再利用社会网络分析中常用的社区发现算法对用户网络进行社区划分，即对相同的兴趣用户进行聚类，然后选择最近的邻居集，最后通过对未评分的项目进行评分预测，推荐给目标用户。该算法引入了基于社交网络的社区发现算法对用户进行聚类，大大提高了推荐的速度，同时利用用户之间的信任度进行邻居的选取，提高了推荐的准确度。

1. 社区发现算法

在现实网络中经常有一些节点与其他节点的联系非常紧密（网络中度很大的节点，称为"中心节点"）。将中心节点视为初始社区的起点，然后不断向社区中加入对社区的贡献度最大的相邻用户节点（若存在多个节点对社区的贡献度都最大，则将这些节点都加入该社区中），当全局贡献度达到最大时形成一个稳定的社区。

为了更清楚地了解聚类过程，对节点对社区的贡献度和模块度定义如下。

1) 节点对社区的贡献度 q

$$q = \frac{L_{in}}{L_{in} + L_{out}} \tag{8.7}$$

式中，L_{in} 为无权网络中代表社区内部的边数，在有权网络中代表社区内部所有边的权值总和；L_{out} 为无权网络中代表与社区相连的外部边数，在有权网络中代表与社区相连的外部所有边的权值总和。节点对社区的贡献度 q 越大，节点和社区之间的联系越紧密。

2) 模块度 Q

模块度 Q 是在社区划分中衡量当前社区是否达到最佳程度的重要指标，模块度 Q 越大，社区的划分效果越好，社区和社区之间的联系越少，从而实现模块内部"高内聚"、模块外部"低耦合"。

在无权网络中，模块度 Q 的表达式如下：

$$Q = \frac{1}{2m}\sum_{ij}\left(A_{ij} - \frac{k_i k_j}{2m}\right)\delta(C_i, C_j) \qquad (8.8)$$

式中，m 为网络的总边数；k_i 和 k_j 分别为节点 i 和节点 j 的连接边数；A_{ij} 为网络邻接矩阵，当随机网络连接的节点 i 和节点 j 相连时 $A_{ij}=1$，当节点 i 和节点 j 不相连时 $A_{ij}=0$；$\delta(C_i, C_j)$ 为 kronecker 函数，若节点 i 和节点 j 属于同一社区，则 $\delta(C_i, C_j)=1$，若不在同一社区，则 $\delta(C_i, C_j)=0$。

在有权网络中，模块度 Q 的表达式如下：

$$Q = \frac{1}{2W}\sum_{ij}\left(A_{ij} - \frac{w_i w_j}{2W}\right)\delta(C_i, C_j) \qquad (8.9)$$

式中，W 代表网络中所有边的权值总和；w_i 和 w_j 分别代表节点 i 和节点 j 相连的边的权值总和。

社区发现算法的流程如图 8.5 所示。

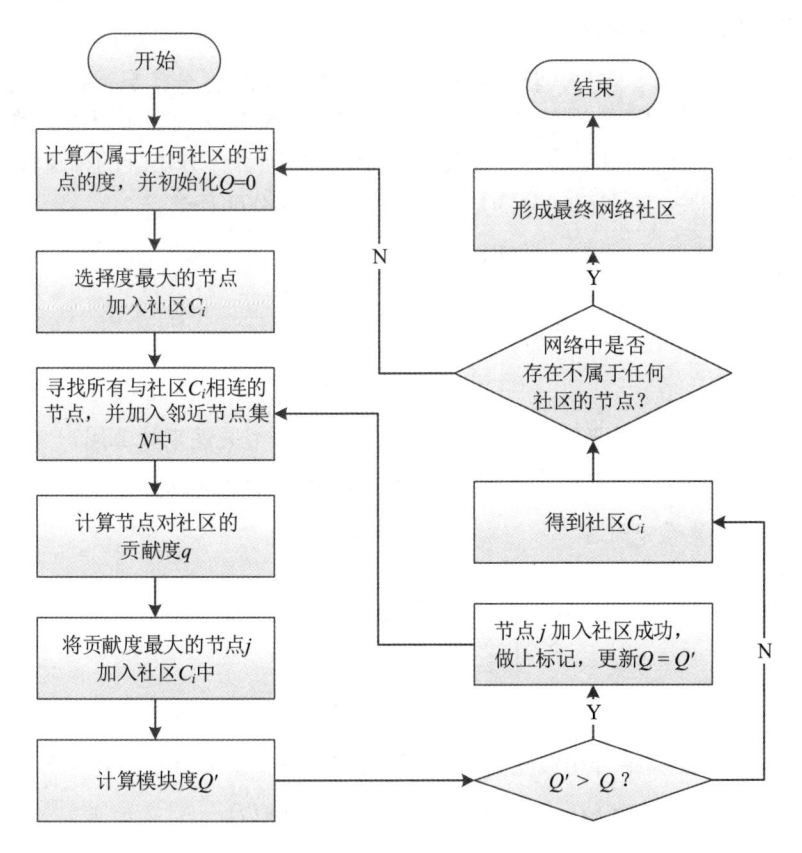

图 8.5 社区发现算法的流程

步骤1：计算网络中不属于任何社区的节点的度（和该节点相关联的边数），并初始化模块度 $Q=0$，从中选择度最大的节点 i 作为初始社区 C_i。

步骤2：找出所有与社区 C_i 相连的节点，并把它们放入邻近节点集 N 中。

步骤3：根据式（8.7）计算邻近节点集 N 中的每个节点对社区 C_i 的贡献度 q，并将对社区具有最大贡献度的节点 j 加入社区 C_i 中。

步骤4：计算社区 C_i 的模块度 Q'。若 $Q'>Q$，则表示节点 j 加入社区 C_i 成功，将节点 j 做上标记，同时更新模块度 $Q=Q'$，返回步骤2继续执行；否则，转步骤5。

步骤5：模块度 Q 已经达到最大值，即当前社区 C_i 达到划分的最优结果。

步骤6：如果不存在未做标记的节点，网络中的所有社区已检测到，则过程结束；否则，从没有做标记的节点中选择度最大的节点，作为新的初始社区 C_i，返回步骤1继续执行。

该算法核心部分是寻找度最大的节点、计算相连节点对社区的贡献度和计算社区的模块度3个步骤，并且这3个步骤是顺序执行的。显然，对于一个具有 m 个节点 n 条边的网络来说，后面2个步骤的时间复杂度小于第1个步骤的时间复杂度。在寻找度最大的节点时，需要将节点遍历1次、边遍历2次，时间复杂度为 $O(mn)$。一般情况下，社区数量 $c \ll m$，所以整个算法的最大时间复杂度为 $O(cmn) \approx O(mn)$。

2. 基于社交网络的推荐算法

（1）构建用户关系矩阵。首先，获取用户信息、项目信息、评分信息，并用矩阵的方式表示用户和项目之间的关系，形成用户-项目评分矩阵 $\boldsymbol{R}_{mn}$。其中 m 代表用户的个数，n 代表项目的个数，r_{ij} 代表用户 i 对项目 j 的评分。为了减少用户-项目评分矩阵的稀疏性，可以将未评分的 r_{ij} 设置为0或用户 i 所有已评分的均值或项目 j 已评分的均值。

$$\boldsymbol{R}_{mn} = \begin{bmatrix} r_{11} & r_{12} & \cdots & r_{1m} \\ r_{21} & r_{22} & \cdots & r_{2m} \\ \vdots & \vdots & & \vdots \\ r_{m1} & r_{m2} & \cdots & r_{mm} \end{bmatrix} \tag{8.10}$$

在填充的用户-项目评分矩阵 $\boldsymbol{R}_{mn}$ 的基础上，用 Pearson 相关性来计算用户之间的相似度，构建用户-用户相似性矩阵 $\boldsymbol{S}$。其中，s_{uv} 代表用户 u 和用户 v 之间的相似度，且 $s_{uv} \in [0,1]$。

用户-用户相似性关系矩阵 $\boldsymbol{S}$：

$$\boldsymbol{S} = \begin{bmatrix} s_{11} & s_{12} & \cdots & s_{1m} \\ s_{21} & s_{22} & \cdots & s_{2m} \\ \vdots & \vdots & & \vdots \\ s_{m1} & s_{m2} & \cdots & s_{mm} \end{bmatrix} \tag{8.11}$$

先计算信任度，再计算结合相似度和信任度的加权值：

$$h(i,j) = \theta \times \text{trust}(i,j) + (1-\theta) \times \text{sim}(i,j) \tag{8.12}$$

构建用户关系矩阵 $\boldsymbol{H}$：

$$H = \begin{bmatrix} h_{11} & h_{12} & \cdots & h_{1m} \\ h_{21} & h_{22} & \cdots & h_{2m} \\ \vdots & \vdots & & \vdots \\ h_{m1} & h_{m2} & \cdots & h_{mm} \end{bmatrix} \tag{8.13}$$

(2) 相同兴趣用户聚类，形成邻居集。根据用户关系矩阵，并利用前面描述的社区发现算法对用户进行聚类，将用户划分为若干社区 $\{C_1,C_2,\cdots,C_n\}$，每个社区中的用户都具有相同的兴趣爱好，形成邻居集。如果有新用户的加入，也可以通过更新网络实现用户的重新分类。

(3) 预测评分，产生推荐。根据目标用户的 n 个最近邻居对候选项目的评分信息，预测目标用户对候选项目的评分，并选择预测分数最高的几个项目，作为推荐结果主动推送给目标用户，即产生 top-N 信息资源推荐。

$$P_{u,i} = \overline{R_u} + \frac{\sum_{v \in N} \text{trust}(u,v) \times (R_{v,i} - \overline{R_v})}{\sum_{v \in N} \text{trust}(u,v)} \tag{8.14}$$

式中，$\overline{R_u}$ 和 $\overline{R_v}$ 分别代表用户 u 和邻居用户 v 对项目的平均评分；$\text{trust}(u,v)$ 代表用户 u 对邻居用户 v 的信任度。

8.3.4 实验验证与性能分析

1. 实验数据

在个性化推荐系统研究领域中，有许多常用的数据集用来进行实验，如主要以电影评分为主体的 MovieLens 数据集，NetFlix 数据集，包含用户的年龄、所在地区等人口统计信息的 Book-Crossing 数据集，可以有负数评分的 Jester Joke 数据集。

本节的研究对象为社交网络，为了对基于社交网络的推荐算法进行验证，实验中我们使用 Flixster 数据集。Flixster 是一个影迷的社交网站，用户可以构造自己的个人空间、邀请好友、搜索电影和演员及评论。从网站上用户还能够得到有关电影的信息、查询电影的评分和评价、与其他用户聊天、获取电影上映时间、浏览流行的电影、查看最新的电影信息。有了这么多的特点，Flixster 目前有超过 50 万注册用户，已形成了较为全面的电影社交网站。Flixster 数据集不仅包含用户对电影的评分，还包含用户之间的朋友关系。实验的硬件环境为 Intel(R) Core(TM) M480@2.67GHz 双核 CPU，2GB 内存。软件环境为 Windows 7 32bit 操作系统，所有代码均用 Java 实现。

2. 评价指标

(1) 预测准确度[7]。当评估系统正确预测用户对某个物品偏好能力时，平均绝对误差 (MAE) 毫无疑问是最常用的方法。

$$\text{MAE} = \frac{\sum_{u \in U} \sum_{i \in \text{testset}_u} |\text{rec}(u,i) - r_{u,i}|}{\sum_{u \in U} |\text{testset}_u|} \tag{8.15}$$

MAE 对所有评估用户 $u \in U$ 和测试集（$testset_u$）的所有物品，计算推荐得分 $rec(u,i)$ 与实际得分 $r_{u,i}$ 的平均误差。与此不同，某些研究者更看重较大的偏差，如计算平方根误差（RMSE），或者考虑的是在评分值的范围内归一化后的 MAE（NMAE）。

$$NMAE = \frac{MAE}{r_{max} - r_{min}} \tag{8.16}$$

式中，r_{max} 和 r_{min} 分别代表最高和最低评分值，将 NMAE 归一化到 0～1 范围内。因此，归一化后的偏差在使用不同评分范围的不同应用环境之间就是可比的了。

（2）分类准确率[8]。对产品推荐来说，分类任务的目标就是为给定的用户最相关的若干产品。准确率和召回率是两个著名的分类衡量标准，通常也用于衡量信息检索任务的质量。两者都是以 $hits_u$ 的比例计算的，即正确推荐给用户 u 的相关物品的数量。准确率衡量指标（P）是指命中物品数占推荐物品总数（$|recset_u|$）的比例。

$$P = \frac{|hits_u|}{|recset_u|} \tag{8.17}$$

相对而言，召回率（R）计算的是命中物品数在理论上最大的命中数量（$|testset_u|$）中所占的比例。

$$R = \frac{|hits_u|}{|testset_u|} \tag{8.18}$$

基于准确率和召回率衡量算法效果，能够比 MAE 更好地反映真实用户体验，因为在大多数情况下，用户实际得到的是推荐系统的排序表，而不是具体物品的预测评分。他们发现，那些在评分物品预测 MAE 上非常成功的算法，如果分析排在榜首的物品，结果并不令人满意。从理论的角度来看，MAE 并不是一个好的指标，因为所有的偏差都得到同等的加权。然而从用户的角度来看，他们在乎的只是某个物品是否被推荐。

因此，可以采用衡量指标（F_1）计算评估结果，这样更加通用可比。

$$F_1 = \frac{2 \times P \times R}{P + R} \tag{8.19}$$

衡量指标通过偏向较小值的一方，能够有效地在准确率和召回率之间取得平衡。

（3）排名准确性。排名得分在更精细的粒度上扩展了分类衡量指标效果。它们区别于成功命中数量的地方还在于考虑了推荐列表中的相对位置。有一种衡量指标，假设随着物品排名降低效用，参数 α 设置了效用的半衰期，意思是在推荐列表第 1 位成功命中对用户的效用是第 $\alpha+1$ 位成功命中对用户的效用的 2 倍。这种加权方法背后的逻辑是，位置越往后，被用户忽略的可能性越大，尽管它们可能是有用的推荐。

$$rankscore_u = \sum_{i \in hits_u} \frac{1}{2^{\frac{rank(i)-1}{\alpha}}} \tag{8.20}$$

$$rankscore_u^{max} = \sum_{i \in testset_u} \frac{1}{2^{\frac{idx(i)-1}{\alpha}}} \tag{8.21}$$

$$\text{rankscore}'_u = \frac{\text{rankscore}_u}{\text{rankscore}_u^{\max}} \qquad (8.22)$$

函数 rank(i) 返回的是物品 i 在用户推荐列表中的位序。$\text{rankscore}_u^{\max}$ 用于归一化，返回的是能够达到的最大得分，假设用户测试集中的所有物品都被分配给最低的可能排名，即根据双射索引函数 idx(i) 排序，分配值 $1,\cdots,|\text{testset}_u|$ 给测试集的物品。

合理的评价指标能够更好地检测算法的性能，本节主要从推荐的准确度和推荐时间两个方面来衡量算法的有效性。采用 MAE 来衡量预测准确性，采用响应时间来衡量算法的时间性能。

3．实验方案

为了便于性能指标的评估，将原始数据集分为训练集和测试集。从整个用户评分集中随机选取 80%的评分数据组成训练集，其余 20%的评分数据组成测试集。训练集用于预测目标用户推荐结果，测试集用于比较推荐的误差。本节设计了以下实验方案。

实验 1：构建用户关系矩阵时，考虑相似度和信任度加权参数 θ 对整体的影响，选取使 MAE 最小的加权参数 θ 用于后续实验。

实验 2：最近邻居集 k 的大小变化时，比较基于用户的协同过滤推荐算法、基于信任的协同过滤推荐算法和基于社交网络的推荐算法的 MAE 值的变化情况。

实验 3：在相同条件下，比较上述 3 种推荐算法的响应时间。

4．实验结果分析

实验 1：赋予加权参数 θ 不同的值，观察推荐算法的 MAE 值的变化情况。

实验 1 结果如图 8.6 所示，MAE 值随着加权参数 θ 的变化呈现先减后增的趋势。在加权参数 θ 从 0 到 0.6 的过程中，MAE 不断减小；在加权参数 θ 从 0.6 到 1 的过程中，MAE 不断增大，故加权参数 θ 为 0.6 时，加权获得最好的情况。由此可得出结论：信任度和相似度综合影响着 MAE 值，所以把信任度引入推荐过程中是可行的。在下面的实验中，加权参数 θ 取值为 0.6。

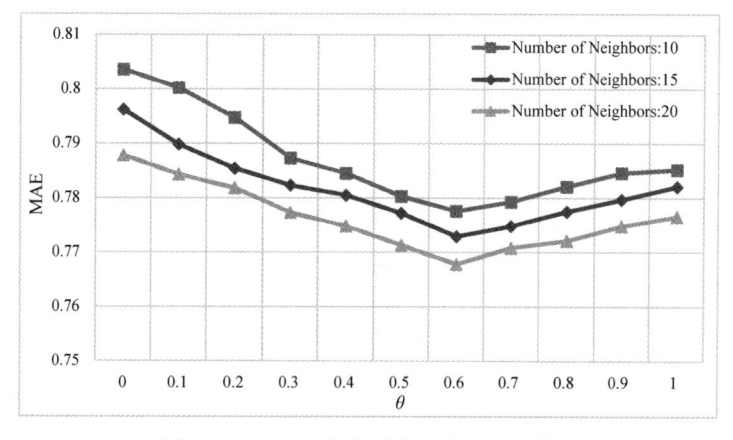

图 8.6　MAE 随加权参数 θ 变化的结果图

实验 2：改变最近邻居集 k 的大小，观察基于用户的协同过滤推荐算法（User-Based

Collaborative Filtering Recommendation，UBCFR）、基于信任的协同过滤推荐算法（Trust-Based Collaborative Filtering Recommendation，TBCFR）和基于社交网络的推荐算法（Social Networking-Based Recommendation，SNBR）的 MAE 值的变化情况。

实验 2 结果如图 8.7 所示，随着邻居集 k 值的增大，3 种算法的 MAE 值先逐渐减小后逐渐增大，在整个变化过程中，基于社交网络的推荐算法（使用相似度和信任度加权）的 MAE 值小于基于用户的协同过滤推荐算法（只使用相似度）和基于信任的协同过滤推荐算法（只使用信任度），并且当 k = 25 时，MAE 值最小，这说明邻居集 k 为 25 时，基于社交网络的推荐算法效果最佳。

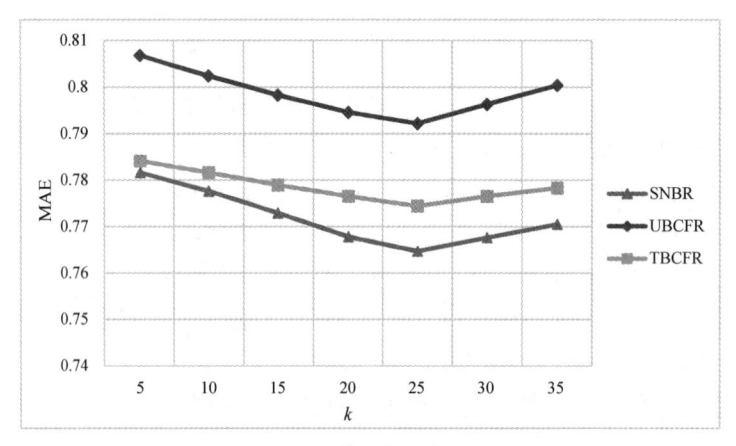

图 8.7　MAE 随邻居集 k 变化的结果图

实验 3：在不同用户数量的情况下，比较 3 种推荐算法的响应时间（RT）。从原始数据中随机选择不同用户数量的数据集进行实验。

实验 3 结果如图 8.8 所示。该实验证明，3 种推荐算法的响应时间都会随用户量的增大而增加，但是相对而言，基于社交网络的推荐算法的响应时间的增加幅度小于其他两种推荐算法，这是因为在推荐过程中引入了社区发现算法，将具有相同兴趣爱好的用户聚类，大大缩短了推荐时间。

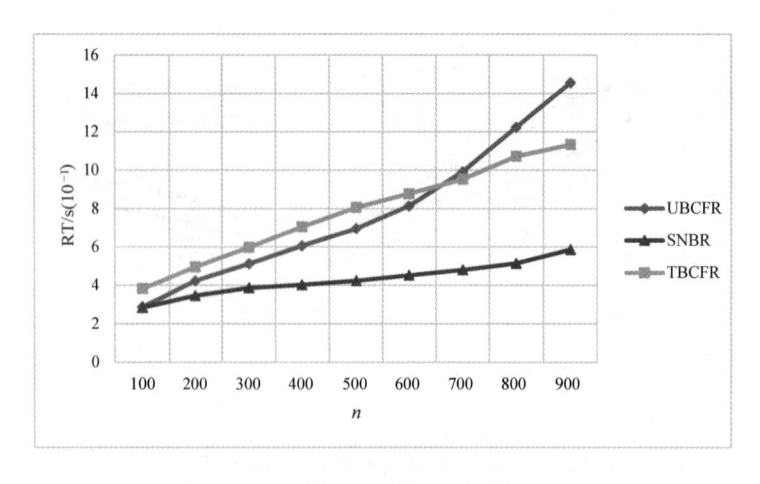

图 8.8　响应时间随用户量 n 变化的结果图

8.4 基于情境融合感知的智慧推荐

8.4.1 基本思想

现有的大部分推荐系统只关注用户和信息之间的二维关联关系，较少地考虑用户所处的情境（如时间、地理位置、周围人员、情绪、行为状态、网络条件等），导致推荐精度不高。在泛在环境中，用户的个性化信息具有高度情境敏感性，同一用户在不同的情境下会偏好不同的信息资源，并在搜索过程中采用不同的选择策略。因此，面向泛在环境的个性化推荐系统应考虑相关情境信息，将情境信息融入推荐过程中，以提高推荐服务的精准度和用户满意度。情境感知推荐系统具有"普适计算"和"个性化"的双重优势，有重要的研究意义和实用价值。

针对用户个性化信息需求具有情境敏感性，本节将情境信息融入电影信息推荐过程中，即将传统二维的"用户-项目"推荐服务模型扩展为包含情境信息的信息推荐模型，使信息推荐系统在复杂的环境下，能够感知、洞察各种情境信息，并根据特定的情境自适应地调整推送给目标用户的信息。因此，本节将介绍一种基于情境融合感知的推荐算法（Context-Integration-Aware-Based Recommendation，CIABR），首先根据情境的定义和需求将情境分为物理情境和用户偏好情境；然后通过参数学习和结构学习构建贝叶斯网络，推理计算某一环境中的物理情境匹配度；接着考虑用户兴趣爱好随时间变化的动态性，将时间函数融入基于内容的推荐算法中，计算用户偏好情境匹配度；最后综合考虑情境匹配度，对所有候选信息资源进行评分，并将排名前 N 的信息推荐给目标用户。

8.4.2 情境感知

1. 情境感知模型

情境感知模型[9-11]不仅要考虑"用户-项目"二维评分效用模型，而且要考虑相关的情境信息（如时间、位置、情绪、天气等）。当不同类型的情境信息识别并获取后，需要把不同的情境信息融入信息推荐模型中，信息推荐模型就由传统二维推荐模型扩展为包含多种情境信息的 n 维推荐模型。

一般情况下，在 n 维推荐模型中我们可以将情境信息定义为 $n-2$ 维的向量 Context = $\{D_1, D_2, \cdots, D_{n-2}\}$，因此用户、项目及各种情境共同组成了推荐模型的输入信息。因此，推荐模型的形式化定义为

$$\text{User} \times \text{Item} \times D_1 \times D_2 \times \cdots \times D_{n-2} \to R \tag{8.23}$$

通过建立推荐模型来研究推荐过程中的主要问题，即针对目标用户 u 找到使整个个性化服务质量效用值或效用函数 U 最大的信息资源 i_u^*，可以描述为以下公式

$$i_u^* = \underset{\substack{i \in \text{Item} \\ u \in \text{User}}}{\arg \max} U \tag{8.24}$$

在普适计算环境下,可以将 n 维推荐模型具体化,将情境信息分为物理情境和用户偏好情境。因此,基于情境感知的信息资源推荐效用函数可表示为

$$U(\text{User}, \text{Item}, \text{PhyContext}, \text{PreferContext}) = (\text{Score}) \tag{8.25}$$

在上述 n 维推荐模型中,推荐的输入主要包括用户、信息资源、物理情境和用户偏好情境,推荐的输出主要是资源评分,其资源评分和传统二维推荐模型的资源评分相似,即表示系统推荐的信息资源与目标用户需求的相似程度,系统将评分排名前 N 的信息资源作为目标用户的 Top-N 推荐集。

2. 情境信息的融合方式

基于情境感知的推荐技术主要把情境信息融入现有的推荐算法中。按照将情境信息融入推荐生成过程的阶段划分,情境信息的融合方式可以分为如图 8.9 所示的 3 种方式[12]。

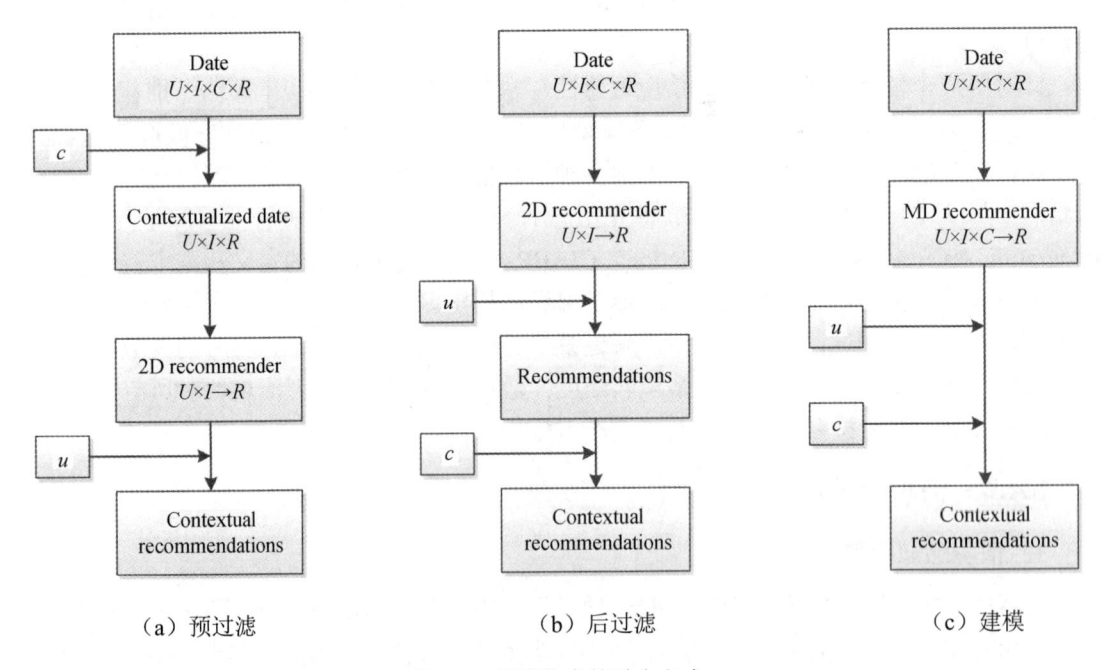

（a）预过滤　　　　　　（b）后过滤　　　　　　（c）建模

图 8.9　情境信息的融合方式

预过滤:在传统二维推荐过程中加入情境信息作为过滤条件,首先将包含多维信息的数据进行降维,利用当前情境信息过滤掉不相关的用户偏好数据;然后采用传统二维推荐技术对这些筛选后的数据进行处理和偏好预测,并生成满足当前情境约束的推荐结果。

后过滤:首先在推荐生成过程中忽略情境因素,仅根据传统二维推荐技术处理不含情境信息的数据,并预测潜在用户偏好;然后过滤掉与当前情境信息无关的推荐结果。后过滤大致可以分为两种方法:启发式方法和基于模型的方法,前者主要是找出处于特定情境信息条件下的用户偏好项目集合的共同属性特征,利用这些特征对推荐列表进行过滤;而后者则通过建立用户在特定情境信息条件下对物品偏好的预测模型,来计算选择该项目的概率。

建模:将情境信息融入推荐的整个计算过程,通过适当的算法和模型来处理多维度情境信息和用户偏好,而不是忽略相关情境信息的用户偏好。模型需要处理大量的数据,虽然比

较复杂，但能够有效地挖掘"用户-情境-项目"之间的关系，所以模型适用于紧耦合的情境与用户偏好。

8.4.3 基于情境融合感知的推荐

在介绍了情境感知模型和情境信息的融合方式的基础上，下面主要介绍一种基于情境融合感知的推荐算法。首先进行贝叶斯网络的物理情境匹配；然后结合时间函数和基于资源内容的算法进行用户偏好情境匹配；最后计算目标信息资源的加权匹配度向目标用户进行推荐。基于情境融合感知的推荐算法流程如图 8.10 所示。

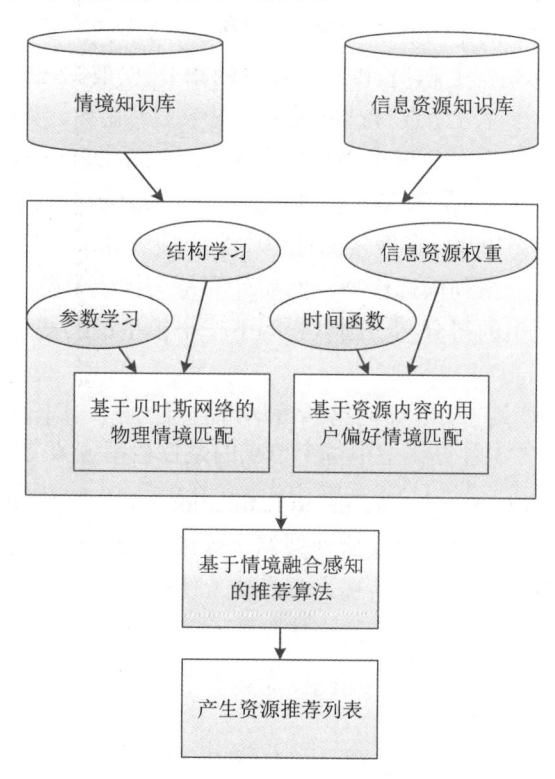

图 8.10　基于情境融合感知的推荐算法流程

1. 基于贝叶斯网络的物理情境匹配

贝叶斯网络由一系列变量和联合概率分布组成的图形表示，它包含贝叶斯网络结构图和条件概率表两部分。贝叶斯网络结构图是一个有向无环图（Directed Acyclic Graph，DAG），其中图中的每个节点代表相应的变量，节点之间的连接代表贝叶斯网络的条件独立语义。条件概率表（Conditional Probability Table，CPT）就是节点和节点之间的关联（一系列的概率值），其列出了子节点的父节点在每种组合值的情况下，子节点每个取值的概率。通常情况下，构建贝叶斯网络需要结构学习和参数学习。

（1）贝叶斯网络结构学习。常用的结构学习方法主要有两类：基于条件独立性的学习方法和基于评分搜索的学习方法。

基于条件独立性的学习方法通过评估变量之间的条件独立性关系，在一个给定的数据集中构建贝叶斯网络。基于条件独立性的学习方法把条件独立性测试和网络的搜索分离开，使其有更高的学习效率，其缺点是对条件独立性产生的误差很敏感，在某些情况下，条件独立测试的次数成幂次方增长，典型的算法是三阶段分析算法。

基于评分搜索的学习方法按照一定的搜索策略及评分准则在节点的结构空间内构建贝叶斯网络。由于结构空间非常大，这种方法虽然能够搜索到准确的网络结构，但是从所有可能的网络空间中寻找最佳的贝叶斯网络结构被证明是 NP 难度问题。基于评分搜索的学习方法试图找到准确性、稀疏性、稳健性等多种因素之间的平衡点，致使该方法不一定能搜索出最好的结构，但其有很广的应用范围。目前主要的算法有 K2 算法、爬山算法等。

本节利用基于评分搜索的学习方法构建贝叶斯网络结构，主要包括两步：模型选择和模型优化。模型选择就是要选择模型评价准则（评分函数），模型优化就是要选择评分最高的网络结构。目前较常用的几个评分函数有：最优参数对数似然函数、贝叶斯信息准则（Bayesian Information Criterion，BIC）评分、最小描述长度（Minimum Description Length，MDL）评分等。基于评分搜索的学习方法的目标是找出评分最高的网络结构，从初始模型出发开始搜索，初始模型一般设置为无边界模型，在搜索的过程中先用搜索算子（加边、减边、转边）对当前模型进行部分改进，得到一系列候选模型，然后计算每个候选模型的得分，并与最优的候选模型比较，若最优候选模型的得分高，则以它为下一个模型继续搜索；否则停止搜索，并且返回当前模型。

（2）贝叶斯网络参数学习。贝叶斯网络参数学习的目的是：对于给定的网络拓扑结构 S 和训练样本集 D，根据先验知识计算模型中每个节点的条件概率 $p(\theta|S,D)$。常见的参数学习方法有最大似然估计方法（Maximum Likelihood Estimation，MLE）、贝叶斯估计方法等。

最大似然估计方法的主要思想是找到使似然函数最大的参数，通过给定父节点集的值来计算节点不同取值的出现频率，并将其视为节点的条件概率参数。

贝叶斯估计方法先假设有一个不变的未知参数 θ，考察给定的网络拓扑结构 S 中参数 θ 的所有可能取值，根据先验知识计算出训练样本集 D 中具有最大后验概率的参数取值。由贝叶斯理论可以得出：

$$p(\theta|S,D) = \frac{p(D|\theta,S)p(\theta|S)}{p(D|S)} \qquad (8.26)$$

上述描述的两种方法都是在数据集完备的情况下计算网络参数的，当数据集不完备时可以采用最大期望（Expectation Maximization，EM）方法、梯度上升方法、蒙特-卡罗方法、高斯方法等。

（3）贝叶斯网络推理。构建贝叶斯网络的主要目的就是进行概率推理，通过对已有的实例进行计算，来得到对原因或结果的断言，从而指导一些实际应用。也就是说，在给定确切的变量后，计算目标变量的概率分布。通常情况下，贝叶斯网络推理的模式包括因果推理、诊断推理、多原因推理和混合推理。对于一般的贝叶斯网络，推理复杂性主要依赖于该网络的结构，所有方法的计算量在最坏情况都是指数级的。因此，设计高效的推理方法是研究者们关注的热点。目前，比较成熟的贝叶斯网络推理方法有变量消元法、团树传播法等。

通过贝叶斯网络的结构学习和参数学习，不仅可以确定各节点之间的联系，还可以获得节点之间的条件概率表，这样就完成了贝叶斯网络的构建。根据构建的贝叶斯网络，可以计算目标信息资源与用户当前所处物理情境之间的匹配度，实现推荐系统对物理情境的智能感知。物理情境是当前目标用户所处环境特征的描述，它既可以是单一类型情境，如日期、具体时间或地理位置等，也可以是多种类型情境的组合，如｛晚上，周末，电影院｝是多种单个情境的组合。

因此，可以构建基于贝叶斯网络的物理情境匹配模型，假设当前物理情境为 C（单一类型情境或多种类型情境的组合），目标信息资源为 $D_j(1 \leqslant j \leqslant N)$，则在物理情境 C 给定的条件下，用户选择访问目标信息资源 D_j 的概率为

$$P(D_j|C) = \frac{P(C|D_j)P(D_j)}{P(C)} = \frac{P(C|D_j) \times P(D_j)}{\sum_{j=1}^{N} P(C|D_j) \times P(D_j)} \qquad (8.27)$$

式中，N 代表资源集 D 中的资源数量；$P(C|D_j)$ 为先验条件概率，代表用户过去在访问目标信息资源 D_j 条件下物理情境 C 所出现的概率；$P(D_j)$ 代表用户过去访问目标信息资源 D_j 的概率。$P(C|D_j)$ 和 $P(D_j)$ 这两个概率都可以通过对用户访问信息资源的历史记录进行计算。由于贝叶斯网络具有自适应的学习能力，随着目标用户使用和访问信息资源的次数增多，贝叶斯网络对物理情境的感知能力也将越来越强，在给定的物理情境条件下，能够较精准地计算目标信息资源与当前物理情境之间的匹配度，并将匹配度较高的目标信息资源推荐给目标用户。

2. 基于资源内容的用户偏好情境匹配

采用基于资源内容的方法计算信息资源与用户偏好情境的相似度，并考虑用户偏好随时间变化的特点，将时间函数引入模型中，更精准地实现目标信息资源与用户偏好情境的相似度匹配[9]。基于内容的推荐采用标识用户偏好的特征词来表示资源内容的特征，以此预测目标用户对该资源的喜好程度。

通过分析用户浏览行为获取到的用户偏好信息还需要进行相应的处理，将其加工成可以利用的用户偏好情境，并且使用信息检索中的特征词分析技术构建用户的偏好情境模型。使用经典的向量空间模型（Vector-Space Model，VSM）对用户偏好情境进行建模，并考虑对偏好情境进行细分，用不同的特征词来表示偏好要素，各要素之间在概念上不能交叉。因此，基于本体建模，构建用户当前偏好情境语义向量 $\{p_1, p_2, \cdots, p_k\}$，其中的权重 $p_k \in [0,1]$ 表示相应的特征词对用户偏好情境的重要程度。权重 p_k 越高，表明该用户对包含该特征词的内容越感兴趣。基于领域本体，用户偏好情境在语义上可以准确地表示，从而解决由传统特征词所带来的语义"模糊性"问题。

考虑到用户偏好有一定的动态性，其可能随时间的推移而变化，而当前偏好情境只是局部反映了用户短时间内的偏好。因此，为了更有效地实现情境感知的信息推荐服务，需要考虑到用户随时间推移不断累积的历史偏好情境，以便更精准地反映用户的行为偏好。在推荐模型中，通过设置时间函数来构建综合偏好情境，时间函数体现了用户偏好随时间变化的差异，距离当前时间越长的偏好特征词，用户对其感兴趣的程度越小，权重也越小。指数时间

广泛应用于实践中，它反映了用户过去偏好的渐进变化趋势，故采用指数定义时间函数为 logistic 函数：

$$f(t_i) = \frac{1}{1+e^{-t_i}} \tag{8.28}$$

式中，t_i 表示距离当前时间的某一时间段，时间段阈值可根据用户偏好的情况设定。因此，将当前时间段中的用户偏好与过去时间段中的历史偏好进行集成，可以更为精准地反映用户真实的偏好情境。设 p_i 表示在时间段为 t_i 时用户的偏好情境，当 $i=0$ 时为当前偏好情境，当 $i \geqslant 1$ 时为历史偏好情境，目标用户的综合偏好情境 P 可以通过下式进行计算，即

$$P = \sum_{i=0}^{n-1} \left[p_i \times f(t_i) \right], 1 \leqslant i \leqslant n \tag{8.29}$$

同样，我们对文档资源 $D_j(1 \leqslant j \leqslant n)$ 采用相同方法进行特征词语义标记，并构建信息资源的语义向量空间。目前使用最广泛的是词频-反文档频率（TF-IDF）方法，可以计算出每个特征词的权重，一般来说，词频较大的特征词在文档资源中具有较高的权重，特征词在文档资源中分布越集中，说明其在区分文档内容属性方面的能力越强。因此，文档资源的内容可以构建成由 TF-IDF 方法计算出的特征词权重所组成的语义空间向量 $\{d_1, d_2, \cdots, d_k\}$，其中权重值 $d_k \in [0,1]$ 代表特征词对文档资源的重要程度。在文档资源 D_j 的语义空间向量模型中，特征词被分配为相应的权重值 $d_{ij}(1 \leqslant i \leqslant k, 1 \leqslant j \leqslant N)$，基于 TF-IDF 方法进行如下的计算，即

$$d_{ij} = \text{TF} \times \text{IDF} = \frac{\text{freq}_{ij}}{\max_i \text{freq}_{ij}} \times \log\left(\frac{m}{n_i}\right) \tag{8.30}$$

式中，freq_{ij} 是特征词在文档资源 D_j 中出现的频率次数；$\max_i \text{freq}_{ij}$ 是在文档资源 D_j 中出现频率最高的特征词的频率；m 是系统中文档资源的数量；n_i 是文档集 D 中出现特征词的文档资源的数量。根据式（8.30）可以计算出文档集 D 中每个文档资源的权值。

当用户的综合偏好情境语义向量和文档资源语义向量产生后，使用余弦向量法计算文档资源 D_j 与目标用户的综合偏好情境 P 之间的语义匹配，计算公式为

$$\text{sim}(D_j, P) = \frac{D_j \times P}{|D_j| \times |P|} = \frac{\sum_{i=1}^{k} d_{ij} \times p_i}{\sqrt{\sum_{i=1}^{k} d_{ij}^2} \times \sqrt{\sum_{i=1}^{k} p_i^2}} \tag{8.31}$$

3. 基于情境融合感知的推荐算法

如上所述，物理情境匹配方法用来计算目标资源与当前物理情境的匹配度；用户偏好情境匹配方法用来计算目标资源与目标用户的综合偏好情境之间的匹配度。在基于情境融合感知的信息推荐系统中，集成这两类情境的匹配方法，从而产生对目标资源的推荐评分，其计算公式为

$$\text{Recomescore}_j = \lambda \times \text{sim}(D_j, P) + (1-\lambda) \times P(D_j | C) \tag{8.32}$$

式中，$\lambda \in [0,1]$ 为情境因子，表示用户偏好情境或物理情境在推荐服务模型中的重要性。当

$\lambda=1$ 时,算法仅考虑用户偏好情境,可实现用户偏好情境的智能感知;当 $\lambda=0$ 时,算法仅考虑物理情境,可实现基于贝叶斯网络的物理情境感知。根据式(8.32),算法对所有的候选信息资源进行评分,并将排名前 N 的资源推荐给目标用户。

算法实现步骤如下。

步骤 1:进行结构学习(K2 算法)和参数学习(MLE)构建贝叶斯网络。

步骤 2:获取目标用户的类别信息(性别、年龄、职业等)作为物理情境集合。

步骤 3:计算目标资源与当前物理情境的匹配度。

步骤 4:设计时间函数,计算目标用户的综合偏好情境。

步骤 5:考虑信息资源的特征词,计算权重值。

步骤 6:计算目标资源与目标用户的综合偏好情境之间的匹配度。

步骤 7:计算基于情境融合感知的推荐算法的预测评分。

步骤 8:产生推荐列表,将排名前 N 的资源推荐给目标用户。

8.4.4 实验验证与性能分析

1. 电影数据和评价指标

数据采用经典的 Movielens 数据集。Movielens 数据集源于美国明尼苏达大学 GroupLens Reserch 项目组,它记录了用户对电影的评分并提供了电影推荐,整个数据集包含了 6040 个用户对 3900 部影片进行的 1000209 个评分记录。其中每个用户至少对 20 部影片进行了评分。评分分数是 1~5 的整数,评分越高,说明用户对该电影的感兴趣程度越高,反之,评分越低,说明用户对该电影的感兴趣程度越低。该数据集中主要包含 user(用户表)、rating(评分表)、movies(影片表)3 张数据表。用户表记录了用户编号、性别、年龄、职业和用户所在地区的邮编;评分表记录了用户编号、电影编号、电影评分、时间戳;影片表记录了电影编号、电影名称、电影类型。

用户表中性别分为:M(男性)和 F(女性)。年龄分为:18(18~24 岁)、25(25~34 岁)、35(35~44 岁)、45(45~49 岁)、50(50~55 岁)、56(56 岁及以上)。职业分为:academic/educator(学术/教育家)、artist(艺术家)、clerical/admin(行政/管理)、college/grad student(大学/研究生)、customer service(客户服务)、doctor/health care(医生/卫生保健)、executive/managerial(执行/管理)、farmer(农民)、homemaker(家庭主妇)、K-12 student(义务教育学生)、lawyer(律师)、programmer(程序员)、retired(退休)、sales/marketing(销售/市场营销)、scientist(科学家)、self-employed(自由职业者)、technician/engineer(技术员/工程师)、tradesman/craftsman(商人/工匠)、unemployed(失业)、writer(作家),其他或未指定的职业用 0 表示。

影片表中电影的类型分为:Action(动作片)、Comedy(喜剧片)、Romance(浪漫片)、Horror(恐怖片)、Adventure(冒险片)、Crime(犯罪片)、Western(西部片)、Drama(戏剧片)、Fantasy(科幻片)、Sci-Fi(科幻片)、Children's(儿童片)、Musical(音乐剧)、War(战争片)、Animation(动画片)、Film-Noir(灰色电影)、Thriller(惊悚片)、Mystery(神秘侦探片)、Documentary(纪录片)。

实验数据集中 3 张表的具体表示如表 8.1~表 8.3 所示。

表8.1 用户表

字 段 名	备 注
UserID	用户编号
Gender	性别
Age	年龄
Occupation	职业
Zip-code	用户所在地区的邮编

表8.2 评分表

字 段 名	备 注
UserID	用户编号
MovieID	电影编号
Rating	电影评分
Timestamp	时间戳

表8.3 影片表

字 段 名	备 注
MovieID	电影编号
Title	电影名称
Genres	电影类型

绝大多数推荐系统利用准确度来评价推荐算法的优劣，准确度主要考虑推荐算法的预测评分和实际评分的相似程度。该实验使用平均绝对误差（MAE）作为准确度评价指标，使用响应时间（RT）作为复杂度评价指标。

2．实验方案

将数据集中的评分信息按照 80% 和 20% 比例随机抽取，分别形成训练集和测试集两部分。由于数据集中只包含用户和电影的信息，不包含位置、周围人员、情绪等物理情境，因此在算法中采用用户的类别信息作为情境集合。

实验 1：考虑情境因子 λ 在基于情境融合感知的推荐过程中对最终结果的影响。

实验 2：比较基于情境融合感知的推荐算法、基于贝叶斯的协同过滤推荐算法和基于用户的协同过滤推荐算法的 MAE 值。

实验 3：在相同条件下，比较上述 3 种推荐算法的响应时间。

3．实验结果分析

实验 1：考虑情境因子 λ 在基于情境融合感知的推荐过程中对推荐结果的影响，根据情境因子 λ 的不同取值观察推荐算法的 MAE 值。

实验 1 结果如图 8.11 所示，当情境因子 λ 的取值不同时，推荐算法的 MAE 值并不是呈现规律性的变化，说明物理情境和用户偏好情境对整个推荐过程起着不可忽视的作用。但也能从图 8.11 中发现，当情境因子 λ 为 0.7 时，基于情境融合感知的推荐算法的 MAE 值最小。在接下来的实验中，情境因子 λ 取值为 0.7。

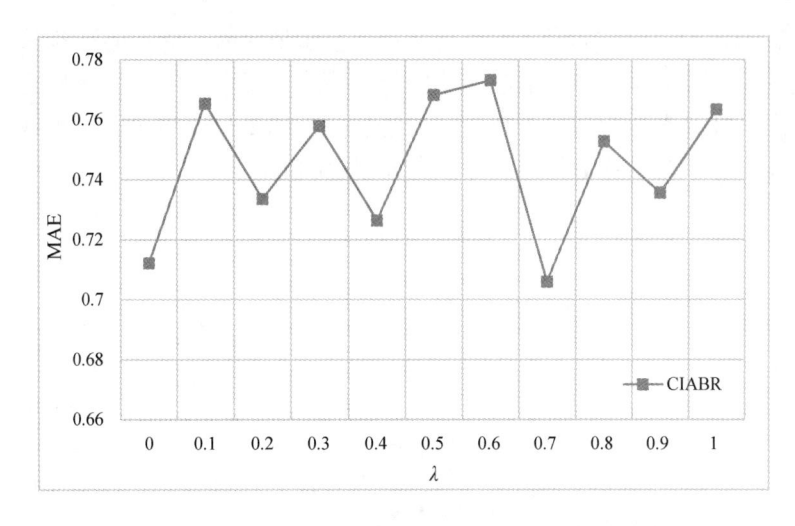

图 8.11　MAE 随情境因子 λ 变化的结果图

实验 2：比较基于情境融合感知的推荐算法（Context-Integration-Aware-Based Recommendation，CIABR）、基于贝叶斯的协同过滤推荐算法（Bayesian-Based Recommendation，BBR）和基于用户的协同过滤推荐算法（User-Based Collaborative Filtering Recommendation，UBCFR）的推荐准确度。

实验 2 结果如图 8.12 所示，我们进行了 5 组实验，发现基于情境融合感知的推荐算法在性能上优于其他两种推荐算法。因此，采用基于情境融合感知的推荐算法能够较好地预测用户对情境属性的感知能力，并识别不同情境对信息推荐的不同作用，从而根据当前的情境信息，更精准地为目标用户提供个性化服务。

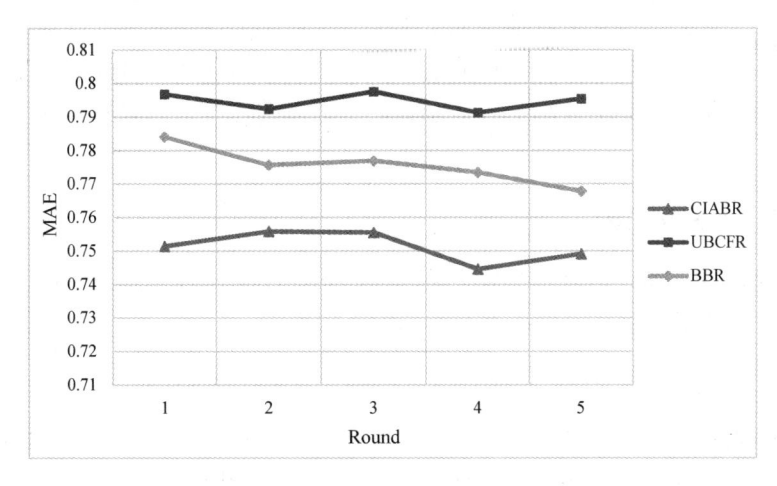

图 8.12　3 种推荐算法的 MAE 值比较图

实验 3：在相同条件下，采用不同的用户数量进行实验来检验算法的时间复杂度。从实验数据集中随机抽取用户，分别在不同的用户数量情况下计算响应时间。

实验 3 结果如图 8.13 所示，由于每次采用不同的用户和用户数量，向用户推荐时都需要先建立贝叶斯网络再进行推荐，因此基于情境融合感知的推荐算法相对于协同过滤推荐算法在响应时间上有一定的延时。同时我们可以看到，基于情境融合感知的推荐算法的响应时间和基于贝叶斯的协同过滤推荐算法的响应时间相差不多，说明算法的计算时间主要消耗在构建贝叶斯网络上。如果在用户数量保持一定的情况下，那么只需要构建一次贝叶斯网络，在有新用户或新项目加入时进行更新，这样会大大缩短响应时间。

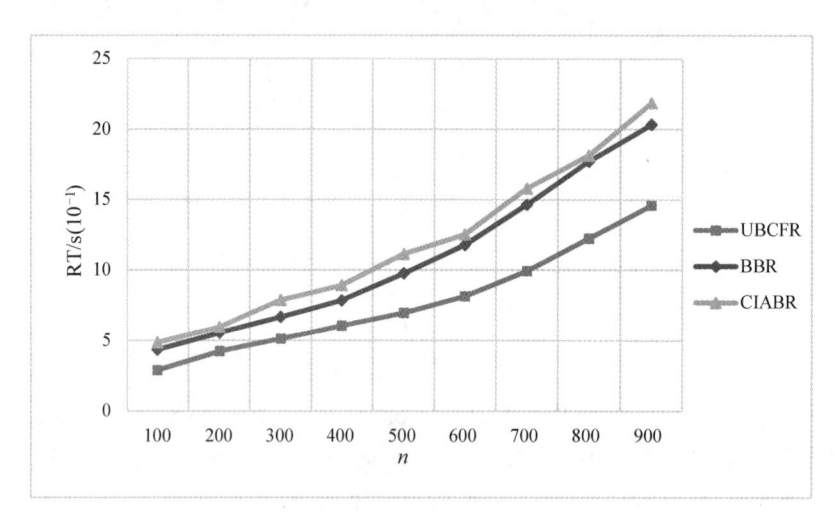

图 8.13　3 种推荐算法在不同的用户数量下的响应时间

8.5　个性化电影推荐系统

本节在前面几节的理论、方法的研究基础上，设计了个性化电影推荐系统。该系统主要面向电影推荐，通过获取用户行为、评分信息、社交网络信息和情境因素等信息，分析用户的兴趣偏好和所在场景，利用 8.3 节、8.4 节介绍的推荐算法为电影爱好者提供个性化和实时性的推荐服务。

8.5.1　系统体系结构

基于信息推荐的流程，可以将个性化电影推荐系统设计分为 3 层：信息资源获取层、信息资源管理层、推荐服务层。系统体系结构如图 8.14 所示。

1. 信息资源获取层

信息资源获取层获取用户信息和需求，同时通过建立与相关知识门户网站的开放链接，或者采用 Web 爬虫技术从互联网中获取相关信息资源；通过情境感知模块从相应的终端设备、GPS 系统、用户行为记录等渠道获取情境信息；通过社交网站中用户之间的交互信息或好友关系获取社交信息。

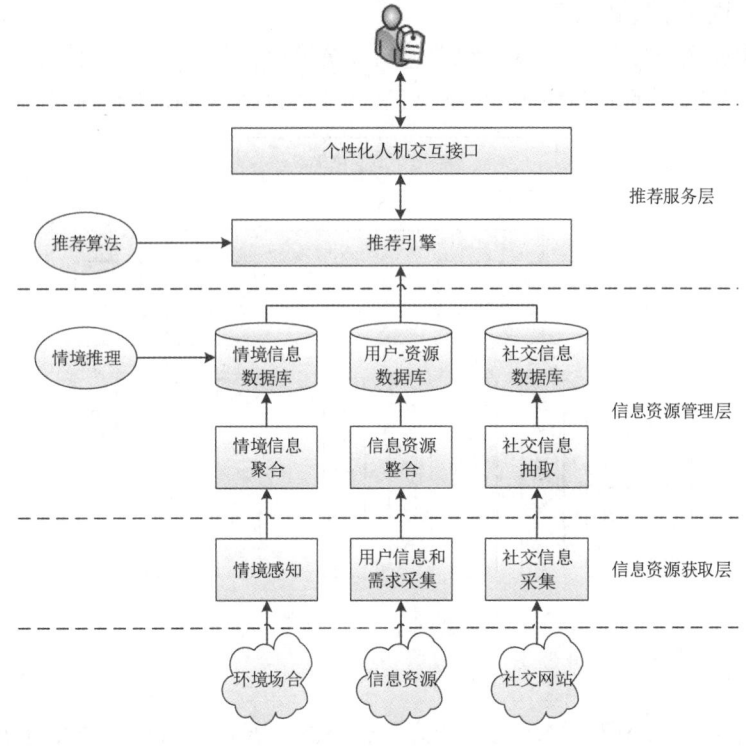

图 8.14 系统体系结构

2. 信息资源管理层

信息资源管理层对采集的信息进行存储和管理，通过情境聚合对不同的情境信息进行汇聚，并通过统一的情境感知模型将其保存到情境信息数据库；对获取的用户信息和资源信息进行分类和聚类，在此基础上构建用户-资源数据库，并维护评分信息的一致性；对采集的社交信息进行抽取和格式转换，将结构化的资源数据存储在社交信息数据库中，为推荐引擎产生推荐结果提供数据支持。

3. 推荐服务层

推荐服务层为用户推送个性化信息资源，该层主要由推荐引擎和个性化人机交互接口组成。其中，推荐引擎基于相应的推荐算法产生推荐结果，是整个推荐系统的核心，主要实现两个功能：①分析推荐问题和应用场景；②从推荐算法中求解推荐结果。个性化人机交互接口负责与用户进行交互，包括采集用户的需求和偏好、向用户展示推荐结果、负责收集用户反馈信息等。

8.5.2 系统设计与实现

个性化电影推荐系统在体系结构的设计基础上，采用基于组件模块的软件设计模式，使系统内部各模块功能相对独立，确保系统的功能可扩展和可维护性。个性化电影推荐系统主要分为移动终端和服务器两部分，移动终端主要实现用户信息的收集、情境信息的采集、接收推荐信息、界面显示等功能；服务器主要负责管理用户和资源信息、记录用户的评分或评价信息、向用户推送个性化信息等。

系统模块图如图 8.15 所示，移动终端包括登录模块、分享模块、移动终端数据库、查询模块、位置服务模块、情境选择模块；服务器包括个性化推荐模块、数据库模块、网络通信模块。

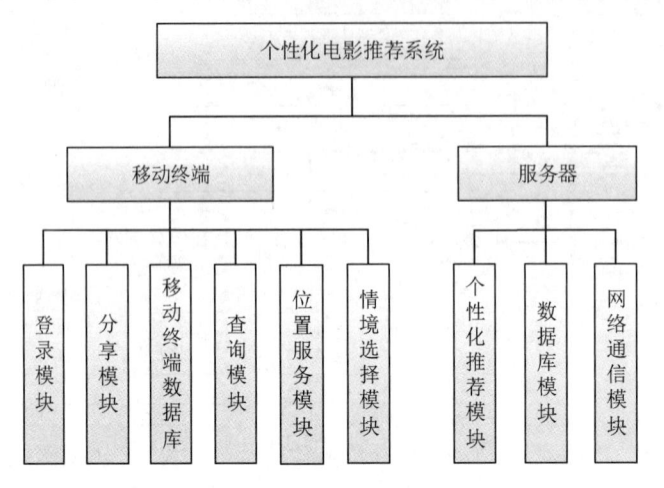

图 8.15　系统模块图

1. 登录模块

针对不同的用户，获取其兴趣特征的方式也不同。若是新用户，则在登录时需要注册其基本信息，并按照系统提供的固定兴趣模板选择相应的信息，以便于系统获取用户的兴趣特征信息；若是已注册的用户，则在登录时需要进行身份验证，保证进入系统的用户是合法的，从而能有效防止恶意评分等攻击行为。用户的登录流程如图 8.16 所示。

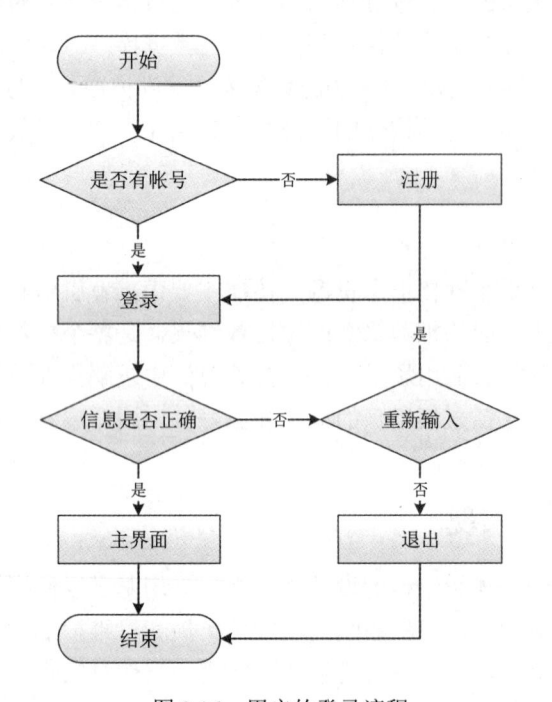

图 8.16　用户的登录流程

2．查询模块

用户登录系统获得使用权限后，可以针对自己喜欢的电影类型、名称、排行榜、最新影片等信息进行查询，若服务器数据库存在用户查询的信息，则返回相应的内容。用户的搜索流程如图 8.17 所示。

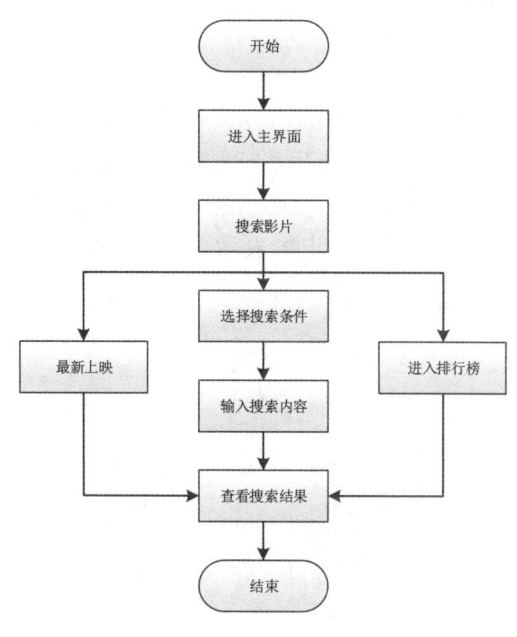

图 8.17　用户的搜索流程

3．移动终端数据库

移动终端数据库保存服务器向用户推荐的个性化信息及"我的收藏电影"，用户可以在离线模式下对电影信息进行查看、删除等操作。在 Android 系统中集成了一个轻量级的数据库——SQLiteDatabase，它并不是 Oracle、MySQL 那样的专业数据库，只是一个嵌入式的数据库引擎，专门适用于资源有限的设备（如手机、平板电脑等）的适量数据存取。SQLiteDatabase 代表一个数据库，一旦应用程序获得了代表指定数据库的 SQLiteDatabase 对象，就可以通过它来管理、操作数据库。使用 SQLiteDatabase 进行数据库操作的步骤如下。

（1）获取 SQLiteDatabase 对象，它代表了与数据库的连接。
（2）调用 SQLiteDatabase 的方法来执行 SQL 语句。
（3）操作 SQL 语句的执行结果。
关闭 SQLiteDatabase，回收资源。

4．位置服务模块

当用户请求获取推荐信息时，该模块主要负责获取用户当前位置，并将位置信息反馈给服务器，以获得用户周边的影院信息。通常情况下，移动终端使用全球定位系统（Global Positioning System，GPS）进行定位。Android 为支持 GPS 功能专门提供了 3 个核心 API：LocationManager 类、LocationProvider 类、Location 类，所有与 GPS 定位相关的服务、对象都将由它们来产生。使用它们获取定位信息的通用步骤如下。

（1）获取系统的 LocationManager 对象。

（2）使用 LocationManager，通过指定的 LocationProvider 来获取定位信息，定位信息由 Location 对象来表示。

（3）从 Location 对象中取得定位信息。

5．分享模块

分享模块主要包括"我的分享""好友分享"两个部分。"我的分享"可以让用户对观看后的电影进行评价、打分，不仅便于推荐系统更好地了解用户的兴趣爱好，同时可以将其分享给他人，让圈子好友能够看到分享的电影信息。"好友分享"让用户通过浏览他人分享来发现自己感兴趣的电影，当用户对某个电影表示喜欢时，可以单击"收藏"按钮收藏。分享的流程如图 8.18 所示。

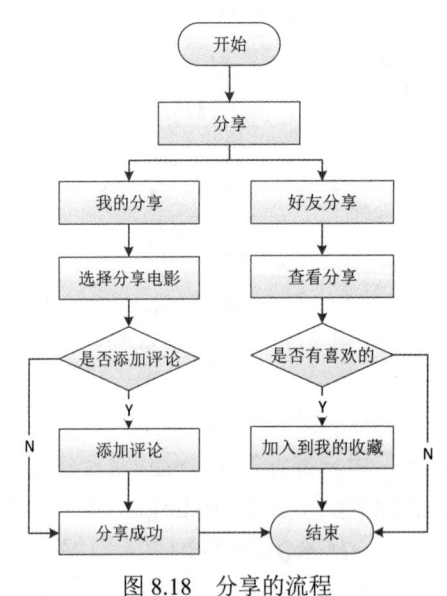

图 8.18　分享的流程

6．情境选择模块

用户利用移动终端可以获得时间、位置等直接情境，但是有些情境需要用户自己选择（如陪同人员、情绪等），因此系统提供情境选择从而更好地向用户推荐电影信息。下面是 Activity 的代码。

```
public class Context extends Activity {
 Spinner spinner;
 public void onCreat(Bundle savedInstanceState) {
     super.onCreate(savedInstanceState);
     setContentView(R.layout.main);
     spinner = (Spinner) findViewById(R.id.spinner1);
     String[] arr = { "家人", "朋友", "恋人" };
     ArrayAdapter<String> adapter = new ArrayAdapter<String>(this,
         android.R.layout.simple_list_item_single_choice, arr);
     spinner.setAdapter(adapter);
```

        }
    }

7．个性化推荐模块

个性化推荐模块是服务器的核心模块，根据用户的兴趣偏好、社交关系、当前情境等信息利用合适的算法向用户推荐个性化的信息，实现"信息找人、主动推荐"的目标。在本系统中设计了基于社交网络和情境感知推荐子模块，分别使用 8.3 节、8.4 节介绍的推荐算法实现。

8．数据库模块

数据库模块主要负责存储各类数据信息，包括用户信息、电影信息、评价信息、情境信息等。数据库为个性化推荐提供了数据支持。部分数据表如表 8.4～表 8.7 所示。

表 8.4　用户信息表

字 段 名	数 据 类 型	是否可为空	备　注
Userid（主键）	Int	否	用户编号
Uname	Varchar（20）	是	用户名
Pwd	Varchar（20）	是	用户密码
Sex	Varchar（2）	是	性别
Age	Int	是	年龄
Occupation	Varchar（10）	是	职业

表 8.5　电影信息表

字 段 名	数 据 类 型	是否可为空	备　注
Movieid（主键）	Int	否	电影编号
Mname	Varchar（50）	是	电影名称
Mdate	Datetime	是	电影上映时间
Mactor	Text	是	电影演员信息
Mdirector	Varchar（30）	是	电影导演信息
Mcontent	Text	是	电影内容简介

表 8.6　用户-电影评分表

字 段 名	数 据 类 型	是否可为空	备　注
Userid	Int	否	用户编号
Movieid	Int	否	电影编号
Rate	Int	是	评分
Comment	Text	是	评论

表 8.7　情境信息表

字 段 名	数 据 类 型	是否可为空	备　注
Userid	Int	否	用户编号
Location	Varchar（50）	是	位置描述
Time	Datetime	是	时间
Company	Varchar（30）	是	周围人员
Mood	Varchar（20）	是	心情

9. 网络通信模块

网络通信模块主要负责移动终端和服务器之间的网络通信。移动终端的计算能力、存储能力是有限的，其主要优势是移动性好且携带方便，而且通常处于联网状态，因此网络通信对应用的重要性不言而喻。我们采用 Socket 来进行网络通信。整个通信过程主要包括以下几个步骤。

（1）建立一个服务器 ServerSocket，并定义好 ServerSocket 的监听端口。

（2）ServerSocket 调用 accept()方法，如果没有连接，它将一直处于等待状态。

（3）创建一个移动终端 Socket，并设置好服务器的 IP 地址和端口。

（4）移动终端发出连接请求，建立连接。

（5）分别获取服务器和移动终端（ServerSocket 和 Socket）的输入流（InputStream）和输出流（OutputStream）。

（6）利用 ServerSocket 和 Socket 进行数据通信。

（7）通信结束后调用 close()方法关闭。

通常情况下，服务器不应该只接收一个移动终端请求，而应该不断地接收来自移动终端的所有请求，所以 Java 程序通常会通过循环不断地调用 ServerSocket 的 accept()方法。

8.5.3 系统界面设计

系统界面主要响应用户的推荐请求，向用户推荐展示的结果，并收集用户反馈。在设计时应为用户提供友好、易用的用户界面和反馈渠道，以及为用户展示形象直观、方便理解的推荐结果。下面将对部分系统界面进行介绍。

1. 登录和注册界面

对于新用户而言，需要用户填写账号和密码，对于其他个人信息，用户可以登录系统后自行设置（如年龄、性别、职业等），注册界面还让用户按照系统的兴趣模板选择自己的爱好，一定程度上解决了新用户的冷启动问题。登录和注册界面如图 8.19 所示。

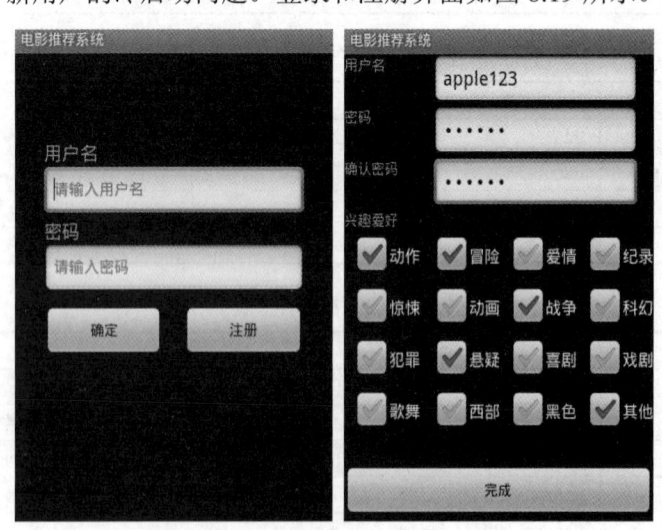

图 8.19　登录和注册界面

2. 推荐界面

用户进入系统后的主界面展示了搜索影片、影院等主要功能，用户可以根据自己的需求选择。当用户需要个性化推荐时，单击"猜你喜欢"按钮，向服务器发出推荐请求，服务器通过个性化推荐模块采用相应的推荐算法将推荐结果发送给目标用户，推荐界面如图 8.20 所示。

图 8.20　推荐界面

3. 情境选择

用户利用移动终端可以获得时间、位置等直接情境，但是有些情境需要用户自己选择，如图 8.21 所示，系统提供了陪同人员、心情选择的情境信息，系统可以根据用户的情境选择更好地向用户推荐电影信息。

图 8.21　情境选择界面

4. 好友分享

用户获取到个性化推荐结果后可以单击推荐的电影结果,具体的显示信息如图 8.22 所示,介绍了电影的各项信息(包括导演、主演、类型、剧情简介等)。同时系统提供了分享功能,单击"分享"按钮,分享给圈子好友。

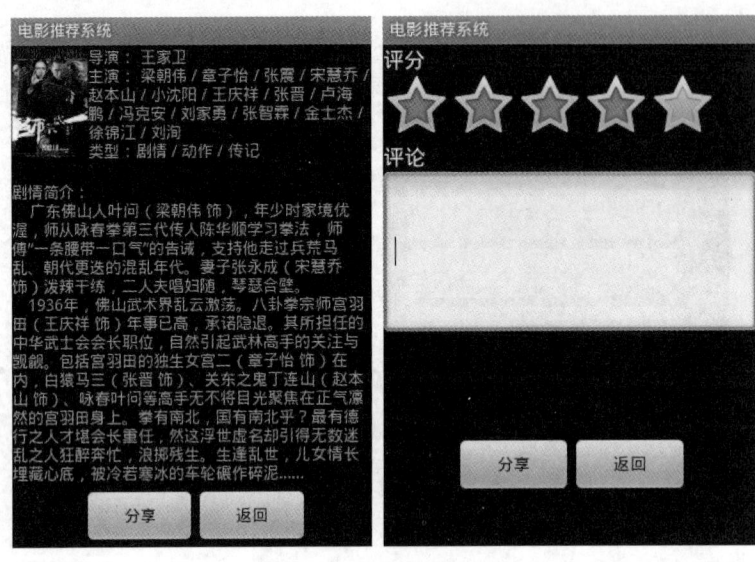

图 8.22　分享界面

8.5.4　系统分析

本系统通过构建移动终端与服务器的各个模块,实现根据不同用户的兴趣爱好推送个性化的信息;采用基于社交网络的推荐算法,解决冷启动问题,减少在线响应时间,增加推荐的准确性和实时性;采用基于情境融合感知的推荐算法,使系统能够根据用户所处的场合和环境进行推荐,更精准地满足用户需求。

8.6　本章小结

本章首先介绍了智慧娱乐的背景与需求分析。接着介绍了智慧娱乐的发展现状。然后针对现有网络存在的虚假信息介绍了度量用户间信任度的方法,并改进了信任度的计算方法,使之更加准确;定义了贡献度与模块度,介绍了改进的社区发现算法;将协同过滤推荐算法和社区发现算法,以及用户间的信任关系相结合,介绍了一种基于社交网络的推荐算法;同时构建了包含情境信息的情境感知模型,实现了一种基于情境融合感知的推荐算法,算法中融合物理情境和用户偏好情境,使信息资源在特定情境条件下和用户需求进行自适应匹配,从而实现系统对不同情境下的用户进行智能推荐。最后构建了一个智能化的个性化电影推荐系统,通过过滤虚假信息与情境融合的感知模型有效地提高了用户的娱乐体验。

本章参考文献

[1] 曹嘉伦．个性化推荐技术研究与系统设计[D]．南京：南京邮电大学，2014．

[2] 工业和信息化部．2018 年中国泛娱乐产业白皮书[EB/OL]．[2019-07-24]．http://www.ce.cn/culture/gd/201803/13/t20180313_28451046.shtml．

[3] 国家统计局．娱乐业新增固定资产（亿元）．[EB/OL]．[2019-07-24]．http://data.stats.gov.cn/search.htm?s=娱乐业

[4] 中国政府网．十九大报告[EB/OL]．[2019-07-24]．http://www.gov.cn/zhuanti/19thcpc/ baogao.htm

[5] Hampton K N, Goulet L S, Purcell K．Social networking sites and our lives: How people's trust, personal relationships, and civic and political involvement are connected to their use of social networking sites and other technologies[M]．Washington: Pew Internet & American Life Project, 2011．

[6] 朱琳可．基于社交网络的个性化推荐服务研究[D]．西安：西北大学，2012．

[7] Lü L, Medo M, Yeung C H, et al．Recommender systems[J]．Physics Reports, 2012, 519(1): 10-13．

[8] Zanker M, Felfernig A, Friedrich G．Recommender systems: an introduction[M]．Cambridge: Cambridge University Press, 2011．

[9] 曾子明，信息推荐系统[M]．北京：科学出版社，2013．

[10] Lai S, Liu Y, Gu H, et al．Hybrid Recommendation Models for Binary User Preference Prediction Problem[J]．Journal of Machine Learning Research-Proceedings Track, 2012, 18(12): 137-151．

[11] Karatzoglou A, Amatriain X, Baltrunas L, et al．Multiverse recommendation: n-dimensional tensor factorization for context-aware collaborative filtering[C]//Proceedings of the fourth ACM conference on Recommender systems, 2010．

[12] 王立才，孟祥武，张玉洁．上下文感知推荐系统[J]．软件学报，2012，23（1）：1-20．

第 9 章 安全驾驶

随着道路交通的发展，私家车越来越普及，安全驾驶与我们生活息息相关。根据国家统计局的数据，我国 2017 年交通事故发生了 20 多万起。安全带和安全气囊等设备的发明让驾驶员和乘客的生命安全得到了较大程度的保障，但无法减少交通事故的发生。随着信息技术的发展，生理状态与心理状态的检测也被应用于驾驶中，能够有效地减少由于疲劳驾驶与攻击性驾驶导致的事故的发生。本章首先介绍安全驾驶的背景及现代社会对安全驾驶的需求，然后描述安全驾驶的发展现状，最后着重介绍驾驶员疲劳驾驶状态与愤怒驾驶状态的检测技术，以及相应的原型系统[1]。

9.1 安全驾驶的背景与需求分析

9.1.1 安全驾驶的背景分析

汽车在推动道路交通快速发展的同时，也给交通安全管理带来了较大的压力。随着机动车数量的增加，以及道路建设的发展，我国的交通事故呈现出逐渐增加的趋势。目前，可以用 3 个特征词来形容我国的道路交通安全的现状，即恶性交通事故多发、交通事故总量巨大、死亡率高。第 1 个特征是恶性交通事故多发，仅 2012 年一年，全国发生特大事故就有 25 起。第 2 个特征是交通事故总量巨大，平均每年全国各地交警接报事故的总量在 470 万起左右。第 3 个特征是死亡率高，我国交通事故的死亡率大概是 21%，是日本的 200 倍[2]。综上所述，我国道路交通安全面临严峻的挑战。疲劳驾驶、酒后驾驶、愤怒驾驶等危险驾驶状态是危害道路交通安全的重要原因。危险驾驶状态主要包括疲劳驾驶状态、酒后驾驶状态和攻击性驾驶状态。酒后驾驶的危害体现在两个方面，一方面是驾驶员饮酒过后即刻驾驶车辆，这时驾驶员处于一种亢奋状态，这很有可能会导致驾驶员情绪不稳定，产生攻击性驾驶行为；另一方面是驾驶员饮酒一段时间后处于疲劳驾驶状态。本章的研究对象包括疲劳驾驶状态和愤怒驾驶状态两大类，愤怒驾驶状态属于一种常见的攻击性驾驶状态。

9.1.2 安全驾驶的需求分析

交通安全越来越受到人们的重视，安全带、安全气囊的发明使我们的生命安全得到了很大的保障。随着信息技术的发展，智能化、信息化的手段被用来检测驾驶员的生理状态与心理状态，以减少交通事故的发生。

1. 疲劳驾驶

疲劳是日常生活中一种常见的生理现象，疲劳会降低驾驶员对交通突发状况的警觉性和反应速度，甚至危害道路交通安全。疲劳驾驶一般是指驾驶员在开车过程中由于身体机理出现疲劳变化而导致其操控能力失常的状况。因驾驶员疲劳驾驶引发交通事故已成为全世界面临的严重问题。美国国家公路交通安全管理局的报告显示，因驾驶员疲劳诱发的交通事故占了交通事故总数的20%～30%[3]。疲劳驾驶是严重危害道路交通安全的行为，疲劳驾驶造成的交通事故在实际生活中也经常发生。2012年8月，陈某驾驶的大客车在某高速上行驶过程中，与闪某驾驶的半挂车追尾，导致半挂车装载的甲醇泄漏起火，造成大客车36名乘客当场死亡的惨剧。根据车载GPS（Global Positioning System，全球定位系统）卫星定位装置记录，大客车驾驶员陈某连续驾车超过4h，反应能力下降，未能及时发现道路前方险情，造成事故的发生。虽然闪某违法驶入高速公路且低速行驶是造成道路交通事故发生的主要原因，但是陈某的疲劳驾驶状态间接导致道路交通事故发生，是造成道路交通事故发生的重要原因[4]。

2. 攻击性驾驶

攻击性驾驶状态主要表现为驾驶员情绪激动、开斗气车、怒驾等。愤怒驾驶也是严重危害道路交通安全的不良驾驶行为。愤怒驾驶造成的交通事故在实际生活中也时有发生。愤怒驾驶危害大，及时调整开车时的情绪对道路安全至关重要。愤怒驾驶状态是产生攻击性驾驶行为的重要原因，也是攻击性驾驶的前奏，严重危害道路交通安全。攻击性驾驶行为的危害在于驾驶员无法控制自己的情绪、无法理智地驾驶车辆。攻击性驾驶行为是指有意识地对驾驶环境中的其他人进行身体、心理或情感伤害的不良道路交通行为，攻击性驾驶行为对道路交通有着巨大的危害。

对于疲劳驾驶与攻击性驾驶这些危险的驾驶行为，需要对驾驶员的生理与心理状态进行实时地检测并调节以达到安全驾驶的目的。

9.2 安全驾驶的发展现状

早在1885年安全驾驶的概念已经产生，那时欧洲普遍使用马车，那时的安全驾驶只是简单地防止乘客从马车上摔下来。1910年，飞机、汽车等交通工具产生，两点式安全带开始使用。1955年，飞机设计师尼尔斯到沃尔沃汽车公司工作后发明了三点式安全带。1963年，沃尔沃汽车公司开始把尼尔斯的三点式安全带注册，并在自产的汽车上装配。1968年，美国规定轿车面向前方的座位均要安装安全带，日本等发达国家也相继制定了汽车乘员必须佩戴安全带的规定。我国公安部于1992年11月15日颁布了通告，规定1993年7月1日起，所有小客车（包括轿车、吉普车、面包车、微型车）驾驶人和前排座乘车人必须使用安全带。《中华人民共和国道路交通安全法》第五十一条规定：机动车行驶时，驾驶人、乘坐人员应当按规定使用安全带。自此，安全驾驶在身体方面得到了很大的保障。

然而随着轿车的普及，安全驾驶不再仅仅局限于身体上的安全带，生理状态与心理状态的"安全带"越发重要。疲劳驾驶、愤怒驾驶的规避要求我们使用智能化、信息化的方法来实现，以减少危险事故的发生。目前，驾驶员疲劳驾驶检测技术主要分为三大类[1]，第一类是基于生理信号的检测技术，主要指标有脑电波、心率、脉搏，以及皮肤电压的变化等；第二类是基于身体反应的检测技术，主要指标有驾驶员头部的倾斜程度、眼部的变化、嘴巴的变化，以及驾驶员掌握方向盘的力度等；第三类是基于车辆状态信息的检测技术，主要指标有方向盘的运动规律、车辆的行驶速度、车辆的加速度，以及车辆的运行轨迹等。

愤怒驾驶就是我们常说的怒驾。怒驾就是驾驶员在驾驶过程中带着愤怒情绪。驾驶员的愤怒情绪可能是开车之前就有的，也可能是驾驶过程中因为一些小事的刺激产生的。处于愤怒情绪中的驾驶员很有可能被情绪左右，全然不顾文明交通和安全驾驶，严重危及道路交通安全。愤怒驾驶是造成攻击性驾驶行为的主要原因之一。

对于现代的"安全驾驶"，我们给出如下定义：在传统驾驶的安全保护措施之下，利用各种信息技术或创新概念，使驾驶员规避危险驾驶的行为。

业内已经有采用物联网数字化技术实现驾驶员精神状况的检测系统，它基于车联网应用，以适应行驶安全检测的新需求。在无人驾驶技术完善之前，我们相信信息化、智能化的安全驾驶技术可以成为减少交通事故发生的一大助力。

9.3 疲劳驾驶状态检测

9.3.1 基本原理

驾驶员驾驶的方向盘的运动加速度是研究疲劳驾驶的重要信息，在路况复杂的城市道路上，如果方向盘连续 4s 以上不动，那么驾驶员很有可能处于疲劳驾驶状态，但是如果驾驶员行驶在笔直的公路上且周围的车辆很少，这时方向盘连续 4s 不动，我们无法判断驾驶员是否处于疲劳驾驶状态，因此可以说方向盘的运动信息在一定程度上可以反映出驾驶员的驾驶状态。人的脉搏变化和疲劳有着很大的关系，驾驶员驾驶过程中的脉搏变化，尤其是脉率的变化，是对驾驶员疲劳驾驶状态的直接反映。综合利用方向盘的运动加速度信息和驾驶员的脉搏信息，可以有效地提高对驾驶员疲劳驾驶状态的检测准确率。

本节介绍的疲劳驾驶状态检测方法基于驾驶员驾驶过程中的一种间接信息和一种直接信息，融合这两种信息综合判断驾驶员是否处于疲劳驾驶状态。一种间接信息就是驾驶员驾驶过程中方向盘的运动加速度。利用加速度传感器采集到方向盘运动加速度数据，对这些原始数据应用三点移动平均法进行平滑处理。基于方向盘 4s 不动理论，可以得到关于驾驶员是否处于疲劳驾驶状态的检测结果。一种直接信息就是驾驶员驾驶过程中其本身的脉搏变化情况，可以相对准确地反映出驾驶员的疲劳状态。利用脉搏传感器采集到驾驶员驾驶过程中的脉搏数据，分析并计算出驾驶员的脉率变化。脉率是与人体疲劳息息相关的参数指标，在检测之前，针对不同的个体建立相应正常驾驶状态的阈值，通过与这个正常阈值的比较来得到驾驶员的脉率变化，进而判断驾驶员的疲劳驾驶状态。通过以上两种方法分别得到了驾驶员是否处于疲劳驾驶状态的检测结果，对这两种检测结果应用 D-S 证据理论进行决策级数据融合，得到更加精确的关于驾驶员是否处于疲劳驾驶状态的检测结果。

疲劳驾驶状态检测包括脉搏数据采集、脉搏数据存储与预处理、脉搏数据动态阈值训练、基于脉搏数据检测驾驶员疲劳驾驶状态的算法应用、加速度数据采集、加速度数据传输与预处理、加速度数据动态阈值训练、基于加速度数据检测驾驶员疲劳驾驶状态的算法应用、基于 D-S 证据理论的数据融合等功能模块。疲劳驾驶状态检测模块的体系架构如图 9.1 所示。

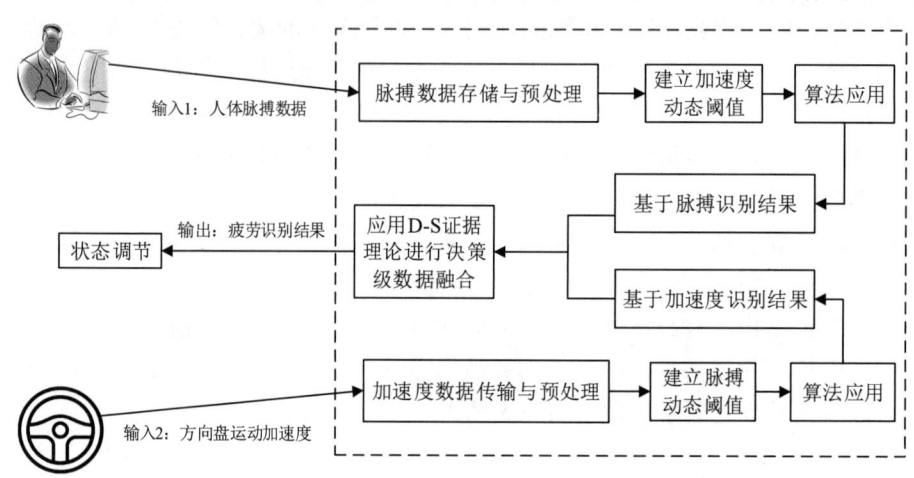

图 9.1　疲劳驾驶状态检测模块的体系架构

图 9.1 中的箭头代表顺序处理，矩形代表系统中的各大模块，也是一种处理流程，虚线框代表对数据的完整处理流程。我们可以直观地看到，疲劳驾驶状态检测模块由两个并发的数据处理过程和一个数据融合过程组成。

9.3.2　数据采集与预处理

1．加速度数据采集

驾驶员驾驶过程中，车辆的速度、加速度、方向盘运动加速度、方向盘的角度变化、驾驶员踩刹车或者踩油门的频率等与车辆相关的信息是分析驾驶员的驾驶状态的重要信息，在一定程度上间接地反映了驾驶员的驾驶状态。本节利用方向盘运动加速度来辅助分析驾驶员的驾驶状态，方向盘运动加速度的优点是特征变化比较明显，可以实时地体现出方向盘运动的变化，而且容易捕捉。

对于方向盘运动加速度数据的采集，我们利用内嵌到移动终端中的加速度传感器进行，优点是在移动终端中不仅集成了加速度传感器，还包含了一整套完整的处理流程，获取和使用数据非常方便。我们将内嵌加速度传感器的移动终端绑定到驾驶过程中使用的方向盘上，实时采集驾驶员驾驶过程中方向盘运动加速度，通过内嵌的处理流程捕获方向盘运动加速度数据，与服务器建立连接，实时将数据发送到服务端。方向盘运动加速度数据采集示意图如

图 9.2 所示。

图 9.2 方向盘运动加速度数据采集示意图

2．脉搏数据采集

按照平均一分钟 70 次计算，心脏一天的跳动次数就可以达到 100800 次，心脏跳动的主要功能是通过泵血维持机体的血液循环，脉搏信号就是由心脏跳动产生的。脉搏[5,6]是血流从主动脉出发沿动脉系统传播时形成的压力波，而血流在动脉系统的传播正是因为心脏的心室周期性收缩和舒张引起主动脉的收缩和舒张。脉搏是由于主动脉根部的搏动产生的，脉搏反映了主动脉内的压力周期变化。由心脏泵出的血液流入主动脉，又引起主动脉的收缩和舒张，血流以压力波的形式从主动脉根部出发沿动脉系统传播，形成了脉搏，心脏每收缩舒张一次即可产生一个周期脉搏波。图 9.3 所示的波形是在系统采集的周期脉搏波形图中截取的典型一周期脉搏波形。

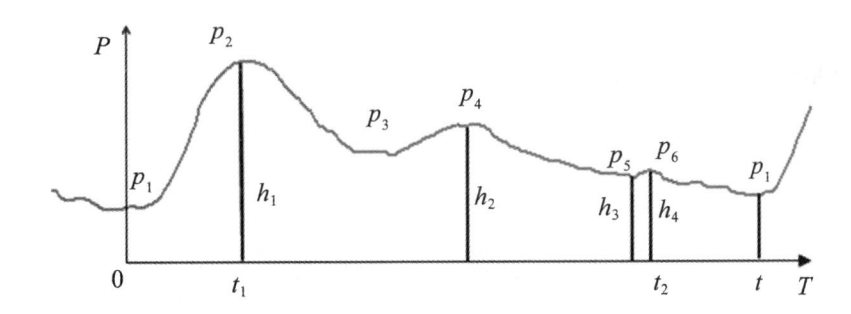

图 9.3 典型一周期脉搏波形

图 9.3 中，横坐标 T 代表时间，纵坐标 P 代表压力值，在时间 0~t 的波形是一个典型的脉搏周期波形，t 代表脉搏波形的一个周期。h_1 是主波幅度，是整个脉搏周期的最大压力点；h_2 是重搏前波幅度，是整个脉搏周期的第二大压力点；h_3 是降中峡幅度；h_4 是重搏波幅度。0~t_1 对应左心室的快速射血期，t_1~t_2 对应左心室的收缩期，t_2~t 对应左心室的舒张期。

图 9.3 中的各个特征点都有其相应的生理学意义[7]。p_1 是始射点，是脉搏波形压力最小的点，反映了主动脉收缩过程中血管内的压力值。p_2 是主动脉压力最大的点，p_1 到 p_2 之间是一条上升的曲线，是主波的上升支，代表左心室的快速射血期。p_4 是重搏前波，是左心室射血的停止点。p_5 是重搏波波谷，同时是心脏收缩和舒张的分界处，位于该点之前的下降支和该

点之后的上升支反映了主动脉静压排空过程。p_6 点是重搏波，p_5 到 p_6 之间的一小段向上的波形是降中波，反映了主动脉瓣的功能及血管的弹性。

对于脉搏数据的采集，利用脉搏传感器进行。脉搏传感器固定在人体的桡动脉处，因为桡动脉是人体脉搏最强的地方，方便准确地获取人体的脉搏数据。脉搏传感器采集的脉搏数据是驾驶过程中驾驶员的脉搏数据。脉搏传感器通过 COM 端口通信的方式实时将数据保存到数据库中。脉搏传感器固定示意图如图 9.4 所示。

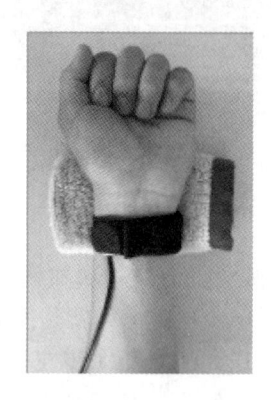

图 9.4　脉搏传感器固定示意图

脉搏传感器通过 USB 接口连接到计算机上，驾驶员脉搏数据采集与存储的主要步骤如下。

步骤 1：连接到脉搏传感器数据所在的 COM 端口。

步骤 2：设定好通信参数：通信速率 9600bit/s、8 位数据位和 1 位停止位。

步骤 3：设置好采样速率、放大倍率和基线位置。

步骤 4：和 MySQL 数据库建立连接，设定连接所需的 MySQL 驱动、URL、用户名和密码等参数。

步骤 5：实时将数据保存到 MySQL 数据库中。

脉搏数据采集软件界面如图 9.5 所示。

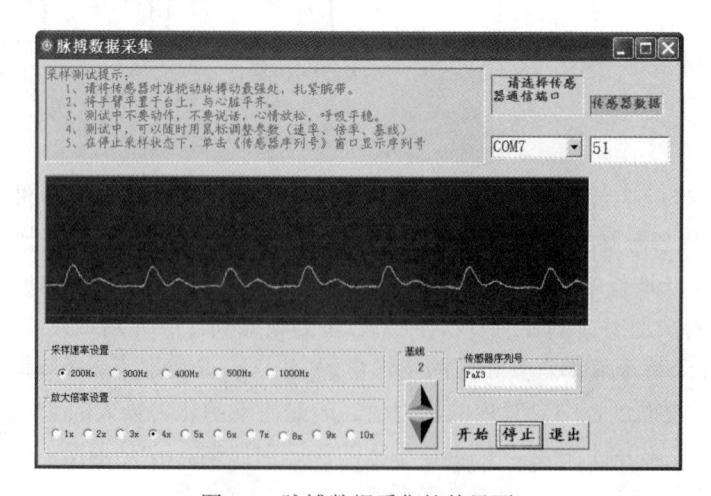

图 9.5　脉搏数据采集软件界面

3. 数据预处理

大部分时间序列都存在噪声，加速度数据和脉搏数据都是时间序列的数据，通过传感器采集到的数据中存在噪声。平均滑动法[8]的目的就是滤除数据中的噪声，使数据变得平滑。平均滑动法主要原理是利用二乘法对滑动窗口内的元素取平均值，主要包括算术平均和加权平均两种方法。因为利用传感器采集到的数据普遍存在着误差，所以需要对传感器采集到的数据进行基本的数据平滑处理。本节使用加权移动平均法对数据进行平滑处理，越靠近滑动窗口边缘的点，其权值越小。这种平滑处理方法的特点是进入滑动窗口的点逐渐地计入平均值中，并逐渐消除对整体平滑程度的影响。平滑处理公式为

$$s_i = \sum_{j=-k}^{k} w_j x_{i+j}, \quad \sum_{j=-k}^{k} w_j = 1 \tag{9.1}$$

式中，s_i 代表第 i 个点的加速度或者脉搏数据的平滑值；x_{i+j} 代表数据点；w_j 代表权重因素。例如，对于五点加权移动平均法，可以使用(1/16,1/8,1/2,1/4,1/16)作为权值。选择什么样的权并不重要，只要中间位的权值最大，且越靠近边缘的权值越小，同时总和为 1 即可。为了得到更好的数据平滑处理效果，本节选择三点加权移动平均法作为加速度数据平滑处理的方法，使用(1/4,1/2,1/4)作为权值，对于采集到的方向盘运动加速度数据，相邻的 3 个点作为一个处理项，平滑处理后的结果更新到中间对应的数据项，循环处理，直到处理完需要的数据。平滑处理算法实现的伪代码如算法 1 所示。

```
算法 1 数据平滑处理
输入    加速度数据集 acceData[N] 和脉搏数据集 pulseData[N]（N 代表处理的数据点的个数）
输出    平滑处理后的结果：acceDataAfterFilter[N] 和 pulseDataAfterFileter[N]
1:  x ←0.25
2:  y ←0.5
3:  z ←0.25
4:  acceDataAfterFilter[0] ← acceData[0]
5:  pulseDataAfterFiter[0] ← pulseData[0]
6:  for int i=1 to N-2
7:      acceDataAfterFilter[i]=acceData[i-1]*x+acceData[i]*y+acceData[i+1]*z
8:      pulseDataAfterFilter[i]=pulseData[i-1]*x+pulseData[i]*y+pulseData[i+1]*z
9:  end for
10: acceDataAfterFilter[N-1] ←acceData[N-1]
11: pulseDataAfterFilter[N-1] ←pulseData[N-1]
12: return acceDataAfterFilter[N], pulseDataAfterFileter[N]
```

人体脉搏信号是生理信号的一种，人体生理信号有信号弱、频率低和噪声大的特点，由于这些特点，人体状态和外界环境的干扰都会对人体生理信号的采集产生比较大的影响。主要影响有以下 3 种[9]。

（1）基线漂移。基线漂移是一种低频干扰，频率一般在 0.5Hz 以下，一般是由人体的呼吸或者电极移动等引起的。

（2）工频干扰。工频干扰涉及的范围较广，频率为 50Hz 的整数倍，是由公共电网等各类电网设施引起的频率干扰。

(3) 肌电干扰。肌电干扰涉及的频率范围较广,有低频干扰、中频干扰,也有高频干扰,产生的原因一般是肌肉紧绷或者人体活动。

这些噪声干扰可能会导致脉搏信号失真,会对实验结果造成较大的误差,所以在对脉搏信号进行特征提取前需要进行去噪处理。

小波变换[10,11]由于其众多优点,已经成为一个快速发展的数学和信号处理工具。人体的脉搏信号大多数分布在低频区域,而噪声信号一般均匀地分布在高频区域,幅度较大的小波分量通常出现在信号突变区域,所以通过小波变换可以分辨出噪声。系统采用基于小波变换的阈值方法滤除噪声,具体去噪过程如下。

对脉搏信号进行离散小波变换。一个典型的基本小波为

$$\int_{-\infty}^{+\infty} \frac{\left|\hat{\varphi}(\varpi)\right|^2}{|\varpi|} d\varpi < +\infty \tag{9.2}$$

我们假设 $\varphi(t) \in L^2(R)$,$\hat{\varphi}(\varpi)$ 是 $\varphi(t)$ 的傅里叶变换,$\varphi(t)$ 称为小波母函数。通过对小波母函数 $\varphi(t)$ 进行平移和伸缩可以得到离散小波族:

$$\varphi_{a,b}(t) = 2^{-\frac{a}{2}} \varphi(2^{-a}t - b), \quad m, n \in R \tag{9.3}$$

式中,a 为伸缩因子;b 为平移因子。

假设脉搏信号为 signal(t),signal(t) = start(t) + noise(t),start(t) 代表原始的脉搏信号,noise(t) 代表噪声。对脉搏信号进行离散采样:signal(t),$t = 0, 1, 2, \cdots, N-1$。小波系数为

$$W_{\text{signal}}(a,b) = 2^{\frac{a}{2}} \sum_{n=0}^{N-1} f(n)(2^a n - b) \tag{9.4}$$

得到小波系数 $W_{\text{signal}}(a,b)$ 后,用阈值进行处理,确定小波系数的估计值 $\hat{W}_{\text{signal}}(a,b)$,要确保 $|W_{\text{signal}}(a,b) - \hat{W}_{\text{signal}}(a,b)|$ 的值最小,阈值可采用通用选取方法。

$$T = \text{med}/(0.6475\sqrt{2\ln N}) \tag{9.5}$$

式中,med 代表高频正交小波系数的中值。

得到了小波系数的估计值 $\hat{W}_{\text{signal}}(a,b)$,用小波逆变换对小波重构,得到估计信号 $\hat{\text{signal}}(t)$,即去噪后的脉搏信号。

9.3.3 动态阈值训练

1. 加速度动态阈值

数据流一般用于描述大量、快速、实时的数据形式,方向盘运动加速度数据就是一种数据流,而且是一种时间序列的数据流,本节基于滑动窗口模型研究方向盘运动加速度。

滑动窗口模型[12]广泛地应用于数据流的处理。传感器数据作为一种时间序列的数据流,适用于滑动窗口模型。滑动窗口模型如图9.6所示。

数据流流入方向 →

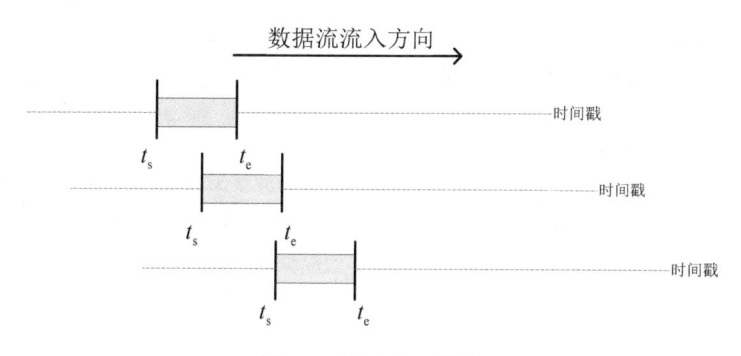

图 9.6 滑动窗口模型

如图 9.6 所示，t_s 代表滑动窗口的开始点，t_e 代表滑动窗口的结束点。在数据流的方向上，截取滑动窗口，在滑动窗口内处理加速度数据。

本节的检测驾驶员疲劳驾驶状态的方法基于方向盘 4s 不动理论，并在此基础上进行了改进，加入了动态阈值的方法，这样可以去除方向盘与车体夹角的变化对检测结果的影响，更准确地判断出驾驶员的驾驶状态。

由于实际情况中方向盘的角度及车辆所处路面的情况不同，我们不能采用固定的阈值作为检测驾驶员驾驶状态的依据，下面介绍一种动态训练方向盘运动加速度阈值的方法，首先通过方向盘运动加速度数据分析车辆是否处于相对稳定的行驶状态，在这段时间内检测方向盘左右波动小于 15°的连续时间，等分该时间段为连续的小时间段，获取这些时间段内方向盘运动加速度数据的加权平均值，然后取这些加权平均值的平均值，得到驾驶员在当前路段的动态阈值，得到加速度阈值后，通过比较加速度数据得到方向盘的波动区间，应用方向盘 4s 不动理论[13]，即当方向盘连续 4s 不动时，我们可以判定驾驶员处于疲劳驾驶状态。实时获取方向盘运动加速度动态阈值的伪代码如下。

算法 2 方向盘运动加速度动态阈值获取
输入 平滑处理后的加速度数据集 acceDataAfterFilter[N]（N 代表处理的数据点的个数）
输出 加速度动态阈值 acceThreshold
```
1:    sum ←0
2:    for int i=0 to N
3:        call getExceptionValue()
4:        ecxeptionValue← getExceptionValue()
5:        if acceDataFilter<exceptionValue
6:            sum ←sum+acceDataAfterFilter[i]
7:    end for
8:    acceThreshold←sum/N
```

2．脉搏动态阈值

脉搏[14]代表主动脉的跳动，脉搏跳动的频率即脉率。正常人的脉搏和心跳是一致的。成年人的正常脉率为 60～100 次/min，平均脉率为 72 次/min。情绪激动或运动时脉搏加快，休息或疲劳时脉搏减慢。为了得到脉率和疲劳的关系，我们进行了对比实验。

实验者共计 12 名，均是身体健康的成年人，年龄在 23～26 岁。在实验者早晨精力充沛，处于清醒状态时，测量 5 组脉搏时域值；在实验者中午开始犯困，身体处于有点疲劳的状态时，测量 5 组脉搏时域值；在实验者打了几个小时的游戏，身体处于比较疲劳的状态时，继续测量 5 组脉搏时域值。

根据测量的脉搏时域值，计算出相应的脉率，统计出实验者在不同身体状态下的脉率变化情况，如表 9.1 所示。

表 9.1 不同状态下实验者的脉率变化

实验者编号	精力充沛时平均脉率（次/min）	有点疲劳时平均脉率（次/min）	疲劳时平均脉率（次/min）	有点疲劳时降幅（%）	疲劳时降幅（%）
01	72	65	56	9.72	22.22
02	73	65	57	10.96	21.92
03	75	66	57	12.00	24.00
04	76	70	60	8.57	21.05
05	80	72	62	10.00	22.50
06	76	68	60	10.53	21.05
07	72	65	58	9.72	19.44
08	72	63	55	12.50	23.61
09	79	71	62	10.13	21.52
10	82	73	64	10.98	21.95
11	73	64	55	12.33	24.66
12	75	66	58	12.00	22.67

由表 9.1 可知，脉率和人体的疲劳有着紧密的关系。当实验者处于有点疲劳状态时，脉率的降幅为 8.57%～12.50%，且大部分在 10%以上；当实验者处于疲劳状态时，脉率的降幅为 19.44%～24.66%，且大部分在 20%以上。根据实验得出的结论，我们将轻度疲劳驾驶状态检测的阈值设置为 10%，疲劳驾驶状态检测的阈值设置为 20%。

驾驶员在正常驾驶状态和疲劳驾驶状态下脉搏变化比较大，针对这种情况，一种基于动态阈值检测驾驶员疲劳驾驶状态的方法被提出：驾驶员刚开始驾车的一段时间一般是比较清醒的，在这段时间内检测出驾驶员的脉搏数据并计算出其相应的脉率值，把这个脉率值作为驾驶员正常的脉率值，过了这段清醒时间后连续检测驾驶员的脉搏并分析出脉率，与正常的脉率值比较，若下降程度超过 10%，则说明驾驶员处于轻度疲劳状态；若下降程度超过 20%，则说明驾驶员处于疲劳状态，即根据驾驶员脉率周期下降的程度判断驾驶员的疲劳程度。

本系统设定的数据采集频率为 200Hz，1min 采集到的数据的个数是 200×60=12000。正常成年人的脉率一般为 60～100 次/min，每次脉搏跳动对应 1 个脉搏波，那么每个脉搏波有 200～340 个数据。基于脉搏跳动的稳定性和周期性，依据 2 次脉搏波的峰值的时间差作为计算脉率的方法，辅以异常处理模块，可以实时准确地计算出驾驶员的脉率值。实时获取驾驶员脉搏动态阈值的伪代码如下。

算法 3 驾驶员脉搏动态阈值获取
输入 平滑处理后的脉搏数据集 `pulseDataAfterFilter[N]`（N 代表处理的数据点的个数）

```
输出    脉搏动态阈值 pulseThreshold
1:   max ←0
2:   max1 ←0
3:   maxIndex ←0
4:   max1Index ←0
5:   pulseThreshold ←0
6:   call getSublist1 (pulseDataAfterFilter[N])
7:   call getSublist2 (pulseDataAfterFilter[N])
8:   sublist1[M] ←getSublist1 (pulseDataAfterFilter[N])
9:   sublist2[M] ←getSublist2 (pulseDataAfterFilter[N])
10:  call getMax (sublist1[M]), getMaxIndex (sublist2[M])
11:  maxIndex ←getMaxIndex (sublist1[M])
12:  max1Index ←getMaxIndex (sublist2[M])
13:  max ←pulseDataAfterFilter[maxIndex]
14:  max1 ←pulseDataAfterFilter[maxIndex1]
15:  if (max-max1<ΔMAX)
16:      pulseThreshold ←maxIndex1-maxIndex
17:  end if
```

9.3.4　基于数据融合的疲劳驾驶状态检测

1. 数据融合基本概念

数据融合[15-17]没有统一的定义，其研究对象广泛。数据融合的一种定义为：对不同空间及时间的多传感器信息资源进行充分利用和协同操作，运用计算机、信号处理等相关技术对探测到的信息资源在特定的准则下进行分析、处理、综合、优化、决策，以取得对探测对象一致性的表述和解释，使整个融合系统获得更好的性能，用于对研究对象做出更精准的决策。数据融合基于各类传感器捕捉的数据。数据融合可以充分利用数据的特点，有效地提高实时性，增强互补性，降低冗余性。数据融合的广泛使用提高了信息可信度，降低了信息的模糊度，提高了空间分辨率，扩展了时间和空间的覆盖范围。

融合的层次是信息融合过程中要考虑的一个重要因素。融合的层次决定了对原始数据预处理的方法，决定了在什么时刻对数据进行融合。按照融合过程中不同的数据抽象层次，数据融合系统可分成3个级别：数据级融合、特征级融合及决策级融合[18]。

数据级融合的数据源是相同传感器或同类传感器的数据，为了确保被融合的数据来自相同或相近的目标，要先对原始数据进行数据关联操作，数据级融合不加任何处理直接融合来自同类别传感器的数据，完成融合后对数据进行特征提取，同时对融合的数据进行属性判别。数据级融合是底层数据的融合，数据级融合模型如图9.7所示。

数据级融合的优点是以少量数据的损失换取被测目标更多更细致的信息，因此有较高的数据精度。数据级融合也存在一些限制，首先是数据级融合在底层进行，单个传感器节点的性能对数据级融合有直接的影响；其次是数据级融合处理的数据量较大，后台系统处理时间长，系统实时性较差；最后是对系统的通信环境有较高的要求，抗干扰能力差。

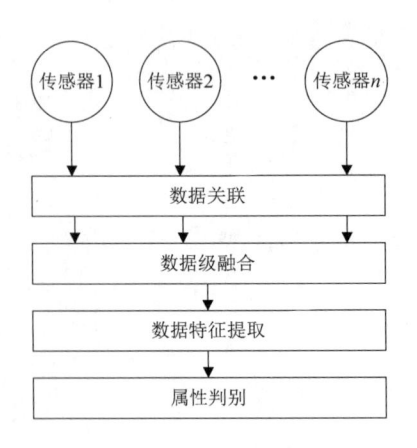

图 9.7　数据级融合模型

特征级融合用来表示被测目标的抽象行为或者属性，需要原始数据信息的统计量信息（可以为区域或者方向的信息），先对传感器观测到的原始数据进行特征提取以获得特征向量，再进行数据关联，关联的作用是对特征向量进行分组，最后基于联合特征信息做出属性判别，特征级融合模型如图 9.8 所示。

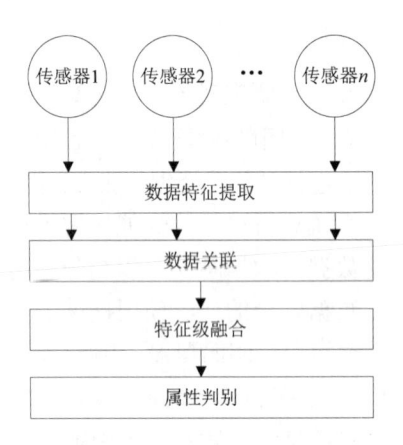

图 9.8　特征级融合模型

特征级融合模型的主要优点是通过特征提取实现信息的大幅度压缩，从而降低对数据通信带宽的要求，方便对数据进行实时处理。由于特征提取会损失一部分信息，因此会降低数据融合的性能。

决策级融合又称结果级融合，各个传感器根据特征提取的结果对目标判断出结果，再对这些结果进行融合，决策级融合对最终决策水平有较大影响，决策级融合是最高层次的融合，决策级融合模型如图 9.9 所示。

决策级融合有着较多的优点。首先，决策级融合不要求系统中都是同类型的传感器；其次，决策级融合有着较强的抗干扰能力，同时决策级融合占用的资源非常少，而且决策结果依赖于多个传感器的数据，对单传感器的数据依赖较低。决策级融合也有一些局限性，决策级融合在处理过程中会丢失大量有用的信息，而且精度相对比较低。

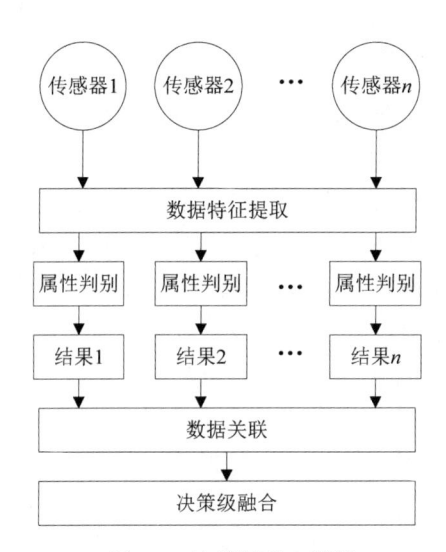

图 9.9　决策级融合模型

常用的数据融合方法有 D-S 证据理论、贝叶斯概率论、BP 神经网络、粗糙集理论等。

D-S 证据理论扩展了经典概率理论。Dempster 于 20 世纪 60 年代首先提出了用一个集合代替具体概率来表示不确定性，构造出了解决不确定推理问题的一般框架；20 世纪 70 年代，其学生 Shafer 对该理论进行了扩充，出版了《证据的数学理论》一书，添加了信任函数和似然函数两个概念，使 D-S 证据理论成为一种可以解决不确定性问题的完美理论。D-S 证据理论擅长不确定信息的表示和融合，是一种决策级融合方法。本章中基于方向盘运动加速度的驾驶员疲劳驾驶状态检测结果和基于脉搏的驾驶员疲劳驾驶状态检测结果的信息融合就是决策级融合的应用，因此采用 D-S 证据理论作为信息融合的方法。

贝叶斯概率论[19,20]是解决分类问题的良好选择，也是解决多元数据信息融合的主要方法，对有限和无限特征空间分类都有比较好的效果。但是贝叶斯概率论对不确定和不信任这两个不同的概念不能进行有效的区分，贝叶斯概率论以先验概率和似然函数为前提，利用条件概率公式进行推理。

1986 年，Rumelhart 提出了误差反向传播法，即 BP 法，该方法影响最为广泛。BP 神经网络学习的目的是修改神经网络中的权系数，使网络对所输入的模式能正确分类，权系数反映了同类输入模式样本的共同特征。

粗糙集理论[21,22]是由波兰籍数学家 Pawlak 提出的针对 Frege 边界线区域思想的一种数据融合方法。粗糙集理论的研究对象是信息系统，粗糙集理论认为任何客观事物都可以通过一定的知识来描述。基于粗糙集理论的特征选择又称为属性约简，而约简代表的是最终选择的特征集合，目的是删除不相关的冗余属性。粗糙集理论同时是一种能够处理模糊和不确定性问题的数学理论，可以将各种问题都理解为数据的划分，所以依靠原始数据就可以发现数据中的隐含规律，论域的划分是粗糙集理论的基础，每个问题都存在粒度，粒度太大会造成数据的不确定性，在维持整体分类能力不变的情况下，通过属性约简消除冗余属性，粗糙集理论可以得到最终的分类规则。此外，应用粗糙集理论分析数据可以发现数据中的隐藏公式，方便对数据进行评估。

2. 基于 D-S 证据理论的决策级融合

本节应用的数据融合属于决策级融合,使用 D-S 证据理论的方法进行决策级融合,下面重点介绍 D-S 证据理论在本节中的应用。

D-S 证据理论[23,24]是一种不确定数学推理方法,在 20 世纪 60 年代由 Dempster 提出,在 20 世纪 70 年代由 Dempster 学生 Shafer 进行了扩展。D-S 证据理论擅长不确定信息的表达和合成,其广泛地应用于不确定推理问题和数据融合问题。

D-S 证据理论是基于有限集 Θ 的理论,Θ 代表的是一个辨识框架,包含系统要检测的全体对象,对象之间是互斥的关系;在本节中 Θ 代表疲劳和不疲劳两个对象的集合,即 $\Theta = \{疲劳, 不疲劳\}$。

设 Θ 的子集为 2^Θ,f 是 2^Θ 到 $[0,1]$ 的映射函数,并满足 $f(\varnothing) = 0$,对任意的 $s \in 2^\Theta$,有 $f(s) \geq 0$ 且 $\sum f(s) = 1$。

$f(s)$ 代表一个识别框架的基本概率值,反映对信度 s 的大小。

f_1 和 f_2 代表两个独立的证据体导出的概率分配函数,在本节中对应的是基于方向盘运动加速度的驾驶员疲劳驾驶状态检测结果和基于脉搏的驾驶员疲劳驾驶状态检测结果这两个特征数据,根据 D-S 组合规则,可以计算出一个基本概率分配函数,这个函数可以反映两个证据体共同作用的融合信息。

$$f(A) = f_1 \oplus f_2 = \frac{\sum_{B_i \cap C_j = A} f_1(B_i) f_2(C_j)}{1 - \sum_{B_i \cap C_j = \varnothing} f_1(B_i) f_2(C_j)} k \tag{9.6}$$

$$k = \sum_{B_i \cap C_j = \varnothing} f_1(B_i) f_2(C_j) \tag{9.7}$$

$$1 - \sum_{B_i \cap C_j = \varnothing} f_1(B_i) f_2(C_j) = \frac{1}{1-k} \sum_{B_i \cap C_j = A} f_1(B_i) f_2(C_j) \tag{9.8}$$

基于方向盘运动加速度的驾驶员疲劳驾驶状态检测结果可以看成一个证据体,基于脉搏的驾驶员疲劳驾驶状态检测结果可以看成另外一个证据体,利用 D-S 组合规则对这两个证据体进行组合后,对组合过的证据体进行决策,目前有两种常用的证据理论的决策规则,第一种是基于信任函数的决策规则,第二种是基于概率分配的决策规则。对于基于信任函数的决策规则,主要是依据实际的情况设定一个阈值 θ,通过整合不同的证据体,可以得到对于事件 S 的信任函数 $\text{Tru}(S)$,当信任函数 $\text{Tru}(S)$ 大于阈值 θ 时,信任函数 $\text{Tru}(S)$ 对于事件 S 就是最后的决策结果。本节没有采用基于信任函数的决策规则,而是采用基于概率分配的决策规则。对于基于概率分配的决策规则可以表示成如下数学公式:

对于任一集合 M,设 $\forall S_1, S_2 \subset M$,满足:

$$f(S_1) = \max\{f(S_i), S_i \subset M\} \tag{9.9}$$

$$f(S_2) = \max\{f(S_i), S_i \subset M \text{ 且 } S_i \neq S_1\} \tag{9.10}$$

若有

$$f(S_1) - f(S_2) > \theta_1 \tag{9.11}$$

$$f(M) < \theta_2 \tag{9.12}$$

$$f(M) < f(S_1) \tag{9.13}$$

在式（9.9）～式（9.13）中，S_i 是对事件的决策结果，即驾驶员是否处于疲劳驾驶状态。其中 θ_1 和 θ_2 代表设定的门限值。

D-S 证据理论融合的基本步骤归纳如下。

首先，应用 D-S 证据理论的前提是基本概率复制函数的构建，对于方向盘运动加速度和脉搏两个证据体，分别计算出两者的概率分配函数 f，同时要确保这两个证据体之间互不影响、相互独立。

然后，应用 D-S 组合规则可以得到一个新的证据体，这个新的证据体是由方向盘运动加速度和脉搏这两个证据体组合出来的，新的证据体表现出来的基本概率分配越接近 1，表明对驾驶员是否处于疲劳驾驶状态判断的准确性越高。

最后，应用决策规则得到决策结果并输出。

D-S 证据理论融合过程如图 9.10 所示。

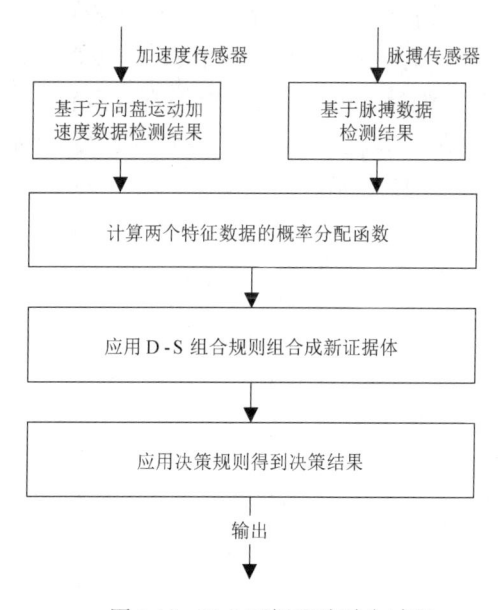

图 9.10 D-S 证据理论融合过程

D-S 证据理论融合过程的伪代码如下。

```
算法 4  D-S 证据理论融合
输入   基于方向盘运动加速度的识别结果 fs1[N]、基于脉搏的识别结果 fs2[N]
输出   融合后的结果 fs[N]
1:     k ←0
2:     dim met as float[N][N]
3:     call metrix(fs2,fs1)
4:     met ←metrix(fs2,fs1)
5:     call kNum(fs1, fs2)
6:     k ←kNum(fs1, fs2)
7:     fs[0] ←met[0][0]
8:     fs[N-1] ←met[N-1][N-1]
```

```
9:    for int i=0 to N
10:       fs[i]=1/1-k
11:   end for
```

9.3.5 状态调节机制

疲劳驾驶功能模块对应的状态调节针对驾驶员的疲劳驾驶状态，状态调节的目的是使驾驶员从疲劳驾驶的危险驾驶状态改变到正常驾驶状态。状态调节机制主要有两个方面，即驾驶员的主动调节和通过外界刺激的被动调节。

驾驶员的主动调节指驾驶员在得到系统的疲劳驾驶状态提醒时，主动停车休息一段时间，播放让人振奋的音乐，或者找一个处于正常清醒状态的驾驶员代替其驾驶车辆；通过外界刺激的被动调节有光线变化的调节、音乐刺激的调节、温度变化的调节等。本节通过音乐这种外界刺激调节驾驶员的疲劳驾驶状态，如通过一些让人精神振奋的爵士乐、交响乐、摇滚乐刺激驾驶员，使驾驶员尽快恢复到正常驾驶状态。

由于通过外界刺激的被动调节未必能把驾驶员的疲劳驾驶状态调节到正常驾驶状态，所以本节量化了外界音乐刺激的级别，将音乐刺激分为一级刺激、二级刺激、三级刺激和终极刺激 4 个级别。设系统音量最小值为 0，最大值为 100，一级刺激的音量为 60，音乐为交响乐；二级刺激的音量为 75，音乐为爵士乐；三级刺激的音量为 90，音乐为重金属摇滚乐；终极刺激为持续危险报警，同时提醒驾驶员停车休息，使驾驶员主动调节驾驶状态。疲劳驾驶状态的调节机制的运行流程如图 9.11 所示。

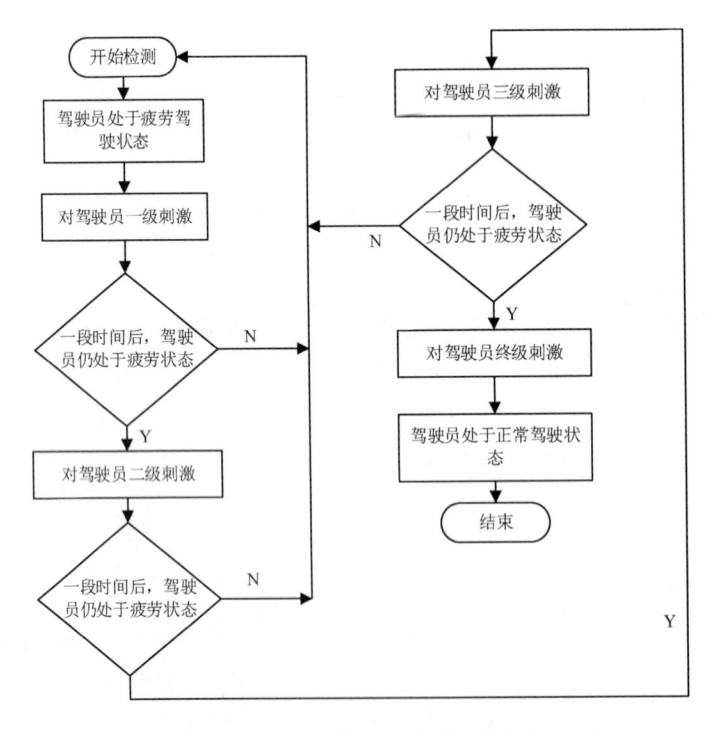

图 9.11 疲劳驾驶状态的调节机制的运行流程

9.3.6 实验验证与性能分析

1. 实验环境

危险驾驶状态检测系统采用的加速度传感器是 LIS3DH[25-28]。LIS3DH 是意法半导体(ST)公司的三轴数字加速度传感器,采用 16 引脚塑料封装,外形尺寸小巧且纤薄,大小仅有 3mm×3mm×1mm。其采用数字输出的方式,避免了采用其他芯片进行模/数转换。LIS3DH 有 x、y、z 3 个自由度的加速度输出,可全方位感知人体的运动信息。量程范围有±2g、±4g、±8g、±16g,工作电流消耗最低为 2μA,LIS3DH 可输出非常精确的测量数据,在额定温度和长时间工作下,仍能保持卓越的稳定性。传感器的采样速率在 1~5000Hz 之间可调。本实验设置的采样速率为 50Hz,每秒采集 50 个样本,低采样速率可以减少系统功耗。LIS3DH 引脚连接示意图如图 9.12 所示。

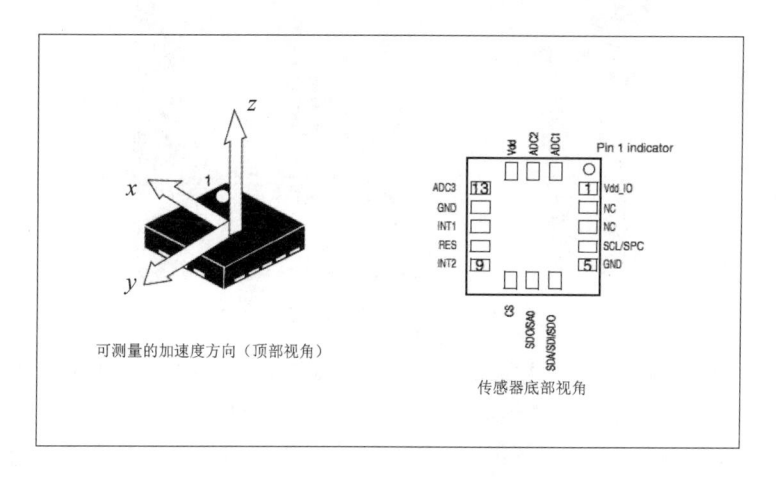

图 9.12 LIS3DH 引脚连接示意图

LIS3DH 的主要特性如表 9.2 所示。

表 9.2 LIS3DH 的主要特性

功 能 名 称	功 能 特 性
方向	三轴方向测量
量程	±2g、±4g、±8g、±16g
功耗	2μA
体积	3mm×3mm×1mm
电压	1.71~3.6V
工作温度范围	-40~85℃
数据输出	16 位
使用场合	运动检测
缓冲器	96 级别的 16 位数据先入先出缓冲器
测量频率	1~5000Hz

续表

功 能 名 称	功 能 特 性
承受能力	10000g
灵敏度	1mg/digit
数字输入接口	SPI 和 I²C
可编程中断	两个独立中断
温度传感器	内嵌

脉搏传感器采用合肥华科电子研究所研制的集成化数字脉搏传感器 HK-2000C。HK-2000C 实物如图 9.13 所示。

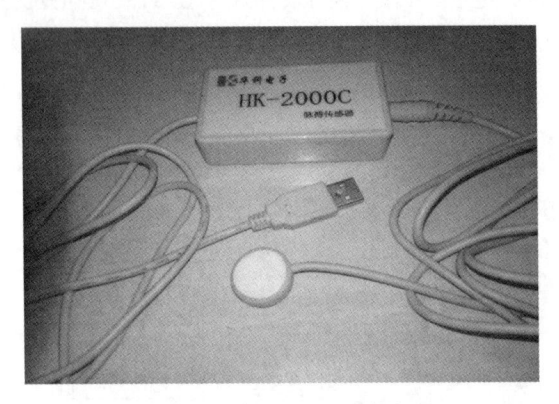

图 9.13 HK-2000C 实物

在图 9.13 中我们可以看到，HK-2000C 由传感器模块、USB 接口和力敏元件组成。白色圆柱形的接头就是力敏元件，是传感器的输入设备，正方体的传感器模块是传感器的核心数据处理设备，USB 接口是传感器的输出设备。该脉搏传感器的特点是有着较强的过载能力和抗干扰能力、可靠的性能、较高的灵敏度和较长的使用寿命。HK-2000C 的主要特性如表 9.3 所示。

表 9.3 HK-2000C 的主要特性

功 能 名 称	功 能 特 性
传感器类型	数字传感器
通信速率	9600bit/s
数据格式	8 位数据位+1 位停止位
硬件接口	USB 或 232 接口
关于 232 接口的说明	采用 5 线制（GND、RX、TX、DTR、RTS）通信，编写应用程序时，必须设置 DTR 和 RTS 为 0
关于 USB 接口的说明	编写应用程序时通信口设置为虚拟 COM 口

2. 实验设计

实验者共计 12 名，都是健康的成年人，年龄在 22～26 岁。将配置了 LIS3DH 的移动终端固定在方向盘上，将 HK-2000C 绑定到驾驶员的桡动脉处，同时准备好软件环境，事先统计好 12 名实验者的状态，有轻度疲劳、疲劳和不疲劳 3 种状态可选，控制疲劳和不疲劳的人比例相同。对于每位实验者，假定刚开始驾驶的 5min 内是处于清醒状态的，每次驾驶时间在 15min 以上，实验分批进行。在相同的实验环境下，每位实验者进行 3 组驾驶实验，同时记录实验结果。

3. 实验结果与性能分析

按照实验方案，将实验结果按照实验者编号、驾驶状态、系统检测驾驶状态1、系统检测驾驶状态2、系统检测驾驶状态3和基于特定方法的检测准确率分为6个属性列，分别统计基于方向盘运动加速度、基于脉搏和基于数据融合3种驾驶员疲劳驾驶状态检测方法的实验结果，3种驾驶员疲劳驾驶状态检测方法的实验统计结果分别如表9.4、表9.5和表9.6所示。

表9.4 基于方向盘运动加速度检测驾驶员疲劳驾驶状态的实验统计结果

实验者编号	驾驶状态	系统检测驾驶状态1	系统检测驾驶状态2	系统检测驾驶状态3	基于方向盘运动加速度的检测准确率
01	不疲劳	不疲劳	不疲劳	疲劳	2/3
02	轻度疲劳	轻度疲劳	不疲劳	不疲劳	1/3
03	不疲劳	不疲劳	不疲劳	轻度疲劳	2/3
04	疲劳	疲劳	不疲劳	疲劳	2/3
05	疲劳	轻度疲劳	疲劳	疲劳	2/3
06	轻度疲劳	轻度疲劳	不疲劳	不疲劳	2/3
07	疲劳	轻度疲劳	疲劳	疲劳	2/3
08	不疲劳	不疲劳	疲劳	不疲劳	2/3
09	轻度疲劳	轻度疲劳	轻度疲劳	轻度疲劳	3/3
10	疲劳	疲劳	疲劳	不疲劳	2/3
11	不疲劳	轻度疲劳	不疲劳	不疲劳	2/3
12	轻度疲劳	疲劳	轻度疲劳	疲劳	1/3
总计	N/A	N/A	N/A	N/A	23/36

表9.5 基于脉搏检测驾驶员疲劳驾驶状态的实验统计结果

实验者编号	驾驶状态	系统检测驾驶状态1	系统检测驾驶状态2	系统检测驾驶状态3	基于脉搏的检测准确率
01	不疲劳	不疲劳	不疲劳	不疲劳	3/3
02	轻度疲劳	轻度疲劳	不疲劳	轻度疲劳	2/3
03	不疲劳	不疲劳	不疲劳	轻度疲劳	2/3
04	疲劳	疲劳	不疲劳	疲劳	2/3
05	疲劳	疲劳	疲劳	疲劳	3/3
06	轻度疲劳	轻度疲劳	轻度疲劳	不疲劳	2/3
07	疲劳	不疲劳	疲劳	疲劳	2/3
08	不疲劳	不疲劳	不疲劳	不疲劳	3/3
09	轻度疲劳	不疲劳	轻度疲劳	轻度疲劳	2/3
10	疲劳	不疲劳	疲劳	疲劳	2/3
11	不疲劳	轻度疲劳	不疲劳	不疲劳	2/3
12	轻度疲劳	疲劳	轻度疲劳	轻度疲劳	2/3
总计	N/A	N/A	N/A	N/A	27/36

表 9.6　基于数据融合检测驾驶员疲劳驾驶状态的实验统计结果

实验者编号	驾驶状态	系统检测驾驶状态 1	系统检测驾驶状态 2	系统检测驾驶状态 3	基于数据融合的检测准确率
01	不疲劳	不疲劳	不疲劳	不疲劳	3/3
02	轻度疲劳	轻度疲劳	轻度疲劳	轻度疲劳	3/3
03	不疲劳	不疲劳	不疲劳	不疲劳	3/3
04	疲劳	疲劳	疲劳	疲劳	3/3
05	疲劳	疲劳	疲劳	疲劳	3/3
06	轻度疲劳	轻度疲劳	轻度疲劳	疲劳	2/3
07	疲劳	疲劳	疲劳	疲劳	3/3
08	不疲劳	不疲劳	不疲劳	不疲劳	3/3
09	轻度疲劳	轻度疲劳	不疲劳	轻度疲劳	2/3
10	疲劳	轻度疲劳	疲劳	疲劳	2/3
11	不疲劳	不疲劳	不疲劳	不疲劳	3/3
12	轻度疲劳	轻度疲劳	轻度疲劳	轻度疲劳	3/3
总计	N/A	N/A	N/A	N/A	33/36

由表 9.4 和表 9.5 可以看出，对于疲劳检测为不疲劳，或者不疲劳检测为疲劳这种跨度较大的错误在错误检测中占比较高，而在表 9.6 中这种跨度较大的检测错误较少，绝大部分都是疲劳检测为轻度疲劳、轻度疲劳检测为不疲劳、轻度疲劳检测为疲劳，以及不疲劳检测为轻度疲劳这些跨度较小的错误，驾驶员可能处于两种状态之间的临界点，在这种情况下，也许这一次的系统检测结果是不疲劳，下一次的系统检测结果就有可能是轻度疲劳，而且轻度疲劳误检测为疲劳，疲劳误检测为轻度疲劳，都会触发系统的状态调节机制，同样可以发挥预防驾驶员疲劳驾驶的目的。由表 9.4、表 9.5 和表 9.6 可以得出，基于方向盘运动加速度的驾驶员疲劳驾驶状态检测准确率为 63.89%，基于脉搏的驾驶员疲劳驾驶状态检测准确率为 75%，基于数据融合的驾驶员疲劳驾驶状态检测准确率为 91.67%。文献[3]基于驾驶员脑电信号特征利用 SVM（Support Vector Machine，支持向量机）构建疲劳驾驶检测模型，检测准确率达到 88.62%。文献[28]利用方向盘修正操作的幅度变化检测驾驶员疲劳驾驶状态，检测准确率达到 85%。基于数据融合的驾驶员疲劳驾驶状态检测准确率在 90%以上，相比较其他疲劳驾驶检测方法，其检测准确率是比较高的。驾驶员疲劳驾驶状态检测方法的检测准确率对比如表 9.7 所示。

表 9.7　驾驶员疲劳驾驶状态检测方法的检测准确率对比

驾驶员疲劳驾驶状态检测方法	检测准确率
基于方向盘运动加速度的驾驶员疲劳驾驶状态检测方法	63.89%
基于脉搏的驾驶员疲劳驾驶状态检测方法	75%
基于 SVM 模型的驾驶员疲劳驾驶状态检测方法	88.62%
基于方向盘修正操作的驾驶员疲劳驾驶状态检测方法	85%
基于数据融合的驾驶员疲劳驾驶状态检测方法	91.67%

由表 9.7 可以看出，基于数据融合的驾驶员疲劳驾驶状态检测方法在很大程度上提高了系统的检测准确率。

下面从响应时间、时空复杂度和系统内存消耗 3 个性能参数对比 3 种驾驶员疲劳驾驶状态检测方法。

（1）响应时间。基于方向盘运动加速度检测驾驶员疲劳驾驶状态的响应时间以毫秒计，主要是 Socket 通信产生的传输延迟。基于脉搏检测驾驶员疲劳驾驶状态的响应时间在 0.8s 左右，主要原因是脉搏传感器取自数据库，属于间接获取脉搏数据。基于数据融合检测驾驶员疲劳驾驶状态的响应时间在 1s 左右，时间变长的原因主要是上述两种方法在融合过程中消耗了时间。然而，系统可以根据实际情况设置采样间隔，以减轻服务器负担。

（2）时空复杂度。3 种驾驶员疲劳驾驶状态检测方法的时间复杂度均为 $O(n)$，基于方向盘运动加速度的驾驶员疲劳驾驶状态检测方法需要在内存中保存计算动态阈值的数据，其空间复杂度为 $O(n)$，基于脉搏的驾驶员疲劳驾驶状态检测方法需要在内存中保存脉搏计算脉率值，其空间复杂度为 $O(n)$，基于数据融合的驾驶员疲劳驾驶状态检测方法不需要额外的内存空间，其空间复杂度为 $O(1)$。

（3）系统内存消耗。基于方向盘运动加速度检测驾驶员疲劳驾驶状态的内存消耗为 10～11.5MB，基于脉搏检测驾驶员疲劳驾驶状态的内存消耗为 30～50MB，基于数据融合检测驾驶员疲劳驾驶状态的内存消耗为 60～70MB，这些内存消耗对于功能强大的服务端来说是比较小的。

9.4 愤怒驾驶状态检测

9.4.1 基本原理

愤怒驾驶就是我们常说的怒驾，怒驾严重危害道路交通安全。有效地检测出驾驶员的愤怒驾驶状态，及时提醒并调节驾驶员的愤怒驾驶状态有着重要的实际应用价值。脉搏信号和人的愤怒情绪息息相关。BP 神经网络是具有自学习能力的多层形状的神经网络，应用 BP 神经网络对愤怒这种不良情绪对应的脉搏特征信号进行学习训练，建立学习评估模型，可以有效地检测出驾驶员是否处于愤怒驾驶状态。

基于 BP 神经网络的愤怒驾驶状态检测机制分为离线模块和在线模块两部分。在愤怒驾驶状态检测系统运行之前，我们首先要进行一些准备工作，即要事先采集多组处于愤怒驾驶状态的驾驶员的脉搏数据，这些脉搏数据就是离线模块的数据源。然后从这些数据中提取出我们需要的与驾驶员愤怒驾驶状态相关的特征，应用 BP 神经网络学习和训练的规则，训练出相应的学习评估模型。在完成上述准备工作后，驾驶员愤怒驾驶状态在线模块开始运行。对驾驶员的脉搏数据进行特征提取，提取出和离线模块一致的与驾驶员愤怒驾驶状态相关的 3 个特征。应用事先训练好的学习评估模型判断驾驶员是否处于愤怒驾驶状态，同时将检测结果反馈到系统界面上。

愤怒驾驶状态检测的功能包括人体脉搏数据采集、脉搏数据存储与预处理、特征提取、基于 BP 神经网络的离线学习训练、学习评估模型、疲劳识别结果输出、状态调节等模块。愤怒驾驶状态检测模块体系架构如图 9.14 所示。

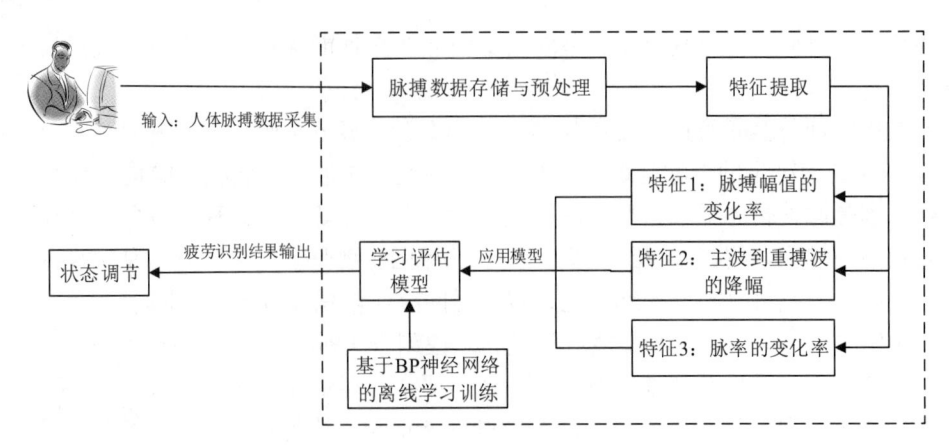

图 9.14 愤怒驾驶状态检测模块体系架构

图 9.14 中的箭头代表顺序处理，矩形代表系统中的各大模块，也是一种处理流程，虚线框代表对数据的完整处理流程。

9.4.2 脉搏数据特征提取

特征提取是模式识别理论中的概念。特征提取的目的是从复杂的原始数据中提取出与研究内容相关的有用信息，滤除与研究内容不相关的信息，特征提取指利用现有的特征参数构建特征空间，特征提取分为线性特征提取和非线性特征提取两种[29]。

特征提取是进行模式识别的核心理论方法之一，常见的特征提取方法有基于互信息熵的特征提取方法、基于统计分析的特征提取方法、基于核方法的特征提取方法和基于最优算法的特征提取方法[30,31]。

基于互信息熵的特征提取方法的理论基础是当得到一个特征的最大互信息熵时，可以得到最大熵增加过程对应的最小错误识别率，这可以引导我们发现事物的最佳特征。因此，特征提取的目标是从初始的特征中找到一组最大互信息熵。

统计分析方法基于许多强有力的理论和方法，可以有效地分析和处理数据。常见的基于统计分析的特征提取方法有 PCA（Principal Componet Analysis，主要元素分析法）、FA（Factor Analysis，要素分析法）、OLS（Ordinary Least Square，普通最小二乘法）等方法。

基于核方法的特征提取方法是一种非线性特征提取方法。通过非线性映射，将非线性问题的原始特征样本空间转化为线性问题映射空间。该方法的优势是从数据点的曲线或曲面做出的距离是最小的，所以输入向量具有较好的可分性。

基于最优算法的特征提取方法的研究主要集中在选择最优特征集合的过程，首先确定搜索的策略，然后确定特征选取的评估标准及评价特征子集的行为。所以特征选择算法可以分为基于搜索策略的算法和基于特征集评价策略的算法。

特征提取的目的是在复杂的数据中提取出与问题相关的数据特征，摒弃与问题无关的数据特征，从而简化数据的处理过程，提高效率。所以我们选择的特征要与问题有密切的联系。本节通过具体的对比实验，找到与驾驶员愤怒驾驶状态相关的特征，基于这些特征可以建立有效的学习评估模型。

本节的特征提取分析方法基于统计分析方法的思想，具体是基于 FA 方法的思想，把脉搏时域波形中主要组成要素进行统计分析，发现驾驶员由正常驾驶状态到愤怒驾驶状态过程中脉搏时域波形中主要元素的变化规律，提取出相关特征。

为了得到脉搏信号和愤怒情绪相关的特征，我们进行了对比实验。

实验者共计 12 名，均是身体健康的成年人，年龄在 23～26 岁。刚开始实验者都处于正常情绪状态，开始测量多组实验者在正常状态的脉搏信息，同时将这些脉搏数据记录下来；通过观看视频，激怒实验者，让他们处于愤怒状态，测量多组实验者在愤怒状态下的脉搏信息，同时记录这些数据。

正常和愤怒状态下 3 个脉搏特征的对比如表 9.8 所示。

表 9.8 正常和愤怒状态下 3 个脉搏特征的对比

实验者编号	正常/愤怒状态主波幅值	正常/愤怒状态主波降幅	正常/愤怒状态脉率
01	120/150	1.1/3.2	72/80
02	116/148	0.9/3.6	73/80
03	121/148	1.5/3.0	75/86
04	122/151	1.2/4.2	76/82
05	116/150	1.0/3.2	80/86
06	122/146	0.8/3.5	76/82
07	115/146	1.2/4.0	72/82
08	118/150	1.3/3.6	72/78
09	120/152	1.1/3.8	79/86
10	122/148	1.2/4.5	82/88
11	115/150	1.1/4.6	73/80
12	117/151	1.3/4.2	75/81

在表 9.8 中，主波幅值直接由系统采集所得，主波降幅和脉率通过计算得到，主波降幅是一段时间内纵轴幅值变化与横轴幅值变化的比值，脉率的计算方法和基于脉搏的驾驶员疲劳驾驶状态检测中计算脉率的方法相同，都是根据主波之间点的差值计算所得的。愤怒状态下主波幅值增加普遍在 20%以上，主波降幅明显变大，同时脉率增加 10%左右。可基于统计分析的特征提取方法进行特征提取，提取出脉搏幅值的变化率、主波到重搏波的降幅和脉率的变化率 3 个与驾驶员愤怒驾驶状态相关的特征。

9.4.3 基于 BP 神经网络的愤怒驾驶状态检测

1. BP 神经网络

BP 神经网络[32]是采用误差反传算法（Back Propagation，BP）的 ANN（Artificial Neural Networks，人工神经网络）。人工神经网络抽象并模拟了人体生物神经系统，采用实际存在的系统模拟神经网络结构，可以确定信号的组合，对信号进行处理，也可以确定信号的输出，具有强大的记忆、判断和自学习的能力。

BP 神经网络[33]包括输入层、隐藏层和输出层。脉搏幅值的变化率、主波到重搏波的降幅和脉率的变化率作为评估驾驶员愤怒驾驶状态的特征参数。参数的个数决定了输入层神经元的个数，即输入层有 3 个神经元。我们把驾驶员是否处于愤怒驾驶状态作为输出级别，0 代表驾驶员不处于愤怒驾驶状态，1 代表驾驶员处于愤怒驾驶状态，因此输出层有 1 个神经元，隐藏层神经元的个数没有具体的数值。对于具体的问题，一般根据实验的情况或者经验来决定。本节使用经验公式 $n_h = \sqrt{n+m} + a$ 来决定隐藏层神经元的个数，n_h 代表隐藏层神经元的个数，n 代表输入层神经元的个数，m 代表输出层神经元的个数，根据实际情况具体决定 a 的值。可以通过 BP 神经网络建立检测驾驶员愤怒驾驶状态的学习评估模型，BP 神经网络拓扑结构如图 9.15 所示。

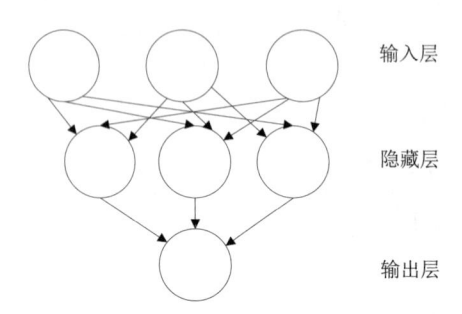

图 9.15 BP 神经网络拓扑结构

2．BP 神经网络的学习过程

BP 神经网络的学习过程是一个循环的过程[34]。首先要确保神经网络的每一层都具有节点有效函数，然后依次建立相应的 BP 神经网络模型。本节采用 Sigmoid 型非线性阈值设定模块来设定节点的阈值，激活函数如式（9.14）所示。

$$f(x) = \frac{1}{1+e^{-x}} \tag{9.14}$$

基于 BP 学习算法训练神经网络，连续进行样本学习过程，当式（9.16）建立后，BP 神经网络的学习过程就结束了。

$$V_k = \frac{1}{2}\sum_j (O_{kj} - \hat{O}_{kj})^2 < \delta_{ANN} \tag{9.15}$$

$$V = \sum_k V_k \leq \delta_{ANN} \tag{9.16}$$

式（9.15）中，O_{kj} 代表第 j 层网络的第 k 个样本学习的实际输出结果；$\hat{O}_{kj}$ 代表第 j 层网络的第 k 个样本学习的期望输出结果；V 代表样本集的总误差。式（9.16）中，δ_{ANN} 代表误差阈值；V_k 代表使用 k 个样本学习产生的误差。

如果式（9.15）不满足条件，那么错误反馈机制会沿着初始路径反向传播，根据梯度下降方法调整每一层网络的权重和阈值。比较实际计算输出结果和期望输出结果，通过计算结果调整阈值和权重可以减小训练误差。自学习误差调节模型为

$$\Delta W_{ij+1} = a\phi_i O_j + \partial \Delta W_{ij} \tag{9.17}$$

式中，ΔW_{ij+1} 代表第 i 个样本在第 $j+1$ 层网络的连接权值的修正量；a 代表学习因子，本节取 0.25；ϕ_i 代表输出节点的误差；O_j 代表隐藏层第 j 个节点的输出值；∂ 代表修正因子，取值通常为 0~1，本节取 0.3。O_j 的计算公式为

$$O_j = f\left(\sum_{i=0}^{N-1} W_{ij} X_i - \theta_j\right), \quad j = 0, 1, \cdots, M-1 \tag{9.18}$$

式中，X_i 代表输出层第 i 个节点的输出；W_{ij} 代表隐藏层第 j 个节点与输出层第 i 个节点的权重；θ_j 代表隐藏层第 j 个节点的阈值；N 代表输入层的数量；M 代表隐藏层的数量。BP 神经网络的学习过程是分步进行的，具体的学习过程有如下几个步骤。

步骤 1：初始化 BP 神经网络。将各个连接权值设置为较小的随机数，对于不同的神经元，要设置不同的权值。

步骤 2：准备好训练样本，即 BP 神经网络的输入/输出对。本算法的输入有 3 类：脉搏幅值的变化率、主波到重搏波的降幅及脉率的变化率。输出是关于驾驶员是否处于愤怒驾驶状态的判断，从事先准备好的训练样本中随机选出一个未参与过训练的训练对，作为输入层的输入样本。

步骤 3：按照式（9.14）～式（9.18）分别计算输入层到隐藏层的输出，以及隐藏层到输出层的输出。

步骤 4：计算输入层到隐藏层的各层分量输出误差，以及隐藏层到输出层的各层分量输出误差，若所用的分量误差满足误差要求，则学习过程结束，否则进入下一步。

步骤 5：依次计算输出层、隐藏层和输入层节点之间的误差。

步骤 6：依次调整输出层、隐藏层和输入层节点之间的连接权值。

步骤 7：返回到步骤 2，进行下一轮的训练，直到所有的训练样本都训练完毕。

3. 驾驶员愤怒驾驶状态检测

通过 BP 神经网络训练得到关于驾驶员愤怒驾驶状态判断的学习评估模型后，就可以利用该模型评估驾驶员的驾驶状态。在应用学习评估模型之前，需要提取出与愤怒驾驶状态相关的 3 个脉搏特征，即脉搏幅值的变化率、主波到重搏波的降幅及脉率的变化率。脉搏传感器采集到的是驾驶员实时脉搏变化的时域值，特征值基于时域值进行特征提取。得到这些特征值后，应用学习评估模型检测驾驶员是否处于愤怒驾驶状态。应用学习评估模型检测驾驶员愤怒驾驶状态的过程如图 9.16 所示。

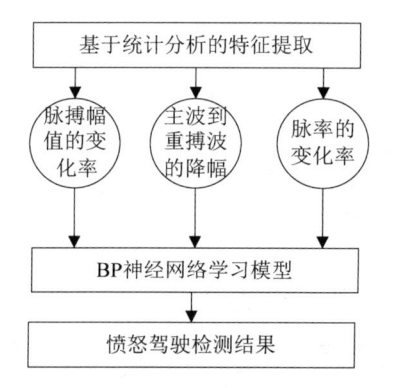

图 9.16 应用学习评估模型检测驾驶员愤怒驾驶状态的过程

我们需要提取的脉搏幅值变化特征和脉率变化特征都是变化值，首先需要分别提取出驾驶员在正常驾驶状态下的脉搏幅值和脉率，实时采集驾驶员的脉搏时域值，可以得到驾驶员实时的脉搏幅值和脉率。然后计算脉搏幅值的变化率和脉率的变化率，同时从脉搏时域值中可以得到主波到重搏波的降幅，将这3个特征值作为学习评估模型的输入。最后利用学习评估模型评估驾驶员是否处于愤怒驾驶状态。学习评估模型通过BP神经网络的训练，使连接输入层和隐藏层，以及连接隐藏层和输出层的权系数稳定下来，从而满足系统的误差要求。应用的过程就是量化这3个特征值，量化的标准和训练的输入保持一致，这样就可以得到确定的输出结果，进而可以判断出驾驶员是否处于愤怒驾驶状态。

9.4.4 状态调节机制

愤怒驾驶功能模块的状态调节针对驾驶员的愤怒驾驶状态，愤怒驾驶状态的调节不同于疲劳驾驶状态。驾驶员疲劳时，通过外界的刺激可以在短时间内降低驾驶员的疲劳感，改变驾驶员的疲劳驾驶状态。而驾驶员处于愤怒驾驶状态时，情绪处于失控状态，无法在短时间内改变驾驶员的愤怒情绪。所以愤怒驾驶状态的状态调节主要依赖驾驶员的主动调节。

系统检测出驾驶员处于愤怒驾驶状态时，通过语音不断提醒驾驶员愤怒驾驶的危险性，同时建议驾驶员停车舒缓心情、平复情绪，在驾驶员停车后可以通过一些舒缓的轻音乐平复驾驶员的愤怒情绪。

9.4.5 实验验证与性能分析

1. 实验方案

为了验证基于BP神经网络的驾驶员愤怒驾驶状态检测方法的有效性，我们进行了实验，实验方案如下。

实验者共计12名，均是身体健康的成年人，年龄在23~26岁。把实验者分为两组，每组6名实验者，一组实验者全部处于正常状态，另一组实验者全部处于愤怒状态。为了确保实验者处于愤怒状态，通过播放让人愤怒的视频，加深实验者的愤怒状态。要求每名实验者在相同的条件下进行3组实验，同时要记录实验者的初始状态和系统检测到的状态。

2. 实验结果与性能分析

按照实验方案，将实验结果按照实验者编号、驾驶员初始驾驶状态、系统检测驾驶状态1、系统检测驾驶状态2、系统检测驾驶状态3和基于BP神经网络的检测准确率分为6个属性列，统计基于BP神经网络检测驾驶员愤怒驾驶状态的检测准确率。基于BP神经网络的驾驶员愤怒驾驶状态的实验统计结果如表9.9所示。

表9.9 基于BP神经网络的驾驶员愤怒驾驶状态的实验统计结果

实验者编号	驾驶员初始驾驶状态	系统检测驾驶状态1	系统检测驾驶状态2	系统检测驾驶状态3	基于BP神经网络的检测准确率
01	不愤怒	不愤怒	不愤怒	不愤怒	3/3
02	不愤怒	不愤怒	不愤怒	不愤怒	3/3

续表

实验者编号	驾驶员初始驾驶状态	系统检测驾驶状态 1	系统检测驾驶状态 2	系统检测驾驶状态 3	基于 BP 神经网络的检测准确率
03	不愤怒	不愤怒	愤怒	不愤怒	2/3
04	不愤怒	愤怒	不愤怒	不愤怒	2/3
05	不愤怒	不愤怒	不愤怒	不愤怒	3/3
06	不愤怒	不愤怒	愤怒	不愤怒	2/3
07	愤怒	不愤怒	不愤怒	愤怒	1/3
08	愤怒	愤怒	愤怒	不愤怒	2/3
09	愤怒	愤怒	不愤怒	愤怒	2/3
10	愤怒	愤怒	不愤怒	不愤怒	1/3
11	愤怒	愤怒	不愤怒	愤怒	2/3
12	愤怒	不愤怒	愤怒	不愤怒	1/3
总计	N/A	N/A	N/A	N/A	24/36

由表 9.9 可知，系统对愤怒和不愤怒整体检测准确率可以达到 66.7%；驾驶员处于不愤怒驾驶状态时，系统检测准确率为 83.33%；驾驶员处于愤怒驾驶状态时，系统检测准确率为 50%；系统对不愤怒驾驶状态的检测准确率高于对愤怒驾驶状态的检测准确率。

下面从以下几个参数分析驾驶员愤怒驾驶状态检测的性能。

（1）系统响应时间。驾驶员愤怒驾驶状态检测模块和驾驶员疲劳驾驶状态检测模块共用脉搏数据，由于脉搏传感器的数据取自数据库，间接获取脉搏数据，系统有 1s 左右的延迟，系统还可以根据实际情况设置采样间隔，以减轻服务器负担，但这会增加系统响应时间，降低系统的实时性。

（2）时空复杂度。驾驶员愤怒驾驶状态检测模块的数据处理算法不包括复杂的循环，时间复杂度为 $O(n)$，该模块运行时需要将脉搏特征数据存储在内存中，空间复杂度为 $O(n)$。

（3）系统内存消耗。当驾驶员危险驾驶状态检测系统开始运行时，系统内存消耗为 30～40MB，当驾驶员愤怒驾驶状态检测模块开始运行时，系统内存消耗为 50～60MB，系统运行在服务端，这些内存消耗对于功能强大的服务端是非常小的。

9.5 驾驶员危险驾驶状态检测系统

9.5.1 系统整体架构设计

驾驶员危险驾驶状态检测系统体系架构如图 9.17 所示。

数据处理包含了数据采集与存储模块，以及数据预处理模块。数据采集与存储模块是整个系统最基本的模块，该模块为整个系统提供了最基本的数据源。数据的正确采集是算法应用的前提条件，数据预处理与存储是有效使用数据的保证。驾驶员疲劳驾驶状态检测模块应用相关算法分析方向盘运动加速度和脉搏数据，检测出驾驶员是否处于疲劳驾驶状态。驾驶员愤怒驾驶状态检测模块应用相关算法分析驾驶员脉搏的变化，判断驾驶员是否处于愤怒驾驶状态。危险驾驶状态调节模块针对系统的检测结果调节驾驶员的驾驶状态，同时将结果反馈到系统界面中。

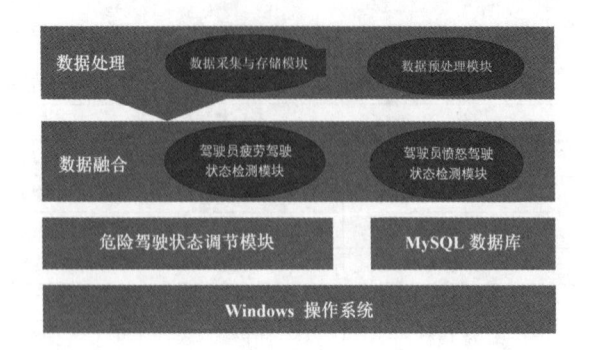

图 9.17　驾驶员危险驾驶状态检测系统体系架构

9.5.2　功能模块

由系统模型可知，系统包括数据采集与存储模块、数据预处理模块、驾驶员疲劳驾驶状态检测模块、驾驶员愤怒驾驶状态检测模块及危险驾驶状态调节模块，这些功能模块具体是由许多相互联系的类实现的。系统从功能上可以分为驾驶员疲劳驾驶状态检测模块和驾驶员愤怒驾驶状态检测模块两部分。驾驶员疲劳驾驶状态检测模块类图如图 9.18 所示。

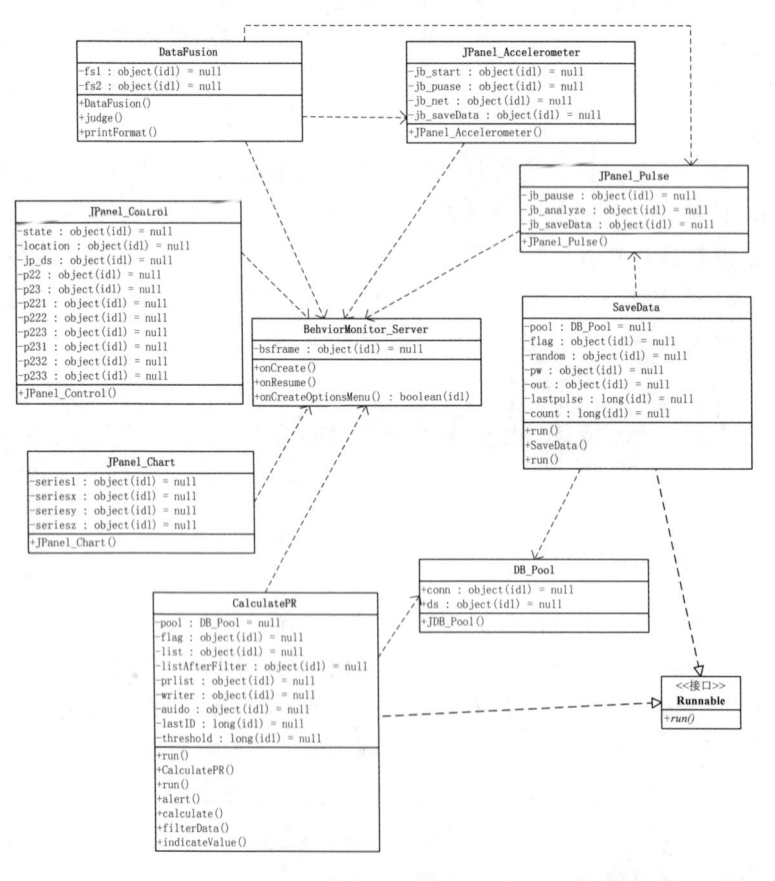

图 9.18　驾驶员疲劳驾驶状态检测模块类图

各个类功能说明如下。

BehviorMonitor_Server：程序的入口，主要功能是组合其他功能模块，图形化输出系统检测结果。

JPanel_Accelerometer：加速度信息控制面板类，主要功能是与 Android 客户端进行 Socket 通信，获取方向盘运动加速度信息。

JPanel_Pulse：脉搏信息控制面板类。

JPanel_Chart：图标显示类，主要功能是显示脉搏波形和方向盘运动加速度的变化情况。

JPanel_Control：控制系统相关信息显示，包含一系列控制按钮。

DB_Pool：通过数据库连接池建立和数据库的连接。

CalculatePR：计算脉率和脉率的变化率。

SaveData：用于保存脉搏数据和方向盘运动加速度特征数据。

DataFusion：用于实现 D-S 决策级数据融合。

驾驶员愤怒驾驶状态检测模块类图如图 9.19 所示。

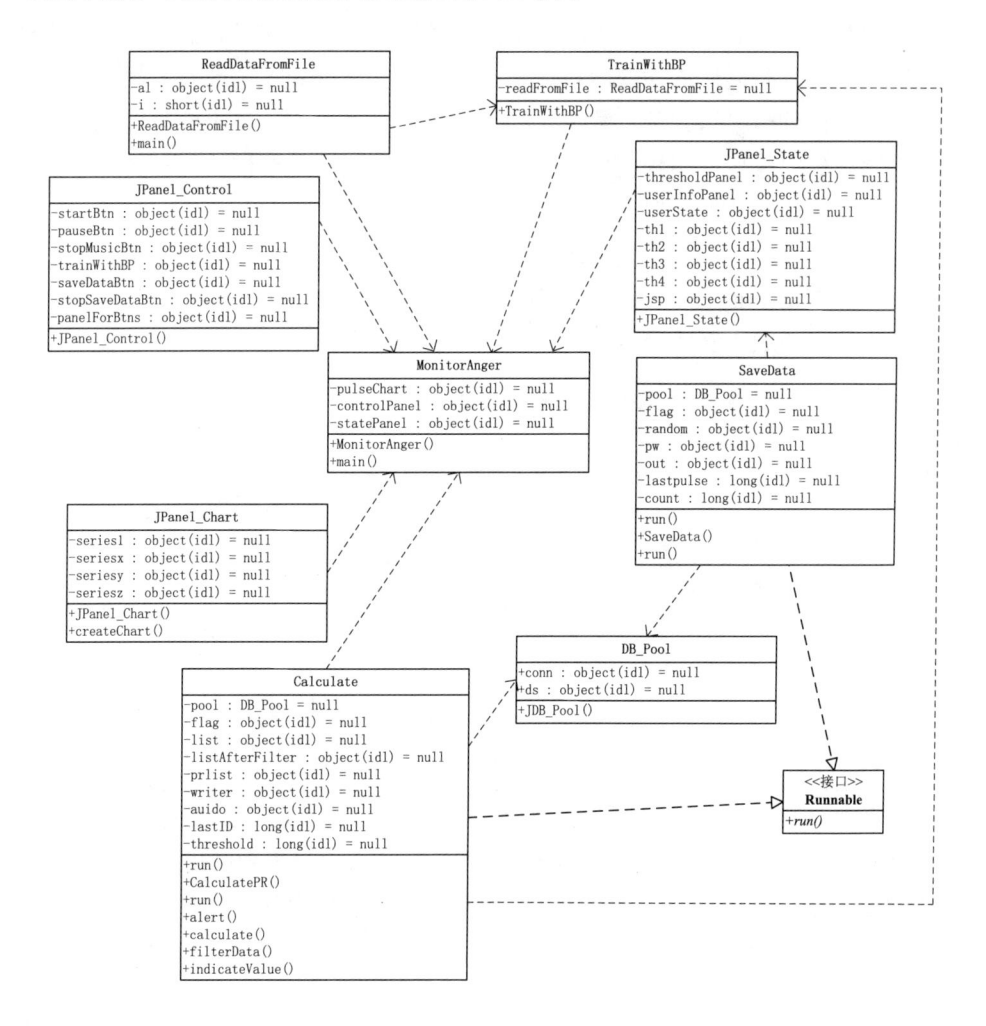

图 9.19　驾驶员愤怒驾驶状态检测模块类图

各个类功能说明如下。

MonitorAnger：检测驾驶员愤怒驾驶状态的主类，主要功能是组合其他功能模块，图形化输出系统检测结果。

JPanel_Chart：图表显示类，主要功能是显示脉搏波形变化情况。

JPanel_Control：包含系统的控制按钮，控制系统运行过程。

DB_Pool：通过数据库连接池建立数据库连接。

Calculate：用于计算驾驶员脉搏变化相关特征信息并反馈出检测结果。

SaveData：用于保存脉搏数据。

JPanel_State：驾驶员驾驶状态显示界面。

ReadDataFromFile：读取 BP 神经网络的训练样本。

TrainWithBP：基于 BP 神经网络对训练样本进行学习训练，建立相应的学习评估模型。

1. 数据采集与存储模块和数据预处理模块

数据采集与存储模块的主要功能是将采集到的数据进行预处理后存储到数据库中备用。数据预处理模块对于方向盘运动加速度特征数据只需进行平滑处理，而对于脉搏数据，则是经过小波去噪后，再进行平滑处理。数据预处理没有对应的界面，整个预处理流程全部在后台完成，数据预处理完成后存储到相应的数据表中。这个过程主要涉及驾驶员基本信息表、方向盘运动加速度特征信息表和驾驶员脉搏数据表。

驾驶员基本信息表的主要作用是记录用户信息，方便对应用扩展。驾驶员基本信息表包含的属性：用户 ID（Identity、身份标识号码）、姓名、性别、年龄、驾龄、联系电话和家庭住址。驾驶员基本信息表如表 9.10 所示。

表 9.10 驾驶员基本信息表

字 段 名 称	数 据 类 型	字 段 大 小	说　　明
userId	int	N/A	用户 ID（主键）
userName	varchar	50	姓名
userGender	char	1	性别（0 表示女，1 表示男）
userAge	int	N/A	年龄（以年为单位）
userDriveAge	int	N/A	驾龄（以年为单位）
userTel	int	N/A	联系电话
userAddress	varchar	100	家庭住址

方向盘运动加速度特征信息表包含的属性：记录 ID、用户 ID、x 轴加速度、y 轴加速度方向盘运动平面的合加速度。其中用户 ID 就是驾驶员基本信息表中的用户 ID，是方向盘运动加速度特征信息表的外键约束。方向盘运动加速度特征信息表如表 9.11 所示。

表 9.11　方向盘运动加速度特征信息表

字 段 名 称	数 据 类 型	字 段 大 小	说　　明
accId	int	N/A	记录 ID（主键）
userId	int	N/A	用户 ID（外键）
accX	float	15	x 轴加速度
accY	float	15	y 轴加速度
accTotal	float	15	方向盘运动平面的合加速度

驾驶员脉搏数据表包含的属性：记录 ID、用户 ID 和脉搏时域值。驾驶员脉搏数据表如表 9.12 所示。

表 9.12　驾驶员脉搏数据表

字 段 名 称	数 据 类 型	说　　明
pId	int	记录 ID（主键）
userId	int	用户 ID（外键）
pulse	int	脉搏时域值

驾驶员基本信息表、方向盘运动加速度特征信息表和驾驶员脉搏数据表之间的 E-R 图如图 9.20 所示。

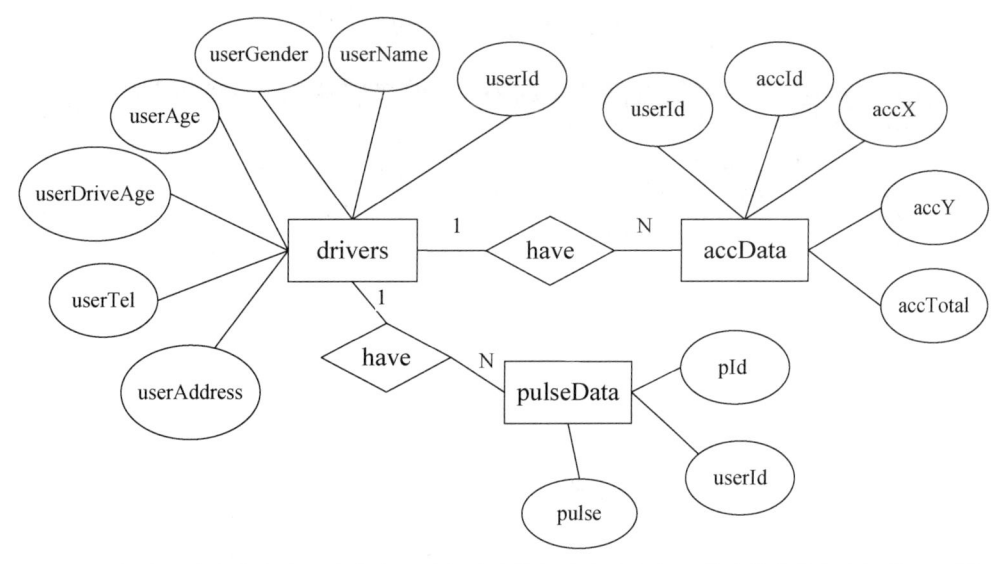

图 9.20　驾驶员基本信息表、方向盘运动加速度特征信息表和驾驶员脉搏数据表之间的 E-R 图

2. 驾驶员疲劳驾驶状态检测模块

驾驶员疲劳驾驶状态检测模块包括基于脉搏检测驾驶员疲劳驾驶状态子模块、基于方向盘运动加速度检测驾驶员疲劳驾驶状态子模块及数据融合子模块。

基于脉搏检测驾驶员疲劳驾驶状态子模块需要对脉搏数据进行分析处理，通过波谷差值法得到驾驶员脉率，建立每个驾驶员在正常状态下脉率的动态阈值，通过实时数据对比分析，检测出驾驶员是否处于疲劳驾驶状态，检测过程如图 9.21 和图 9.22 所示。

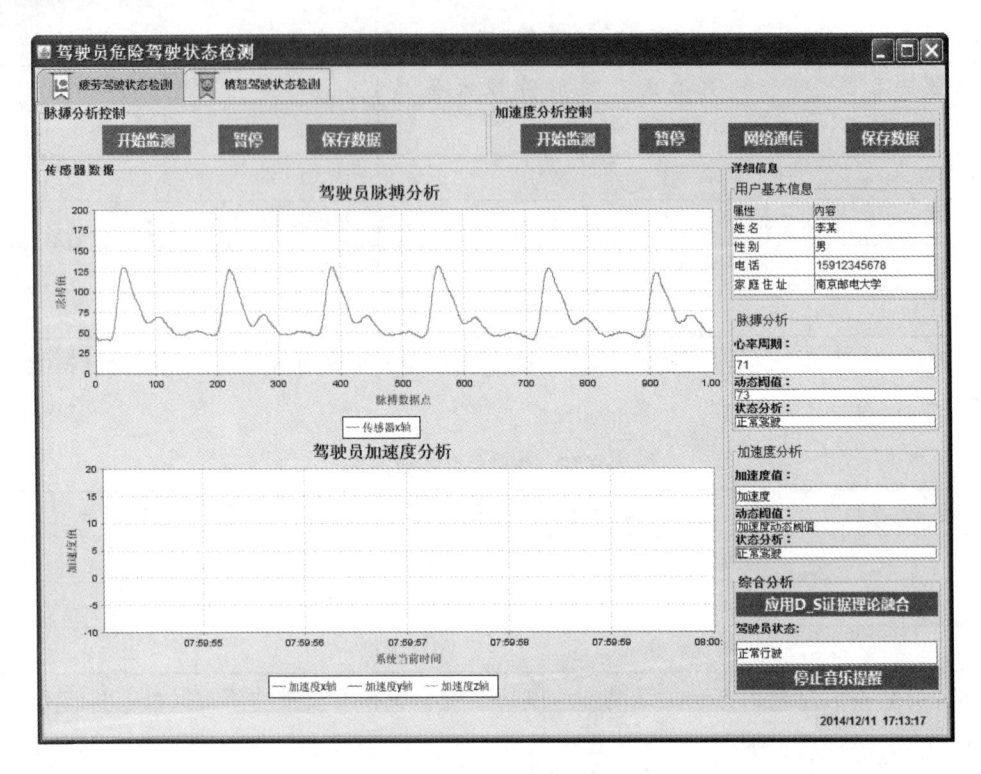

图 9.21　驾驶员正常驾驶状态

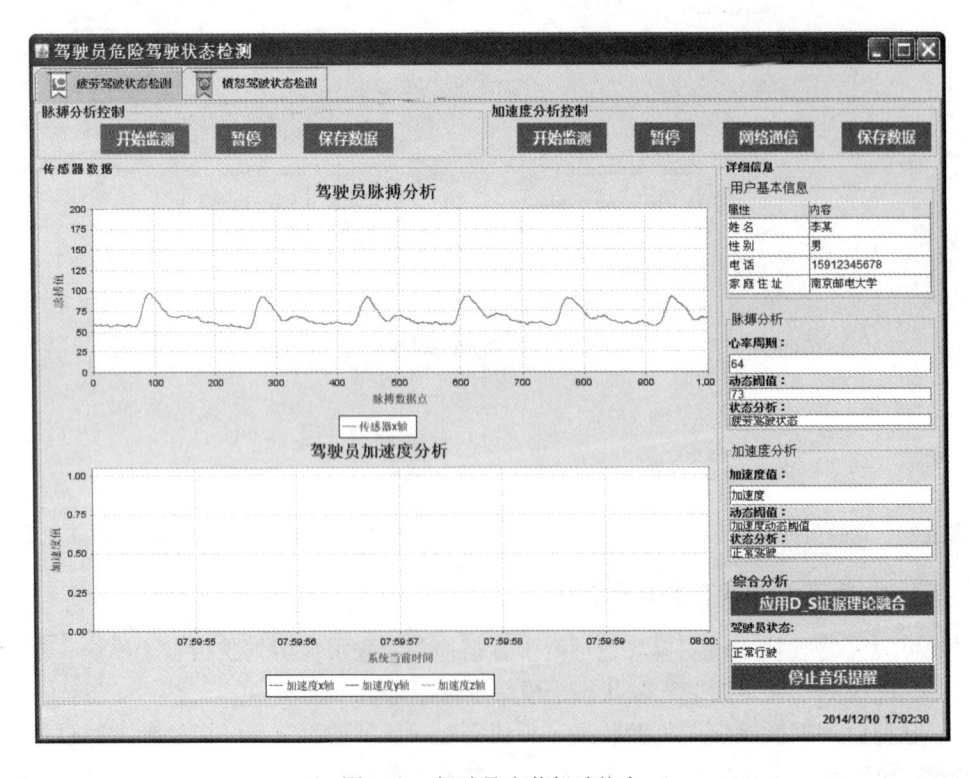

图 9.22　驾驶员疲劳驾驶状态

在图 9.21 中，驾驶员处于正常驾驶状态。在图 9.22 中，驾驶员处于疲劳驾驶状态。对比驾驶员两种驾驶状态，我们可以发现，在疲劳驾驶状态下，驾驶员脉率下降明显，同时脉搏最高点的时域值下降较大。

基于方向盘运动加速度检测驾驶员疲劳驾驶状态子模块需要对方向盘运动加速度数据进行分析处理，求出方向盘在方向盘平面的合加速度，建立每个驾驶员在正常驾驶状态下的合加速度动态阈值，通过实时数据对比分析，检测出驾驶员是否处于疲劳驾驶状态，检测过程如图 9.23 和图 9.24 所示。

图 9.23 移动终端加速度采集

图 9.24 基于方向盘运动加速度检测驾驶员疲劳驾驶状态

移动终端采集到方向盘运动加速度后，通过 Socket 通信的方式实时将数据传输到服务端。服务端接收到移动终端传来的数据并实时显示在加速度数据区，移动终端接收到的加速度数据是方向盘运动的原始加速度数据，数据处理在服务端进行。

基于数据融合检测驾驶员疲劳驾驶状态如图 9.25 所示。

3. 驾驶员愤怒驾驶状态检测模块

驾驶员愤怒驾驶状态检测模块需要事先准备好训练样本，基于神经网络完成对训练样本的学习训练，得到驾驶员愤怒驾驶状态学习评估模型。从驾驶员的脉搏数据中提取出脉搏幅值的变化率、主波到重搏波的降幅和脉率的变化率，作为学习评估模型的输入数据。驾驶员愤怒驾驶状态检测如图 9.26 和图 9.27 所示。

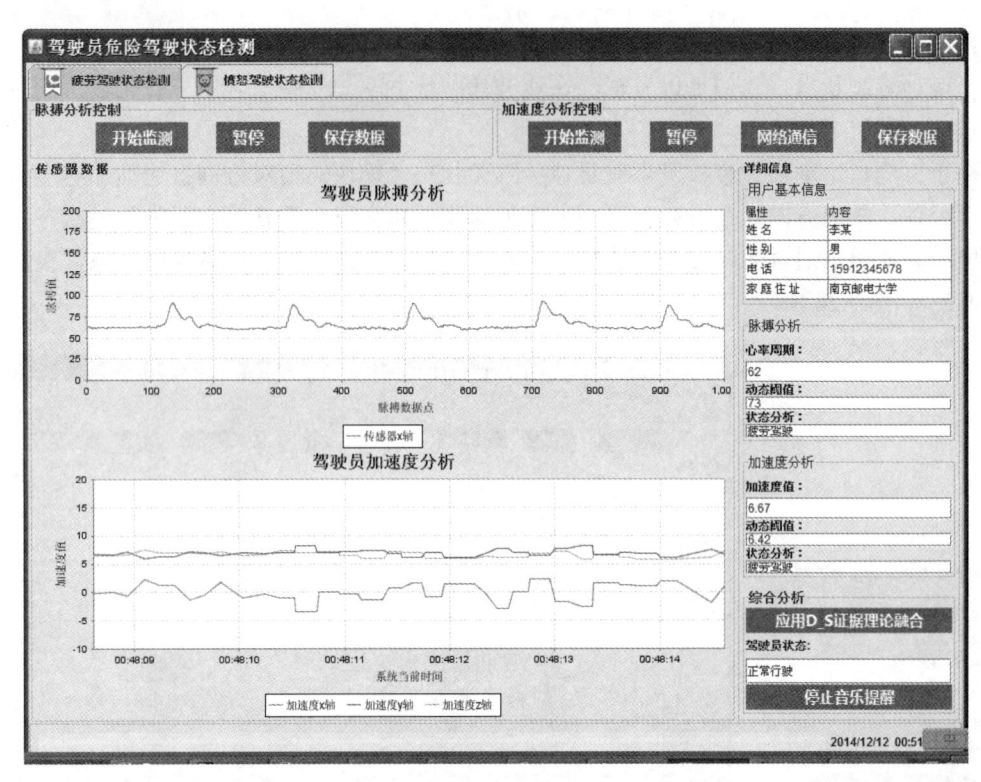

图 9.25　基于数据融合检测驾驶员疲劳驾驶状态

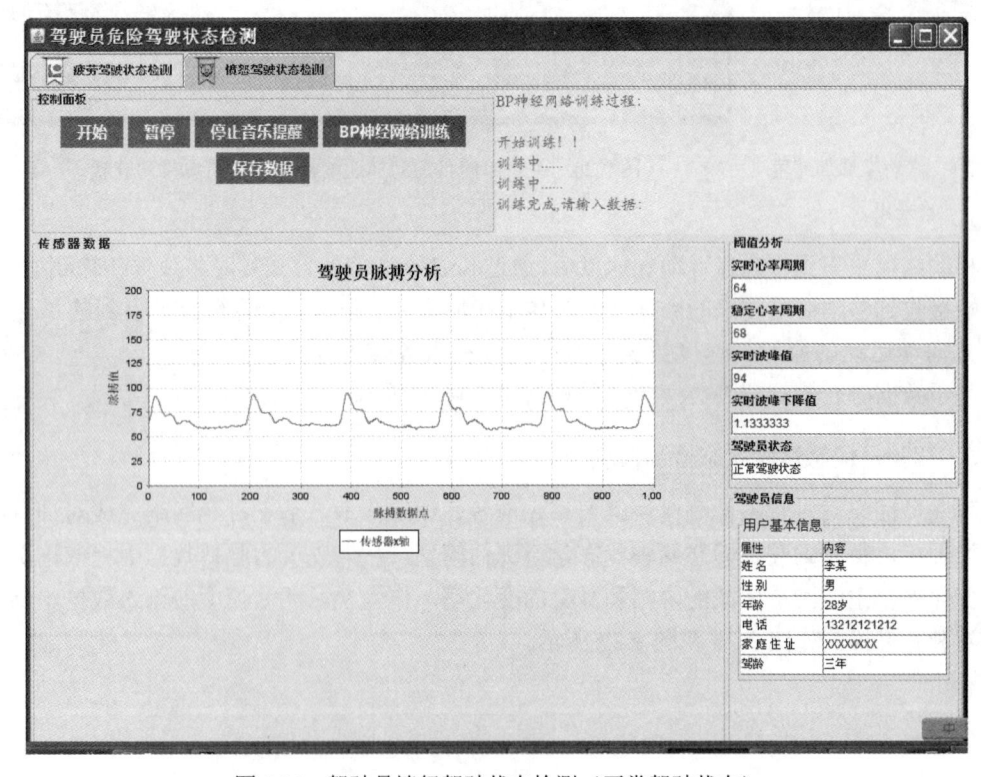

图 9.26　驾驶员愤怒驾驶状态检测（正常驾驶状态）

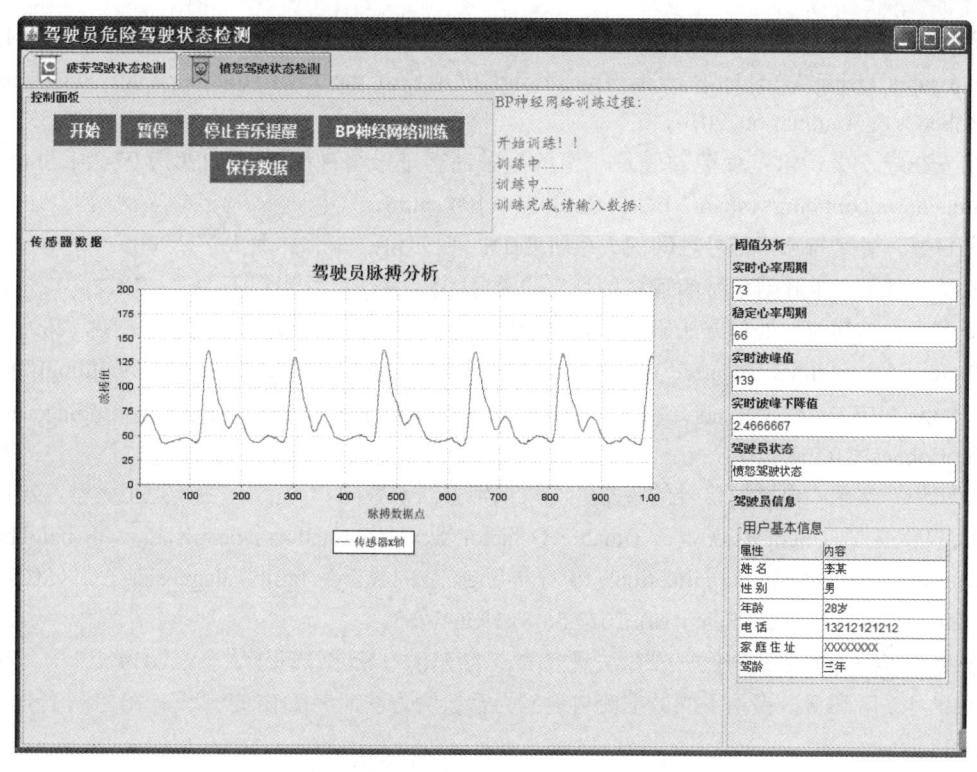

图 9.27　驾驶员愤怒驾驶状态检测（愤怒驾驶状态）

在图 9.26 中，驾驶员处于正常驾驶状态。在图 9.27 中，驾驶员处于愤怒驾驶状态。对比驾驶员两种驾驶状态，我们可以发现在愤怒驾驶状态下，驾驶员脉率有一定增加，主波到重搏波的降幅较大，同时脉搏幅值有较大增幅。

9.6　本章小结

本章首先介绍了安全驾驶的背景，以及相关的需求分析；然后介绍了安全驾驶的发展现状。最后在基于数据融合的驾驶员疲劳驾驶状态检测方法和基于 BP 神经网络的驾驶员愤怒驾驶状态检测方法的基础上，设计并构建了驾驶员危险驾驶状态检测系统，实现了对驾驶员疲劳驾驶状态和驾驶员愤怒驾驶状态的实时检测，实现了使用智能化、信息化的手段为人们提供一个生理上与心理上的安全带。

本章参考文献

[1] 李硕．危险驾驶状态检测机制的研究与系统构建[D]．南京：南京邮电大学，2015．
[2] 中国公路网．我国每年道路交通事故伤亡人数超 20 万[EB/OL]．[2019-07-25]．http://www.chinahighway.com/news/2013/773652.php．

[3] Wang F, Wang S, Wang X, et al. Design of Driving Fatigue Detection System Based on Hybrid Measures Using Wavelet-packets Transform[C]//Proc of the IEEE International Conference on Robotics & Automation, 2014.

[4] 中安在线．案例六：疲劳驾驶是"帮凶"卧铺客车敲警钟[EB/OL]．[2019-07-25]．http://ah.anhuinews.com/qmt/system/2012/11/30/005341104.shtml．

[5] 苏日娜．情绪与脉搏信号之间的关系研究[D]．哈尔滨：东北林业大学，2009．

[6] 柳倩．基于心电脉搏信号的睡意检测方法研究[D]．兰州：兰州理工大学，2012．

[7] 王家庆．脉搏信号处理方法研究与脉搏测量系统设计[D]．北京：北京工业大学，2006．

[8] Raudys A．Optimal Negative Weight Moving Average for Stock Price Series Smoothing[C]//Proc of the IEEE Conference on Computational Intelligence for Financial Engineering & Economics(CIFEr), 2014.

[9] 刘凤华．基于心电脉搏信号的睡意检测与识别方法研究[D]．兰州：兰州理工大学，2013．

[10] He W, Zi Y, Chen B, et al．Tunable Q-factor wavelet transform denoising with neighboring coefficients and its application to rotating machinery fault diagnosis[J]．SCIENCE CHINA(Technological Sciences), 2013,56(8):1956-1965.

[11] 杨鑫蕊．改进的小波阈值去噪算法研究[D]．哈尔滨：哈尔滨理工大学，2014．

[12] 庞景月．滑动窗口模型下的数据流自适应异常检测方法研究[D]．哈尔滨：哈尔滨工业大学，2013．

[13] 洪旭．驾驶员工作状态监测系统研究[D]．南京：南京信息工程大学，2013．

[14] 百度百科．脉搏[EB/OL]．[2019-07-25]．http://baike.baidu.com/subview/57019/11121667.htm.

[15] 龙呈．基于证据理论的信息融合方法及应用研究[D]．秦皇岛：燕山大学，2013．

[16] 傅海波．无线传感器网络中数据融合算法的研究[D]．南京：南京邮电大学，2013．

[17] 郭新．无线传感器网络路由协议及数据融合技术研究[D]．广州：华南理工大学，2013．

[18] 刘桐欢．无线传感器网络多源数据融合技术研究[D]．北京：北京交通大学，2014．

[19] Fault J, Blostein S D．A Bayesian Approach to Two-Sided Quickest Change Detection[C]//Proc of the IEEE International Symposium on Information Theory, 2014.

[20] Ruiz P, Mateos J, Camps-Valls G, et al．Bayesian Active Remote Sensing Image Classification[J]．IEEE Transactions on Geoscience and Remote Sensing．2014, 52(4):2186-2196.

[21] Mitra A, Satapathy S R, Paul S．Clustering Analysis in Social Network using Covering Based Rough Set[C]//Proc of the IEEE 3rd International Advance Computing Conference, 2013．

[22] Albanese A, Pal S K, Petrosino A．Rough Sets, Kernel Set, and Spatiotemporal Outlier Detection[J]．IEEE Transactions on Knowledge and Data Engineering, 2014, 26(1):194-207.

[23] Vasu J Z, Deb A K, Mukhopadhyay S．MVEM-Based Fault Diagnosis of Automotive Engines Using Dempster-Shafer Theory and Multiple Hypotheses Testing[J]．IEEE Transactions on Systems, Man, and Cybernetics: Systems, 2015,45(7):1．

[24] Zhang C, Shi X．Continuous Safety Integrity Analysis for Avionics System with Dempster-Shafer Theory [C]//Proc of the IEEE/AIAA 33rd Digital Avionics Systems Conference, 2014．

[25] 薛玉玺．基于加速度传感器的人体姿态识别系统研究[D]．石家庄：河北科技大学，2014．

[26] 韩正文，冯迪，李鹏，等．基于加速度传感器 LIS3DH 的计步器设计[J]．传感器与微系统，2012，31（11）：97-99．

[27] ST.LIS3DH Datasheet[EB/OL]．[2012-07-16].http://www.st.com/web/catalog/sense_ power．

[28] Eskandarian A, Mortazavi A．Evaluation of a smart algorithm for commercial vehicle driver drowsiness detection [R]．Turkey: IEEE, 2007．

[29] 石向荣．面向过程监控的非线性特征提取方法[D]．杭州：浙江大学，2014．

[30] Kou H, Shang W．Parallelized Feature Extraction and Acoustic Model Training[C]//Proc of the 19th International Conference on Digital Signal Processing, 2014．

[31] Ding S, Jia W, Su C, et al．Research of Pattern Feature Extraction and Selection[C]//Proc of the Seventh International Conference on Machine Learning and Cybernetics, 2008．

[32] Sun Y, Lang M．Optimization for Railway Freight Transport Network Based on BP Neural Network[C]//Proc of the International Conference on Mechatronic Sciences, Electric Engineering and Computer, 2013．

[33] Liu S, Hou Z, Yin C．Data Driven Modeling for UGI Gasification Process via a Variable Structure Genetic Neural Network[C]//Proc of the International Conference on Neural Networks, 2014．

[34] Liu Q, Li Z．Evaluation Studies on Ship Driving Fatigue Based on BP Artificial Neural Network[C]//Proc of the 8th International Conference on Natural Computation, 2012．

第 10 章 智慧监护

2017年，工业和信息化部、民政部、国家卫生和计划生育委员会印发《智慧健康养老产业发展行动计划（2017—2020年）》[1]，提出：到2020年，基本形成覆盖全生命周期的智慧健康养老产业体系，打造一批智慧健康养老服务品牌。在智慧健康养老产业体系中，智慧监护是很重要的一个环节，有效的智慧监护可以起到实时守护人们生命安全的作用。本章首先介绍了智慧监护的背景，以及现代老龄化社会对智慧监护的需求；然后描述了智慧监护的发展现状；最后介绍了智慧监护中的人体动作识别机制和人体跌倒检测算法，以及原型系统[2]。

10.1 智慧监护的背景与需求分析

10.1.1 智慧监护的背景分析

根据国家统计局数据，2018年我国60周岁及以上人口为24949万人，占总人口比重的17.9%，其中65周岁及以上人口为16658万人，占总人口比重的11.9%。根据国际标准，一个国家或地区的60岁以上人口数量占总人口比重达10%，或者65岁以上人数比重达7%，就意味着进入了"老龄化社会"。

十九大报告强调：积极应对人口老龄化，构建养老、孝老、敬老政策体系和社会环境，推进医养结合，加快老龄事业和产业发展。2019年4月，国务院办公厅印发《国务院办公厅关于推进养老服务发展的意见》[3]，从深化放管服改革、拓宽养老服务投融资渠道、扩大养老服务就业创业、扩大养老服务消费、促进养老服务高质量发展、促进养老服务基础设施建设方面提出了若干政策措施，并为发展智慧养老产业指明方向：持续推动智慧健康养老产业发展，拓展信息技术在养老领域的应用。

政府和相关产业界正通过物联网、云计算、大数据、智能硬件等新一代信息技术革新优化养老资源分配，提高养老服务质量水平。智慧监护使用信息化、智能化的技术实时提供被监护人的生理信息、健康水平，提供健康指导的信息基础。同时在被监护人发生意外时及时向监护人发送信息提示，为被监护人提供生命安全保障。

10.1.2 智慧监护的需求分析

随着生活水平的不断提高，人们的生活习惯和饮食习惯也在发生着改变。过量的饮食、高热量食物的摄入，以及长时间待在室内而缺乏运动的现象越来越多，使人体每天摄入过多的能量，从而导致肥胖、高血压、高血脂等疾病的产生。养成健康的饮食习惯、积极运动不仅可以增强人体免疫力，而且能够使人体的能量供需达到一个平衡。对人体日常运动状况进行监测，可以指导人们制订出健康合理的饮食计划、合理安排每天的运动量、提高人们健康生活水平。人们每天的活动类型很多，包括跑步、走路、上下楼梯、坐下、站立等多种运动方式。而这些不同的日常运动对应的能量消耗关系也不相同，因此对这些日常运动进行监测识别就显得很重要，也是目前许多研究人员的主要研究课题。

另外，对"跌倒"这类人体异常运动的监测也有着广泛的应用前景及重要的研究价值。跌倒给人们的生活带来一定的威胁，尤其对儿童和老年人这类群体带来的威胁更大，严重的跌倒甚至能够造成死亡。美国国家安全委员会研究显示，超过33%的老年人每年至少跌倒一次，在这些跌倒人群中，大约30%的情况会导致重伤甚至死亡[4]。很多时候跌倒产生的严重后果并不是在跌倒时产生的，而是由于跌倒后未进行及时救助引起的。老年人跌倒后身体已经受到了较大的伤害，若不及时进行援救，会产生更为严重的后果。因此做到对跌倒的及时检测和跌倒后的有效援助的研究很有实用价值。

被监护人的运动情况及一些异常情况需要进行实时的监护，本章将在后续小节中对运动状态监测的方法与跌倒检测的方法进行详细介绍。

10.2 智慧监护的发展现状

目前，我国老龄化趋势已经十分明显，老年人人口数量的急剧增加给社会和家庭带来了巨大的压力。如何减轻子女和社会的负担并且让老年人幸福地度过晚年，已经成为社会各界关注的问题。中老年人在身体健康领域是个"弱势群体"，随着年龄的不断增长，身体的各种机能也开始逐渐下降，免疫力随之降低，导致各种疾病的患病率增长幅度加快。老年痴呆、糖尿病、心血管疾病、脑梗死等都是老年群体中常见的疾病，由于自身疾病或者外界的影响，老年人常会发生意外，不仅对自身安全造成危害，而且潜在地给子女加重负担[5]。"智慧监护"便由此产生，智慧监护系统不仅为被监护人带来了实时的生命安全保障，降低了悲剧发生的概率，也为监护人提供了更大的便捷与自由。

目前已有大量研究应用于远程健康监护，也有多种产品针对远程监护设计，如远程心电分析、远程血糖血压监测等，监护功能多侧重于生理信息监护[6-7]。对于老年人而言，运动、睡眠、位置等信息同样是日常健康监护的重要信息。通过分析这些信息，不仅可以发现有关疾病的征兆，还能预防老年人突发状况，对于老年人家庭日常健康监护是很重要的。

对于智慧监护，我们给出如下定义：基于现代护理学，以被监护人为中心，利用云计算、大数据、物联网、移动互联网、人工智能等新一代信息技术实时监护人的生理等状态，以达到实时的生命保障。

2017年3月6日，国务院印发的《"十三五"国家老龄事业发展和养老体系建设规划》

中提到:"依托城乡社区公共服务综合信息平台,以失能、独居、空巢老年人为重点,整合建立居家社区养老服务信息平台、呼叫服务系统和应急救援服务机制,方便养老服务机构和组织向居家老年人提供助餐、助洁、助行、助浴、助医、日间照料等服务。实施"互联网+"养老工程。支持社区、养老服务机构、社会组织和企业利用物联网、移动互联网和云计算、大数据等信息技术,开发应用智能终端和居家社区养老服务智慧平台、信息系统、App 应用、微信公众号等,重点拓展远程提醒和控制、自动报警和处置、动态监测和记录等功能,规范数据接口,建设虚拟养老院。"相信在未来,智慧监护将取代人工监护。

10.3 人体动作识别机制

10.3.1 基本思想

目前,识别人体动作常用的方法有视频、图像分析、声音分析等非加速度传感器的识别方法。其中基于视频、图像分析的人体动作识别方法成本较高,对环境的要求较高,且灵活性较差,只能在特定的区域进行识别。由于人体日常的动作行为一般都会产生相应的加速度信息,而加速度传感器体积小、功耗低、实时性强,因此利用加速度传感器对人体动作进行识别是近年来许多学者研究的重点。

由于加速度现象在人体运动中一直存在,如洗脸刷牙、走路、跑步、骑自行车等人体日常运动都会产生相应的加速度。利用加速度进行人体运动状态监测受到了国内外研究学者的广泛关注。加速度信号是人体日常生活中因身体运动而产生的相应的动作信号,通过对这种信号进行有效的处理,就能够判断出人体做出了何种动作。随着微电系统技术的不断提高,加速度传感器的体积越来越小,价格也越来越低,并且已经广泛地嵌入在智能手机、笔记本电脑、电子游戏机等设备中,为基于加速度传感器的各项研究提供了更加广阔的平台。本节介绍的人体动作识别机制基于单个加速度传感器,目前普及度较高的智能手机等设备中大部分都嵌入了单个加速度传感器,因此本节的研究具有一定的实用价值。

基于加速度传感器的人体动作识别的研究大致可分为两类:一类是基于多个传感器融合的研究,常采用的方法是在人体不同部位放置多个传感器,通过对多个传感器数据的融合分析,识别出人体的不同动作,这种方法能够较全面地获得人体动作信息,并在一定程度上提高了正确识别率,但是多传感器产生的大量数据不利于研究人员分析,计算量较大;另一类是基于单个加速度传感器的研究,单个加速度传感器较小的数据量便于分析,但由于其不能较全面地获得动作信息,正确识别率相对较低。

针对这种现状,本节将介绍一种基于单个加速度传感器的人体动作识别机制,利用加速度传感器计算出竖直方向的分量,以此分量信号波峰前的阈值、波谷前的阈值、峰谷之间的时间差为特征值,选择较少且有效的特征值能够使分类的计算量降低,并结合决策树分类算法对人体跑、起跳、下蹲等动作进行识别分类,有较高的正确识别率。

10.3.2　数据预处理

1．传感器放置

对于同一运动，传感器放置在人体不同的位置所得到的加速度数据会有很大的差异。在研究过程中，人们最常放置加速度传感器的位置有脚腕位置、腰部位置、前胸位置等。脚腕位置的优点是对下肢运动的感应较为灵敏，因此对走路、跑步等运动的感应效果好；缺点是由于感应灵敏度高，会带来较多的干扰信息，稳定性不强，佩戴舒适度差。腰部位置的优点是方便固定，对于一些带有传感器的手持设备更容易放置在人体上；缺点是腰部位置对某些动作感应不灵敏。

将传感器置于前胸位置获得的加速度数据比较稳定，感应灵敏度适中，也方便人们携带（可以将带有传感器的设备放入上衣口袋）。本节对人体运动状态监测的研究主要考虑加速度数据的稳定性及适合携带等性能，因此选择前胸位置放置传感器研究人体运动。

如图 10.1 所示，一个三轴加速度传感器置于人体前胸位置，加速度传感器的 3 个轴分别为 x 轴、y 轴、z 轴，其中 y 轴与人体竖直时方向平行且正轴指向上部，z 轴方向指向人前进的方向，x 轴垂直于 y 轴、z 轴组成的平面。

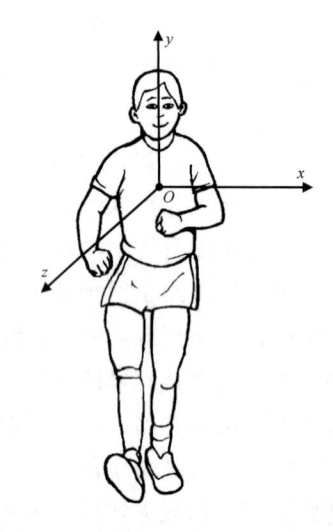

图 10.1　人体加速度三维空间坐标

2．竖直方向矫正

人在运动过程中，如果传感器没有完全固定在人体上，传感器可能发生位置变化，加速度传感器的 3 个轴的输出也不能正确反映人体情况。如果采用将传感器完全固定在人体的方式，会严重影响穿戴的舒适度，这会降低此研究的实用价值。为了降低传感器位置的变化带来的误差，本节采用加速度信号竖直方向矫正[8]的方法来研究人体运动。由于竖直方向（重力反方向）上的加速度数据在人体运动中提供了较为重要的特征信息，本节主要利用竖直方向研究人体运动情况。

在地面上，加速度传感器的重力分量始终是不变的，即总是指向地面竖直向下。因此，当加速度传感器静止时，其 3 个轴的矢量和等于重力加速度 g，矢量合成如图 10.2 所示。

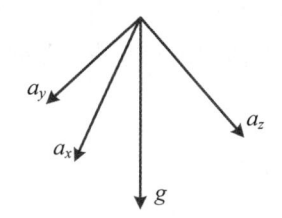

图 10.2 静止时加速度传感器三轴合成

$$g = (a_x, a_y, a_z) \tag{10.1}$$

当人体运动时加速度传感器的 3 个轴的数值表示人体运动产生的加速度分量和重力分量在各个轴上的和值。重力方向的分量不影响我们的研究，因此本节中的竖直方向的分量包括重力分量和人体加速度分量。

设 $[a_x(t), a_y(t), a_z(t)]$ 表示传感器在时间 t 时三轴加速度矢量，为了求出人体运动中加速度信号在竖直方向的分量，首先需要计算传感器静止时的重力分量，然后利用这个重力分量和 $[a_x(t), a_y(t), a_z(t)]$ 估算出竖直方向的实际分量。为了确定传感器是否处于静止状态，需要计算出 3 个参数，即加速度信号在一个滑动窗口内的最大值（a_{i_max}）、最小值（a_{i_min}），以及各个轴的平均值（a_{x_mean}、a_{y_mean}、a_{z_mean}）。

$$a_{i\_max} = \text{Max}[a_i(t)], \ i = x, y, z, \ t = 0, 1, \cdots, N \tag{10.2}$$

$$a_{i\_min} = \text{Min}[a_i(t)], \ i = x, y, z, \ t = 0, 1, \cdots, N \tag{10.3}$$

$$(a_{x\_mean}, a_{y\_mean}, a_{z\_mean}) = \frac{(a_{x\_max}, a_{y\_max}, a_{z\_max}) + (a_{x\_min}, a_{y\_min}, a_{z\_min})}{2} \tag{10.4}$$

式（10.2）计算一个滑动窗口内加速度的最大值；式（10.3）计算一个滑动窗口内加速度的最小值；式（10.4）中，a_{x_mean}、a_{y_mean}、a_{z_mean} 分别表示一个滑动窗口内 x 轴、y 轴、z 轴加速度数据的平均值。

若以上 3 个参数 a_{i_max}、a_{i_min}、$(a_{x\_mean}, a_{y\_mean}, a_{z\_mean})$ 满足式（10.5）和式（10.6），则判断三轴加速度传感器的状态为静止状态。

$$\|a_{i\_max} - a_{i\_min}\| \leqslant \varepsilon \ (k = x, y, z) \tag{10.5}$$

$$\|(a_{x\_mean}, a_{y\_mean}, a_{z\_mean})\| - g \leqslant \varepsilon \tag{10.6}$$

ε 代表实验中给定的一个较小的阈值，通过式（10.7）可以计算出重力加速度的单位分量：

$$D_\perp = \frac{(a_{x\_mean}, a_{y\_mean}, a_{z\_mean})}{\|(a_{x\_mean}, a_{y\_mean}, a_{z\_mean})\|} \tag{10.7}$$

求出重力加速度的单位分量 $D_\perp$ 后，将人体运动中的实际加速度矢量合与其点乘，即可求出竖直方向的分量 y。计算公式为

$$y = [a_x(t), a_y(t), a_z(t)] \cdot D_\perp \tag{10.8}$$

用上述算法矫正后，即使在开始时刻并不能确定加速度的放置位置，也能计算出其竖直方向的分量，本节介绍的一种识别人体动作的方法主要就是利用人体竖直方向的加速度特征来实现的。

10.3.3 人体运动特征值选取

加速度传感器得到的各种人体动作波形包含大量的信息，特征提取的目的就在于从这些大量的信息中，获取到最能反映出不同种类之间的差异的信息，这样才能快速而有效地进行分类识别。加速度信号特征提取的方法较多，经常使用的方法有时域特征提取和频域特征提取。时域特征提取主要是从加速度的时间波形上直接提取出矢量特征，常用的时域特征包括均值、方差、峰值、能量等。频域特征提取主要是先将加速度信号做快速傅里叶变换，从信号的频域中提取出特征向量，常用的频域特征包括 FFT 系数、能量谱密度等。与频域特征提取相比，时域特征提取计算量小，并且能够较好地表征不同的人体动作，因此时域特征提取方法得到了广泛的应用。

在对人体运动特征值选取的问题上，主要考虑选择对动作分类最有效的特征值，而且尽可能用较少的特征值来完成同一分类，从而达到降低计算复杂度的目的。本节从加速度信号时域中，提取了波峰前阈值、波谷前阈值，以及峰谷时间间隔 3 个特征值，实现了对人体日常活动中的跑、起跳、下蹲 3 种动作的有效识别。

1．波峰前阈值

在人体运动过程中加速度竖直方向信号会不断变化，一段时间内信号的最大取值即波峰值，波峰能够较好地反映出人体运动的剧烈程度，运动的幅度越大，程度越剧烈，所产生的波峰值越大。由于人体不同动作的频率不同，动作的剧烈程度也不相同，因此不同动作产生的波峰也会有所不同。本节选取了加速度信号波峰出现之前的一个阈值作为特征值，它在对跑、起跳、下蹲 3 种动作的识别上具有较为明显的效果。

2．波谷前阈值

与波峰值相反，一段时间内信号的最小取值即波谷值。波谷能够较好地反映出人体向下运动的剧烈程度，瞬时波谷值越大，表明人体姿态发生的变化也较大。本节选取了波谷出现之前的一个阈值作为另一个特征值。

3．峰谷时间间隔

峰谷时间间隔是指相邻两个波峰和波谷之间的时间差值。由于不同的动作的周期频率不同，所以出现波峰和波谷的时间间隔也不同，峰谷时间间隔能够反映出人体周期运动的频率，这个特征在识别人体动作中也是一个重要的特征值。

10.3.4 基于决策树的动作识别

1．决策树

决策树[9]是一种由树状结构表示分类的方法。树状结构是一种层级结构，能够把一个复杂的问题利用树的层级结构转化为一系列简单分类问题来解决。决策树着眼于从一组无次序、无规则的事例中推理出决策树的表示形式的分类规则，通常用来对事物进行分类和预测。

决策树通常由根节点、内部节点和叶节点组成，每一个节点有一个父节点和两个或者多个子节点，节点间通过分支相连。用决策树进行分类通常分两个步骤：第一步是利用训练集建立一棵决策树，生成决策树模型，这个过程实际上是一个从数据中获取知识、进行机器学习的过程；第二步是利用生成完毕的决策树模型对未知的数据样本进行分类。使用决策树对未知的数据样本进行分类时，从根节点开始对该对象的属性逐渐测试其值，并且顺着分支向下走，直至到达某个叶节点，此时叶节点代表的类是该对象所处的类。

与神经网络分类和贝叶斯分类等其他分类模型相比，决策树原理简单易懂，计算量相对不是很大，同时具有较高的准确度、模型设计简单等优点，所以决策树在分类决策中是一种使用率较高的算法。

2．动作识别

以人体竖直方向加速度信号波峰前阈值、波谷前阈值及峰谷时间间隔为特征值，创建跑、起跳、下蹲 3 种动作的决策树，其识别流程如图 10.3 所示。

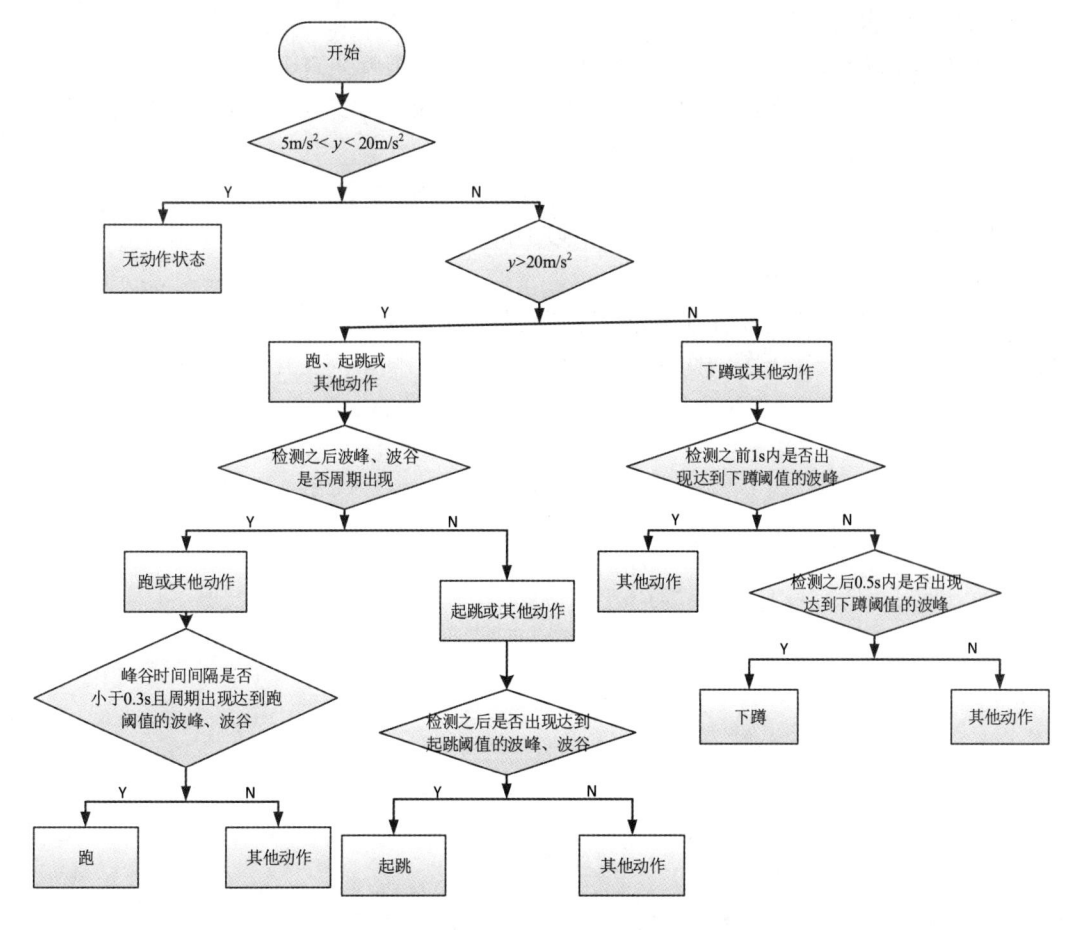

图 10.3　基于决策树的动作识别流程

经过算法矫正过的加速度竖直分量为 y，其单位为 m/s^2；峰谷时间间隔用 Δt 表示，其单位为 s。决策树从根节点到叶节点形成的路径构成了分类规则，使用 IF-THEN 形式表示分类规则：

① IF（$5m/s^2 < y < 20m/s^2$）THEN（无动作状态）。

② IF（$y > 20m/s^2$）AND（波峰、波谷周期出现）AND（$\Delta t < 0.3s$）AND（出现的波峰、波谷达到跑阈值）THEN（跑）。

③ IF（$y > 20m/s^2$）AND（波峰、波谷周期出现）AND（$\Delta t < 0.3s$）AND（出现的波峰、波谷没有达到跑阈值）THEN（其他动作）。

④ IF（$y > 20m/s^2$）AND（波峰、波谷周期出现）AND（$\Delta t > 0.3s$）AND（出现的波峰、波谷达到跑阈值）THEN（其他动作）。

⑤ IF（$y > 20m/s^2$）AND（波峰、波谷周期出现）AND（$\Delta t > 0.3s$）AND（出现的波峰、波谷没有达到跑阈值）THEN（其他动作）。

⑥ IF（$y > 20m/s^2$）AND（波峰、波谷出现一次）AND（出现的波峰、波谷达到起跳阈值）THEN（起跳）。

⑦ IF（$y > 20m/s^2$）AND（波峰、波谷出现一次）AND（出现的波峰、波谷没有达到起跳阈值）THEN（其他动作）。

⑧ IF（$y < 5m/s^2$）AND（前 1s 出现达到下蹲阈值的波峰）THEN（其他动作）。

⑨ IF（$y < 5m/s^2$）AND（前 1s 没有出现达到下蹲阈值的波峰）AND（检测之后 0.5s 内出现达到下蹲阈值的波峰）THEN（下蹲）。

⑩ IF（$y < 5m/s^2$）AND（前 1s 没有出现达到下蹲阈值的波峰）AND（检测之后 0.5s 内没有出现达到下蹲阈值的波峰）THEN（其他动作）。

（1）起跳与下蹲的区分。

首先用加速度传感器的竖直分量分析区别起跳与下蹲这两种动作。图 10.4 和图 10.5 分别代表一次起跳动作和一次下蹲动作的加速度竖直分量幅值随时间变化的示意图，横轴代表时间 t（单位为 s），纵轴代表加速度竖直分量幅值 y（单位为 m/s^2）。

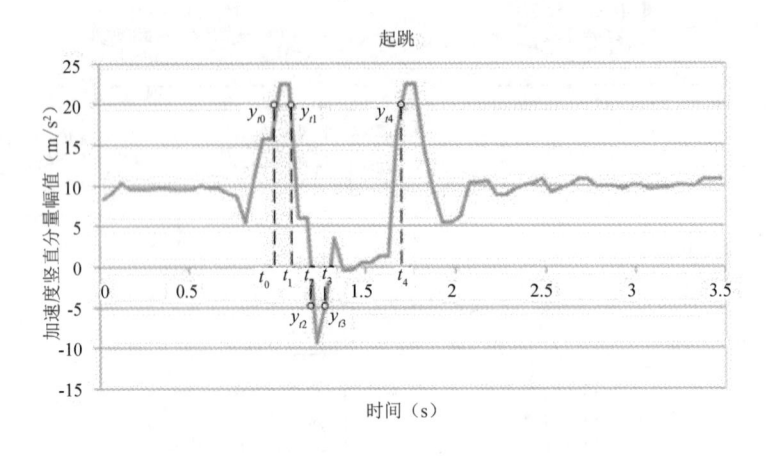

图 10.4 起跳时加速度竖直分量幅值示意图

由图 10.4 可以看出，一次起跳动作包括两个波峰和一个波谷，对于起跳动作的起始点，我们通过实验设置了一个合适的阈值 $y_{t0}=20\text{m/s}^2$，此时对应的时刻为 t_0，当 $y>y_{t0}$ 时，就认为可能发生了一次起跳动作，并不断对 t_0 时刻后的 y 值进行判断，当 $y<y_{t1}$（$y_{t1}=20\text{m/s}^2$）时，此时对应的时刻为 t_1，之后检测是否有波谷出现，即对 $[t_1,t_1+0.3]$ 时间段内的 y 值不断进行判断，将 $y<y_{t2}$（$y_{t2}=-5\text{m/s}^2$）作为判断波谷出现的条件，之后当 $y>y_{t3}$（$y_{t3}=-5\text{m/s}^2$）时，记录时刻 t_3，并检测之后是否有波峰出现，即对 $[t_3,t_3+0.5]$ 时间段进行检测，当 $y>y_{t4}$（$y_{t4}=20\text{m/s}^2$）时，就可以初步判定一次起跳动作的发生。

图 10.5 代表一次下蹲动作，同样可以用上述判定波峰、波谷的方法来识别，只需要对阈值与检测时间段进行相应的改变。但是起跳动作包含了下蹲动作的波谷、波峰情况，这样当两种动作放在一起进行识别时，就会带来误判。我们对下蹲动作的判断主要基于将 y 小于某个阈值 y_{t0}（$y_{t0}=5\text{m/s}^2$）的时刻作为起始点，此时对应的时刻为 t_0，为了避免与起跳动作发生混淆，对 $[t_0-1.0,t_0]$ 时刻进行一次检测，若检测到有波峰出现，则说明有可能是起跳或者其他动作，不满足原地下蹲的条件。

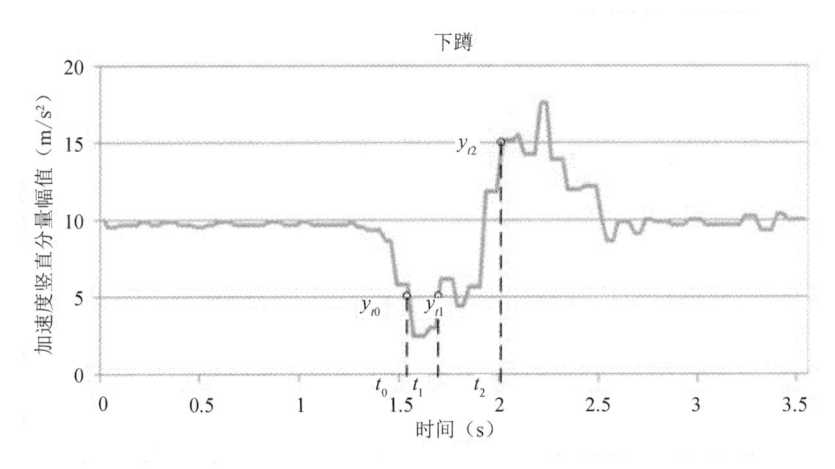

图 10.5　下蹲时加速度竖直分量幅值示意图

（2）起跳、下蹲与跑的区分。

跑是一种周期性的运动，由图 10.6 可以看出，跑的加速度曲线和起跳有很大的相似性。但是由于跑是周期性的，因此可以利用这一特征来和起跳、下蹲动作进行区分。可以看到，图 10.6 中峰谷时间间隔 Δt 比起跳和下蹲的峰谷时间间隔也明显较短，通过实验我们选取 $\Delta t<0.3\text{s}$ 作为跑的峰谷时间间隔特征，即当 $\Delta t<0.3\text{s}$ 时，我们就认为可能发生了跑这一动作；同时跑与起跳两种动作的波谷幅度也有明显差别，这些特征也可以用来对这 3 种动作进行区分。对跑这一动作的判定，同样是通过检测波峰、波谷的方法来实现的，当检测到有周期性的波峰、波谷时，就可以排除单一周期的起跳、下蹲两种动作的可能性。对于跑这一动作的波峰、波谷，我们通过实验的方法给出了一个合适的阈值，取波峰前阈值 $y_{t0}=18\text{m/s}^2$，取波谷前阈值 $y_{t2}=2\text{m/s}^2$。通过检测波峰、波谷出现之前的阈值，并满足峰谷时间间隔 Δt 的条件时，就可以对跑这一动作进行识别。

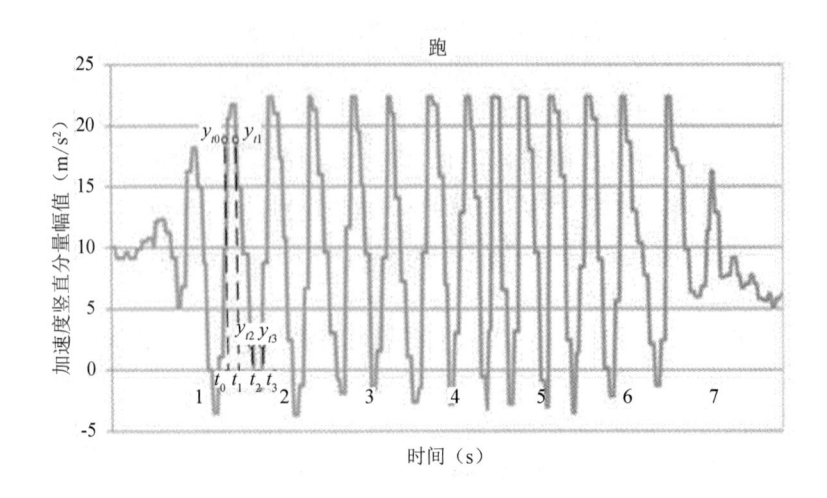

图 10.6　跑时加速度竖直分量幅值示意图

10.3.5　实验验证与性能分析

1. 实验平台

将本节介绍的人体动作识别方法在智能终端上进行了验证。智能终端采用了 Android 操作系统，同样配置了 LIS3DH[10]加速度传感器。

2. 实验设计

实验者共计 12 名，其中 5 名女性，7 名男性，年龄在 23～27 岁，身高在 156～180cm，体重在 48～75kg。将配置了 LIS3DH 加速度传感器的移动终端放置在实验者前胸上衣口袋位置，实验地点选择在空旷的户外。每名实验者分别做出跑、起跳、下蹲 3 种动作各 10 次，动作与动作之间间隔在 20s 以上，以便实验者能够将自身调整为正常状态。其中，起跳和下蹲均为原地动作，实验者按照自己正常状态进行测试，我们对实验者所做出的动作没有特定的限制，完全按照自己平时的状态测试。在跑的测试过程中，要求实验者跑的步数在 5 步以上，并按照自己正常跑步状态进行测试。

3. 实验结果与性能分析

按照实验方案，对男、女共计 12 名实验者所做出的 3 种动作进行了统计，要求每人对每种动作重复做 10 次，分别对每人所做的跑、起跳、下蹲 3 种动作的正确识别次数做了记录，其实验结果如表 10.1 所示。

表 10.1　3 种动作的正确识别次数表

实验者	起跳 （正确识别次数/总次数）	跑 （正确识别次数/总次数）	下蹲 （正确识别次数/总次数）
女 1	9/10	10/10	10/10
女 2	8/10	9/10	9/10
女 3	9/10	10/10	9/10

续表

实验者	起　跳 （正确识别次数/总次数）	跑 （正确识别次数/总次数）	下蹲 （正确识别次数/总次数）
女 4	10/10	10/10	10/10
女 5	8/10	10/10	10/10
男 1	10/10	10/10	8/10
男 2	10/10	10/10	10/10
男 3	9/10	10/10	8/10
男 4	10/10	10/10	10/10
男 5	10/10	10/10	7/10
男 6	10/10	9/10	9/10
男 7	10/10	10/10	9/10
总计	113/120	118/120	109/120

对 3 种动作的正确识别率、漏报率及误报率做出了统计。其中，正确识别表示实验者做出某种动作后，系统能够正确识别该动作；漏报表示实验者做出某种动作后，系统没有识别出该种动作；误报表示实验者做出某种动作后，系统将其判断为其他动作。3 种动作的实验结果统计表如表 10.2 所示。

表 10.2　3 种动作的实验结果统计表

动　作	实验总次数	正确识别次数	正确识别率	漏报次数	漏报率	误报次数	误报率
起跳	120	113	94.17%	6	5.00%	1	0.83%
跑	120	118	98.33%	2	1.67%	0	0.00%
下蹲	120	109	90.83%	11	9.17%	0	0.00%
总计	360	340	94.44%	19	5.28%	1	0.28%

由以上结果可以看出，系统对跑的正确识别率较高，为 98.33%，而对起跳和下蹲动作的正确识别率相对较低，分别为 94.17% 和 90.83%，这是因为没有对实验者动作做限制。在下蹲与起跳的过程中，由于不同的实验者做出的动作幅度大小不同，起跳速度也不同，有的动作达不到阈值就会产生漏报。从表 10.1 中的起跳动作可以看出，女性起跳的正确识别次数明显低于男性，这是因为男女的体重不同、起跳幅度不同。而对于下蹲动作则是男性的正确识别次数要明显低于女性，这也是因为男女身体结构不同，同时没有对实验者动作做过多限制。

综上所述，系统对 3 种动作的正确识别率都达到了 90% 以上。因此，由实验得出的正确识别率可以看出，本节介绍的方法对起跳、跑和下蹲这 3 种动作具有较高的识别效果，因此具有一定的实际应用价值。

10.4　人体跌倒检测算法

10.4.1　跌倒检测研究

在人体运动识别的研究领域中，对跌倒行为的研究具有广泛的应用前景及重要的实用价值。在对已有的人体跌倒检测算法学习研究基础上，本节将介绍一种基于三轴加速度传感器的人体跌倒检测算法，该算法通过对加速度传感器 3 个轴数据的计算，实现对人体不同方向跌倒的有效判别。

目前，有许多研究人员对人体跌倒检测领域做出了较为深入的研究。其中，Popescu 等人[11]利用声音传感器对跌倒进行研究，具体方法是通过定位声音的发生位置距离地面的高度，结合声音的大小来判断跌倒。实验结果表明，在要求误报率为 0 的情况下，跌倒正确识别率仅为 70%。文献[12]利用安装在拐杖上的检测器进行跌倒识别，通过陀螺仪传感器计算拐杖的角速度识别跌倒，该方法虽具有一定的正确识别率，但使用拐杖具有一定的局限性。文献[13]利用放在地板上的振动传感器，这些传感器一起来判断居住者在任意时刻的位置，处理器通过分析这些位置数据来识别是否跌倒，这种方法的一个很大的缺点就是误报率太高。

由于跌倒过程会产生较强的加速度信息，同时加速度传感器具有体积小、功耗低、实时性强等特点，因此利用加速度传感器对人体跌倒进行检测是近年来许多学者研究的重点。文献[14-17]均采用联合传感器的方式对跌倒进行研究，采用不同种类传感器组合或多个加速度传感器组合的方式，虽然具有较高的正确识别率，但由于需要对多个传感器的数据进行融合研究，会带来较大的计算开销，实时性也不够理想。文献[18]中 Wang 使用一个安装在人头部的三轴加速度传感器，通过 3 个轴的合加速度、正面方向和径向的合加速度对人体跌倒进行检测，实验结果表明该方法达到了较高的正确识别率，但该方法不能检测出跌倒方向。也有研究者利用倾角变化对人体跌倒方向进行判断，一种方法是增加角度传感器来计算人体角度变化，这种方法属于多种传感器融合的范畴；另一种方法是利用加速度传感器通过特定的公式计算出角度，根据角度变化情况判断人体运动方向，但这种方法会带来一定的计算开销。

本节对跌倒的研究，基于一个三轴加速度传感器，结合实验给定的阈值实现对不同方向跌倒行为的识别。算法的基本思路是：首先利用加速度传感器 3 个轴的合加速度对跌倒动作做出一个预判，然后利用不同轴之间的差值对跌倒方向做出初步判断，再利用滑动窗口内合加速度的方差计算出跌倒后人体静止的起始点，最后利用一段时间内倾倒方向轴的均值对不同方向的跌倒做出进一步识别。

10.4.2 跌倒运动特征

1. 传感器位置

对跌倒的研究选择人体前胸位置，将一个三轴加速度传感器放置在人体前胸位置，3 个轴分别为 x 轴、y 轴、z 轴，其中 y 轴与人体竖直方向平行且正轴指向上部，z 轴方向指向人前进的方向，x 轴垂直于 y 轴、z 轴组成的平面。

2. 跌倒过程中的人体运动特征

人在跌倒过程中身体会产生较大的加速度值，不同方向的跌倒导致三轴加速度传感器的各个轴的数据变化不同，为了统一描述跌倒过程的加速度变化，引入合加速度[18]的概念来描述跌倒过程中人体的变化情况。人体某一方向的剧烈运动会使三轴加速度传感器对应的某一轴或两个轴的值发生较大的变化，利用合加速度描述人体运动，可以不考虑运动方向，整体上描述人体的某一剧烈运动。在研究人体跌倒过程中，合加速度的引入既可以用于判断跌倒起始点，也被用于判断跌倒后人体处于静止状态的起始点。定义合加速度为 SA，其单位为

m/s², 其中 a_x、a_y、a_z 表示加速度 3 个轴的值, 合加速度的计算公式为

$$\mathrm{SA} = \sqrt{a_x^2 + a_y^2 + a_z^2} \tag{10.9}$$

为了正确地识别各种跌倒行为，提取人体跌倒过程中的 4 个特征值来进行判断，分别是合加速度波峰前的阈值、同一时刻加速度两个轴的差值、滑动窗口内合加速度的方差、时间 T 内倾倒方向轴的均值。

1) 合加速度波峰前的阈值

人体日常较缓和的活动（如走路、躺下等）产生的 SA 值较小，而跌倒、起跳等剧烈动作会在瞬时产生一个较大的 SA 值，图 10.7 所示为人体向前跌倒时合加速度幅值随时间变化的示意图，可以从图中看出，跌倒过程中会在瞬间产生较大的 SA 脉冲。因此通过对合加速度的检测，可以对跌倒动作做出一个简单的预判，即当 SA 超过某个阈值时，表明人体做出了较为剧烈的动作，即人体有可能跌倒了。通过实验得出一个较为合适的阈值 2.5g。其中，g 代表重力加速度，取值为 9.8m/s²。

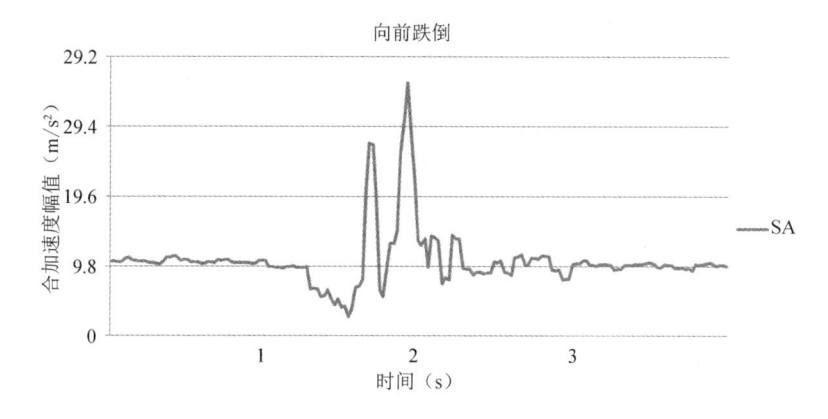

图 10.7　人体向前跌倒时合加速度幅值随时间变化的示意图

2) 同一时刻加速度两个轴的差值

人体跌倒过程中倾倒方向轴（本节中前后跌倒时倾倒方向轴为 z 轴，左右跌倒时倾倒方向轴为 x 轴）与 y 轴之间有着某种相关性。经过研究发现，在跌倒的同一时刻，加速度两个轴的差值的绝对值会变得很大，即|a_y-a_z|或|a_y-a_x|会在某一时刻突然增大。因此，这一特征是我们识别跌倒动作所选取的一个重要特征值，尤其是在对跌倒方向的判定上。通过实验的方法给出合适的阈值来判断这种差值是否满足跌倒的条件，选取 3g 作为判断阈值，即当|a_y-a_z|>3g 时，则认为有可能发生了前后方向的跌倒；当|a_y-a_x|>3g 时，则认为有可能发生了左右方向的跌倒。

3) 滑动窗口内合加速度的方差

仅仅依靠同一时刻加速度两个轴的差值来判断跌倒会产生误判情况，因为在某些日常剧烈的活动中也可能发生该差值在某一瞬间超过给定的阈值的情况，这时如果仅以两个轴的差值来判断就会将其他活动误判为跌倒。因此，需要进一步对跌倒动作进行判断，由于人体跌倒前后身体会由竖直状态变为水平状态，结合这一特点对跌倒后的状态进行检测，就能达到消除误判的可能。为了找到跌倒后人体静止的起始点，引入滑动窗口内合加速度的方差来计

算跌倒后人体静止的起始点，取滑动窗口的长度为 0.3s，由于采样频率为 50Hz，因此在一个滑动窗口内将有 15 个采样点，合加速度的方差的计算公式为

$$D(\text{SA}) = \frac{1}{15}\sum_{i=1}^{15}\left[\text{SA}_i - M(\text{SA})\right]^2 \qquad (10.10)$$

$$M(\text{SA}) = \frac{1}{15}\sum_{i=1}^{15}\text{SA}_i \qquad (10.11)$$

如果计算得出一个滑动窗口内的 $D(\text{SA})\geqslant\varepsilon$，接着计算下一个滑动窗口内的 $D(\text{SA})$，直到满足 $D(\text{SA})<\varepsilon$ 这个条件，即找到了跌倒后人体静止的起始点。

人体向前跌倒时各个轴加速度幅值示意图如图 10.8 所示。

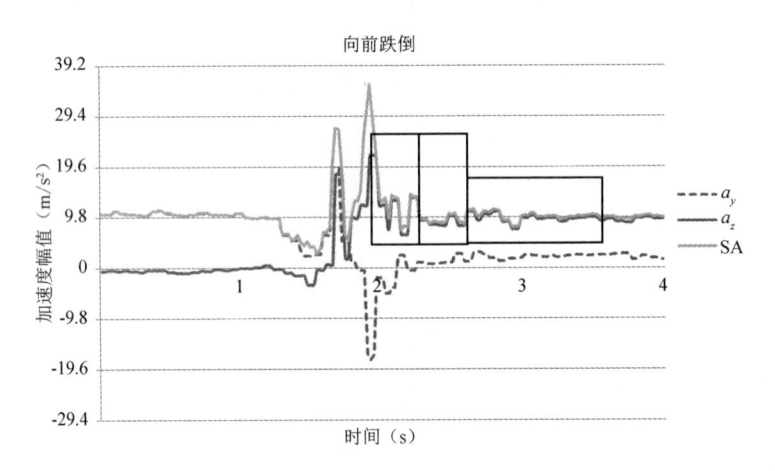

图 10.8 人体向前跌倒时各个轴加速度幅值示意图

4）时间 T 内倾倒方向轴的均值

考虑到人体跌倒后身体一般处于水平状态，从跌倒后人体静止的起始点开始计算之后时间 T 内倾倒方向轴的均值来识别各个方向的跌倒。取时间 T=1s，即倾倒方向轴共有 50 个采样点，计算出采样点的均值 $M(a_z)$ 或 $M(a_x)$，根据倾倒方向轴的均值的取值范围，就可以判断出各种跌倒情况。

10.4.3 跌倒检测流程

根据跌倒过程中的人体运动特征，结合实验给定的阈值检测 4 种方向的跌倒情况，分别是向前跌倒、向后跌倒、左侧跌倒及右侧跌倒，具体的检测流程由以下 6 个步骤实现。

步骤 1：不断检测 SA 的值，当检测到 SA 的值大于 2.5g 时，执行步骤 2。

步骤 2：计算此时的$|a_y-a_z|$和$|a_y-a_x|$的值，若$|a_y-a_z|$>3g，则执行步骤 3；若$|a_y-a_x|$>3g，则执行步骤 5；否则返回步骤 1。

步骤 3：记此时时刻为 t_0，计算[t_0, t_s]时间内 SA 的方差 $D(\text{SA})$，t_s 为从 t_0 开始后设定的一个时刻节点，若 $D(\text{SA})<\varepsilon$，则执行步骤 4；否则执行步骤 3。

步骤 4：计算[$t_s, t_s+\Delta t$]时间内的 a_z 的均值 $M(a_z)$，若 $0.9g<M(a_z)<1.1g$，则判断为向前跌倒；若满足$-1.1g<M(a_z)<-0.9g$，则判断为向后跌倒；否则返回步骤 1。

步骤 5：记此时时刻为 t_0，计算 $[t_0,t_s]$ 时间内 SA 的方差 $D(SA)$，若 $D(SA)<\varepsilon$，则执行步骤 6；否则执行步骤 5。

步骤 6：计算 $[t_s,t_s+\Delta t]$ 时间内的 a_x 的均值 $M(a_x)$，若 $0.9g<M(a_x)<1.1g$，则判断为向左跌倒；若 $-1.1g<M(a_x)<-0.9g$，则判断为向右跌倒；否则返回步骤 1。

其中 $t_s - t_0$=0.3s，Δt=1s，ε=3。

人体跌倒检测算法流程如图 10.9 所示。

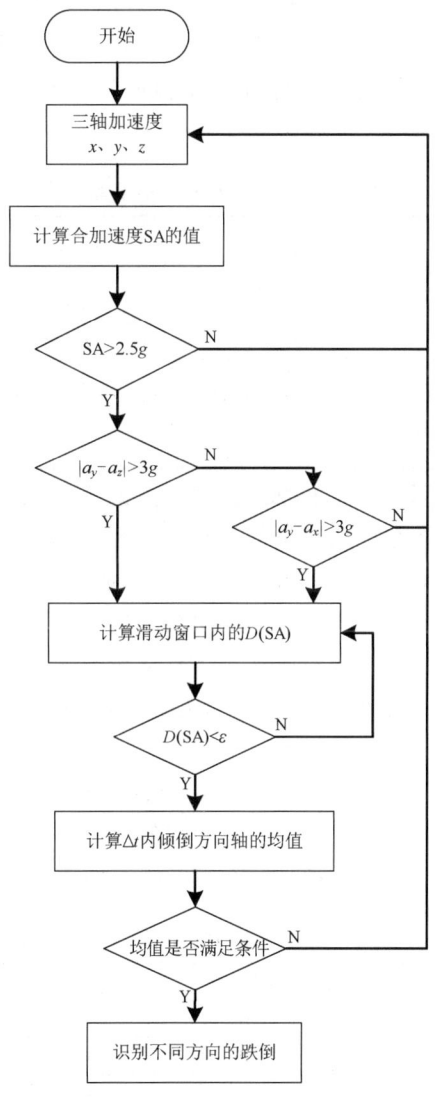

图 10.9 人体跌倒检测算法流程

10.4.4 实验验证与性能分析

1. 实验设计

实验者共计 12 名，其中 4 名女性，8 名男性，年龄在 21～36 岁，身高在 156～182cm，体重在 48～78kg。其中，每名实验者分别做出向前跌倒、向后跌倒、向左跌倒、向右跌倒各

2次，跌倒实验次数总计 96 次。跌倒实验在室内进行，地面铺有高度 10cm 的海绵垫，要求实验者尽量模拟真实跌倒进行实验。将配置了 LIS3DH 加速度传感器的移动终端放置在实验者前胸上衣口袋位置，移动终端运行的程序实现了人体跌倒检测算法，对每次跌倒的检测结果及算法响应时间都做了记录。

2. 实验结果与性能分析

实验结果记录了对跌倒的正确识别情况、漏报情况、误报情况。其中，正确识别表示对跌倒及其方向的正确识别；漏报表示实验者跌倒后，系统没有识别出跌倒行为；而误报表示实验者朝某个方向跌倒后，系统将其判断为其他方向的跌倒。对整个实验过程做了详细的记录，其实验结果如表 10.3 所示。

表 10.3 不同类型跌倒的实验结果

动作	实验总次数	正确识别次数	正确识别率	漏报次数	漏报率	误报次数	误报率
向前跌倒	24	20	83.33%	4	16.67%	0	0.00%
向后跌倒	24	22	91.67%	2	8.33%	0	0.00%
向左跌倒	24	23	95.83%	1	4.17%	0	0.00%
向右跌倒	24	22	91.67%	2	8.33%	0	0.00%
总计	96	87	90.63%	9	9.37%	0	0.00%

由表 10.3 可以看出，本节介绍的算法对跌倒行为的正确识别率达到了 90%以上，整个实验过程没有出现误报情况。各个方向跌倒的正确识别率有所区别，对向前跌倒的正确识别率较低，而对其他 3 个方向的跌倒情况的正确识别率较高。因为本节的跌倒实验是人在有意识的情况下进行的，所以实验者的心理对实验结果会产生一定影响。向前跌倒的过程中，实验者对真实跌倒的模拟程度不够，因此有时达不到算法设置的阈值，会造成漏报。经过对实验结果分析发现，男性的跌倒识别率要明显高于女性，这是因为男性实验者心理情况强于女性，跌倒速度及幅度较大，实验更接近于真实情况。

为了统计出在未发生跌倒的情况下，系统将其误报为跌倒的情况，要求 12 名实验者每人做出跳、跑步、下蹲、躺下、弯腰、上下楼梯动作各 5 次。表 10.4 记录了实验的具体情况，实验结果表明本节介绍的算法对跌倒检测具有较低的误报率。

表 10.4 人体日常行为误报为跌倒的情况

动作	实验次数	误报次数	误报率	误报情况
站立-跳	60	0	0.00%	无
跑步	60	0	0.00%	无
站立-下蹲	60	0	0.00%	无
坐着-躺下	60	3	5.00%	3 次误报为向后跌倒
站立-弯腰	60	2	3.33%	2 次误报为向前跌倒
上楼梯	60	0	0.00%	无
下楼梯	60	0	0.00%	无
总计	420	5	1.19%	5 次

算法的响应时间是从 SA 达到指定阈值开始计时，到判断出跌倒情况及跌倒方向为止的一段时间，用来衡量算法的实时性。算法的平均响应时间是对 96 次跌倒实验的响应时间记录得出的统计平均值。由表 10.5 得出，本节介绍的人体跌倒检测算法的平均响应时间在 1.7s 之内。由于跌倒过程一般在 2s 之内发生，因此本节介绍的人体跌倒检测算法具有较高的实时性。

表 10.5　算法的平均响应时间

向前跌倒	向后跌倒	向左跌倒	向右跌倒	总　　计
1703ms	1716ms	1679ms	1683ms	1695ms

10.5　人体运动状态监测系统设计与构建

10.5.1　系统整体架构设计

在动作识别方法的理论基础上，本节主要设计了一个人体运动状态监测系统。该系统实现了对人体日常运动的实时监测，记录日常运动情况，同时具有处理跌倒等异常行为的功能，能够通过报警机制对被监测对象进行有效救助，在人体健康、医疗监护等方面有着重要意义。

人体运动状态监测系统采用典型的 C/S 结构，主要包括移动终端和服务器端两部分。系统的移动终端主要包括传感器模块、位置服务模块、网络通信模块和交互模块。服务器端主要包括网络通信模块、数据库模块和界面显示模块。移动终端与服务器端采用 Socket 通信机制进行信息交互。系统的总体架构如图 10.10 所示。

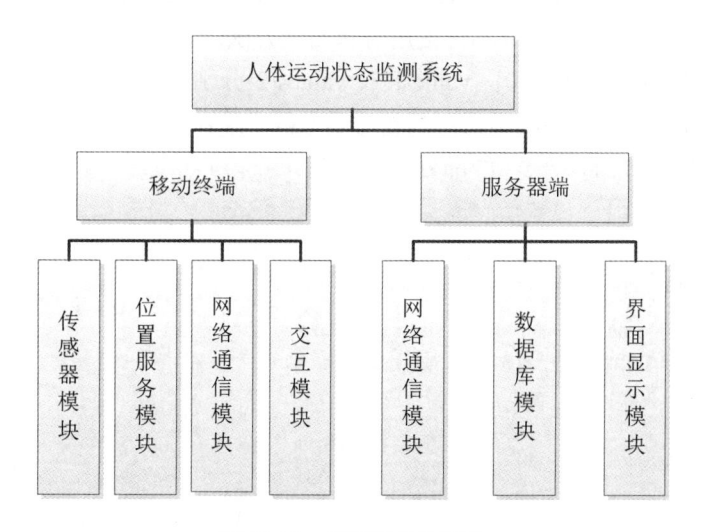

图 10.10　系统的总体架构

移动终端利用加速度传感器采集人体数据，通过动作识别算法计算出人体动作，利用自带的定位系统判断人体位置，通过无线网络与服务器端进行通信，并以操作界面的形式提供与服务器端交互的功能。服务器端主要负责实时监控、记录人体的运动情况，将人体运动相关信息保存到数据库中做历史查询。当人体跌倒时，能够向移动终端发出报警信息，并能够对移动终端的反馈进行处理等。

10.5.2 移动终端软件设计与实现

1. 传感器模块

Google 公司开发的 Android 平台是一个开源的手机系统平台[19]。从 Android SDK1.5 开始，系统支持多种类型传感器，包括加速度传感器（Accelerometer）、陀螺仪传感器（Gyroscope）、光照传感器（Light）、磁力传感器（Magnetic field）、方向传感器（Orientation）、压力传感器（Pressure）、距离传感器（Proximity）和温度传感器（Temperature）等。

本节移动终端的开发基于 Android SDK2.2，采用 Eclipse 集成开发环境。智能手机内置意法半导体（ST）公司的 LIS3DH 三轴加速度传感器。移动终端的传感器模块主要利用加速度传感器数据，并结合动作识别算法对人体动作进行识别。移动终端加速度传感器数据的获得包括以下几个关键步骤。

（1）创建 SensorManager 对象。SensorManager 对象代表系统的传感器管理服务，主要通过调用 Context 的 getSystemService（Context.SENSOR_SERVICE）方法获得。

（2）实现 SensorListener 接口。onAccuracyChanged（int sensor, int accuracy）和 onSensorChanged（int sensor, float[] values）是该接口中的两个重要方法。当加速度传感器变化时，系统会调用 onSensorChanged（int sensor, float[] values）方法获取加速度数据。

（3）注册传感器。通过 SensorManager 的 registerListener（SensorEventListener listener, Sensor sensor, int rate）方法注册传感器，只有注册过的传感器才能在应用程序中使用。

（4）注销传感器。调用 SensorManager 的 unregisterListener（SensorListener listener）方法对该传感器进行注销。当传感器不再使用时调用该方法。

其中，步骤（2）中的 values[0]、values[1]、values[2] 分别对应于加速度传感器 x 轴、y 轴、z 轴获取的数据，单位为 m/s^2，利用得到的传感器数据，结合动作识别算法就可以对用户动作进行识别。移动终端的传感器模块的部分代码如下。

```
protected float getListAverage (List<Float> list) {
    float sum = 0.0f;
    float average = 0.0f;
    if (!list.isEmpty()) {
        Float[] array = list.toArray (new Float[0]);
            for (int i = 0; i < array.length; i++) {
                sum += array[i];
            }
            average = sum/array.length;
    }
    else {
        return -1;
    }
    return average;
}
public void onSensorChanged (SensorEvent event) {
    if (event.sensor.getType() == Sensor.TYPE_ACCELEROMETER) {
        accX = event.values[SensorManager.DATA_X];
```

```
            accY = event.values[SensorManager.DATA_Y];
            accZ = event.values[SensorManager.DATA_Z];
            if ((accY- accZ)< -3*9.8) {
                forwardTime_1 = System.currentTimeMillis();
            }
            if ((System.currentTimeMillis()- forwardTime_1 >600) &&
(System.currentTimeMillis()- forwardTime_1 <1600)){
                forwardlist.add(accZ);
            }
            if ((System.currentTimeMillis()- forwardTime_1 >1600) &&
(System.currentTimeMillis()- forwardTime_1 <3000)){
            float average = getListAverage(forwardlist);
            if ((average >0.9*9.8) && (average <1.1*9.8)){
            new Thread(new Runnable() {
    public void run() {
        }
        });
```

2. 位置服务模块

移动终端的位置服务模块主要实现对用户定位的功能。现在很多智能手机都提供了基于 GPS 的定位功能，GPS 定位技术是一种成熟的定位技术，具有精度高、普及度高、全天候工作等优点。Android 平台提供了对 GPS 定位技术的支持与封装，能够使用户方便快捷地实现定位功能。

Android 平台提供了专门的类库来对定位服务进行支持。其中最重要的几个类是 LocationMananger 类、LocationProvider 类、LocationListener 类和 Location 类等，它们分别是位置管理类、位置提供者类、定位监听类和位置类。LocationMananger 类主要实现实时获取移动设备的位置信息；LocationProvider 类主要提供定位功能的各个组件集合，集合中的各个组件使用不同的技术提供设备的所在位置；LocationListener 类主要监听用户位置的变化情况，当用户位置发生改变时，能够从 LocationMananger 类中接收通知；Location 类主要提供经纬度、定位信息的高度、测量速度、方向等位置信息。用户的位置信息的获取主要由以下 4 个核心步骤完成。

（1）定位权限声明。Android 平台在使用定位功能时，需要声明相应的权限。权限的声明主要是在 AndroidManifest.xml 文件中添加如下标签：

```
<uses-permission android:name="android.permission.ACCESS_COARSE_LOCATION" />
<uses-permission android:name="android.permission.ACCESS_FINE_LOCATION" />
```

（2）创建系统的 LocationMananger 对象。LocationMananger 类是支持定位服务的最重要的一个类。主要用它来实现系统所提供的定位服务，它能够实时获取移动设备的位置信息。LocationMananger 对象的获取，是通过调用 Context 的 getSystemService()方法实现的。实现该类的实例对象之后，就能够通过调用相应的方法搜寻系统中的 LocationProvider，从而获取其中的最新的位置信息，同时还能够指定 LocationProvider 中数据的更新时间，及时获取设备位置的变化信息。

（3）获取 LocationProvider。LocationProvider 代表位置提供者，LocationProvider 类实现的主要功能是存放位置信息，对位置信息进行实时更新。系统中提供了多种类型的

LocationProvider，根据需要用户可以获取系统的所有可用的 LocationProvider，也可以通过指定名称的方式获得指定的 LocationProvider。通过调用 LocationMananger 对象的 getProvider（LocationManager.GPS_PROVIDER）方法实现通过 GPS 来获取定位信息的功能。

（4）获取 Location 对象中的定位信息。Location 类是一个代表位置信息的抽象类，该类包含经纬度、定位信息的高度、测量速度、方向等内容。本节主要获取了其中的经纬度信息，通过调用 Location 类中的 getLongitude()方法和 getLatitude()方法来得到用户的经纬度信息，这两个方法返回 double 类型的浮点数据。根据得到的经纬度信息，再通过相应的地址转换，就可以得到用户的具体位置信息。

3．网络通信模块

移动终端的网络通信模块主要实现与服务器端进行通信的功能。移动终端通过无线网络连接服务器端，采用 Socket（通常也称作"套接字"，用于描述 IP 地址和端口，是一个通信链的句柄）通信机制与服务器端进行信息交互，能够将移动终端的动作信息、位置信息、其他信息等发送到服务器端；同时能够接收来自服务器端的数据报文，解析报文并对其做出相应的响应。

如图 10.11 所示，整个通信流程主要包括以下几个步骤。

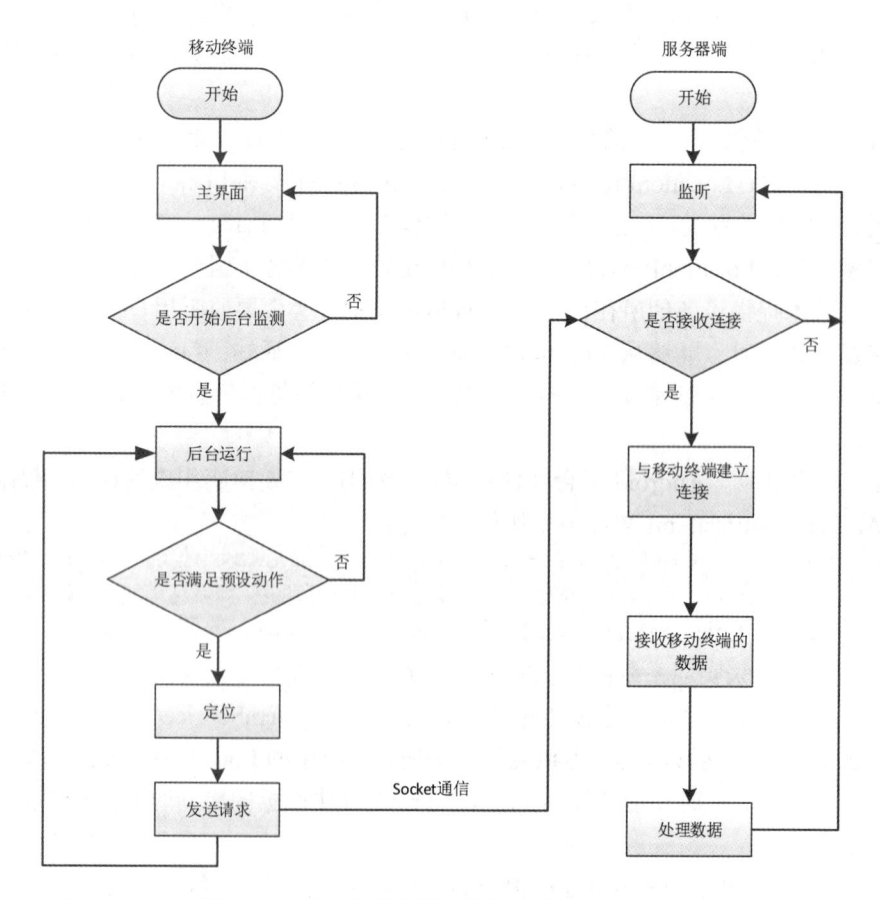

图 10.11　移动终端和服务器端通信流程图（一）

（1）服务器端初始化监听，处于等待连接状态。

（2）移动终端初始化，进入应用程序主界面。

（3）移动终端进入主界面后，可以选择后台运行、设置基本信息等操作。

（4）选择后台运行后，移动终端开始在后台监测人体运动状态，运行于后台的程序不影响其他手机功能的使用。

（5）当移动终端监测到用户做出的动作满足系统预设的动作时，会接着对用户进行定位操作；否则，继续监测。

（6）移动终端对用户当前位置进行定位，获取用户位置信息。

（7）移动终端请求与服务器端进行连接。

（8）服务器端响应来自移动终端的连接请求，并与之建立连接。

（9）移动终端向服务器端发送用户的信息，包括用户基本信息、用户的姿态信息，以及用户的位置信息等。

（10）服务器端接收移动终端的消息，并对该消息进行处理，还可以向移动终端进行相应的反馈。

系统同时还具有处理跌倒行为的功能，当移动终端检测到人体跌倒时，能够向用户发出提示信号，并能根据用户的处理情况选择是否报警，因为在有些情况下，用户在跌倒后并没有造成严重伤害，还能够自己站立起来，这时就不需要对其进行救助，用户可以手动取消报警。在用户跌倒后，但又不能及时手动报警的情况下，系统还能够进行自动报警，该功能是在用户跌倒后 1min 内没有给出确认的情况下系统自动运行的，如图 10.12 所示。

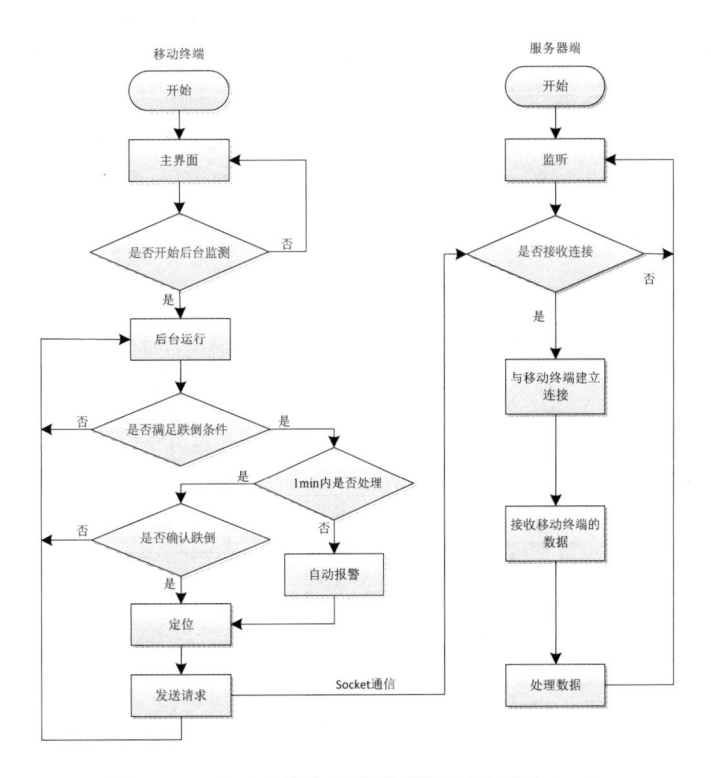

图 10.12 移动终端和服务器端通信流程图（二）

4. 交互模块

移动终端的交互模块主要包括 2 个方面：一方面移动终端向用户提供显示界面，用来显示用户的基本信息和状态信息，同时还可以向用户发出提示，如当检测到跌倒情况时，能够向用户发出警告提示，包括声音提示和对话框提示等；另一方面能够向用户提供输入方案，用户可以通过触摸屏幕、按键等操作输入个人基本信息、设置传感器灵敏度、处理提示框信息等。移动终端的部分操作界面如图 10.13 所示。

图 10.13　移动终端的部分操作界面

图 10.14 所示为移动终端主要类图，移动终端主要包括 UserMainActivity 类、BackGMonitor 类等，UserMainActivity 类继承了 Activity 类。在 Android 系统中，一个 Activity 类占据一个屏幕，可以用来显示一些基本控件，也可以监听并处理用户事件，有自己的生命周期，主要包括 onCreate()、onStart()、onResume()、onDestroy()等生命周期函数。Activity 类是 Android 四大基本组件中最重要的组件之一。UserMainActivity 类实现的主要功能是显示用户基本信息（用户名、在线状态）、连接网络、后台监测、跳转到设置界面等。

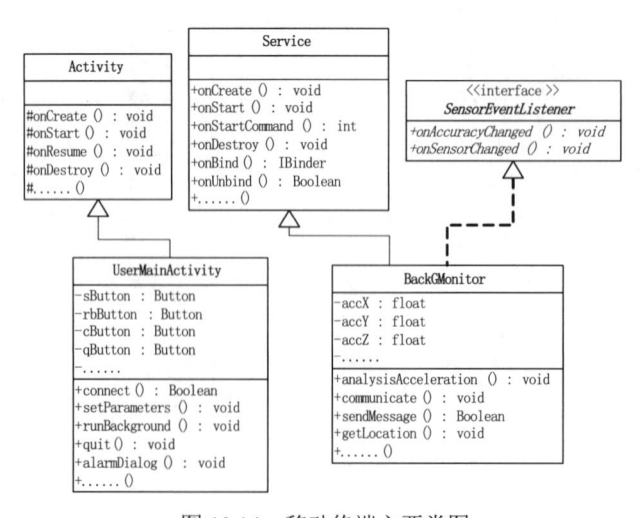

图 10.14　移动终端主要类图

UserMainActivity 类包含的属性和方法如下。
username：存放用户名。
useronline：存放用户网络状态。
sButton：参数设置按钮。
rbButton：后台监测按钮。
cButton：连接网络按钮。
qButton：退出应用按钮。
connect()：向服务器端发起连接。
setParameters()：跳转到设置界面。
runBackground()：进入后台监测。
quit()：退出应用。
alarmDialog()：弹出帮助对话框。

BackGMonitor 类继承了 Service 类，该类能够提供后台服务，继承该类的子类能够在后台运行，Service 类同样有自己的生命周期，我们可以通过主 Activity 类调用 startService()方法启动服务，通过调用 stopService()方法关闭服务。BackGMonitor 类同时继承了 SensorEventListener 接口，当加速度传感器发生变化时，系统自动调用 onSensorChanged()方法，我们就可以得到加速度传感器的数据。系统主要通过调用 analysisAcceleration()方法来对人体动作进行识别。

BackGMonitor 类包含的属性和方法如下。
accX：存放加速度传感器 x 轴浮点数据。
accY：存放加速度传感器 y 轴浮点数据。
accZ：存放加速度传感器 z 轴浮点数据。
communicate()：向服务器端发起连接。
analysisAcceleration()：处理 3 个轴的数据，识别人体动作。
sendMessage()：向服务器端发送数据包。
getLocation()：获取用户经纬度等位置信息。

10.5.3 服务器端软件设计与实现

1．网络通信模块

服务器端的网络通信模块主要负责接收、解析移动终端发来的数据，向移动终端发送报警信息，接收来自移动终端的反馈信息等。服务器端开启后，会一直处于监听状态，等待移动终端的连接，当检测到移动终端有连接请求时，服务器端开启一个线程对移动终端进行处理。监听部分的代码如下。

```
//监听线程
public void run() {
    try{ //创建 ServerSocket
        ServerSocket serverSocket = new ServerSocket(23456);
        while (true) {
            try { //接收客户端请求
```

```
            Socket client = serverSocket.accept();
                //读取客户端传来的加速度数据
    BufferedReader in = new BufferedReader (new InputStreamReader (client.
getInputStream()));
                String str1 = in.readLine();
                lastValue1 = Double.parseDouble (str1);
                String str2 = in.readLine();
                lastValue2 = Double.parseDouble (str2);
                String str3 = in.readLine();
                lastValue3 = Double.parseDouble (str3);
                in.close();
                client.close();
            }
            catch (Exception e) {
                e.printStackTrace();
            } //加载数据
             series1.add (new Millisecond(), lastValue1);
             series2.add (new Millisecond(), lastValue2);
             series3.add (new Millisecond(), lastValue3);
             Thread.sleep (1);
        }
    }
    catch (Exception e) {
       e.printStackTrace();
    }
}
```

2. 数据库模块

服务器端的数据库模块主要用来存储、更新用户的基本信息及用户的运动状态相关信息，一方面能够将移动终端传过来的用户数据存储在数据库中；另一方面能够将更新后的信息及时地在系统界面中显示出来，同时能够对用户的日常运动情况做记录，方便监护人员查询、分析用户的日常状况。服务器端数据库采用小型的关联型 MySQL 数据库，数据库中主要包括用户基本信息表、用户状态信息表。

用户基本信息表主要用来记录用户基本信息，主要包括的字段有用户 ID、用户名、性别、身高、体重、年龄、联系方式、家庭住址等用户基本信息，具体设计如表 10.6 所示。

表 10.6 用户基本信息表

字 段 名 称	数 据 类 型	字 段 大 小	是否为主键	说　　明
u_id	int	N/A	是	用户 ID
u_name	varchar	30	否	用户名
u_sex	char	2	否	性别
u_age	int	N/A	否	年龄
u_hight	int	N/A	否	身高
u_weight	int	N/A	否	体重
u_first_tel	char	20	否	联系方式1
u_address	varchar	50	否	家庭住址
u_second_tel	char	20	否	联系方式2

用户状态信息表主要用来记录用户的运动情况，主要包括的字段有用户ID、用户姿态、用户位置的经纬度、具体位置及时间等信息，具体设计如表10.7所示。

表10.7 用户状态信息表

字 段 名 称	数 据 类 型	字 段 大 小	是否为主键	说　　明
u_id	int	N/A	是	用户ID
u_state	varchar	10	否	用户姿态
u_info_lon	float	17	否	用户位置的经度
u_info_lat	float	17	否	用户位置的纬度
u_location	varchar	50	否	具体位置
time	Datatime	N/A	否	时间

3．界面显示模块

服务器端的主要功能就是对用户的各种情况进行实时的监测。以界面的形式显示用户的基本信息、身体运动状态等能够使监护工作人员更加直观地分析用户情况。服务器端的界面显示模块包括用户基本信息显示模块、传感器数据显示模块、位置信息显示模块、时间显示模块等。其中，用户基本信息显示模块包括用户名、身高、体重、联系方式等信息；传感器数据显示模块将移动终端传来的加速度数据以波形图的形式显示，这样的动态显示便于监护人员观察用户的运动情况；位置信息显示模块包括用户位置的经纬度信息及对应的具体位置信息。

服务器端采用Swing应用框架设计，用Java编程语言实现。服务器端的功能主要是记录、显示功能，显示部分包含4个基本面板类，分别是MenuPanel类、UserInforPanel类、WaveDisplayPanel类和TimePanel类。图10.15所示为服务器端主要类图。

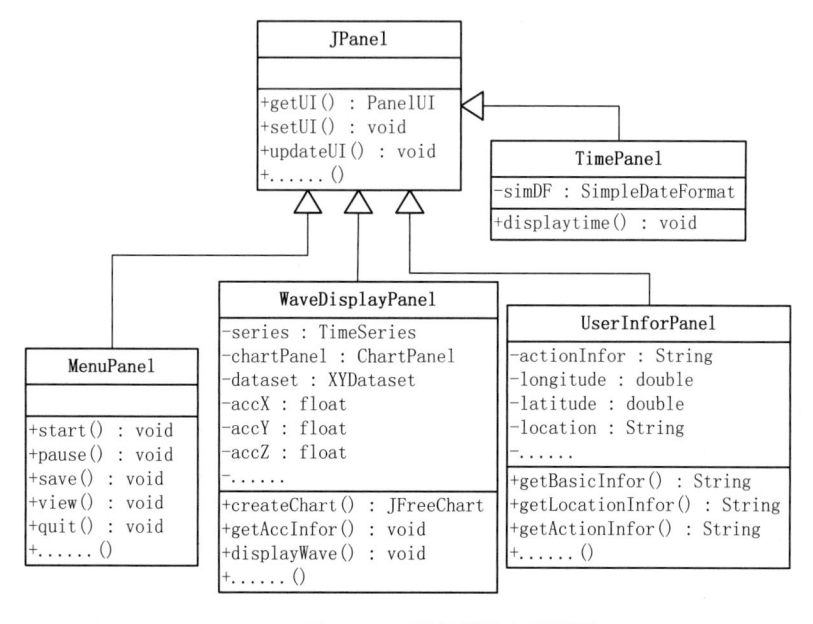

图10.15 服务器端主要类图

MenuPanel 类主要完成系统的菜单项功能，包括保存数据、查询数据、暂停、退出系统等操作功能。UserInforPanel 类主要用来处理来自移动终端的用户信息，其中 longitude 用来保存用户位置的经度信息，latitude 用来保存用户位置的纬度信息，location 代表对应的具体位置信息。getBasicInfor()方法返回数据库中用户的基本信息，getActionInfor()方法返回用户的姿态信息。WaveDisplayPanel 主要负责以波形图的形式动态显示用户加速度信息，通过 displayWave()方法将移动终端加速度 3 个轴的数据显示出来，能够使监护人员更加直观地分析用户的状态。TimePanel 类主要用来显示系统当前时间。图 10.16、图 10.17 所示为在用户跌倒情况下，服务器端的界面效果显示图。

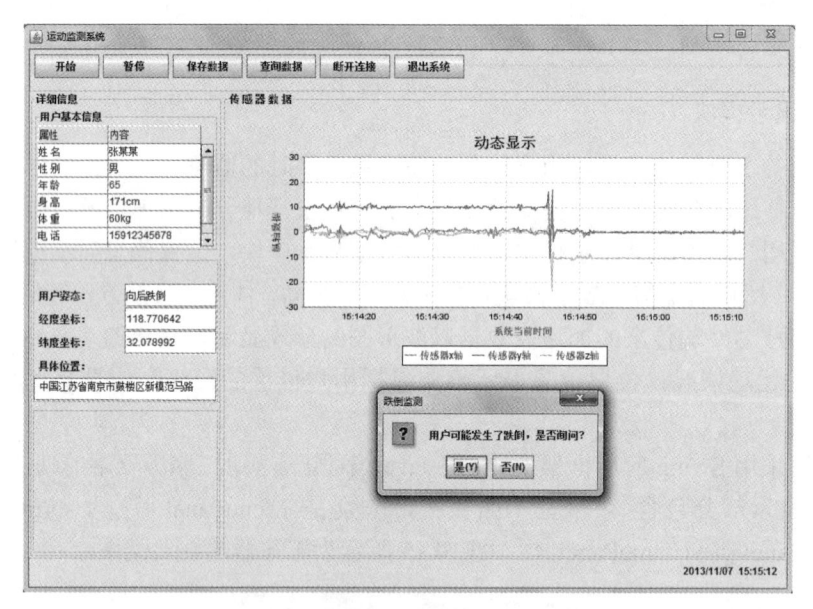

图 10.16　服务器端的界面效果显示图（一）

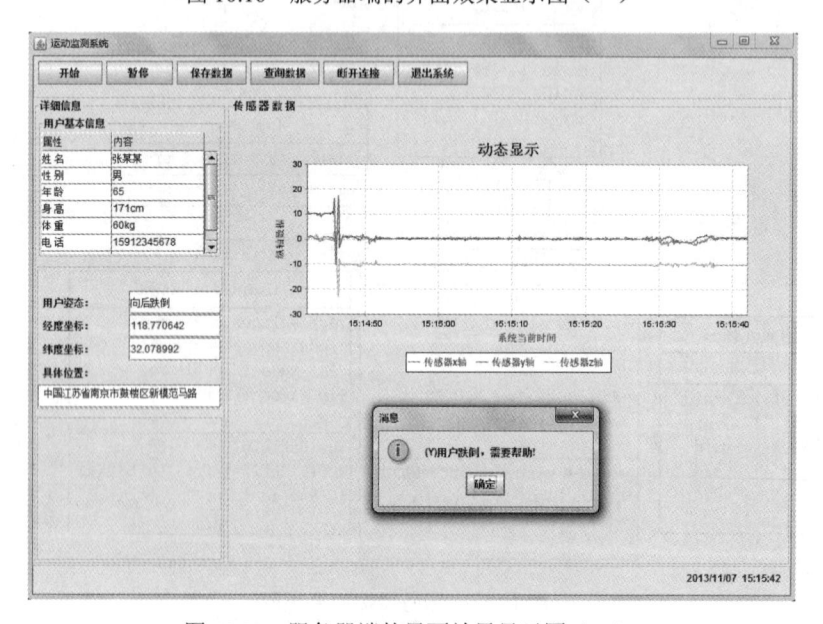

图 10.17　服务器端的界面效果显示图（二）

10.6 本章小结

本章首先对智慧监护的背景与需求分析及发展现状进行了介绍，接着介绍了一种利用单个加速度传感器，通过提取运动过程中的人体特征，并结合决策树分类方法实现一种人体日常运动的识别方案，能够对跑、起跳、下蹲3种动作进行有效识别。在对人体异常运动的研究中，本章介绍了一种人体跌倒检测算法，能够有效地检测出人体不同方向的跌倒。在此基础上，本章设计并实现了一个人体运动状态监测系统，能够对人体的运动情况做实时监测，具有一定的实际应用价值，实现了使用智能化、信息化的手段为被监护人提供实时的运动情况与是否跌倒的监测，既提高了被监护人的安全保障，又减轻了监护人的负担。

本章参考文献

[1] 民政部网站. 三部委关于印发《智慧健康养老产业发展行动计划（2017—2020年）》的通知[EB/OL]. [2019-07-25]. http://www.gov.cn/xinwen/2017-02/20/content_5169385.htm#1

[2] 张义龙. 基于加速度传感器的人体运动状态监测的研究[D]. 南京：南京邮电大学，2014.

[3] 人民日报海外版. "智慧养老"助力幸福晚年[EB/OL]. [2019-07-25]. http://www.gov.cn/xinwen/2018-03/21/content_5276078.htm.

[4] Boissy P, Choquette S, Hamel M, et al. User-based motion sensing and fuzzy logic for automated fall detection in older adults[J]. Telemedicine and e-Health, 2007, 13(6): 683-694.

[5] 鹿珍珍，孙宇，赵汉卿，等. 便携式老人智慧监护系统的设计[J]. 科技视界，2018（33）：45-47.

[6] 宋庆松. 远程医疗监护系统应用研究[J]. 科技创新导报，2016，13（25）：87，89.

[7] 贾文娟，白燕萍，绳秀君，等. 生理多参数远程监护系统的研究进展[J]. 中国医疗设备，2009，24（8）：76-78，83.

[8] He Z, Liu Z, Jin L, et al. Weightlessness feature—a novel feature for single tri-axial accelerometer based activity recognition[C]//the 19th International Conference on Pattern Recognition, 2008.

[9] 季桂树，陈沛玲，宋航. 决策树分类算法研究综述[J]. 科技广场，2007，1（9）：12.

[10] 舒莉. Android系统中LIS3DH加速度传感器软硬件系统的研究与实现[D]. 长沙：国防科学技术大学，2014.

[11] Popescu M, Li Y, Skubic M, et al. An acoustic fall detector system that uses sound height information to reduce the false alarm rate[C]//Conference Proceedings-IEEE Engineering in Medicine and Biology Society, 2008.

[12] Almeida O, Zhang M, Liu J. Dynamic Fall Detection and Pace Measurements in Walking Sticks[C]//Joint Workshop on High Confidence Medical Devices, Software, and Systems and Medical Plug-and-Play Interoperability, 2007.

[13] Depeursinge Y, Krauss J, El-Khoury M. Device for monitoring the activity of a person and/or detecting a fall, in particular with a view to providing help in the event of an incident hazardous to life or limb: U.S. Patent 6,201,476[P]. 2001-03-13.

[14] Narayanan M R, Lord S R, Budge M M, et al. Falls management: detection and prevention, using a waist-mounted triaxial accelerometer[C]//Engineering in Medicine and Biology Society, 2007. EMBS 2007. 29th Annual International Conference of the IEEE, 2007.

[15] Grassi M, Lombardi A, Rescio G, et al. A hardware-software framework for high-reliability people fall detection[C]//Sensors, 2008 IEEE. Lecce: IEEE, 2008.

[16] Noury N. A smart sensor for the remote follow up of activity and fall detection of the elderly[C]//Microtechnologies in Medicine & Biology 2nd Annual International IEEE-EMB Special Topic Conference on, 2002.

[17] Lindemann U, Hock A, Stuber M, et al. Evaluation of a fall detector based on accelerometers: a pilot study[J]. Medical and Biological Engineering and Computing, 2005, 43(5): 548-551.

[18] Wang C C, Chiang C Y, Lin P Y, et al. Development of a Fall Detecting System for the Elderly Residents[C]//2008 2nd International Conference on Bioinformatics and Biomedical Engineering, 2008.

[19] 庄翠翠，李成荣，韦玮，等. 基于Android系统的多传感器移动体感应用[J]. 计算机系统应用，2013（8）：72-75.